데이터오너십

내 정보는 누구의 것인가?

고학수 · 임용 편

서울대학교 법과경제연구센터 인공지능정책 이니셔티브

박영사

머리말

데이터가 어느덧 시대의 중요한 화두가 되었다. 몇 년 전부터 빅데이터라는 표현이 일상화되기 시작했고, 근래에는 인공지능 기술의 활성화와 함께 데이터에 대한 관심이 더욱 늘어나고 있다. 인공지능 기술의 발전과 활용은 이용가능한 데이터의 존재를 그 전제로 하기 때문에 이러한 관심은 어찌 보면 당연한 것이다.

끊임없는 기술발전과 경쟁의 소용돌이 속에서 살아남아야 하는 시장의 현장에서는 데이터를 둘러싼 갈증과 불안이 동시에 점증하고 있다. 유용한 데이터를 어떤 소스(source)를 통해 확보할 수 있는지 파악하는 것도 문제지만, 설령 그러한 데이터를 확보할 수 있는 경로를 알고 있더라도 어떻게 해야 데이터를 합법적으로 제공받고 또 필요한 목적에 활용할 수 있는지에 대한 법적 불확실성이 여전히 해소되지 않은 채로 남아있기 때문이다. 상황이 이렇다 보니 시장에서는 누가 데이터의 주인인지, 다시 말하면 누가 데이터를 "소유"하는지 명확하게 정해 주면 좋겠다는 목소리가 꾸준히 제기되고 있다.

그렇다면 데이터에 관한 법적 "소유권" 개념은 어떠한가? 법률가의 시각에서 보면, 데이터 그 자체에 관하여 어떤 법적 권리나 지위를 부여한다는 것은 간단한 문제가 아니다. 우리가 지금까지 익숙하게 다루어 온 소유권의 개념은 데이터와 같이 그 형체나 본질이 무엇인지 명확하지 않은 것을 염두에 두고 형성된 것이 아니기 때문이다. 우리 민법에서는 '물건'에 대해 소유권을 인정하는데, 민법상 물건의 개념에 데이터가 포함될 수 있는 가능성은 별로 없다. 그렇다면, 지적재산권 등 다른 유형의 법을 통해 데이터에 대한 소유권이나 그와 유사한 제도가 만들어질 수 있는 가능성 또는 소유권 개념이 응용될 가능성은 없을까?

이 책은 이러한 질문에서부터 출발한 것이다. 데이터에 대해 통상적인 법적 의미의 소유권은 부여되기 어렵다는 인식에서 출발하여, 그러한 인식을 전제로 하면 데이터에 대해 어떤 식의 권리관계를 구상해 볼 수 있을지, 그에 관한 해외에서의 논의는 없는지, 데이터의 중요한 특징은 무엇인지, 데이터 유형별로 독특한 상황이 발생하고 있지는 않은지, 개별 법영역에서는 데이터에 관하여 어떤 새로운 이슈들이 나타나고 있는지 등에 관해 필자들이 고민하고 논의한 내용이 담겨 있다.

물론 이런 작업은 한두 명의 연구자가 해내기 어려운 작업이다. 그래서 1년여의 기간을 두고 10여 명의 서로 다른 법 분야의 전문가들이 함께 모여 작업을 했다. 이슈를 정리하고, 주제를 나누고, 각각의 주제에 대해 참여 전문가들이 의견을 내고, 이에 대해 피드백을 하는 과정을 몇 차례 거치면서 작업을 진행했다. 그 과정을 거쳐, 약간씩 중복되는 의견이 제시되기도 하고, 다른 한편 새로운 시론적 의견이 나타나기도 하였다. 그러한 논의와 고민의 결과물인 이 책은, '데이터 오너십' 문제에 관한 한 국내외를 아울러 첨단의 내용을 담고 있다고 감히 자신한다. 다른 한편, 이 작업을 통해 확인할 수 있었던 것은, 이 문제에 관하여 하나의 명쾌하고 간단한 해법을 찾기는 쉽지 않을 것이라는 점이었다. 앞으로 국내외적으로 더 많은 관심이 필요하고, 이를 통해 법이론적으로 타당할뿐더러 정책적으로도 합리적인 대안을 계속해서 모색하고 그에 관해 사회적인 논의를 거치는 과정이 필요하다는 것이 분명해졌다.

이 작업은 많은 분들의 참여와 도움이 있었기에 가능했다. 무엇보다 이 작업에 필자로 참여해 주신 전문가 분들께 진심으로 감사를 드린다. 지리한 작업의 진행에 도움을 준 강승우 조교, 편집에 도움을 준 박지훈 조교에게도 고마운 마음을 전한다. 이 작업이 진행될 수 있도록 재정 지원을 해준 구글에도 감사를 드린다. 그리고 원고를 멋진 책자로 만들어 주신 박영사 조성호 이사님과 한두희 대리께도 깊은 감사의 뜻을 전한다.

2019년 4월

필자를 대표하여
고학수, 임용

차례

제1부
'데이터 경제'의 시대: 패러다임의 변화와 자기결정권 및 소유권

데이터 이코노미(Data-Driven Economy)의 특징과 법제도적 이슈
/ 고 학 수(서울대학교 법학전문대학원 교수) ···································· 3
  Ⅰ. 들어가는 말 3
  Ⅱ. 데이터 이코노미와 거래비용 5
  Ⅲ. 데이터 이코노미와 프라이버시 21
  Ⅳ. 데이터 거버넌스 29
  Ⅴ. 맺는 말 37

데이터 소유권 개념을 통한 정보보호 법제의 재구성
/ 박 상 철(변호사) ·· 41
  Ⅰ. 검토의 배경 41
  Ⅱ. 데이터 소유권의 의미 42
  Ⅲ. 데이터 소유권의 정책적 근거와 한계 47
  Ⅳ. 자기정보관리통제권의 근거·방식·한계 50
  Ⅴ. 기업의 데이터 지배의 근거·방식·한계 54
  Ⅵ. 결 론 59

기본권으로서의 개인정보자기결정권: 개인정보자기결정권의 헌법상 근거와
보호영역
/ 전 상 현(서울대학교 법학전문대학원 부교수) ····························· 63
  Ⅰ. 서 론 63

Ⅱ. 개인정보자기결정권의 확대경향과 문제점 65

Ⅲ. 개인정보자기결정권의 헌법상 근거 73

Ⅳ. 개인정보자기결정권의 보호영역 86

Ⅴ. 결   론 92

제 2 부
데이터에 관한 권리 기반 접근의 가능성

데이터와 사법상의 권리, 그리고 데이터 소유권(Data Ownership)

/ 최 경 진(가천대학교 법과대학 교수) ·· 99

Ⅰ. 데이터 시대의 도래와 '데이터 소유권' 논의 99

Ⅱ. 현행법상 데이터에 대한 권리와 그 한계 100

Ⅲ. 데이터에 소유권을 인정할 수 있는가? 105

Ⅳ. 데이터 소유권에 대한 새로운 접근방식과 우리에게 남겨진 과제 115

데이터 소유권(Data Ownership), 개념과 그 비판

/ 이 동 진(서울대학교 법학전문대학원 교수) ····························· 121

Ⅰ. 서   론 121

Ⅱ. 데이터 소유권의 개념 122

Ⅲ. 데이터 소유권 인정의 실익 128

Ⅳ. 결   론 138

빅데이터 등 새로운 데이터에 대한 지적재산권법 차원의 보호가능성

/ 박 준 석(서울대학교 법학전문대학원 교수) ····························· 145

Ⅰ. 빅데이터의 중요성에 따른 보호와 개인정보보호와의 관계 145

Ⅱ. 이른바 '데이터 소유권'의 인정을 둘러싼 논란과 전망 151

Ⅲ. 대안적 보호방법으로서의 지적재산권 법제 159

Ⅳ. 한국에서의 바람직한 대응 170

Ⅴ. 마무리하며(글 요약) 171

제 3 부
데이터에 관한 권리 기반 접근의 법정책적 문제

데이터 소유권(Ownership)을 둘러싼 법적 쟁점과 경쟁법 원칙의 적용
/ 홍 대 식(서강대학교 법학전문대학원 교수) ·· 177

    Ⅰ. 머리말 177
    Ⅱ. 데이터에 관한 권리의 법적 정립과 경쟁법 원칙의 고려 180
    Ⅲ. 데이터 시장실패의 가능성 식별과 경쟁법 원칙의 적용 189
    Ⅳ. 데이터 시장실패에 대한 대처와 경쟁법 원칙의 적용 197
    Ⅴ. 맺는 말 200

경쟁 정책의 관점에서 바라본 데이터 오너십의 문제
/ 임 용(서울대학교 법학전문대학원 교수) ·· 205

    Ⅰ. 도　　입 205
    Ⅱ. 경쟁법의 정책적 목표 – 데이터 거버넌스의 관점에서 206
    Ⅲ. 데이터 오너십과 경쟁자의 배제: 위챗 사건 208
    Ⅳ. 데이터 오너십과 소비자의 착취: 페이스북 사건 211
    Ⅴ. 결　　론 215

공공데이터의 이용과 통계 및 학술연구 목적의 데이터 처리 – 데이터의 안전
한 이용의 관점에서
/ 전 응 준(유미 법무법인 변호사) ·· 217

    Ⅰ. 서　　론 217
    Ⅱ. 공공데이터에 대한 접근과 이용 219
    Ⅲ. 통계 및 학술연구 목적의 데이터 처리 235
    Ⅳ. 결　　론 254

정보소유권으로서의 개인정보자기결정권과 그 대안으로서의 '정보사회주의'
/ 박 경 신(고려대학교 법학전문대학원 교수) ·· 257

    Ⅰ. 서　　론 257
    Ⅱ. 개인정보자기결정권과 표현의 자유 및 알 권리의 충돌 258

Ⅲ. 개인정보보호법의 특성과 '정보소유권론' 259

Ⅳ. 정보사회주의 266

Ⅴ. 결   론 272

제 4 부
데이터에 관한 권리 기반 접근의 영역별 고찰

금융분야 본인신용정보관리업(마이데이터 산업) 도입방안에 관한 소고
/ 이 준 희(변호사) ·· 277

Ⅰ. 들어가며 277

Ⅱ. 유럽연합의 개정 지급결제서비스지침(PSD2)의 주요 내용 278

Ⅲ. 금융분야 마이데이터 산업 도입방안 및 신용정보법 개정안의 주요 내용 281

Ⅳ. 시사점 282

Ⅴ. 맺음말 288

내 유전정보는 내 마음대로 사용해도 되는가?
/ 이 원 복(이화여자대학교 법학전문대학원 교수) ······················· 291

Ⅰ. 들어가는 글 291

Ⅱ. 익명 정자 기증 시대의 종말 295

Ⅲ. Golden State Killer 사건 298

Ⅳ. 자기 유전 정보 이용의 제한 302

신재생 분산전원 시스템에서 스마트미터링과 데이터 소유권
/ 허 성 욱(서울대학교 법학전문대학원 교수) ······························· 311

Ⅰ. 에너지 전환정책과 스마트그리드 311

Ⅱ. 신재생 분산전원 시스템에서의 스마트미터링 315

Ⅲ. 스마트미터링과 데이터 318

Ⅳ. 스마트미터링 비즈니스에서의 배전망 중립성 320

Ⅴ. 스마트미터링과 데이터 소유권 122

제1부

'데이터 경제'의 시대 : 패러다임의 변화와 자기결정권 및 소유권

- 데이터 이코노미(Data-Driven Economy)의 특징과 법제도적 이슈__고학수 3
- 데이터 소유권 개념을 통한 정보보호 법제의 재구성__박상철 41
- 기본권으로서의 개인정보자기결정권: 개인정보자기결정권의 헌법상 근거와 보호영역__전상현 63

데이터 이코노미(Data-Driven Economy)의 특징과 법제도적 이슈*

고학수(서울대학교 법학전문대학원 교수)

I. 들어가는 말

데이터에 기반한 경제(data-driven economy)로 경제 패러다임이 바뀌고 있다. 이제 패러다임 변화에 대한 징후는 부분적으로나마 일상생활을 통해서도 체감할 수 있을 정도로 일반화되고 있다. 다른 한편, 패러다임이 어떻게 바뀌고 있는지에 대한 체계적인 정리나 분석은 아직 많지 않은 편이다. 이 글은 데이터 이코노미가 보이는 주요 특징이 어떤 것인지 그 속성을 검토하고, 그와 관련하여 사회적인 논의가 좀 더 필요해 보이는 주요 이슈들에 어떤 것이 있는지 살펴보고 정리하기 위한 것이다.

빅데이터에 관한 논의를 할 때 종종 언급되는 것 중의 하나는, 데이터에 관한 소유권 개념이 명확히 정해지면 좋겠다는 요청이다. 이러한 요청은 특히 법률가가 아니라, 실제로 데이터 작업을 하는 데이터 사이언스 전문가들 사이에서 좀 더 흔하게 나타나는 것이기도 하다. 이러한 요청은 얼핏 생각하면 매우 자연스럽고 논리적인 것으로 생각될 수 있다. 코즈정리(Coase Theorem)에 기초하여 보면, 권리의 획정을 명확하게 하고 나면 자원의 효율적인 배분이 가능해질 것이기 때문이다.[1] 따라서, 데이터에 관한 소유권 개념이 명확하게 정해지면 데이터에 대한 접근이나 이용 등을 둘러싼 논란이 상당부분 해소될 수 있지 않을까 생각해 볼 수 있다.

* 원고 작성과정에서 커다란 도움을 준 김종윤 및 박도현 박사과정생에게 감사의 뜻을 전한다. 이 글은 2018년 한국조세재정연구원 「재정전문가 네트워크 사업」의 일환으로 준비된 같은 제목의 논문을 일부 수정한 것이다.

1) Coase, Ronald, "The Problem of Social Cost," 3 *Journal of Law and Economics* 1 (1960).

데이터에 관하여 그와 같은 논리가 성립이 될 수 있을까? 데이터의 유형을 특정하여 생각해 보는 것이 도움이 될 수 있다. 예를 들어, 의료데이터의 경우는 어떠할지 살펴보자. 구체적인 예로, 특정 환자에 대한 진료의 맥락에서 혈액검사가 이루어졌고, 이 과정에서 검사결과를 담고 있는 데이터가 생성되었다고 할 때, 이에 대해 누가 '내 데이터'라고 주장할 수 있을 것인가? 우선 환자의 입장을 생각해 보자. 환자의 시각에서는, 해당 데이터는 자신의 신체에 관하여 검사하고 기록한 것이므로 환자 자신의 데이터라고 생각할 수 있다. 이에 대해, 의사의 입장에서는 다른 생각을 할 수도 있다. 의사의 판단하에 해당 검사를 하게 된 것이고, 의사가 진료하는 환자('내 환자')에 관한 데이터이므로 환자에 관한 것이긴 하지만 데이터에 대한 권리는 의사에 귀속되는, 즉 의사의 데이터라는 생각을 할수 있다. 다른 한편, 해당 환자가 진료를 받고 검사를 진행한 병원은 해당 데이터를 병원의 데이터라고 생각할 수도 있다. 병원에서 검사를 했을 뿐더러, 이 데이터를 실제로 보유하고 관리하는 것이 병원이기 때문이다. 더 나아가, 구체적인 데이터의 종류나 상황에 따라서는, 병원 외부의 검사시설이나 그 이외의 당사자가 권리를 주장할 가능성도 있다. 건강보험심사평가원이나 국민건강보험공단과 같은 기관이 일정한 소유권을 주장할 여지도 있다.

이와 같은 상황에서, 누군가를 특정하여 배타적인 소유권을 인정하는 것이 현실적일 수 있을까? 이론적으로는 가능할 것인가? 예를 들어, 환자에게 배타적인 소유권을 인정하는 것이 법정책적으로 바람직한 것인가? 데이터가 가지는 속성을 생각해 보면 그렇게 하는 것이 쉽지 않을 것임을 어렵지 않게 파악할 수 있다.[2] 그렇다고 해서, 그와 반대로, 데이터에 관하여 아예 환자의 권리를 부정하는 법제도를 상정하기도 어렵다.

그런 점에서 보면, 데이터에 대하여 배타적인 소유권을 설정하여 배분하는 개념은 현실화하기 쉽지 않을 수 있음을 알 수 있다. 데이터에 대한 접근, 이용 등과 관련하여 권리의 내용을 세분화하여 살펴볼 필요가 있고, 또한 경우에 따라서는 권리가 중첩되어 나타날 가능성도 염두에 두어야 한다.

데이터의 이러한 성질을 전제로, 아래에서는 데이터 경제의 특징이 어떤 것인지에 관해 좀 더 상세하게 살펴보기로 한다. 이글은 데이터에 관한 소유권(내지

---

2) Determann, Lothar, "No One Owns Data" (2018). *UC Hastings Research Paper* No. 265.

그에 준하는 권리)의 설정이나 현실화가 적어도 현재의 논의단계에서는 쉽지 않다는 전제하에, 데이터 경제의 주요 특징이 어떤 것인지 살펴보고, 데이터에 관한 통제의 맥락에서 어떻게 '데이터 거버넌스(Data Governance)'를 생각해 볼 수 있을지 모색한다. 이하에서는, 우선 거래비용(transaction cost)의 측면에서 데이터 경제의 특징에 대해 살펴본다(Ⅱ장). 그리고 데이터에 관한 논의에 있어 흔히 수반되는 중요한 특징으로 프라이버시(privacy)에 대해 별도로 구분하여 논의한다(Ⅲ장). 분석에 이용되는 데이터는 적지 않은 경우에 개인정보를 포함하게 되는데, 그 경우에 고려해야만 하는 가장 중요한 측면 중의 하나는 개인정보보호에 관한 것이기 때문이다. 개인정보보호는 근래에 들어 그 중요성이 더욱 부각되고 있는데, 빅데이터 맥락에서 개인정보보호가 주는 함의는 어떤 것인지 살펴본다. 그리고 데이터 거버넌스(governance)에 관해 본다(Ⅳ장). 데이터를 누가 보유하게 될 것인지, 접근권은 어떻게 부여할 것인지, 정보주체의 데이터를 이용하여 부가가치가 창출될 경우에 정보주체와 이를 나눌 수 있는 메커니즘이 존재할 것인지 등에 관해 논의한다. Ⅴ장은 간략한 결론이다.

Ⅱ. 데이터 이코노미와 거래비용

데이터 이코노미의 특징을 파악하기 위해, 거래비용(transaction cost)의 관점에서 살펴보기로 한다. 빅데이터에 대한 논의는, 경제학의 관점에서는 정보경제학의 시각에서 흔히 고려될 수 있는 원리 그리고 법학의 관점에서는 민법이나 지적재산권법의 주요 기본원칙이 논의의 출발점이 될 수 있다. 하지만 빅데이터의 독특한 측면 그리고 빅데이터가 흔히 구현되는 환경을 고려할 때 새로이 차별적으로 언급될 수 있는 측면도 있고 과거에 비해 더 세밀하고 상세한 검토가 필요한 측면도 있다. Goldfarb & Tucker (2019)는 디지털 경제와 관련된 거래비용의 변화에 대해 다섯 가지로 구분하여 분석한다. 첫째, 트래킹 비용(tracking cost)의 저하, 둘째, 검색비용(search cost)의 저하, 셋째, 복제비용(replication cost)의 저하, 넷째, 검증비용(verification cost)의 저하, 다섯째, 배송비용(transportation cost)의 저하이다. 이 중에서 빅데이터 경제 생태계의 맥락에서는 트래킹 비용의 저하가 특히 중요한 변화인 것으로 파악된다. 이하에서는 이상의 다섯 가지 거래비용의 변화에 대해 살펴본다. 그중 특히 트래킹에 관해서는 별도로 상세하게 살펴보기로 한다.

1. 트래킹 비용(tracking cost)의 저하

빅데이터 시대가 도래하면서 그와 함께 가장 두드러지게 나타난 변화 중 하나는 트래킹 비용의 저하이다. 인터넷 맥락에서 트래킹은 개별 이용자의 인터넷 이용 행태에 대해 상세하게 파악하는 것을 주로 의미한다. 인터넷 브라우저를 이용한 검색의 예를 들자면, 특정 이용자가 어떤 브라우저를 이용하는지, 어떤 검색어를 입력했는지, 검색결과 중 어떤 웹사이트를 클릭하여 방문했는지, 이용 시간은 어떠한지 등에 대해 자세히 파악하는 것이다. 트래킹 비용이 저하되면, 이용자나 소비자에 대해 상세하게 파악 및 분석을 하는 것이 용이해지고, 이를 통해 맞춤형 상품과 맞춤형 서비스를 제공하고 또한 맞춤형 가격을 책정하는 것이 가능해 진다. 그리고 맞춤형 광고를 하는 것도 더욱 손쉽게 이루어질 수 있다.

인터넷 생태계의 비즈니스 모델은, 이용자에게 무료로 서비스를 제공하고 그 대신 광고를 통해 수익을 창출하는 방식이 흔히 이용된다. 다른 한편, 멜론(음악)이나 넷플릭스(영화) 등의 사례에서 볼 수 있는 것 같이 정기유료구독(subscription)에 주로 의존하는 방식도 종종 나타난다. 많은 경우에 광고가 주요 수익원이 된다는 점에서 맞춤형 행태광고(behavioral advertisement)를 할 수 있는 기반이 어떤 식으로 구축될 것인지에 관한 사항은 인터넷 생태계를 이해하는 데에 있어 매우 중요한 의미를 가진다. 유료구독에 기초한 비즈니스 모델의 경우에도, 상품 추천 등을 위해 이용자의 행태나 선호에 대해 파악하는 것이 중요하다.

기업 등이 이용자를 트래킹 하는 데에는 매우 다양한 방식이 이용될 수 있다. 다양한 방식 중에서 가장 중요하고 확실한 방식은, 회원가입 및 로그인 등을 전제로 하여 트래킹을 하는 것이다. 예를 들어 회원제 서비스를 제공하는 데에 있어, 이용자들이 로그인을 한다면 해당 이용자들에 대해서는 개별 이용자별로 서비스 이용의 행태와 내용에 관하여 매우 상세하게 파악하고 분석하는 것이 가능해진다. 전자상거래 업체의 경우라면, 로그인한 고객이 최종적으로 구매를 한 내역은 물론 사이트를 방문하여 검색을 하고 브라우징을 한 내역, 로그인 날짜나 요일, 시간대 등에 관하여 매우 세밀한 메타 데이터를 수집하고 축적할 수 있다. 뉴스 서비스의 경우에는 이용자가 어떤 시간대에 로그인을 했는지, 어떤 유형의 기사에 관심을 보이는지, 실제로 클릭한 기사는 어떤 것인지, 기사별로 머문 시간은 얼마인지 등 다양한 데이터를 수집하는 것이 가능하다.

다른 한편, 회원가입과 로그인이 없이도 이용자에 대한 트래킹은 다양한 방식으로 이루어질 수 있다. 그중 가장 광범위하게 사용되는 것으로 인터넷 쿠키(Internet cookie)와 모바일 기기의 디바이스 아이디(device id)를 이용하는 방식을 들 수 있다. 인터넷 쿠키는 브라우저(browser)를 통하여 정보를 수집하는 방식이고, 디바이스 아이디는 모바일 앱(mobile application)을 통해 정보를 수집하는 것이다. 이러한 방식을 이용하여 매우 방대한 양의 트래킹 정보를 수집하는 것이 가능해진다. 개인의 신원을 특정하는 것은 아니지만, 브라우저나 디바이스를 기준으로 하여 동일 브라우저 또는 동일 디바이스의 이용내역에 대해 상세한 정보수집이 이루어질 수도 있는 것이다.[3]

인터넷 쿠키와 디바이스 아이디를 이용하는 방식 모두 트래킹의 대상이 되는 이용자의 신원에 관해 직접적으로 파악하는 것을 전제로 하지는 않는다. 인터넷 쿠키의 경우에는 개별 브라우저를 특정한 뒤 이 브라우저를 통한 브라우징 활동에 대해 정보를 수집하게 된다. 그리고 디바이스 아이디의 경우에는, 개별 모바일 기기를 특정한 뒤 해당 기기에 설치되는 개별 앱을 통해 앱별로 정보를 수집하게 된다. 또한, 인터넷 쿠키 및 AdID 모두 이용자가 원할 경우에 언제든 기존에 축적된 정보를 삭제하고 정보수집이 새로이 시작되도록 설정할(reset) 수 있다. 이하에서는 각각의 방식에 대해 좀 더 구체적으로 알아본다.

(1) 인터넷 쿠키(Internet Cookie)

쿠키는 인터넷 기반의 사용환경을 전제로 할 때 가장 흔하게 이용되는 트래킹 방식 중 하나이다. 쿠키는 인터넷 이용자가 특정 웹사이트를 방문할 때, 해당 웹사이트의 서버에서 생성하여 이용자의 기기에 저장하는 방식으로 작동한다. 같은 서버를 다시 방문하게 되면, 그 전에 저장되었던 내용이 서버에 함께 보내지면서 필요한 업데이트 및 추가적인 정보수집이 이루어지게 된다. 이 브라우저는 PC나 노트북 컴퓨터에서 작동하는 것일 수도 있고 모바일 기기에서 작동하는 것일 수도 있다.

쿠키가 작동하는 방식은 아래 그림을 통해 직관적으로 파악할 수 있다. 이 그림은, (1) 특정 서버를 처음 방문할 때 새로이 쿠키가 생성이 되고, (2) 향후에

---

3) Choi, Hana, Carl F. Mela, Santiago Balseiro, and Adam Leary, "Online Display Advertising Markets: A Literature Review and Future Directions" (2017). *Columbia Business School Research Paper* No. 18-1.

같은 서버를 다시 방문하면 과거에 방문했던 이력을 파악하여 쿠키 업데이트가 이루어지고, 그리고 (3) 쿠키를 리셋하면 해당 브라우저에 새로운 아이디가 부여되면서 과거의 방문이력 또한 연속적으로 파악하기 어렵게 되는 것을 개념적으로 보여준다.

그림 1. 인터넷 쿠키의 작동방식

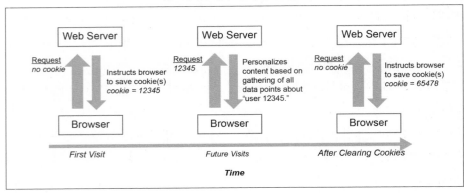

출처 : Future of Privacy Forum, *Cross-device: Understanding the state of state management*, 2015.

트래킹의 맥락에서 쿠키는 당사자 쿠키(first-party cookie)와 제3자 쿠키(third-party cookie)로 나누어 생각할 수 있다. 이는 쿠키를 생성하는 주체에 따른 구분이다. 당사자 쿠키는 이용자가 방문하는 웹사이트 서버에서 쿠키를 설정하는 것을 말한다. 당사자 쿠키는 이용자에 대한 트래킹 목적으로 쓰이기도 하고 이용자에게 편의를 제공하는 목적으로 쓰이기도 한다. 예를 들어, 전자상거래의 맥락에서 이용자가 살펴본 상품을 기억한다든가 '장바구니'에 담았던 상품을 기억하는 것은 흔히 당사자 쿠키의 기능을 이용한 것이다.

다른 한편, 제3자 쿠키는 이용자가 방문하는 웹사이트 서버에서 쿠키를 설정하는 것이 아니라 제3의 서버에서 쿠키를 설정하는 것을 말한다. 이용자가 하나의 웹사이트를 방문할 경우에, 그 과정에서 실제로 이용자가 기기 모니터를 통해 접하게 되는 것은 모두가 해당 웹사이트 서버에서 오는 것이 아닐 수 있다. 이용자가 접하게 되는 하나의 웹페이지도 그 내부 구조를 보면 다양한 웹페이지로 분할하여 파악하는 것이 어렵지 않은 경우가 많고, 각각의 분할된 영역에 대해 여러 서버에서 내용을 보내어 완성되는 경우가 적지 않다. 특히 광고 등을 포함한 일부 내용은 제3의 서버에서 오는 경우가 많다. 그리고 그 과정에서 쿠키가 함께 생성되어 이용자의 컴퓨터에 저장될 수 있다. 쿠키를 생성하는 서버의 시각에서 보면, 여러 웹사이트를 방문하는 이용자들을 상대로 쿠키를 다량으로 생성하여 개별 이용자에 대해 파악할 수 있고, 이 과정을 여러 이용자들을 대상으로 반복적으로 수행하여, 다양한 이용자들에 대하여 다양한 정보를 수집하는 것이 가능할 수 있다. 그리고 수집된 정보에 대한 분석을 거쳐 개별 이용자에 대한 프로필(profile)을 생성해 낼 수 있다. 제3자 쿠키는 광고의 맥락에서 활용도가 높다.

(2) 디바이스 아이디(Device Id)

디바이스 아이디는 개개의 모바일 기기에 부여되는 고유의 식별 코드를 말한다. 안드로이드 시스템에서는 AdID(Advertisement ID) 그리고 애플 운영체계(iOS)에서는 IDFA(Identifier for Advertisers)라는 것이 이용된다. 두 방식 모두 개별 기기마다 서로 다른 코드가 생성되어, 이를 통해 기기의 식별이 가능하도록 하는 방식이다. 이용자가 코드를 새로이 설정하지 않는 한 같은 코드가 유지되어, 이 코드를 기준으로 이용행태에 대한 정보의 수집이 가능해진다. 코드가 새로이 설정되면, 새 코드는 또 다시 새로 설정되지 않는 한 계속 유지된다.

디바이스 아이디는 이용자가 모바일 앱(mobile application)을 이용하는 상황에서 동일 이용자인지 확인하는 매개로 이용된다. 정보를 수집하는 입장에서는 디바이스 아이디를 기준으로 하여 동일한 디바이스 이용자의 활동내역에 대해 트래킹하고 정보를 수집, 분석 하게 된다. 가장 흔하게는 앱별로 정보를 수집하게 되는데, 이를 통해 이용자가 개별 앱을 이용하는 과정에서 생성되는 다양한 정보가 앱 업체에 전송되고 저장될 수 있다.

(3) 기기간 트래킹(Cross-Device Tracking)

인터넷 이용자는 하나의 기기만 이용하지 않는 것이 보통이다. 같은 사람이 컴퓨터를 이용하기도 하고, 모바일 기기를 이용하기도 한다. 또한 직장과 집에서 서로 다른 컴퓨터를 이용하는 경우도 흔하다. 트래킹을 하고자 하는 기업의 입장에서는 같은 사람이 다양한 기기를 사용하는 상황에 대해 정확히 파악하여, 종합적으로 정보를 수집하고자 하는 유인이 존재한다. 이처럼 동일인이 서로 다른 기기를 이용하는 상황을 파악하여 트래킹을 하는 것을 기기간 트래킹이라고 한다.

기기간 트래킹이 얼마나 광범위하고 일상적으로 이루어지는지에 대해서는 정확한 파악이 어렵다. 다만, 기술적으로는 그리 어렵지 않은 경우가 적지 않고, 실제로 기기간 트래킹이 이루어지는 것으로 파악되는 정황은 존재한다. 예를 들어, 컴퓨터를 이용하여 특정 전자상거래 업체를 방문하여 상품 검색을 하였는데, 그후 모바일 기기를 이용하는 상황에서 해당 전자상거래 업체에 관한 광고가 나타난다면, 이는 기기간 트래킹을 전제로 하는 것일 가능성이 높다.

기기간 트래킹의 구체적인 방식은 여러 가지로 나누어 생각해 볼 수 있는데, 그중 한 가지는 결정론적 방식(deterministic matching)과 확률론적 방식(probabilistic matching)으로 구분하는 것이다. 결정론적 방식은, 복수의 단말기에서 공통적으로 단일한 이메일 계정이나 소셜네트워크 서비스 계정 등을 통하여 반복적으로 해당 서비스를 이용하는 것이 파악되면, 해당 계정을 매개로 하여 동일인이 복수의 단말기를 이용하는 것으로 판단하는 것이다. 이 방식의 이용이 가능할 경우, 상당히 높은 정확도를 가지고 동일인을 판별해 낼 수 있는 것이 보통이다. 다른 한편, 확률론적 방식은, 예를 들어, 복수의 단말기가 동일한 가정용 인터넷 와이파이 라우터를 통해 접속이 되어 일정한 규칙성을 가지고 활동이 이루어지는 경향을 보인다면, 이를 동일인 또는 가족이 이용하는 것으로 추정을 하는 방식이다.

그림 2. 기기간 트래킹 작동방식

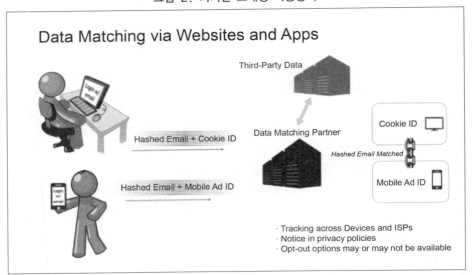

출처 : Future of Privacy Forum, *Cross-device: Understanding the state of state management*, 2015.

확률론적 방식은 통계학적인 추론을 하는 방식이고, 결정론적 방식에 비해 상대적으로 오류의 가능성이 높다. 하지만, 구체적인 상황에 따라서는 매우 높은 정확도로 동일인을 구분해 낼 수 있다. 앞 그림은 이메일 주소를 매개로 하여 기기 간 트래킹이 이루어지는 상황을 예시하는 것이다.

2. 그 이외의 거래비용의 변화

이하에서는 트래킹 비용 이외의 거래비용의 변화에 대해 살펴본다. 검색비용(search cost)의 저하, 복제비용(replication cost)의 저하, 검증비용(verification cost)의 저하, 배송비용(transportation cost)의 저하가 그것이다.

(1) 검색비용(search cost)의 저하

인터넷의 일상화 그리고 검색 기술 활용의 확대와 함께, 검색비용은 디지털 데이터를 이용하는 대부분의 상황에서 매우 빠른 속도로 저하되었다. 검색비용의 저하는 인터넷의 확산과 함께 빠르게 진행되었고, 검색엔진 기술이 향상되면서 이 경향은 더욱 가속화 되었다.

검색이 유용하기 위해서는, 데이터의 가용성(availability)이 전제되어야 할 뿐만 아니라, 이를 찾아서 순위를 정하는(ranking) 방법론에 관한 경험과 지식이 축적되어야 한다. 즉, 검색 이용자가 원할 법한 데이터를 찾아서 이를 이용자가 선호할 법한 순서에 따라 정렬하여 보여주는 것이 중요한 것이다. 순위를 정하는 구체적인 방식은 검색 알고리즘에 따라 각기 다르다. 인터넷 검색엔진에서 흔히 적용되는 원칙으로, 특정 웹페이지가 얼마나 많은 다른 웹페이지와 연결되어 있는지, 특정 웹페이지에 인덱싱되어 있는 키워드는 무엇인지, 웹페이지의 신규성, 검색 위치 등을 포함하여 여러 가지 사항들이 고려될 수 있다. 하지만 개별 검색엔진마다 이용되는 알고리즘은 서로 다르고, 그에 따라 설사 동일한 데이터에 대한 접근을 전제로 하더라도 검색결과는 서로 다르게 나타나는 것이 보통이다.

검색비용의 저하가 사회나 경제에 어떠한 영향을 미치는가? 그에 대해서는 좀 더 면밀한 검토가 필요하다. 우선 시장경쟁의 맥락에서는 검색비용의 저하가 소비자로 하여금 대안이 되는 경쟁상품에 대한 정보를 손쉽게 파악할 수 있게 하여, 경쟁압력을 높이는 메커니즘으로 작동할 수 있다. 이는 온라인을 통한 전자상거래에 있어 전반적인 가격하락을 유도하는 결과를 가져올 수 있다. 다른 한편, 판매자들로 하여금 경쟁자들이 어떤 품질의 물건을 어떤 가격에 판매하는지에 관한 정보를 좀 더 쉽게 파악할 수 있게 하여, 이를 통해 가격편차의 감소가 나타나고 가격동조화 현상이 초래될 수도 있다.

또 다른 측면에서는, 검색 알고리즘이나 트래킹(tracking) 기술의 적극적인 활용 등을 통해, 판매자가 소비자에 대해 파악하고 분석하는 것이 좀 더 쉬워지는 면이 있다. 이로부터 맞춤형 서비스를 제공하거나 같은 상품에 대해서도 가격차별을 할 수 있는 가능성이 열리게 되고, 이는 가격의 전반적인 변화 경향과는 다른 별개의 메커니즘으로 작동할 수 있다.

검색비용의 저하가 상품의 다양성에 미치는 영향에 대해서도 일반화하여 결론을 내리기는 쉽지 않다. 검색비용이 저하되면서, 이른바 롱테일(long-tail) 소비자들을 상대로 하여 다양한 상품과 서비스가 제공될 수 있는 한편, 오히려 그 반대로 '평균적인' 소비자를 주로 타겟으로 하여 더욱 집중된 형태로 시장상황이 전개되면서 롱테일 소비자들은 많은 불편을 겪게 될 가능성도 있다.

그와 별개로, 검색비용의 저하는 '매칭(matching)' 시장의 발전을 가져오는 측면도 있다. 매칭은 플랫폼 시장의 형태를 띠는 경우가 많은데, 플랫폼을 매개로 하여 플랫폼의 양쪽에 각각 존재하게 되는 시장 참가자들이 각기 상대 측면에 있는 참가자들을 상대로 서로 매칭을 위한 노력을 기울이게 되는 것이 보통이다. 표준화된 상품이나 서비스가 아닌 경우, 매칭이 더욱 중요해 질 수 있다. 중고상품의 거래라든가, 데이팅 서비스 등이 흔히 생각할 수 있는 시장이다.

검색비용의 저하가 사회나 경제에 미치는 영향은 이처럼 다양한 경로와 메커니즘을 통해 나타나게 된다. 이러한 영향을 구체적으로 확인하기 위해서는 개별 시장이나 상황에 대한 경험적, 통계적인 판단이 필요하다. 특히, 인공지능 알고리즘의 활용도가 높아지면서 시장에 어떤 영향이 나타나는지에 대해서도 다양한 이론적인 관점이 제시될 수 있는데, 그와 관련해서도 객관적이고 통계적 파악이 필요하고, 주기적인 업데이트도 필요하다.

(2) 복제비용(replication cost)의 저하

디지털 데이터는 기본적으로 복제비용이 거의 들지 않는다. 암호 등을 이용한 것으로 인하여 기술적 제약이 있는 경우나 법적 제약이 있는 경우 등이 아니라면, 디지털 데이터의 복제 자체는 별다른 어려움이 없이 이루어지는 것이 보통이다. 또한 일반적으로 복제를 여러 차례 하더라도 데이터의 질에 저하가 이루어지지 않는다. 이와 같은 성질은 아날로그 데이터와는 크게 다른 성질이다. 예를 들어, 복사기를 이용하여 복사를 하면 원본에 비해 해상도 등 품질이 떨어지게 되고, 복사를 반복해서 하면 지속적으로 품질이 떨어지게 되는데, 디지털 데이터는 복제를 하더라도 원본과 동일한 품질이 유지되는 것이 원칙인 것이다. 이러한 디지털 데이터의 특징은 빅데이터에 관해서도 일반적으로 적용된다. 빅데이터는 대체로 디지털 데이터의 형태를 띠기 때문이다.

데이터의 복제비용이 거의 들지 않는다는 특징은, 이와 관련된 비즈니스 모델에도 영향을 미친다. 위에서 본 것과 같이, 디지털 데이터를 기반으로 하는 산업은 흔히 두 가지 유형의 수익모델을 가진다. 하나는 소비자에게 무료로 서비스를 제공하면서 필요한 수익은 광고를 통해 만들어내는 방식이고, 또 하나는 회원제로 운영하는 방식이다. 두 가지 비즈니스 모델 모두 데이터의 복제비용이 거의 소요되지 않는다는 점을 배경으로 하여 개발된 것이다.

다른 한편, 데이터의 복제비용이 거의 소요되지 않는다는 특징은 데이터의 공공재적 특징을 강조하는 논의로 이어지기도 한다. 이는 특히 '공공데이터'의 체계적인 수집 및 제공의 필요성을 정당화하는 논거로 제시되기도 한다. 실제로 국내에서는 「공공데이터의 제공 및 이용 활성화에 관한 법률」이 마련되어 있는데, 이는 공공데이터의 활용도를 높이기 위한 정책적 의지를 반영하는 것이라 할 수 있다. 물론, 데이터가 가진 공공재적인 특성은 공공데이터에 대해서도 유사하게 나타나는 측면이 있고, 그러한 측면은 입법적 노력에도 불구하고 유용한 공공데이터의 수집과 제공에 있어 실질적인 제약조건으로 작동할 수 있다. 공유의 비극(Tragedy of the Commons)이 변형된 형태로 출현할 가능성이 있기 때문이다.

(3) 검증비용(verification cost)의 저하

디지털 데이터 환경에서는 전반적으로 신원확인(authentication)이나 평판(reputation)의 축적이 상대적으로 용이한 점이 있다. 거래당사자가 오프라인을 통해 직접 대면하지 않고도 신원확인이나 평판 축적이 가능할 수 있고, 디지털 환경을 활용하여 관련된 데이터가 지속적으로 집적될 수도 있기 때문이다.

이러한 특징을 활용하여, 예를 들어 호텔예약 사이트에서는 개별 호텔에 대한 여러 이용자들의 다양한 평가내용이 공유되기도 한다. 또한 우버나 에어비앤비 등을 포함한 일부 공유경제 서비스에서는 서비스 공급자와 수요자 사이에서 쌍방에 대한 평가가 이루어지고, 이 평가내용이 축적되는 구조를 보이기도 한다. 전자상거래 맥락에서는 판매자가 축적한 평판이 거래에 상당한 영향을 미치기도 한다.

이처럼 검증비용의 저하는 인터넷을 통한 평판 시스템(reputation system)이 작동할 수 있게 해주는 역할을 한다. 이러한 평판 시스템은 온라인을 통한 거래를 원활하게 해주는 중요한 역할을 한다. 특히나 시장 메커니즘이 아직 성숙되지 않은 사회에서는 평판 시스템의 존재가 전자상거래 시장의 형성과 성장에 결정적인 역할을 할 수도 있다. 거래상대방에 대해 인증이나 신뢰도에 대한 검증을 하는 데에 평판 시스템이 이용될 수 있는 것이다. 더구나 소셜네트워크 등 복수의 플랫폼을 이용하여 이중으로 또는 교차하여 확인하는 것이 가능할 수도 있고, 이런 방식을 이용하여 평판조회가 더욱 정확하고 신뢰도를 높이는 데에 활용될 수도 있다.

다른 한편, 평판 시스템은 중대한 한계와 정보의 왜곡가능성을 보이기도 한다. 우선 인터넷 평판 시스템은 신규 시장참여자에게 진입장벽으로 작용할 수도 있다. 이미 우수한 평판을 가진 판매자에게 소비자의 관심이 집중되게 되어, 신규 시장참여자에게는 평판을 쌓을 기회 자체가 제대로 주어지기 어려울 수도 있는 것이다. 또한, '평판 시장'은 적극적으로 견해를 개진하는 소비자에 의해 주도되는 시장이어서 소비자의 다수를 점할 가능성이 높은 소극적인 소비자의 평가는 반영되기 어렵고, 그런 만큼 평가에 편향(bias)이 나타날 가능성이 있다는 한계가 있다. 더 나아가, 판매자 입장에서는 한 두 명의 '악성' 고객만으로 평판이 순식간에 허물어질 가능성이 있기 때문에, 평판 시스템의 왜곡이 발생할 가능성이 있다는 문제도 있다. 그리고 예를 들어, 대가를 지불하고 블로그에 평가를 쓰는 경우처럼 판매자가 비용을 지불하고 평판을 축적하게 되는 것으로 인한 문제가 발생하기도 하고, 소위 매크로 등의 소프트웨어를 이용하여 평판을 조작하게 되는 상황에 대한 우려가 발생하기도 한다.

(4) 배송비용(transportation cost)의 저하

배송비용은, 여기서는 인터넷을 이용한 전송과 오프라인을 통한 배송 등과 관련된 비용을 모두 포괄하여 언급하는 것으로 넓게 생각하기로 한다. 우선 인터넷을 이용하여 디지털 데이터를 전송하는 상황을 생각해 보면, 이 과정에서는 전송에 있어 네트워크 자원을 이용하게 되는 것 이외에는 비용이 거의 들지 않는다. 오프라인을 통한 배송에 있어서도, 빅데이터 분석의 적극적인 활용과 물류비용의 절감 등으로 인해 그 비용이 줄어들고 있는 경우가 많은 것으로 보인다. 빅데이터를 활용한 소비자로부터의 수요예측모형의 구축을 통해 좀 더 효율적인 재고관리가 가능해지고, 배송수요 예측모형을 이용하여 배송비용의 전반적인 절감이 가능해질 수 있는 것이다.

이와 같은 배송비용의 절감은 전자상거래 시장의 전반적인 확대를 가져오는데에 적지 않은 기여를 하는 것으로 이해할 수 있다. 이로부터 더 나아가, 배송비용의 저하로 인해 더 이상 판매자와 소비자 사이의 물리적인 거리는 더 이상별로 의미가 없다는 주장이 나타날 수도 있다. 이처럼 배송비용의 절감 등으로인해 물리적인 거리가 덜 중요해진 것은 분명하지만, 그렇다고 하여 거리가 더이상 의미를 가지지 않는다고 말할 수는 없다. 더 중요한 것은, 온라인 거래환경과 오프라인 거래환경이 서로 어떤 상호관계를 보여주는지에 관해 파악하는 것이다. 즉, 온라인상에서 경쟁이 어떻게 이루어지는지, 오프라인 상에서는 어떻게경쟁이 이루어지는지, 그리고 온라인 및 오프라인 시장이 어떻게 서로 상호작용을 하는지에 대하여 파악하는 것이 중요할 수 있다. 예를 들어, 오프라인 유통망의 경쟁상황을 반영하여, 온라인 거래에 적용되는 가격이나 상품군이 영향을 받게 될 수도 있다.

3. 거래비용 저하의 영향

거래비용이 이처럼 저하되는 것이 데이터 경제에 어떠한 영향을 미치고 있는지 생각해 보자. 가장 직접적으로는 인터넷 트래킹 기술의 광범위한 이용을 들수 있다. 트래킹은 이용자에 대한 파악과 분석을 위해 활용도가 높다. 특히 인터넷 행태광고(맞춤형 광고) 및 맞춤형 서비스 제공의 맥락에서 중요성이 높다. 실제로 국내 인터넷 환경에서 근래 들어 이용자에 대한 트래킹은 매우 활발하게 이루어지고 있는 것으로 파악된다. 아래에서는 트래킹이 어떻게 이루어지고 있는지에 관한 현황을 정리하고, 트래킹의 확산이 시장에 어떠한 영향을 미칠 것인지에 관해 좀 더 구체적으로 생각해 본다.

(1) 트래킹의 확산

인터넷 트래킹은 지속적으로 확산되고 일반화되고 있는 것으로 보인다. 이에 관해 가늠할 수 있는 가장 직접적인 방법 하나는 인터넷 쿠키나 디바이스 아이디와 같은 트래커(tracker)의 활용도에 관해 조사하는 것이다. 이 중 디바이스 아이디는 모바일 앱을 통해 이용자에 관한 정보를 수집하는 것이어서, 앱의 작동방식을 고려하면 인터넷에서의 전반적인 활용도에 관해 체계화하여 파악하는 것이 (앱을 운용하는 당사자가 아닌 연구자나 제3자로서는) 기술적으로 상대적으로 어려운 면이 있다. 다른 한편, 인터넷 쿠키는 연구자가 쿠키의 개수는 물론 텍스트 자체를 파악할 수 있고, 이를 통해 데이터 수집의 내용과 규모에 대해 가늠하는 것이 가능하다.[4] 일부의 개별 쿠키에 대해서는 그 용도를 파악하거나 짐작하는 것이 가능하기도 하다.

실제로 필자가 우리나라 인터넷 환경에서 쿠키 정보의 수집현황에 관해 조사해 본 결과, 상당히 광범위한 수집이 발생하고 있음을 알 수 있었고 또한 쿠키 정보의 수집은 급속하게 늘어나고 있음을 확인할 수 있었다.[5] 쿠키 정보 수집의 현황을 파악하기 위한 해당 연구는 2016년 시점을 기준으로 하여 당시 국내 점유율 상위 100개 사이트 중에서 일정한 기준에 따라 선별된 91개 사이트를 대상으로 이루어졌다. 실제 연구를 위한 데이터의 수집은, 해당 사이트를 접속하였을 때 수집되는 쿠키의 개수 및 내용, 쿠키를 수집하는 주체를 조사하는 방식으로 2017년 초에 진행되었다. 이 조사를 2013년에 데스크탑 환경의 61개 사이트, 모바일 환경의 19개 사이트를 대상으로 진행하였던 조사[6]와 비교했을 때, 조사 대상 웹사이트 1개에서 수집되는 쿠키의 평균 개수는 데스크탑 환경에서 176.29%, 모바일 환경에서 1,055.98% 증가했음을 확인할 수 있었다. 즉, 주요 웹사이트를 기준으로, 4년 사이에 테스크탑 환경에서는 3배에 육박하는 수준으로 쿠키 숫자가 증가하였고, 모바일 환경에서는 10배 이상 쿠키가 증가하였다. 또한 2017년에

---

4) 쿠키는 서버가 이용자의 컴퓨터에 저장하는 간단한 텍스트 파일로, 개개 쿠키는 매우 간단한 기능을 수행한다. 같은 서버에서 동일한 브라우저에 각기 다른 기능을 수행하는 여러 개의 쿠키 파일을 저장할 수 있어서, 이를 통해 이용자에 관한 다양한 정보를 수집할 수 있다. 그런 점에서 쿠키의 개수는 트래킹이 얼마나 광범위하게 이루어지고 있는지에 대해 대략적으로나마 가늠할 수 있게 해주는 정보라 할 수 있다.
5) 고학수·구본효·김종윤, 국내 웹사이트의 이용자 정보수집 및 트래킹 현황에 관한 분석, 「법경제학연구」, 제14권 (2017).
6) 위의 글 참조.

와서는, 모바일 환경과 데스크탑 환경 하에서 쿠키의 개수면에서 커다란 차이가
보이지 않는다. 구체적으로, 데스크탑 환경에서는 2013년에는 1개 웹사이트 당
평균 20.92개의 쿠키가 수집되었으나, 2017년에는 1개 웹사이트 당 평균 57.8개
의 쿠키가 수집되었다. 모바일 환경에서는 2013년 1개 웹사이트 당 평균 4.68개
의 쿠키가 수집되었으나, 2017년에는 평균 54.1개의 쿠키가 수집되었다. 아래 표
는 이를 요약한 것이다.

표 1. 웹사이트 당 수집 쿠키(당사자, 제3자) 평균 개수 및 그 증가율

	2013년	2017년	증가율
데스크탑 환경	20.92	57.8	176.29%
모바일 환경	4.68	54.1	1,055.98%

출처 : 고학수·구본효·김종윤, 국내 웹사이트의 이용자 정보수집 및 트래킹 현황에 관한 분석, 「법
　　경제학연구」, 제14권 (2017); 고학수·이상민, 국내 인터넷사이트의 개인정보 수집 현황 분석,
　　「법경제학연구」, 제10권 제2호 (2013).

　웹사이트의 유형별로 구체적인 쿠키의 비율에 차이가 있기는 했으나, 대부분
유형의 웹사이트에서 발견된 쿠키는 절반 이상이 제3자 쿠키였다. 제3자 쿠키의
빈도가 최근 몇 년 사이에 특히 크게 증가했음을 확인할 수 있었다. 제3자 쿠키
는 인터넷 이용자가 방문하고 있는 당해 웹사이트가 당사자 쿠키를 통해 데이터
를 수집하는 것과는 달리, 제3의 서버에서 데이터를 수집하는 것을 의미하는 것
이다. 따라서 제3자 쿠키가 특히 많이 증가했다는 것은, 단순한 고객편의제공 등
을 위한 쿠키보다는 트래킹을 통한 고객분석을 주목적으로 하는 쿠키가 큰 폭으
로 증가했음을 의미하고, 이는 이용자에 대한 상세한 데이터의 수집을 위한 노력
이 증가하고 있음을 암시한다.
　다른 한편, 아래의 표는 제3자 쿠키를 수집하는 서버('제3자 도메인')가 조사 대
상 웹사이트 중 평균적으로 몇 개의 웹사이트에서 제3자 쿠키를 수집하고 있는
지를 요약한 것이다. 이 표는, doubleclick.net의 예를 들자면, 데스크탑 환경에서
는 조사 대상 91개를 차례로 방문하였을 때 이 중 평균적으로 41.5개의 웹사이트
에서 제3자로서 쿠키를 수집하고 있음을 보여주는 것이다.

표 2. 주요 제3자 도메인의 평균 발견 빈도

순번	데스크탑 환경		모바일 환경	
	제3자 도메인	평균 빈도	제3자 도메인	평균 빈도
1	doubleclick.net	41.5	doubleclick.net	39.3
2	criteo.com	40.0	criteo.com	36.3
3	google.com	40.0	google.com	34.0
4	facebook.com	34.8	facebook.com	27.3
5	widerplanet.com	24.0	ad4989.co.kr	23.3
6	daumdn.net	21.7	widerplanet.com	20.3
7	adnxs.com	20.5	google.co.kr	16.7
8	google.co.kr	18.5	adnxs.com	16.0
9	about.co.kr	18.2	ads-optima.com	15.3
10	dreamsearch.or.kr	17.7	about.co.kr	15.3

출처 : 고학수·구본효·김종윤, 국내 웹사이트의 이용자 정보수집 및 트래킹 현황에 관한 분석, 「법경제학연구」, 제14권 (2017).

다양한 웹사이트에서 제3자 쿠키를 수집하는 서버들에 관해 살펴보면, 주로 인터넷 광고 사업을 영위하는 기업 또는 그러한 기업과 관련이 높은 기업이 대다수인 것을 알 수 있다. doubleclick.net, google.com, google.co.kr 도메인은 모두 구글이나 그 모기업인 알파벳이 운영하는 서버이고, 이를 포함하여, 크리테오(criteo.com), 페이스북(facebook.com) 등은 모두 인터넷 광고시장에서 적극적인 활동을 하는 사업자들이다. 다만, 크리테오와 같은 사업자는 광고에 특화된 사업자이고, 구글이나 페이스북과 같은 사업자는 소셜네트워크 등 이용자에게 무료 서비스를 제공하는 한편, 수익은 주로 광고를 통해 얻는 비즈니스 모델을 가진 사업자이다. 넓게 볼 때 이 두 유형의 사업자들이 제3자 쿠키를 특히 적극적으로 수집한다는 것은, 제3자 쿠키의 주요 수집 용도가 광고 등 마케팅을 위한 기초자료 수집에 있는 것임을 암시하는 것이다.

(2) 시장의 변화

이처럼 트래킹은 광범위하게 이용되고 있고 또한 증가하고 있다. 이것이 의미하는 것은 무엇인가? 기업들은 트래킹을 통해 수집된 정보를 이용하여 추가적인 분석을 하고, 분석된 내용에 기초하여 맞춤형 광고를 제공하는 것은 물론 그 이외에도 다양한 차별화된 비즈니스 전략을 수립하게 될 것이다.

트래킹을 전제로 할 때 기업의 전략이 어떠할지 좀 더 구체적으로 생각해 보자. 예를 들어, 특정 상품군에 대한 온라인 및 오프라인 거래의 맥락에서, 분석된 내용에 기초하여 관련된 전자상거래에 변화를 가져오는 전략을 고려해 볼 수 있다. 분석결과에 따라 소비자에게 제시되는 상품의 내역이나 배열순서를 달리할 수도 있을뿐더러, 가격을 달리 정할 수도 있다. 소비자를 몇 개의 그룹으로 나누어 그룹별로 각기 다른 가격을 책정할 수도 있고(이를 제3차 가격차별(third-degree price discrimination)이라 한다), 더 나아가 개별 소비자에게 모두 각기 다른 가격을 책정할 수도 있다(이를 제1차 가격차별(first-degree price discrimination)이라 한다).

일반적으로 가격차별(price discrimination)은 소비자의 지불의향(willingness to pay)을 파악한 뒤 이를 고려하여 가격을 정하는 것을 의미한다. 가격차별이 없는 경우와 비교할 때, 가격차별은 소비자에게 귀속되었을 거래로부터의 잉여(surplus)를 판매자에게 이전하는 효과가 있는 한편, 구매력이 떨어지는 소비자에게 (낮은 가격에) 구매하는 것이 가능하게 하는 등의 사회후생적인 효과를 보이게 된다.

트래킹에 기초한 가격차별은 경우에 따라 더 복잡한 사회적인 고민을 야기할 수도 있다. 예를 들어 생각해 보자. 온라인 전자상거래의 맥락에서, 한 기업이 가격을 책정하는 기준의 일부로 자신의 오프라인 유통망을 고려하는 방식이 있을 수 있다. 좀 더 구체적으로, 온라인 사이트에 접속하는 소비자의 위치정보를 파악한 후 해당 기업의 오프라인 점포로부터의 거리를 고려하여 가격을 달리 책정하는 알고리즘을 구상해 볼 수 있다. 기업 입장에서 생각해 보면, 일반적으로 오프라인 점포로부터 멀리 떨어져 있거나 교통이 불편한 곳에 있는 소비자에게 좀 더 높은 가격을 책정하는 전략을 택할 유인이 있다. 그런데, 사회적인 맥락에서 보면, 오프라인 점포가 적거나 교통이 불편한 곳은 사회경제적으로 취약한 계층이 사는 곳일 가능성이 높다. 즉, 사회경제적으로 취약한 계층에 속하는 소비자들에게 더욱 비싼 가격이 책정되는 경우가 나타날 수도 있는 것이다.[7]

맞춤형 광고나 맞춤형 상품을 제공하는 것이 가능하고 가격차별이 가능하다고

---

7) 이와 같은 방식은 미국에서 실제로 이용된 바 있는 것으로 추정되는 방식이다. Valentino-DeVries, Jennifer, Jeremy Singer-Vine and Ashkan Soltani, "Websites Vary Prices, Deals Based on Users' Information", *Wall Street Journal* (2012. 12. 24.)

하여, 실제로 기업들이 흔히 개개인에 대해 분석하고 개개인에 대해 차별화된 광고나 상품을 제공한다거나 일상적으로 가격차별을 한다는 뜻은 아니다. 위에서 본 것과 같이, 실제로는 기업들이 수집하는 정보의 양에도 상당한 편차가 있고, 이에 기초한 분석능력에도 적지 않은 차이가 있는 것으로 보인다. 또한, 분석이 충분히 이루어진 상황에서도 기업들은 맞춤형 상품을 제공하거나 가격차별을 이행하는 것을 주저할 가능성도 있다.

기업들이 어느 수준으로 상세한 분석을 하여 이를 전제로 세밀한 맞춤형 행태광고를 할지, 맞춤형 상품을 제시할지, 또는 가격차별을 할지에 관해서는 기업이 보유하고 있는 데이터, 그리고 해당 데이터에 대한 분석 및 실행능력이 중요한 관건이 된다. 그와 동시에, 기업의 전략 및 능력에 대한 소비자의 반응 또한 중요한 고려사항이 된다. 기업의 전략에 대한 적지 않은 거부반응의 가능성이 예상되는 경우에는 기업의 입장에서는 맞춤형 광고나 가격차별 전략의 이행에 신중할 수밖에 없다.

(3) 프로파일링(profiling)

맞춤형 행태광고나 가격차별은 좀 더 넓게는 프로파일링(profiling) 개념을 통해 파악할 수 있다. 프로파일링은 유럽연합(EU)에서 일반개인정보보호법(General Data Protection Regulation, 이하 "GDPR")이 2018년에 시행되면서 더욱 주목을 받게 된 개념이다. 프로파일링은 개인에 관한 여러 측면을 평가하여 의사결정을 내리게 되는 과정을 포괄적으로 의미하는 것으로 생각할 수 있다.[8]

프로파일링은 위에서 언급한 맞춤형 상품의 제공이나 맞춤형 광고를 포괄하는 더욱 넓은 개념으로 이해할 수 있고, 인공지능 기술의 발전과 함께 점점 더 다양한 형태로 나타나게 될 전망이다. 예를 들어, 이메일 메시지 작성과정에서 개인화된 추천 메시지를 제공한다든가, 전자상거래 맥락에서 과거의 구매행태를 고려하여 개인화된 추천 상품을 제시한다든가 하는 것은 모두 프로파일링의 범주에서 생각해 볼 수 있을 것이다. 이와 같은 개인화된 서비스의 제공은 지속적으

---

8) GDPR에 설명된 것은 다음과 같다. "'profiling' that consists of any form of automated processing of personal data evaluating the personal aspects relating to a natural person, in particular to analyse or predict aspects concerning the data subject's performance at work, economic situation, health, personal preferences or interests, reliability or behaviour, location or movements, where it produces legal effects concerning him or her or similarly significantly affects him or her." GDPR Recital 제71조.

로 늘어날 전망이고, 이는 전반적으로는 이용자 편의성을 높여주는 역할을 할 것
으로 전망되지만, 다른 한편 프라이버시 침해에 대한 우려 등으로 인해 이용자들
에게 불안감을 야기할 수도 있다.

Ⅲ. 데이터 이코노미와 프라이버시

위에서 본 것과 같이 데이터 이코노미의 맥락에서 거래비용이 크게 줄어들고
있고, 이에 기초하여 인터넷 이용자에 대한 트래킹(tracking)과 프로파일링(profiling)
이 광범위하게 이루어지고 있는 추세이다. 이와 같은 경향은, 프라이버시에 대한
우려를 곧바로 불러올 수 있다. 따라서 빅데이터 분석이나 프로파일링의 맥락에서
어떤 프라이버시 이슈가 발생하는지 살펴볼 필요가 있다. 빅데이터 분석과 프로파
일링 활성화에 관한 논의는 거의 필연적으로 프라이버시 침해의 가능성에 대한
우려와 불안감을 수반하게 되는 것이 현실이기 때문에, 구체적으로 어떤 유형의
프라이버시 침해 가능성이 있는 것인지에 관해 분석하는 것은 중요한 의미를 가
진다.

1. 프라이버시 일반론

빅데이터 맥락해서 흔히 생각하게 되는 프라이버시 문제는 19세기말에 처음
프라이버시 문제가 구체화되어 언급되었던 시기의 프라이버시 문제와는 상당히
다른 것이다. 1890년에 워렌(Warren)과 브랜다이스(Brandeis)에 의해 처음으로 개
념이 정리되기 시작한 현대적인 의미의 프라이버시는 '혼자 있을 권리(right to be
let alone)'라는 표현으로 대표되는 것이었다. 이는 기본적으로 개인의 사적인 영
역에 대하여 원하지 않는 외부자가 침입하는 것에 대해 해당 개인이 허용하지
않을 수 있어야 한다는 시각을 반영하는 것이었다. 이렇게 시작된 프라이버시에
관한 논의는 20세기 중반 이후에는 정보주체에게 좀 더 적극권인 권리를 인정하
는 방향으로 발전되었다. 이러한 논의는 1960년대를 거치면서 정보주체에게 통
제권(control)을 주는 것을 강조하는 방향으로 진전되었고, 이는 독일에서는 개인
정보 자기결정권이라는 법적인 개념으로 정리되었다.

우리나라에서는 사생활의 보호 등에 관한 논의는 일찍부터 있어왔지만, 프라
이버시에 대한 본격적인 논의는 비교적 최근에 와서 이루어진 것으로 평가된다.

특히 헌법재판소는 2005년 지문날인제도에 대하여 이루어진 헌법소원심판 사안에서, '정보주체가 개인정보의 공개와 이용에 관하여 스스로 결정할 권리'로 '개인정보자기결정권'을 도입하고 규정한 뒤, 이 권리를 독자적인 헌법적 기본권으로 인정하게 되었다(헌법재판소 2005. 5. 26. 선고 99헌마513 등 결정). 대법원은 헌법재판소 판례가 나타나기에 앞서 1998년부터 헌법상 자신의 정보에 대한 자율적 통제권을 인정한 바 있고(대법원 1998. 7. 24. 선고 96다42789 판결), 근래 들어서는 '개인정보자기결정권'이라는 표현을 명시적으로 이용하고 있다(대법원 2014. 7. 24. 선고 2012다49933 판결).

국내에서는 이처럼 주로 법원의 판례를 통해 프라이버시에 관한 법적인 권리가 구체적으로 인정되기 시작한 한편, 2011년에 와서는 '개인정보 보호법'이 제정되면서 실정법의 영역에서도 프라이버시에 대한 논의가 본격화되었다. 개인정보 보호법의 제정을 전후로 '정보통신망 이용촉진 및 정보보호 등에 관한 법률' 등의 관련 법률 또한 개정절차를 거쳐 프라이버시에 관한 내용이 도입 또는 강화되었다.

이러한 실정법의 제개정 과정을 거쳐 우리나라는 상당히 복잡하고 엄격한 개인정보 보호법제를 갖추게 되었다. 그런데 우리나라의 법제도는 개인정보의 수집 및 분석에 앞서 '고지' 및 '동의'를 극단적으로 강조하는 법제도인 것으로 평가된다. 동의에 기초하지 않고도 개인정보를 수집할 수 있는 가능성을 담고 있는 법률 조항이 없지는 않지만, 일반적인 빅데이터 분석의 맥락에서 동의 없이 개인정보를 수집할 수 있는 방법은 생각하기 어렵다. 이처럼 동의를 강조하는 방식은, 동의제도를 통하여 '개인정보 자기결정권'의 구현을 크게 강조하는 입법취지를 반영하는 것으로 해석될 수도 있다. 하지만 동의제도의 강조는, 법에서 정한 요건을 형식적으로 이행하기만 하면 되므로, 구체적인 상황에 따라서는 정보주체의 자기결정권 행사를 저해할 수도 있고 정보주체의 프라이버시 보호를 실질적으로 저해할 수도 있다는 비판이 종종 제기된다.

근래 들어서는 빅데이터에 대한 관심이 늘어나면서 개인정보 보호법제의 기본 얼개에 대한 문제의식이 좀 더 본격적으로 제기되고 있다. 이에는 동의제도의 한계에 대한 문제의식도 있고, 더 넓게는 최소수집의 원칙이나 목적의 명확성 원칙 등 현대 프라이버시 법제가 전제하고 있는 주요 원칙(개인정보 보호법 제3조)에 대한 문제의식도 포함한다.

빅데이터 분석은 다양한 유형의 데이터 그리고 대량의 데이터를 분석하여 새로운 통계적 상관관계를 찾아내기 위한 노력을 수반하는 것이 보통이다. 따라서 이는 가급적 많은 데이터를 수집하여 여러 유형의 분석을 하기 위한 시도 및 시행착오의 과정을 거치는 것을 당연시하게 된다. 그리고 이를 통해 다양한 개인들에 대한 분석을 거쳐 프로파일링(profiling)을 수행하는 경우가 점점 더 흔하게 나타난다.

이러한 변화의 맥락에서, 프라이버시 보호의 근본적인 이념이나 법정책적 목적에도 적절한 변화가 필요하다는 시각도 나타나고 있다. 빅데이터와 인공지능의 활용도가 지속적으로 높아지는 상황에서는 실질적으로 소비자들이 개인정보의 수집과 이용에 관하여 올바른 선택을 하는 것이 점차 어려워지고 있기 때문에 동의제도의 한계를 명확히 인식하고 대안을 좀 더 적극적으로 모색해야 한다는 문제의식이 나타나기도 하고, 더 크게는 빅데이터 분석과 프로파일링의 일상화를 고려한 법제도의 방향전환이 필요하다는 주장이 나타나기도 한다.

이와 같은 문제의식에서 출발하여 빅데이터 시대에 고민하게 될 프라이버시 이슈가 어떤 것인지 파악해 보기로 한다. 이는 과거에도 인식되어 왔던 문제들로부터의 근본적인 변화를 의미하는 것은 아니다. 하지만 사회 및 경제의 패러다임이 변화하는 것을 고려할 때 어떠한 측면에 대하여 새로운 접근이 필요할 것인지 또는 과거에 비해 좀 더 강조되거나 더 많은 고민이 필요한 영역은 어떤 것일지를 좀 더 명확하게 해줄 것이다.

빅데이터 인공지능의 활용도가 높아지면서 나타나는 가장 커다란 변화는, '알고하는 결정(informed decision)'을 내리는 데에 어려움이 없는 '합리적 개인'을 암묵적인 전제로 하는 현재의 동의 방식이 점차 더욱 더 비현실적인 것이 될 가능성에 관한 것이다. 개인이 충분히 합리적이지 않을 수 있다는 행동경제학적 문제 제기는 이미 반복적으로 제기된 바 있지만, 빅데이터의 맥락에서 이 문제는 갈수록 훨씬 심화될 것이고, 그런 의미에서 오늘날의 프라이버시 문제는 새로운 국면으로 진입하고 있는 것으로 보인다.[9] 이는 정보주체에게 자기결정권이나 통제권을 부여하는 것만으로 개별 정보주체의 이익에 반하는 결과의 발생을 충분히 방지할 수 있을 것인지, 그렇지 않다면 어떻게 정보주체의 이익을 보호할 수 있는

---

9) Tucker, Catherine, "Privacy, Algorithms and Artificial Intelligence", *The Economics of Artificial Intelligence: An Agenda* (2017), p. 5.

법제도를 마련할 수 있을 것인지에 관하여 근본적인 질문을 다시 제기한다. 아래에서는 빅데이터 인공지능 시대를 맞이하여 프라이버시가 마주치게 될 도전과제를 셋으로 나누어 살펴본다. 첫째, 데이터의 지속성(Data Persistence), 둘째, 데이터 이용의 목적이 변화할 가능성(Data Repurposing), 셋째, 데이터로부터의 파급효과(Data Spillovers)이다.[10]

2. 빅데이터 인공지능 시대 프라이버시의 문제

(1) 데이터의 지속성(Data Persistence)

복제가 용이한 디지털 데이터의 특성상, 오늘날의 데이터는 아날로그 시대의 정보와 달리 저장이 용이하고 장기간 저장하는 것에도 부담이 적다. 데이터 복제에는 특별한 자원이 소요되지 않고, 일반적으로 디지털 데이터는 복제 과정에서 데이터의 질이 저하되는 문제가 발생하지도 않는다. 데이터 저장의 측면에서는, 오프라인 환경에서 이미 저장매체의 용량이 크게 증가했고 온라인에서는 클라우드 기반의 다양한 저장 및 전산처리의 방법이 등장하고 있다. 클라우드 서비스가 갈수록 고도화되면서 대규모 데이터에 대한 저장 및 전산처리에 대한 부담은 지속적으로 줄어들고 있다. 데이터의 지속성은 이러한 경향을 종합적으로 언급하는 것이다.

그런데 빅데이터 분석을 위해서는 다양한 데이터 및 대량의 데이터 확보가 중요한 경우가 많다. 또한 인공지능 기술의 개발과 활용을 위해서는 양질의 훈련 데이터(training data) 확보가 필수적이다. 양질의 훈련 데이터는 모집단(population)과 유사한 통계적인 속성을 보이는 데이터를 전제로 하는 것이고, 만일 훈련 데이터가 모집단과 다른 통계적 편향(bias)을 보이거나 하면 많은 경우에 분석결과의 유용성이 떨어지게 된다. 따라서 빅데이터 인공지능의 활성화를 위해서는 일반적으로 대량의 유용한 데이터를 확보하여 다양한 시도를 하는 것이 중요한 관건이 되고, 데이터 확보를 위한 여러 형태의 노력이 이루어지는 것을 어렵지 않게 볼 수 있다.

이에 반해 정보주체의 시각에서는 데이터의 지속성이 정반대의 불안감을 야기할 가능성이 있다. 일단 동의나 그 이외의 법적 과정을 거쳐 수집된 자신에 관한

---

10) 이와 같이 세 가지로 구분한 것은 Tucker, "Privacy, Algorithms and Artificial Intelligence" (2017) 에 따른 것이다.

데이터가 시간이 지나면서 점차 사라진다거나 삭제되는 것이 아니라, 그 반대로 지속적으로 보관되면서 주기적으로 분석의 자료로 이용될 가능성이 있다는 것 자체로부터 불안감이 야기될 수 있다. 이는 구체적인 불이익이 나타날 수 있다는 불안감일 수도 있고, 막연한 느낌의 불편한 감정일 수도 있다. 개인정보에 대한 '잊혀질 권리'를 둘러싼 논의도 그러한 불안감이나 불이익을 최소화하기 위한 사회적 문제의식을 반영한 것이라 해석할 수 있다.[11] 이 맥락에서, 정보주체들의 불안감을 줄이기 위한 방법으로, 데이터의 비식별화나 익명화 등의 과정을 거치도록 한다거나 그 이외의 다양한 안전장치(safeguards)를 마련하는 것을 생각해 볼 수 있다. 하지만 그러한 안전장치가 정보주체들의 불안감을 충분히 낮출 수 있을 것인지는 아직까지 명확하지 않다.

데이터의 지속성으로 인해 나타나는 또 다른 특징은, 데이터가 수집되는 시점과 데이터를 이용하여 분석이 이루어지는 시점 사이에 상당한 시차가 있을 수 있다는 점이다. 일단 수집된 데이터에 대해서는 즉각적인 분석이 이루어질 수도 있지만, 축적의 과정을 거쳐 일정한 시간이 지난 후에 분석이 이루어질 수도 있다. 경우에 따라서는 지속적인 데이터 업데이트가 이루어지면서, 이에 따라 반복적, 주기적으로 분석이 이루어질 수도 있다. 그런데 이로 인해 발생할 수 있는 시차를 고려하면, 당초 데이터를 수집하던 시점의 데이터 환경과 분석이 이루어지는 시점의 데이터 환경이 다를 가능성도 있다. 또한, 시간이 지나면서 분석의 목적에 약간의 변화가 나타날 수도 있다. 현재의 개인정보 보호법제는 사전(ex ante)에 고지를 하고 동의를 얻는 것을 기본 메커니즘으로 하고 있어서, 사후(ex post)에 시차가 발생하면서 변화가 나타날 수 있는 상황은 상정하고 있지 않다.

물론 수집되고 저장되는 모든 데이터가 분석에 유효한 것은 아니다. 일부 유형의 데이터는 특정 시간과 장소에 국한하여 의미가 있고, 시간이 지나면 그 유용성이 크게 떨어지기도 한다. 그러한 유형의 데이터는 지속성으로 인해 문제가 나타날 가능성이 높지 않다. 다른 한편, 지속성이 높을수록 활용도가 높아진다거나 충분한 시간을 두고 연관 데이터를 축적할 때에 유용성이 크게 높아지는 데

---

11) 잊혀질 권리에 대한 논의가 본격화되는 데에 핵심적인 역할을 한 '구글 스페인' 사건은, 시간이 지나도 개인에 관한 정보가 인터넷 검색 서비스를 통해 지속적으로 검색가능한 상황을 전제로 하여 전개된 것이다. Google Spain, Google Spain SL and Google Incorporated v Agencia Española de Protección de Datos ('AEPD') and Costeja González, Case C-131/12 (CJEU 2014).

이터가 있다면, 그러한 유형의 데이터에 대해서는 프라이버시 맥락에서 좀 더 조심스러운 태도를 취할 필요가 있을 것이다. 유전자 정보의 예를 들어 생각해 보자. 유전자 시퀀싱(genetic sequencing)이 처음 이루어지기 시작했을 때에는 유전자와 관련된 프라이버시 문제에 대해 민감하게 생각한 사람은 많지 않았을 것이다. 그런데, 근래에는 유전자 프라이버시(genetic privacy) 개념이 등장하면서, 유전자 정보에 대한 프라이버시 보호의 필요성이 과거보다 더 강조되고 있다. 유전자 정보는 기술이 개발되고 의학이 발전하면서 그 중요성과 가치가 지속적으로 높아지는 중이다. 그와 동시에 유전자 프라이버시의 중요성도 높아지고 있다. 예를 들어, 누군가 10년 전에 유전자 데이터의 공개를 결정한 바 있다면, 현시점에는 다른 판단을 할 가능성이 충분히 있음에도 불구하고 10년 전의 결정을 돌이키는 것이 어려울 수 있다.

(2) 데이터 이용 목적의 변화(Data Repurposing)

데이터 분석의 과정은 흔히 다양한 분석모형의 설정 및 수정을 포함하는 반복적인 시행착오의 과정을 수반한다. 애초에 특정한 목적을 염두에 두고 데이터를 수집하였다고 하더라도, 분석을 시작하고 나면 이를 약간씩 변경하여 새로운 시도를 할 필요성이 나타나게 되는 것은 데이터 분석의 과정에서 흔히 겪는 과정이다. 이와 같은 데이터 이용 목적의 변화가능성은 목적의 명확성이라는 개인정보보호 법제도의 원칙과 충돌하게 될 가능성이 있고, 또한 경우에 따라 데이터의 분석이 '목적 외 이용'이어서 불법적인 것이라는 주장과 마주치게 될 가능성도 있다.

그에 더하여, 데이터의 지속성은 데이터의 용도를 둘러싼 불확실성을 증대시키는 역할을 할 수도 있다. 데이터가 오랫동안 존속하게 되면 일반적으로는 처음 생각한 것과는 다른 여러 가지 목적으로 재사용을 하게 될 가능성이 나타날 수 있고, 또한 그 과정에서 다른 연관된 데이터가 축적이 되고 분석기술이 개발되면서 데이터 분석을 둘러싼 환경에 변화가 올 수도 있다. 이런 불확실성은 정보주체로 하여금 최초의 동의 과정에서의 의사결정을 더욱 어렵게 만드는 효과가 있다. 자신의 데이터가 향후에 어떠한 목적과 방식으로 활용될 것인지에 관해 불확실성이 증가한다면, '알고 하는 동의(informed consent)'라는 개념 자체가 성립되기 어려울 수 있는 것이다. 다른 한편, 데이터 분석을 하는 입장에서는, 애초에 데이터를 수집한 목적과 일치하지 않는 목적으로 데이터가 이용될 가능성 자체는 충분히 예측한다고 하더라도, 구체적으로 어떻게 변화할 것인지에 대해서는 예측이 어려운 것이 보통이다. 이로 인해, 애초에 데이터를 수집하는 시점에 데이터 분석 등 활용의 목적이 변화할 가능성에 대해 구체화하여 명확하게 제시하기는 쉽지 않을 수 있다.

(3) 데이터의 파급효과(Spillover Effects)

개인정보의 수집과 활용 맥락에서 이루어지는 '동의'는, 대부분의 경우에 정보주체 개개인이 자기 스스로의 선호와 이해관계를 고려하여 의사결정을 하는 것을 전제로 개념화된다. 그런데 동의제도를 이와 같이 이해하는 것은, 정보의 수집과 활용이 정보주체 당사자에게만 영향을 미칠 것이라는 시각이 암묵적으로 전제된 것이라 할 수 있다. 하지만, 정보주체 개인의 의사결정이 제3자에게도 영향을 미치게 되는 경우도 적지 않게 나타난다.[12] 예를 들어, 차량에 블랙박스를 설치하면, 해당 차량의 운행상황과 관련된 정보는 물론 해당 차량 주변의 다른 차량이나 도로 상황 등에 관한 영상정보가 녹화되는 것이고 또한 차량의 운전상황이나 안전과는 관계없는 온갖 대화내용이 담긴 음성정보까지도 함께 녹음될 수도 있다. 마찬가지로, 공공장소에서 '셀카'를 찍으면 지나치는 행인이나 주변 상황이 함께 찍히게 된다. 이렇게 해서 수집된 정보는 경우에 따라, 예를 들어, 범죄현장에 관한 정보파악을 위해 이용되는 등 애초에 정보를 수집하게 된 목적과는 다른 목적으로 이용되기도 한다. 이처럼 데이터는 파급효과를 유발하는 경우가 적지 않은데, 센서 데이터 등 사물인터넷(Internet of Things)을 위해 필요한 데이터에서 그러한 파급효과가 나타나는 것을 어렵지 않게 볼 수 있다.[13]

또 다른 유형의 파급효과의 예로 개인의 유전정보를 들 수 있다. 유전정보는 가까운 가족이나 친척 사이에 적지 않은 정보가 유사하게 나타난다.[14] 따라서 유전정보는 한 개인에 관하여 많은 것을 알려주는 동시에, 그 개인 주변의 가까운

---

12) 제3자에게 영향이 있는 경우 경제학에서는 흔히 외부효과(externalities)라고 부르지만, 여기서는 파급효과(spillover effects)라고 부르기로 한다. 아래 예를 통해서 볼 수 있는 것과 같이, 제3자에게 영향이 미칠 수도 있지만 이를 경제학적 외부효과 개념으로 포섭하여 설명하기에 적절하지 않아 보이는 경우들도 있기 때문이다.

13) Peppet, Scott R., "Regulating the Internet of Things: First Steps Toward Managing Discrimination, Privacy, Security, and Consent," 93 *Texas Law Review* 85 (2014).

14) 이원복, "유전체 시대의 유전정보 보호와 공유를 위한 개인정보 보호법제의 고찰", 『법조』, 제67권 제3호 (2018).

가족이나 친척에 대해서도 알려주는 바가 적지 않을 수 있다. 이로 인해서, 예를 들어, 만일 개인의 유전정보가 고용맥락에서 이용될 수 있다면 이는 당사자의 고용은 물론 가족의 고용에도 영향을 미치게 될 수 있다. 또 다른 유형의 파급효과로, 예상하지 못한 용도로 유전정보가 이용되는 경우를 들 수 있다. 유전정보를 활용하여 연락이 두절된 친척을 찾고자 하였는데, 이 정보가 매개가 되어 범죄자 체포에 이용되는 경우를 들 수 있다.[15]

이러한 파급효과의 가능성을 고려하면, 정보주체의 입장에서는 정보수집에 동의할지 여부에 대해 더욱 판단이 어려워지게 된다. 자신의 판단이 향후에 자기 자신은 물론 제3자 누구에게 어떤 형태로 어떻게 영향을 미치게 될지 예측하기 어려워지기 때문이다.

또한 파급효과의 존재로 인해, 사후적으로 데이터와 관련된 문제가 발생하였을 때, 이에 대해 문제의 원인을 명확히 규명하여 적절한 대응책을 마련하는 것이 어렵게 되는 경우도 나타날 수 있다. 특히 빅데이터 알고리즘을 이용한 자동화된 의사결정(automated decision-making)의 맥락에서는, 특정한 의사결정에 대해 그러한 결정의 원인이 누군가의 의식적인 의도나 조작이 개입되었기 때문에 나타난 것인지, 알고리즘 특유의 작동방식 때문인지, 훈련 데이터의 구성 때문인지 등 다양한 가능성을 두고 그 원인을 명확히 규명하는 것이 어려울 수 있다.

여러 가지 요소가 작동하여 결과가 나타나게 되는 경우에 관해 한 가지 연구의 사례를 통해 생각해 보자. 미국 온라인 광고시장의 맥락에서, Lambrecht & Tucker (2017)는 공학전공자 구인광고가 남성에 비해 여성에게 적게 노출된 것을 확인하였다. 이는 다양한 영역에서의 여성의 사회진출, 특히 공학 영역에서의 여성의 사회진출을 적극적으로 권장할 사회적인 필요성을 고려하면 의외의 결과라 볼 수도 있다. 여성에게 적극적으로 구인광고를 노출하여 관심을 유도하는 것이 도움이 될 수 있을 텐데, 그 반대로 남성에게 더 많은 구인광고 노출을 하였기 때문이다. 그런데 이와 같은 결과가 나타난 것에 대해, '여성은 공학에 관심이 적다'는 식의 사회적인 차별의식이나 편향이 반영된 것으로 곧바로 결론을 내리기는 어렵다.

---

15) Kolata, Gina, and Heather Murphy, "The Golden State Killer Is Tracked Through a Thicket of DNA, and Experts Shudder", *New York Times* (2018. 4. 27.) (https://www.nytimes.com/2018/04/27/health/dna-privacy-golden-state-killer-genealogy.html).

Lambrecht & Tucker (2017)는, 이러한 결과가 나타난 것이 명시적이건 암묵적이건 차별적 의도가 반영된 것이라기보다는 온라인 광고시장의 특성이 반영된 것일 가능성이 높다고 설명한다. 즉, 온라인 광고시장에서 젊은 여성은 상당히 수익성이 높은 마케팅 대상이 되는데, 그에 따라 젊은 여성들에게 집중하여 상업광고가 많이 제공되는 경향이 있고, 여러 상업광고가 집중되는 과정에서 나타난 일종의 구축효과(crowding out)인 것으로 해석하는 것이 더 정확한 것일 가능성이 높다는 것이다.16)

데이터 수집 및 활용 맥락에서의 파급효과를 시장의 실패(market failure)의 한 형태로 파악한다면, 시장의 실패를 바로잡기 위한 적절한 개입이 필요할 수도 있다. 문제는, 개별 파급효과의 원인 자체를 제대로 파악하기 어려운 경우가 적지 않고, 그 경우 적절한 개입이 어떤 것일지 판단하기도 어려울 수 있다는 것이다.

Ⅳ. 데이터 거버넌스

위에서 본 빅데이터 맥락에서의 거래비용의 커다란 감소 및 프라이버시와 관련된 문제의식의 변화는, 프라이버시에 관한 전통적인 관념이나 법제도에 일정한 변화를 모색할 필요성이 있을 수 있음을 시사한다. 대규모 데이터가 손쉽게 수집되고 복제될 수도 있고, 다양한 목적으로 분석될 수도 있고, 이에 기초하여 고도의 프로파일링이 이루어질 수도 있는 반면에, 정보주체의 입장에서는 개인정보의 처음 수집단계에서부터 '알고 하는 동의(informed consent)'를 하기가 점점 더 어려워지는 것이 현실이다. 또한 자신에 관한 데이터가 일단 수집된 후 어떤 경로를 거쳐 어떻게 분석되어 자신에 대한 어떤 판단에 영향을 미치게 되는지 구체적으로 파악하기도 매우 어렵다.

그런 맥락에서, 일단 확보된 데이터를 누가 어떻게 보관하고 관리하게 되는지, 향후 이용에 대한 판단은 어떻게 하게 될 것인지 등 데이터가 일단 수집된 이후의 상황에 관해 좀 더 적극적으로 살펴볼 필요가 있다. 이를 넓게 '데이터 거버넌스(Data Governance)'라는 이름으로 생각해 볼 수 있다. 데이터 거버넌스는 주로 데이터의 사후적(ex post) 이용의 맥락에서 이를 어떻게 관리하고 통제할 것인지

---

16) Tucker, "Privacy, Algorithms and Artificial Intelligence" (2017), pp. 16-17.

에 관한 논의가 된다.[17] 이러한 논의는 어떻게 정보주체로부터 신뢰를 구축하고, 이를 통해 어떻게 사전적으로(ex ante) 데이터를 수집하고 제공할 것인지에 관한 논의와 쉽게 연결된다. 결국, 이를 통해 빅데이터 시대에 걸맞는 데이터 생태계를 어떻게 구축할 것인지, 그리고 정보주체의 신뢰는 어떻게 확보할 것인지에 관한 논의를 정리해 볼 수 있다.

1. 데이터 거버넌스 시스템(Data Governance System)

개인정보를 포함하여 데이터는 흔히 처음 데이터를 수집한 자에 의해 보관되거나 관리된다. 하지만 그렇지 않은 경우도 많다. 데이터가 수집된 후 제3의 기관에 데이터가 전달되어 모이게 되는 경우가 대표적이다. 금융데이터의 영역이나 보건의료데이터의 영역은 이처럼 데이터의 집중이 이루어지는 대표적인 영역이라 할 수 있다. 실제로 개별적인 상황이나 영역에 따라 데이터가 수집되고 관리되는 방식은 다양하게 나타난다. 빅데이터 인공지능의 맥락에서는, 데이터 수집 이후의 상황에 관해 좀 더 주목하여 살펴볼 필요가 있다. 그리고 이를 넓게 데이터 거너넌스의 개념으로 포섭하여 논의할 수 있다.

데이터 거버넌스란, 데이터의 전반적인 수집, 보관, 처리, 활용 등의 과정에서 데이터를 관리하는 주체가 누구인지, 어떤 방식으로 관리되어야 하는지, 그에 관한 감시·감독은 어떻게 이루어지는지 등에 관한 체계를 종합적으로 언급하는 것으로 생각할 수 있다. 하지만 이는 상당히 추상적인 개념이어서 예시를 통해 좀 더 구체화하는 것이 개념을 정립하는 데에 도움이 될 수 있다. 데이터의 흐름에 관한 예시 및 데이터가 제3의 기관에 집중되는 방식의 예를 통하여 데이터 거버넌스의 개념을 잡아보기로 한다.

아래 그림은 데이터의 제공이나 유통이 가능할 경우에 어떤 식으로 생태계를 구상해 볼 수 있을지에 관해 보여주는 것이다. 그림의 왼쪽 편에는, 정보주체가 계약이나 거래의 일환으로 통신사, 편의점이나 마트 등 소매상, 은행 등 금융기관, 보험회사 등에게 개인정보를 제공하게 되는 상황을 보여주는 것이다. 그리고 중간부분은 개인 신용조회회사 등을 통해 그러한 정보가 집중, 분석 또는 매개되

---

17) 통제는 흔히 정보주체에 의한 개인정보자기결정권의 직접 또는 간접 행사를 의미하는 것으로 생각할 수 있으나, 반드시 그런 것은 아니다. 부분적으로라도 정보주체가 아닌 제3자에 의한 통제를 상정할 수도 있다.

는 것을 가리킨다. 다른 한편 그림의 오른 쪽 부분은, 분석된 데이터가 신용조회 회사로부터 다시 통신사, 소매상, 금융기관, 보험회사 등에게 제공되는 것을 보여준다. 정보의 흐름을 이렇게 순환구조처럼 파악하는 것은 매우 독특한 것처럼 보일 수 있지만, 아래에서 좀 더 구체적으로 살펴보듯이 금융이나 보건의료를 포함한 몇 몇 영역에서는 이미 이와 일정정도 유사한 방식이 작동하고 있다.

그림 3. 데이터 중개시장의 구조

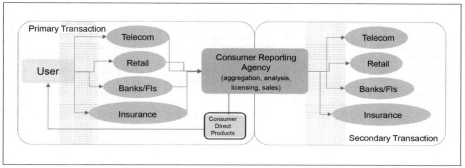

출처 : Jentzsch, Nicolas, "The Personal Data Economy: Introduction and Insight" (2017).

　실제로 금융영역은 정보공유와 집중의 필요성이 두드러지게 나타나는 영역 중 하나이다. 현대 금융시스템은 금융소비자의 신용도에 대한 정확한 판단에 기초한 신용경제가 그 근간을 이루며 작동한다. 신용도의 정확한 판단을 위해서는 개별 금융소비자의 금융활동에 관한 정보를 포함하여 신용도 판단에 도움이 되는 다양한 신용정보의 수집과 공유가 당연한 전제가 된다.

　아래 그림은 신용정보의 흐름을 도해하는 것이다. 데이터의 흐름은 위의 그림에서 본 것과 매우 유사한 방식으로 이루어진다. 그림의 왼쪽 영역에 표시된 제1유형 파트너(Type-1 Partners)는 은행 등의 금융기관을 포함하여 개인에 관한 신용정보를 수집 또는 생성하는 기관들을 가리킨다. 이들 기관에서 수집되거나 생성된 신용정보는 신용조회회사에 전달이 되어 집적된다. 신용조회회사에서는 이러한 정보를 분석하여 신용도 평가나 신용평점을 부여하는 등의 작업을 하게 된다. 그리고 그러한 분석결과는 개별의 제1유형 파트너들에게 다시 제공되기도 하고 새로운 제2유형 파트너들(Type-2 Partners)에게 제공되기도 한다. 그림의 오른쪽 영역에 표시된 것은 그러한 과정을 의미한다. 여기서 제2유형 파트너란 당초 개인신용정보를 수집하거나 생성한 곳이 아닌 곳을 의미한다. 제1유형 및 제2유형 파트너에게 분석결과를 제공하는 것에 관해서는 법제도를 통해 규율이 이루어지는 경우가 많다. 특히 제2유형 파트너에 정보가 되는 것에 관해서는 법에 의해 엄격한 통제가 이루어지는 경우가 많다.

그림 4. 신용조회시장의 구조

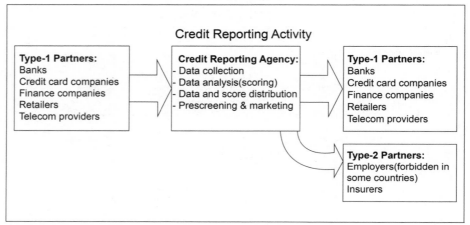

출처 : Jentzsch, Nicolas, "Financial Privacy — An International Comparison of Credit Reporting Systems" (2007).

그림에는 제2유형 파트너로 고용주와 보험회사가 표시되어 있는데, 이에 관해서는 개별국가에서 매우 상이한 규제가 적용된다.[18] 또한, 그림의 중간에 표시된 개인 신용평가 및 신용조회에 관해서도 그 구체적인 내용은 개별국가에 따라 상당히 상이한 형태가 나타난다. 국가 내지 공공기관이 그 역할을 하는 경우도 있고, 복수의 민간기업이 그 역할을 하는 경우도 있다. 수집가능한 구체적인 정보의 내역도 국가별도 상이하다. 대체적으로 국가나 공공기관을 통해 신용정보가 집중되는 경우에는 거시경제지표에 영향을 미칠 수 있는 채무불이행 등과 관련된 정보에 치중하여 수집이 이루어지는 경향이 있고, 민간기업을 통해 신용정보가 집중되는 경우에는 개별 금융소비자의 신용도 평가에 도움이 될 수 있는 좀

---

18) 그림 4에는 제2유형 파트너로 잠재적인 고용주에게 신용평가의 내역이 전달될 수도 있는 것으로 표시되어 있다. 이는 미국의 경우로, 공정신용정보법(Fair Credit Reporting Act)의 규정에 의해 가능하게 된 상황을 가리키는 것이다.

더 다양하고 세밀한 정보가 수집되는 경향이 있다.

우리나라도 개략적으로는 이 그림이 보여주는 것과 유사한 신용정보 집중체계를 가지고 있다. 개별 금융기관들은 금융소비자들로부터 신용정보를 수집한 뒤, 이를 신용정보집중기관에 전달하게 된다(신용정보의 이용 및 보호에 관한 법률 제25조). 국내에서는 '한국신용정보원'이 신용정보집중기관의 역할을 한다. 다만 위 그림과 다르게, 한국신용정보원이 직접 신용도 평가나 신용평점 부여 등의 작업을 하지는 않고, 그러한 분석작업은 신용조회회사(Credit Bureau)를 통해 이루어진다. 신용조회회사는 분석작업을 거쳐 신용등급이나 신용평점 등을 개별 금융기관에 제공한다.

또 다른 예로 보건의료정보의 경우를 보자. 보건의료정보는, 국가별로 의료서비스의 전달체계가 크게 다르고 의료보험 시장의 구조 또한 크게 다른 것을 반영하여, 관련된 정보의 흐름이 국가별로 크게 다르게 나타난다. 우리나라는 의료서비스 전달체계의 운영에 있어 국민건강보험이 중추적인 역할을 한다. 따라서 보건의료정보의 흐름도 국민건강보험 시스템 운영을 중심으로 살펴볼 필요가 있다.

국내에서 기본적으로 보건의료정보가 주로 생성되는 곳은 환자를 직접 접하게 되는 병원 및 의원이다. 병의원에서 수집되고 생성된 정보는 상당 부분 건강보험심사평가원과 국민건강보험공단으로 전달된다. 다만, 건강보험심사평가원은 요양급여의 인정여부에 대한 판단이나 비용의 산정 등을 주된 역할로 하고, 국민건강보험공단은 국민건강보험제도의 전반적인 운영 및 그에 필요한 재정의 확보 등이 주된 역할이어서 서로 보유하고 관리하게 되는 정보의 구체적인 내용은 약간 다르다.[19] 하지만 전국민 대다수에 관한 상당한 수준의 보건의료정보가 집적된다는 점에서, 빅데이터 맥락에서는 두 기관이 모두 중앙집중식 데이터 저장소 역할을 한다고 볼 수 있다. 다만, 이들 기관에 집적된 정보가 개별 병의원에 다시 제공되지 않는다는 점에서 신용정보의 경우와 정보의 흐름면에서 큰 차이가 있다.[20]

---

[19] 전체적으로 요양급여와 관련된 데이터는 건강보험심사평가원이 좀 더 상세한 데이터를 보유하고 있을 수 있는 한편, 예를 들어 건강검진과 관련된 데이터는 건강보험심사평가원은 보유하지 않고 국민건강보험공단에만 축적되는 데이터이다.

[20] 다만 연구 등의 목적을 위해 일부 데이터를 공유하는 메커니즘을 구축하고 있다. 국민건강보험공단의 경우 현재 '표본연구DB'(코호트DB) 및 '맞춤형연구DB'를 제공하는 시스템을 구축하고 있다 (https://nhiss.nhis.or.kr/). 건강보험심사평가원에서는 '공공데이터', '의료빅데이터', '의료통계정보' 등의 이름으로 데이터를 제공하는 시스템을 마련해 놓고 있다(http://opendata.hira.or.kr/).

2. 합리적인 데이터 거버넌스 시스템의 모색

위에서 본 것과 같이, 동의제도에 전적으로 기초하지 않는 데이터 거버넌스 시스템은 이미 부분적으로 존재하고 있다. 이러한 시스템으로부터 어떤 시사점을 얻을 수 있을지, 그리고 데이터 이코노미의 관점에서 어떤 방향을 모색할 수 있을지 생각해 보자. 이에 관한 논의의 출발점은 소유권의 개념이 될 수 있다. 이 글의 서두에서 본 것과 같이, 데이터의 소유권 개념을 둘러싸고 다양한 인식이 존재하는 것으로 인해 혼란이 야기되는 측면이 있고, 이를 고려하면 소유권 개념을 명확히 하는 것이 도움이 될 것으로 생각할 수 있다.

소유권 개념은, 이를 획정하고 집행하는 것이 복잡하지 않다면 가장 이상적인 해결책이 될 수 있다. 거래비용이 낮은 경우에는 소유권의 개념을 명확히 하는 것만으로 사회후생이 극대화될 수 있기 때문이다.[21] 하지만 이 맥락에서의 근본적인 문제는 데이터를 온전히 전통적 의미의 상품이나 서비스 또는 경제학적 의미의 '재화'로 보기 어렵다는 점이다. 법적으로는 소유권의 대상은 '물건'이어야 하는데, 데이터를 법에서 정의하는 물건, 즉 '유체물', '전기' 또는 '기타 관리할 수 있는 자연력'(민법 제98조)의 일부로 파악하기 어렵다는 문제가 있다. 그 이외에 저작권 개념이나 영업비밀의 개념 등을 차용하는 것에도 어려움이 있다.[22]

또한, 설사 소유권(내지 그에 준하는 권리) 개념을 도입한다고 하더라도, 데이터의 생성, 수집, 활용의 전체 과정에서는 수많은 이해관계자가 관여하게 되는 경우가 많은데, 이들 사이에서 소유권을 어떻게 정립하고 권리배분을 할 수 있을지도 커다란 문제가 될 수 있다.[23] 극단적으로는 '공유지의 비극(Tragedy of the Commons)'이나 그 정반대로 '반공유지의 비극(Tragedy of the Anti-Commons)' 문제가 나타나면서 데이터의 활용이 매우 어려워지는 상황이 나타날 수 있다.

우선 반공유지의 비극을 보자. 만일 다수의 이해관계자들에게 권리가 쪼개져서 부여될 경우(over-propertization), 자칫하면 이해관계자 아무도 새로운 가치를 창출하기 어려운 상황이 나타날 수 있다. 이것이 반공유지의 비극이다.[24] 데이터

---

21) 이상용, "데이터 거래의 법적 기초", 「법조」, 제67권 제2호 (2018).
22) European Commission, "Legal Study on Ownership and Access to Data" (2016).
23) 이상용, "데이터 거래의 법적 기초", 21-22쪽.
24) 이동진, "공개 데이터 이용과 개인정보에 대한 '권리'", 「데이터 이코노미」, 한스미디어 (2017), 155쪽.

흐름의 중간과정에 있는 모든 당사자들이 각자 권리자로서 적극적인 권리행사를 할 경우에, 극단적으로는 모든 이해당사자들에게 현실적인 비토권이 주어진 것과 유사한 상황이 발생할 수 있고, 결국 아무도 데이터를 활용할 수 없는 상황이 발생할 수도 있는 것이다. 이와 반대로, 일정 유형의 데이터에 대해 공개나 공유를 의무화하는 방식은 경우에 따라 공유지의 비극을 불러올 수도 있다. 유용한 데이터의 공유 자체가 쉽지 않을 수 있고, 일단 공유가 시작되면 모든 당사자에게 접근권이 주어질 것이라는 점은 당초 데이터를 보유한 주체로 하여금 품질이 좋지 않은 데이터 위주로 제공 및 공유 과정에 참여하게 만들 유인을 준다. 이는 공유되는 데이터의 품질에 심각한 문제를 야기할 가능성도 있고, 그러한 경우에는 공유 데이터의 유용성과 활용도가 크게 낮아질 수밖에 없을 것이다.

결국 데이터에 대한 전통적 의미의 '소유권'개념 내지 그 유사한 권리를 획정하여 인정하는 방식으로는 — 적어도 현재로는 — 합리적인 데이터 거버넌스 체계를 구축하기가 쉽지 않다. 국내의 현행 개인정보 보호법제나 EU GDPR을 포함한 외국의 법제도에서도 정보주체에게 직접적으로 소유권을 부여하는 대신, 동의권을 비롯하여 삭제청구권, 정정청구권 등의 부분적이고 간접적인 권리만 인정하고 있는 것이 현실인데, 이는 소유권 개념을 적용하여 데이터와 관련된 권리를 설정하는 것이 쉽지 않다는 점을 반영하는 측면도 있을 것이다.

그렇다면 데이터 거버넌스 맥락의 다양한 참여자들에 대하여, 소유권이 아닌 다른 권리를 인정해주는 것이 가능할 수 있을까? 데이터에 대한 일종의 거래와 유통 개념을 도입하는 것이 가능할 수 있을까? 플랫폼 경제(platform economy)의 개념과 연관지어 생각해 보면, '데이터 중개소(data intermediary)'가 설치되어 역할을 하는 상황을 생각해 볼 수 있다. 이 중개소는 단순한 교환소(clearinghouse)의 역할을 할 수도 있고, 데이터가 거래되는 상황에서 데이터 브로커(data broker)의 역할을 할 수도 있다. 만일 제도화된다면, 실제로 데이터 중개소 역할을 할 수 있는 것으로 다양한 유형의 플랫폼을 들 수 있다.

아래 그림은 데이터 중개소 역할을 할 수 있는 플랫폼을 유형화하여 예시하는 것이다. 그림에서 볼 수 있는 것과 같이, 크게 서비스 제공자가 중개소 역할을 하는 모형과 이용자 중심의 중개소 모형을 구분하여 생각할 수 있다. 서비스 제공자가 중개소 역할을 하는 경우는, 구글이나 페이스북의 경우와 같이 소비자나 이용자들과 직접적인 인터페이스가 있는 플랫폼도 있고 신용조회회사(Experian)나

데이터 브로커(Axciom)와 같이 소비자들과 직접적인 인터페이스가 없든가 혹시 있더라도 매우 제한적으로만 있는 플랫폼도 있다. 다른 한편, 이용자 중심의 중개소 모형은, 허브 모형(hub model)과 분산형 모형(distributed model)로 구분하여 생각해 볼 수 있다. 허브 모형에는, 서버나 클라우드를 통한 집중형 모형(centralized model)과 로컬 컴퓨팅 및 저장능력이 강조되는 탈집중형 모형(decentralized model)이 포함될 수 있다. 분산형 모형은 분산원장기술 내지 블록체인 방식이 대표적인 것이다.

그림 5. 데이터 중개플랫폼

Provider-centric Intermediation Platforms
Centralization of information at service provider (w/wo consumer direct contact) : Google, Experian, Acxiom, Facebook

User-centric Intermediation Platforms	
User-centric information management based upon a technical platform and a related trust framework	
Hub models :	(i) Centralizing models (server, clouds)
	(ii) Decentralizing models (local storage at user)
Distributed models :	Data storage in DLT, BlockChain

출처 : Jentzsch, Nicolas, "The Personal Data Economy: Introduction and Insight" (2017)

이와 같은 중개소 개념이 얼마나 현실성이 있을 것인지에 대해서는 논란의 여지가 있다. 이 개념과 관련되어 근래에 종종 언급되는 방식 하나는 '마이 데이터(My Data)' 또는 '퍼스널 데이터 스토어(Personal Data Store, PDS)' 등의 이름으로 개인정보에 대한 일종의 거래 및 보상 메커니즘을 도입하는 것이다. 이 방식은 개인정보에 대한 거래를 허용하는 것이기는 하지만, 지금까지 언급되던 데이터 거래소나 데이터 브로커(data broker)의 개념과는 다른 것이다.

이 방식의 가장 중요한 특징 하나는, 개인정보의 유통이나 거래에 대해 정보주체가 직접 통제(control)할 수 있는 방식을 상정한다는 점이다. 기존의 데이터 거래소 개념은 일단 수집이 이루어진 개인정보에 대해 정보주체가 그 유통이나 거래에 대해 더 이상 통제를 할 수 없는 상황을 전제로 하는 것이고, 따라서 정보주체에게 정보의 유통과 이용에 대해 보상을 하는 것도 전제되지 않는 것이었다. 그에 비해서, 마이 데이터 개념 하에서는 정보주체가 자신에 관한 정보의 유통과 이용에 대해 통제를 할 수 있고, 또한 유통이나 이용으로부터 발생되는 수익에 대해 일정한 권리를 행사할 수 있을 것을 전제로 한다.

마이 데이터 방식이 현실화될 수 있을 것인지는 현재로는 예측하기 어렵다. 이 메커니즘의 구현을 위한 기술적인 인프라, 이를 뒷받침하는 법제도, 사회적인 인식 등 여러 요소가 상호작용을 할 것이고, 그 과정을 거치면서 현실화 여부나 그 정도가 결정될 것이다. 어찌 되었든, 데이터 거버넌스는 유용한 데이터에 대한 '접근(access)'을 누구에게 어떻게 어떤 형태로 제공할 것인지, 그리고 그에 대한 적절한 '통제(control)'를 어떻게 달성할 것인지 하는 것이 핵심적인 정책적 고려사항이 된다. 그러한 정책적 목적을 달성하기 위한 구체적인 방안으로 다양한 방식이 존재할 수 있다.

데이터에 대한 '접근'과 관련해서 생각해보면, 데이터 전체에 대한 접근, 데이터에 대한 부분적 접근, 데이터에 대한 직접적인 접근을 허용하지 않고 간적접인 문답에 의존하는 접근 등 다양한 수준과 방법의 접근방식을 생각해 볼 수 있다. 그리고 각각의 접근방식에 따른 다양한 기술적 방법론 및 관리적 절차가 존재할 수 있다. '통제'와 관련해서도, 정보주체에게 자기결정권 내지 자기통제권을 전적으로 부여하는 방법도 있을 수 있고, 그와 달리 정보주체에게 직적접인 권리를 부분적으로만 부여하는 한편 제3의 기관 등을 통해 정보주체에게 불이익이 발생하지 않도록 일정한 관리 및 통제를 위한 권리와 의무를 함께 부여하는 방식도 있을 수 있다. 이에 관한 논의는 아직 본격화되지 않은 상황이다.

V. 맺는 말

데이터에 대한 수집, 소유, 보유, 제공, 집중, 접근, 분석, 이용 등을 둘러싼 논의는 빅데이터 이용의 활성화와 함께 더욱 중요한 것이 되고 있다. 이에 따라, 데이터 거버넌스를 둘러싼 논의는 점차 더욱 본격화될 전망이다.

데이터에 관한 권리는 소유권 등 전통적인 법적인 권리관계의 맥락에서는 명확하게 정리되기 어렵다. 따라서 전통적인 법이론의 틀 안에서 권리관계를 정립하려는 시도는 한계가 있을 수밖에 없다. 데이터에 대한 법정책은 결국 필요하고 유용한 데이터에 대해 가급적 '접근'이 어렵지 않도록 하는 동시에, 그 과정에서 프라이버시 침해 등 부작용이 나타날 가능성을 최소화할 수 있도록 어떻게 필요한 '통제' 장치를 마련할 것인지의 시각에서 접근해야 할 것이다.

참고문헌

[국내문헌]

고학수 · 구본효 · 김종윤, 국내 웹사이트의 이용자 정보수집 및 트래킹 현황에 관한 분석, 「법경제학연구」, 제14권 (2017).

고학수 · 이상민, 국내 인터넷사이트의 개인정보 수집 현황 분석, 「법경제학연구」, 제10권 제2호 (2013).

이동진, "공개 데이터 이용과 개인정보에 대한 '권리'", 「데이터 이코노미」, 한스미디어 (2017).

이상용, "데이터 거래의 법적 기초", 「법조」, 제67권 제2호 (2018).

이원복, "유전체 시대의 유전정보 보호와 공유를 위한 개인정보 보호법제의 고찰", 「법조」, 제67권 제3호 (2018).

[국외문헌]

Choi, Hana, Carl F. Mela, Santiago Balseiro, and Adam Leary, "Online Display Advertising Markets: A Literature Review and Future Directions" (2017). *Columbia Business School Research Paper* No. 18-1.

Coase, Ronald, "The Problem of Social Cost", 3 *Journal of Law and Economics* 1 (1960).

Determann, Lothar, "No One Owns Data" (2018). *UC Hastings Research Paper* No. 265.

European Commission, *Legal Study on Ownership and Access to Data*, 2016.

European Data Protection Supervisor, *Privacy and competitiveness in the age of big data: The interplay between data protection, competition law and consumer protection in the Digital Economy*, 2014.

Executive Office of the President, *Big Data: Seizing Opportunities, Preserving Values*, 2014.

Executive Office of the President, *Big Data: A Report on Algorithmic Systems, Opportunity, and Civil Rights*, 2016.

Future of Privacy Forum, *Cross-device: Understanding the state of state management*, 2015.

Goldfarb, Avi, and Catherine Tucker, "Digital Economics", 57(1) *Journal of Economic Literature* 3 (2019).

Jentzsch, Nicolas, *The Personal Data Economy: Introduction and Insight*, 2017.

Jentzsch, Nicolas, *Financial Privacy - An International Comparison of Credit Reporting Systems*, 2007.

Lambrecht, A. and C. Tucker, "Algorithmic discrimination? apparent algorithmic bias in the serving of stem ads", *MIT* (2017).

Kolata, Gina, and Heather Murphy, "The Golden State Killer Is Tracked Through a Thicket of DNA, and Experts Shudder", *New York Times* (2018. 4. 27.).

Peppet, Scott R., "Regulating the Internet of Things: First Steps Toward Managing Discrimination, Privacy, Security, and Consent," 93 *Texas Law Review* 85 (2014).

Tucker, Catherine, "Privacy, Algorithms and Artificial Intelligence", in *The Economics of Artificial Intelligence: An Agenda* (2017).

Valentino−DeVries, Jennifer, Jeremy Singer−Vine and Ashkan Soltani, "Websites Vary Prices, Deals Based on Users' Information", *Wall Street Journal* (2012. 12. 24.).

데이터 소유권 개념을 통한 정보보호 법제의 재구성*

박상철(변호사)

Ⅰ. 검토의 배경

이 글은 데이터 중에서도 특히 개인에 관한 정보를 다룬다. 일반적으로 알고리즘이 엔진이라면 이를 돌리는 연료는 데이터이다. 아무리 정교한 기계학습(machine learning) 알고리즘을 코딩하더라도, 이를 훈련(train)할 데이터가 없으면 예측모델(prediction model)을 만들 수 없고, 검증(test)할 데이터가 없으면 그 모델을 교차검증(cross-validation)할 수 없다.[1] 데이터를 석유에 비유[2]하거나 데이터를 채굴(data mining)한다고 표현하는 것이 지나치지 않은 이유이다. 그러나 정보주체 별로 각기 귀속되어 파편화된(fragmented) 데이터는 엎질러진 석유처럼 연료로 쓸 수가 없다. 데이터는 석유와 달리 프라이버시와 직결되므로 물론 신중한 접근이 필요하나, 결국 현재의 우리나라와 같이 규제와 사전 동의 위주의 정보보호 법제를 가진 법역보다는 균형 잡힌 법제를 가진 법역이 산유국의 역할을 수행하게 될 가능성이 높다. 그 균형을 모색하기 위해 이용자 행태의 분석에 따른 활용과 보호의 접점의 모색,[3] 데이터의 활용을 위한 기존 규정과의 균형의 모색,[4] 이용자 동의 제도에 대한 근본적인 재검토[5] 등 법제 개편의 틀이 제시되어

---

* 이 글은 법경제학연구 제15권 제2호 (2018. 8.) 259-277면에 게재된 저자의 같은 제호와 내용의 논문을 재게재한 것임을 밝힙니다.

1) Ron Kohavi, "A Study of Cross-Validation and Bootstrap for Accuracy Estimation and Model Selection", *Proceedings of the 14th International Joint Conference on Artificial Intelligence* 1137, 1138-1139 (1995).
2) E.g., The Economist, "The World's Most Valuable Resource is No Longer Oil, but Data", May 6, 2017.
3) 고학수, "개인정보보호의 법, 경제 및 이노베이션", 「경제규제와 법」, 제5권 제2호 (2012).
4) 최경진, "빅데이터·사물인터넷 시대 개인정보보호법제의 발전적 전환을 위한 연구", 「중앙법학」,

왔다. 이 글에서는 덧붙여 최근 조명을 받고 있는 데이터 소유권(data ownership) 개념6)을 중심으로 정보보호 법제를 재구성하는 단초를 마련하고자 한다.

Ⅱ. 데이터 소유권의 의미

1. 데이터 소유권의 개념

전통적인 법학에서는 소유권을 물건을 배타적으로 사용(usus), 수익(fructus), 처분(abusus)할 수 있는 절대권(absolutes Recht)으로 파악한다. 그러나 데이터는 민법상 소유권의 객체(유체물 및 전기 기타 관리할 수 있는 자연력)는 아니므로, 국내에서의 데이터 소유권에 대한 논의는 곧 데이터에 대한 배타적 지배권에 대한 논의로 귀결된다.7) 따라서 지배권의 실질에 대한 분석이 필요한데, 법경제학은 Calabresi & Melamed (1972) 이래 법형식보다는 실질을 중시하여 권능(entitlement; 權能)8)들의 묶음(bundle)인 권리 전체보다는 각각의 개별 권능에 주목하는 전통이 있다.9) 예컨대 협의의 물권 뿐 아니라 재산의 사용을 중단시킬(enjoin) 권리도 하나의 권능으로 파악하는바,10) 공장에 이웃한 주민들의 공장주에 대한 공해물질 배출 금지청구(injunction)가 인용될 수 있다면, 해당 공장에 대한 공해물질 배출 권능의 보유자는 공장주가 아닌 이웃 주민들이다.11) 데이터에 대한 소유권 여부와 그것이 누구에게 귀속되는지 여부를 실질적으로 파악함에 있어서도, 단일의 소유권자가 권리 전체를 전유(專有)하는 상황을 가정할 것이 아니라, 데이터의

제17권 제4호 (2015).
5) 권영준, "개인정보 자기결정권과 동의 제도에 대한 고찰", 「법학논총」, 제36권 제1호 (2016).
6) Nestor Duch-Brown, Bertin Martens, Frank Mueller-Langer, "The Economics of Ownership, Access, and Trade in Digital Data", *Digital Economy Working Paper* 2017-01 (European Commission Joint Research Centre, 2017), 23-34.
7) 이상용, "데이터 거래의 법적 기초", 「법조」, 제67권 제2호 19면 (2018).
8) 권리 주체에게 부여된 법적인 힘을 의미하며, 법경제학계에서는 흔히 "권원"으로 번역하나, 민법 제256조 단서 등의 "권원"과 의미가 다르고 민법학계에서 정의하는 권능(Befugnis; 소유권의 내용을 이루는 개개의 법률상의 힘. 독일 민법 제903조 참조)과 의미가 좀 더 유사하므로, 이하 "권능"으로 번역한다.
9) Guido Calabresi & A. Douglas Melamed, "Property Rules, Liability Rules, and Inalienability: One View of the Cathedral", 85 *Harvard Law Review* 1089, 1090-1093 (1972).
10) Louis Kaplow & Steven Shavell, "Property Rules versus Liability Rules: An Economic Analysis", 109(4) *Harvard Law Review* 754, 754-755 (1996).
11) Calabresi & Melamed, 위의 논문, 1115-1116.

지배와 관련한 권능들을 파악한 후 이들이 어떠한 주체에 귀속되어 있는지를 규명할 필요가 있다. 본 논문에서는 전통적인 법학보다는 이러한 법경제학의 관점에 따라 논의한다.

2. 데이터의 재화로서의 특성

데이터 지배권을 명확하게 파악하기 위해서는 먼저 데이터라는 재화의 특성을 이해하여야 한다. 데이터는 일반적으로 양의 효용(utility)을 가진 재화(goods)이지만, 데이터의 거래는 음의 효용(disutility)을 가진 비재화(bads)의 인수를 수반한다.

먼저 재화적 특성을 살펴보면, 개인에게 비밀로 간직된 데이터의 효용은 무엇보다 프라이버시, 즉 인간의 혼자 있고 싶어 하는 본성의 충족이다.12) 이러한 효용은 데이터가 복제되어 제3자에게 제공될 때마다 줄어들며, 공지의 사실이 되며 사라진다. 그러나 기업들은 개인의 데이터를 받아 맞춤형 마케팅, 빅데이터 분석 등의 목적으로 활용하는 등 이를 생산요소(input)로 투입하여 이윤을 창출할 수 있으며, 이들 기업이 데이터의 이윤 창출을 위한 효율적 활용 가능성 때문에 데이터에 부여하는 가치가 개인의 프라이버시 저하로 인한 효용의 감소분보다 클 수 있다. 이 경우 해당 개인과 기업은 자발적으로 데이터를 거래(bargain)함으로써 쌍방 공히 경제적으로 나아질(better off) 수 있다. 양면시장(two-sided market) 구조 하에서 기업이 개인에게 데이터에 대한 반대급부로 제공하는 것은 주로 무료 이메일, 검색, 커뮤니티 등 무료 디지털 서비스이나, 오프라인 기업들도 개인에게 맞춤형 서비스나 할인 혜택 등을 부여하며 데이터를 취득하기도 한다.13)

그러나 개인이 늘 기업에 데이터를 제공하고 싶어 하는 것은 아닌데, 그 이유는 데이터를 기업에 넘기면서 개인정보 오남용(misuse)이나 보안침해(security breach)의 리스크 등 비재화를 인수하기 때문이다. 따라서 개인이 데이터를 기업에 제공할 때 실제 얻을 수 있는 반대급부의 기대효용(expected utility)은 대가로 수령하는 무료서비스 등의 가치에서 프라이버시의 저하, 개인정보 오남용이나 명의도용 등으로 인한 손해의 기대값을 뺀 것이며, 이것이 0 이하일 경우 개인은 자신

---

12) Samuel D. Warren & Louis D. Brandeis, "The Right to Privacy", 4(5) *Harvard Law Review* 193, 193 (1890).
13) 역으로 이러한 반대급부의 거래에 주안점을 두어 데이터를 디지털 경제의 화폐에 비유하기도 하나, 본 논문에서는 데이터 자체의 거래에 초점을 맞춘다.

의 데이터를 기업에 공개하지 않을 것이다.[14] 따라서, 사회 전체적으로 오남용과 보안 침해 등에 대한 취약성(vulnerabilities)이 지나치게 커지면 데이터의 거래는 위축된다. 이 문제를 해소하기 위하여 법제도가 개입하게 되는데, 미국 경제학계의 기존의 접근 방식은, 기업들이 이러한 취약성이라는 비재화를 사회적 최적 수준보다 과다 생산하여 개인들에게 인수시키는 음의 외부성(negative externality)이 존재하므로,[15] 전통적인 후생경제학적 해법(Pigouvian solution)이 필요하다는 것이다. 결국 환경법과 유사한 구조이며, 불법행위법이나 행정규제로써 규율할 사안이 된다. 최근의 견해로, 오남용과 보안 침해를 (화석연료 사용으로 유발된 공해와 마찬가지로) 데이터라는 연료(fuel)의 사용 과정에서 발생한 "데이터 공해(data pollution)"로 규정하고 이에 대한 법체계의 적극적인 대응을 주문하는 것도 있다.[16] 그러나 개별 정보주체의 데이터 소유권을 인정한다면, 개인정보의 오남용과 보안 침해는 논리적으로 타인의 데이터를 보관하는 보관자의 대리인 문제(agency problem)로 귀결될 것이다. 외부성은 본질적으로 인접한 자산이 각기 다른 소유자에 의하여 소유될 경우에 문제되는 것이므로, 기업이 보유한 데이터가 다름 아닌 정보주체의 소유물 자체라면 외부성 문제에 해당할 수는 없다. 결국 기업이 데이터를 보관함에 있어서의 보안 투자 미비, 내부 관리의 소홀 등 도덕적 해이(moral hazard) 내지는 미관측 행위·정보(unobserved behavior and information)에 대한 대응이 관건이 될 것이다. 이로 인한 피해가 일차적으로 기업이 아닌 정보주체에 귀속되므로, 기업은 잘못된 유인(misaligned incentive)을 갖게 되며 법제도를 통하여 어떻게 이를 기업에게 내부화시켜 교정할 수 있는가의 문제가 대두되는 것이다.[17] 결국 논리적으로는 임치법(bailment)이나 기업지배구조법(corporate governance law)과 유사한 구조가 되며, 정보불균형의 해소와 계약법에 의한 구제가 핵심이 된

---

14) 물론, 이는 가장 단순한 형태의 모델에 불구하고, 법제도적으로 개인이 임의로 자신의 데이터를 회수할 수 있는 옵트아웃(opt-out)의 행사가 보장될 경우, 기대효용은 데이터 거래 이후 옵트아웃을 행사할 때까지의 예상 기간에 따라 달라질 것이다.

15) Hal R. Varian, "Economic Aspects of Personal Privacy", in *Internet Policy and Economics* 101, 101-109 (William H. Lehr & Lorenzo Pupillo eds., 2009); L. Jean Camp & Catherine Wolfram, "Pricing Security", in *Economics of Information Security* 17, 17-34 (L. Jean Camp & Stephen Lewis eds., 2006).

16) Omri Ben-Shahar, Data Pollution (2018). Available at SSRN: https://papers.ssrn.com/sol3/papers.cfm?abstract_id=3191231.

17) Ross Anderson & Tyler Moore, "The Economics of Information Security", 314 *Science* 610, 610-613 (2006).

다. 다만 현실에 있어서는 대다수의 법제에서는 주로 행정규제나 불법행위법으로써 취약성 문제에 대처하려는 경향이 있으며, 우리 법 또한 예외는 아니다.

3. 데이터에 대한 권능의 귀속

개인이 데이터를 비밀로 간직할 경우 사실상(de facto)의 지배가 유지되나, 이를 기업과의 거래에 제공하면 데이터는 복제되고, 데이터의 복수의 복제본에 대한 지배권은 개인과 기업이 경합하지 않고 각각 보유하게 된다. 데이터는 (지적재산권의 대상들과 마찬가지로) 복제가 쉬워 일방이 소비한다 하여 타방의 소비를 배제할 필요는 없는 비경합재(non-rivalrous goods)이기 때문이다.[18] 따라서 데이터 소유권의 귀속과 관련하여서는 정보주체의 자기정보관리통제권 뿐 아니라 기업의 데이터 소유권도 함께 고려하여야 한다.

물론 기업의 데이터 소유권은 법제도에 의해 제한될 수 있다. 현행 정보보호 법제는 다분히 일방(기업)이 타방(개인)의 권리를 일방적으로 침해하므로 규제, 소송 등을 통해 개인을 지켜내야 한다는 구도를 전제하고 있으나, 이로 인해 기업이 애써 수집한 데이터를 못 쓰게 되는 것도 나름의 희생이자 사회적 비용이다. 이것이 Coase (1960)가 강조한 문제의 상호적 성격(the reciprocal nature of the problem)으로서,[19] 데이터의 보호에 관한 법제도를 설계함에 있어서는 (개인과 기업, 데이터 활용으로 수혜를 받는 제3자를 포함한) 사회 전체의 편익과 비용을 총량(aggregate)으로 비교해야 한다. 보다 구체적으로, 법제도를 설계함에 있어, 개인의 편익과 비용만을 고려하여 데이터를 "보호"만 할 것이 아니라, 규제 등 법적 수단을 집행하는 과정에서 데이터를 "활용"하지 못하게 됨으로써 초래되는 기회비용도 함께 고려해야 한다.[20]

현행 정보보호 법제에서 기업의 데이터 소유권에 대한 법적 제한의 가장 대표적인 예는 옵트인(opt-in)과 옵트아웃(opt-out)이다. 옵트인은 개인정보 보호법 제18조, 정보통신망법 제24조, 제24조의2이 규정하는 바와 같이 개인으로부터 동의 받은 목적 이외에 다른 목적으로 데이터를 사용·수익·처분하는 것을 금지하

---

18) Josef Drexl, "Designing Competitive Markets for Industrial Data: Between Propertisation and Access", *Max Planck Institute for Innovation and Competition Research Paper* No. 16-13, 46 (2016).

19) Ronald H. Coase, "The Problem of Social Cost", 3 *Journal of Law and Economics* 1, 2 (1960).

20) 분배적 정의(distributive justice)를 고려하여 개인의 권리를 배려하는 것은 그 다음 단계의 일이다.

는 것이다. 데이터는 앞서 살펴본 바와 같이 쉽게 복제되고 비경합성이 있기 때문에, 개인이 기업에 일단 자신의 데이터의 복제본을 넘기면, 기업은 그 복제본을 언제, 어떤 목적으로든 사용·수익·처분할 수 있는 사실상(de facto)의 지배력을 보유하게 된다. 옵트인 제도의 주된 목적은 기업의 법률상(de jure) 지배력을 무제한의 사실상의 지배력과 달리 일정 범위로 축소시키는 것이며, 그 축소 범위의 기준은 개인의 동의이다. 한마디로 각 권능을 개인의 동의의 범위 내에서만 기업에 귀속시키는 것이다. 이는 Calabresi & Melamed (1972)가 지적한, 당사자 간의 자발적인 거래와 의사합치에 따르는 소유원리(Property Rule)[21]를 통해 사회문제를 해결하고자 하는 것으로도 이해할 수 있다. 예컨대 공해 문제를 소유원리로 해결할 경우, (1) 인근 주민에게 권능이 있을 경우에는 공장주에 대한 공해물질 배출 금지청구를 인용하고, (2) 공장주에게 권능이 있을 경우에는 공장주의 조건 없는 공해 배출을 허용하게 된다고 보는데,[22] 데이터의 경우 마찬가지로 소유원리를 적용하여 (1) 개인이 동의하지 않은 범위의 경우 개인의 권능을 인정하여 기업의 그 범위를 넘는 사용·수익·처분에 대한 개인의 금지청구를 인정하고, (2) 개인이 동의한 범위 내일 경우 기업의 권능을 인정하여 기업의 사용·수익·처분을 인정하는 것이다.

옵트아웃은 개인정보 보호법 제36~38조, 정보통신망법 제30조 제1항이 규정하는 바와 같이 개인이 언제든지 사용·수익·처분에 대한 동의를 철회하여 데이터를 회수(recall)할 수 있도록 하는 것이다. 관점에 따라서 이는 Calabresi & Melamed (1972)가 지적한, 권능의 비소유자가 가치에 상응하는 돈(손해배상액 등)을 지급할 경우 이를 매수할 선택권을 갖는 책임원리(Liability Rule)에 기하여 사회문제를 해결하고자 하는 것으로 볼 수도 있다. 예컨대 공해 문제를 책임원리로 해결할 경우, (1) 인근 주민에게 권능이 있을 경우에는 공장주가 배상금을 내면 공해물질을 배출할 수 있도록 허용해 주고, (2) 공장주에게 권능이 있을 경우에는 인근 주민이 돈을 내면 공해 배출을 금지시킬 수 있는 방식이 되는데,[23] 데이터의 경우 일단 개인이 과거 동의한 범위 내에서는 기업에 권능이 있기는 하나,

---

21) Property Rule를 "소유원리"라 번역하는 것이 타당한지 여부에 대한 지속적인 고민이 필요하며, "동의원리"라 의역하는 것이 이해를 증진할 수 있으나, 이 글에서는 일단 "소유원리"로 번역하였다.
22) Calabresi & Melamed, 위의 논문, 1115－1116.
23) Calabresi & Melamed, 위의 논문, 1115－1116.

위 (2)의 경우와 마찬가지로 개인이 반대급부로 제공받았던 무료 서비스 등의 사용권을 반납하면 기업의 동의 없이도 데이터를 회수하게 해주는 방식으로 이해할 수 있다.

　이러한 법적 개입으로 인해, 기업이 데이터를 사실상 지배할 경우에도, 해당 데이터에 대한 법적 권능 중 일정한 범위만 일정한 시점 동안 기업에 귀속되고, 나머지는 개인에게 유보되며, 이와 같이 개인에게 유보된 권능들을 통칭하는 것이 개인정보관리통제권이라 볼 수 있다. 그러나 이와 같이 권능을 각 주체에게 귀속하기 위하여 개인의 동의를 확인하는 과정이 지나쳐, 과도한 고지사항을 법에서 정하거나 번거로운 사전 동의 절차를 요구하는 등 형식주의에 빠질 경우 거래비용을 높이고 양 당사자의 거래를 방해하여 사실상 개인의 처분권만을 제약하게 되며, 따라서 도리어 개인의 데이터 소유권을 약화시키는 결과만을 초래할 수 있다. 이로 인해 기업의 데이터 소유권 행사에 더 큰 제약이 가해지고, 데이터의 활용으로 인한 부가가치의 창출이 불가능해지는 것이 물론이다. 전 세계에 유례없는 위치정보법이 지나치게 상세한 고지 요건과 번거로운 사전 동의 요건을 부과하여 위치기반서비스를 이용하고자 하는 개인들의 데이터 처분권을 약화시킨다거나, 과거 전자상거래에 공인인증서 인증을 요구하여 간편결제를 금지함으로써 결제정보의 처분을 제약하고 전자상거래를 위축시켰던 것이 대표적인 사례이다.

Ⅲ. 데이터 소유권의 정책적 근거와 한계

1. 데이터 소유권의 정당화 근거

　데이터가 기업이든, 개인이든 누군가의 배타적 지배의 대상이 될 수 있다면 그 정책적 필요성은 무엇인가? 일반적인 소유권의 정당화 근거를 먼저 살펴볼 필요가 있다. 소유권은 식품 창고 바로 옆에서 사람을 아사(餓死)시킬 수도 있는 값비싼 제도이다. 16세기경 영국에서 목양지에 담장을 치는 인클로저(enclosure)가 시작된 이래 소유권은 자산을 사유화하여 자원을 독점하게 하고 제3자의 활용을 배제함으로써 사회적 비용을 초래해 왔다. 그럼에도 불구하고 소유권 제도를 정당화하는 것은 이러한 비용을 압도하는 사회적 편익일 것인바, 이하에서 세 가지로 나누어 살펴본다.

(1) 양의 외부성(positive externalities)

소유권의 기원을 이해하려면 먼저 양의 외부성에 주목해야 한다. 즉, 양의 외부성이 있는 활동, 즉 사적인 편익보다 사회적인 편익이 큰 활동의 경우 사회적으로 바람직한 수준에 비하여 과소생산(underproduce)되므로 이에 대한 유인(incentive)을 고취할 필요가 있다. 유인 설계의 방식으로는 사적 과세(private taxation)의 허용,[24] 부당이득(unjust enrichment)의 법리, 면책(immunity),[25] 국가의 보조금(Pigouvian subsidy) 지급, 훈장 및 포상 등 여러 방법들이 있으나 가장 효율적인 방법으로 검증된 것은 소유권을 설정하여 그러한 바람직한 활동으로 인한 사회적 편익을 사유화(privatize), 즉 외부성을 내부화(internalize)하도록 허용하는 것이다. 예컨대 동산 소유권은 탈취를 위한 타인과의 폭력적인 투쟁보다는 노동과 투자의 과실을 안전하게 보유·수취하게 해줌으로써 노동과 투자를 촉진하는 데에, 부동산 소유권은 타인의 배제권의 부여를 통해 시점간 선택(intertemporal choice)을 가능하게 함으로써 자원의 고갈(depletion)을 초래하는 근시안적(myopic)인 낭비, 즉 공유지의 비극[26]보다는 자원을 개량하는 투자를 촉진하는 데에, 지적재산권은 창조적인 활동을 사회적으로 바람직한 수준까지 끌어올리는 데에 탁월한 효능을 발휘해 왔다.[27] 물론 소유권은 대를 이어 상속되어 양의 외부성과 절연될 수 있는 한계가 있으나, 소유권 제도는 그 한계를 뛰어넘는 부를 창출하였기 때문에 격동의 20세기를 살아남아 아직까지는 다른 대안들을 압도하고 있다.

(2) 거래비용(transaction cost)의 인하

소유권은 권능들을 하나의 권리로 묶고(coalesce)[28] 물권법정주의(numerus clausus)에 기해 규격화(standardize)하여[29] 거래비용을 낮추고 거래(bargaining)를 촉진하여 종국적으로 그 자원을 가장 잘 활용할 수 있는 자(효율적 시장구조 하에서는 가장 높

---

24) 방송법상 한국방송공사의 시청률 징수, 저작권법상 저작권 신탁관리단체의 사용료 징수, 미국의 Audio Home Recording Act of 1992에 따른 디지털 오디오 레코딩기기·매체로부터의 로열티 징수 등.
25) 착한 사마리아인법, 형법상 정당방위·긴급피난 등.
26) Garrett Hardin, The Tragedy of the Commons, 162(3859) Science 1243 (1968).
27) William M. Landes & Richard A. Posner, The Economic Structure of Intellectual Property Law 11-36, (2003).
28) Harold Demsetz, Toward a Theory of Property Rights, 57 American Economic Review 347, 354-359 (1967).
29) Thomas W. Merrill & Henry E. Smith, "Optimal Standardization in the Law of Property: The Numerus Clausus Principle", 110 *Yale Law Journal* 1, 1-70 (2000).

은 가격을 지불할 용의가 있는 자와 일치)에게 자원을 귀속[30]시키는 또 다른 중요한 역할을 수행한다.

(3) 사회문제(social problem)의 해결

전통적인 후생경제학은 공해 등 사회문제를 음의 외부성(negative externalities)으로 보아, 사적 비용을 사회적 비용으로 끌어올리기 위한 방안으로 과세(Pigouvian taxation), 손해배상, 형사처벌 등을 제시하였으나, Coase (1960)는 사회문제를 일방의 피해로 볼 것이 아니라 문제의 상호적 성격에 주목하도록 하면서, 소유권을 확립하고 거래비용을 감소시키면 당사자들 간의 자발적인 거래(bargaining)를 통해 사회문제를 가장 효율적으로 해결할 수 있다는 점을 규명하였다.[31] 단, 현실에서는 거래비용이 높을 수 있는바, Calabresi & Melamed (1972)는 특히 개별적 가치평가나 협상의 비용이 높거나, 집단적 가치평가가 바람직한 상황에서는 소유원리(Property Rule)보다는 책임원리(Liability Rule)가 효율적임을 논증하였다.[32]

소유권의 설정을 논할 경우 이러한 정당화 근거의 유무를 검토해야 하며, 이를 간과할 경우 소유권은 편익보다는 사회적 비용만을 초래하는 후진적인 제도로 전락할 수 있다.

2. 데이터 소유권의 제한 근거

단, 사회적 편익이 존재할 경우에도 소유권은 이하의 사유로 제약될 수 있다.

(1) 가치재(merit goods)의 경우

양의 외부성은 생산 뿐 아니라 소비에도 있을 수 있는데, 이와 같이 소비에 양의 외부성이 존재하는 재화를 가치재라고 한다.[33] 예방접종, 교육, 안전벨트 등도 좋은 예이나, 가장 대표적인 가치재는 다른 재화의 생산에 사용되는 기반설비(infrastructure)이다. 기반설비의 보유자가 이용을 희망하는 자에게 동 설비를 강제로 개방하도록 하는 경쟁법의 필수설비론(essential facilities)[34]이나 거래거절(refusal

---

30) Coase, 위의 논문, 2−6.
31) Coase, 위의 논문, 39−44.
32) Calabresi & Melamed, 위의 논문, 1089−1128.
33) Richard A. Musgrave, "A Multiple Theory of Budget Determination", 25(1) *FinanzArchiv* 33, 33−43 (1957).
34) 공정거래법 제3조의2 제1항 제3호, 제4호, 시행령 제5조 제3항 제3호, 제4호.

to deal)의 법리,35) 공익산업법(public utility law)상의 기반설비 개방(infrastructure sharing),36) 저작권법상 공정이용(fair use)37) 등은 소비의 양의 외부성이 생산의 양의 외부성을 압도하는 가치재의 경우 소유권을 심각하게 침해하더라도 공유를 허용하자는 법리들이다.

(2) 공익적, 윤리적 이유에 따른 소유권의 제한

소유권은 공익적, 윤리적 이유로도 제약될 수 있다. 노예제, 장기매매의 금지가 대표적인 예이다. 흥미롭게도, 개인정보는 생래적으로 생성되며 인격과 불가분의 관계에 있다는 점에서 모발, 혈액 등 재생 가능한 장기(regenerable organs)와 유사한 속성도 있다.

이러한 소유권화의 일반적 근거와 제약이 정보주체의 자기정보관리통제권과 기업의 데이터 지배권에 어떻게 적용될 수 있을지 이하에서 살펴본다.

Ⅳ. 자기정보관리통제권의 근거 · 방식 · 한계

1. 개인의 데이터 소유권의 근거

흔히 개인의 데이터 소유권은 지적재산권에 비유된다. 데이터와 지적재산이 복제가 용이한 비경합재라는 공통점이 있기 때문에 이러한 비유는 어느 정도 이해할 수 있는 측면도 있다. 그러나 개인에 관한 데이터는 태어난 이래 삶의 과정에서 의식적 노력과 투자 없이 생산되고, 비밀을 깨고 데이터의 복제본을 제3자에게 제공하는 방식으로 거래된다. 다시 말해, 이에 대한 권리는 유명인사의 퍼블리시티권(publicity right)을 제외하면38) 노력과 투자를 통하지 않고 생래적으로, 혹은 삶의 과정에서 의식적 노력 없이 생산, 취득하는 것이어서 양의 외부성이 희박하고 지적재산권과 달리 이를 근거로 배타적 지배권을 인정할 수는 없다. 예컨대, 특허권과 저작권의 부여는 각각 사적 편익을 초과하는 사회적 편익을 가져다주는 발명과 창작을 촉진하나, 자기정보관리통제권의 부여가 정보주체의 사회적 편익이 큰 여하한 긍정적 행동을 촉진하는 것은 아니다. 실제 EU에서도 지적

---

35) 공정거래법 제23조 제1항 제1호.
36) 전기통신사업법 제35조(설비제공), 제36조(LLU), 제37조(로밍), 제38조(도매제공) 등.
37) 저작권법 제23 - 38조.
38) 박준석, "지적재산권법에서 바라본 개인정보 보호", 정보법학 제17권 제3호 (2013), 12 - 13면.

재산권과 달리 개인의 데이터 소유권을 부여하는 것은 경제적 유인론으로는 정당화될 수 없다는 견해가 제시되어 있다.[39)]

그럼에도 불구하고, 정보주체가 웹사이트에서 회원가입을 하는 등 자신의 데이터를 복제하여 거래에 제공하는 시점부터는, 개인의 사실상의 지배권의 범위를 넘는, 법적인 지배권의 역할이 필요해진다. 미국 학계의 다수의 견해는 개인정보에 관한 권리는 양도가 원활히 이루어질 시장이 형성되기 어려우므로 소유권 부여의 의미가 크지 않다는 것이나,[40)] 이러한 시장이 제대로 형성되지 않은 이유는 과보호적인 법제도로 인한 높은 거래비용 때문일 것이어서 이러한 주장은 논리적 선후가 전도되어 있을 뿐 아니라, 현 디지털 경제에서 무료 검색, 메일 서비스 등을 이용하려고 개인정보를 제공하는 것의 본질이 양도행위임을 간과하고 있다. 앞서 살펴보았듯이, 지적재산권과 같이 양의 외부성으로 개인의 데이터 소유권을 정당화할 수는 없으나, 대신 소유권 확립 및 거래의 촉진을 통한 사회문제의 해결이라는 측면에서 그 정당성을 찾을 수 있다.

현행 정보보호 법제의 자기정보관리통제권 중 중핵을 이루는 고지 및 동의 요건, 즉 옵트인(opt-in)의 경우 앞서 살펴보았듯이 취지 자체는 데이터의 복제용이성과 비경합성이라는 한계를 극복하기 위해 개인의 데이터 소유권을 활용 목적별로 세분화하여 확립하고 이와 같이 세분화된 데이터들의 거래를 촉진함으로써 데이터의 활용과 보호의 조화라는 사회문제를 효율적으로 해결하기 위한 수단으로 볼 수 있다. 동의한 목적이라는 개념을 기준으로 데이터와 관련된 권능들을 개인 또는 기업에 귀속시킨 후 당사자들의 자발적 거래를 통해 사회문제를 해결토록 한 것이다. 이러한 규범이 존재하지 않을 경우, 개인은 기업이 자신의 데이터를 모든 목적으로 기간의 제한 없이 사용·수익·처분할 것이라고 예상하게 되어, 이에 상응하는 높은 반대급부를 제공받지 않고서는 데이터를 제공하려 하지 않을 것이다. 그러나 EU와 한국 정보보호 법제의 형식주의적인 "알고 한 동의(informed consent)" 요건, 즉 개인정보의 수집·이용·제공을 위한 고지 및 동

---

39) Drexl, 위의 논문, 1111-1115.

40) Mark A. Lemley, "Private Property", 52 *Stanford Law Review*. 1545, 1554 (2000); Pamela Samuelson, "Privacy as Intellectual Property?", 52 *Stanford Law Review* 1125, 1139-40 (2000); Paul M. Schwartz, "Beyond Lessig's Code for Internet Privacy: Cyberspace Filters, Privacy-Control, and Fair Information Practices", 2000 *Wisconsin Law Review* 743 (2000) (모두 박준석, "지적재산권법에서 바라본 개인정보 보호"(주38), 33면에서 재인용).

의 요건은, 소유권 확립보다는 거래비용만을 높이는 작용을 하고 있을 가능성이 높다. 아무도 읽지 않는 고지사항의 쇄도로 사용자 인터페이스(UI)를 열화시키고 정작 이용자에게 필요한 유용한 정보를 밀어내는(crowd out) 한편 동의를 위한 무의미한 수차례의 마우스 클릭을 강요하는 등 거래비용만 높여[41] 정보주체의 자발적 정보 거래를 방해하고 정보주체의 데이터 소유권을 오히려 약화시키고 있다. 이용자들이 인터넷에서 개인정보를 입력하는 것은 상당한 시간, 노력, 고민이 필요한 의식적 행위로서 이용자의 소유권적 처분 의사의 확인에 충분하며, 더 이상의 고지, 동의는 오히려 소유권적 처분을 방해할 뿐이다. 소비자들은 명확하고 간략한 표시사항만을 읽으며, 너무 많거나 자세하면 오히려 읽지 않다는 점 또한 실증되어 있다.[42]

다만, 옵트아웃(opt-out)은 개인의 데이터 소유권을 관철하기 위한 효과적이고 합리적인 수단이다. 정보주체는 웹사이트에서 회원가입을 할 당시에는 자신의 정보를 넘겨주면서 이용할 수 있는 서비스의 가치가 정보의 공개로 인한 비효용을 능가하기 때문에 정보를 입력할 것이다. 그러나 한번 개인정보를 입력한 이상 서비스가 더 이상 필요하지 않거나 세상으로부터 숨고 싶더라도 이를 다시는 회수할 수 없다면, 비효용의 현재가치와 불확실성이 커질 뿐 아니라 해당 기업이 기한 없이 자신의 정보를 어떻게 보유하며 이용할지 살펴보는데 더 큰 비용(search cost)을 쏟아야 하기 때문에, 가입에 주저하게 될 것이다. 결국 옵트아웃 권리는 역설적으로 정보주체가 언제든지 자신의 정보를 회수(recall)할 수 있다는 믿음 하에 부담 없이 개인정보를 제공하게 함으로써 데이터의 거래와 유통을 촉진하는바, 전자상거래법상 청약철회 제도가 전자상거래 거래량을 오히려 늘려주는 효과가 있는 것과 같은 이치이다. 한편, 옵트아웃을 실행함에 있어 소유원리(Property Rule)에 따르게 할 경우 개인이 기업으로부터 개인정보의 반환을 요청하여 개별적으로 협상, 합의하기 위해 치러야 할 비용이 너무 커서 실효성이 없어질 수 있다. 앞서 살펴보았듯이 현행 옵트아웃 제도는 책임원리(Liability Rule)에 의한 해법으로서 이러한 권리의 행사 결과 데이터는 회수되고 비밀성이 회복되

---

41) Omri Ben-Shahar & Carl E. Schneider, "The Failure of Mandated Disclosure", 159 *University of Pennsylvania Law Review* 647, 729-742 (2011).

42) Lars Noah, "The Imperative to Warn: Disentangling the 'Right to Know' from the 'Need to Know' about Consumer Product Hazards", 11 *Yale Journal on Regulation* 293, 293-400 (1994).

어 사실상의 지배가 재개되고 개인의 때때로 혼자 있고 싶어 하는 본성이라는 사회문제가 해결되며 정보주체의 데이터 소유는 다시금 확고해진다는 점에서 분명 정보주체의 소유권을 강화하는 해법이다.

궁극적으로, 거래비용을 제대로 낮추면서 프라이버시에 대한 본성을 동시에 고려하는 소유권적인 해법은 회원가입 시 기업에 넘어가는 정보 활용에 대한 권리를 정보를 제공하는 정보주체의 평균적인 기대 범위 내에서 마치 전통적 소유권처럼 표준화(standardize)함으로써 기업이 구태여 고지, 동의 없이도 그 정해진 범위 내에서는 정보주체가 옵트아웃으로 회수할 때까지 자유롭게 활용하도록 하고, 그 범위를 넘어가는 한정적인 경우에만 별도의 의사를 확인하도록 하는 것이다. 정보주체에게 필요한 것은 거래비용이 높은 고지, 동의가 아닌 합리적인 기대[43]의 간편하고 덜 귀찮은 충족이기 때문이다. 국내의 유력한 견해가 적절한 정보가 주어진다면 가장 많은 사람이 선택할 것을 반영하는 디폴트 규칙을 통해 사전적 통제로서의 동의 제도를 완화하는 방안을 제시하고,[44] 행동경제학에서도 인간의 현상(status quo) 또는 디폴트 옵션(default option)을 선택하는 강한 경향성에 입각하여 선택을 합리적으로 설계하여야 한다고 논증하는 것[45]도 위 방안과 일맥상통한다. 이러한 합리화 과정이 소수의 제도 설계자들의 선험적 가정에 의존할 것이 아니라 면밀한 인간 행태에 대한 분석과 실증조사의 결과에 입각해야 함은 물론이다.[46]

2. 개인의 데이터 소유권의 한계

그러나 앞서 살펴보았듯이 데이터의 가치재(merit goods)적 특성은 소유권적 보호의 중대한 예외가 된다. 데이터 또한 가치재적 특성이 강하며, Stigler (1980)와 Posner (1981)도 정보 활용으로 인한 후생 증가와 정보비대칭(information asymmetry)의 해소를 고려하면 개인정보의 과보호가 바람직하지 않음을 지적하였다.[47] Schwartz (2004)는 프라이버시의 공공재(public goods)적 성격을 고려하면

---

43) 예컨대, 당해 회사나 동종 업종의 계열사 내에서만 공유, 전화영업·우편발송·방문 등 구체적인 접촉행위를 하지 않음, 돈을 받고 팔지 않음, 옵트아웃 시까지만 이용 등.
44) 권영준, "개인정보 자기결정권과 동의 제도에 대한 고찰"(주 5), 718~721면.
45) Richard H. Thaler & Cass R. Sunstein, *Nudge: Improving Decisions about Health, Wealth, and Happiness*, 8 (2008).
46) 고학수, "개인정보보호의 법, 경제 및 이노베이션"(주 3), 150~152면.

소유권화는 바람직하지 않다고 주장하나,[48] 이는 법제도에 의하여 자기정보관리 통제가 가능할 경우 배제성(excludability)이 확보되어 공공재보다는 가치재로 보아야 하는 점, 소유권화의 문제는 양극단의 선택이 아닌 사회적 편익과 비용의 조절의 문제라는 점을 간과하고 있다. 특히 현행법상 금융거래정보, 전자상거래 정보, 신용도 평가 목적으로 제공된 개인신용정보 등은 금융, 상거래에서의 안정적인 활용을 위하여 이를 제공하거나 구매 등 거래의 과정에서 생성한 정보주체의 옵트아웃을 인정하지 않음으로써,[49] 정보주체의 데이터 소유권이 제약되어 있다. 익명화된 정보의 경우에도 가치재적 특성을 고려하여 자유로운 활용을 허용하여야 함은 물론이다.

V. 기업의 데이터 지배의 근거 · 방식 · 한계

1. 기업의 데이터 소유권의 근거

기업이 투자와 노력을 통해 개인으로부터 데이터를 수집하여 데이터셋(dataset)을 제작, 개량할 경우 양의 외부성이 창출될 수 있으며, 이에 대하여는 지적재산권과의 비교가 적절하다. 양의 외부성은 데이터셋을 제작하기 위한 인적, 물적 투자의 촉진, 또는 그 자유로운 거래를 통한 최적의 자원배분에서 찾을 수 있고, 이는 저작권법상 데이터베이스권의 근거와 밀접한 관련이 있다.[50] 그러나 Database Directive[51]를 통해 저작권과 별도의 데이터베이스권(sui generis database right)을

---

47) George J. Stigler, "An Introduction to Privacy in Economics and Politics", 9(4) *Journal of Legal Studies* 623, 623−644 (1980); Richard A. Posner, "The Economics of Privacy", 71 *American Economic Review.* 405 (1981).

48) Paul Schwartz, "Property, Privacy, and Personal Data", 117(7) *Harvard Law Review* 2076 (2004).

49) 개인정보 보호법 제36조 제1항 단서, 전자금융거래법 제22조 제1항, 전자상거래법 제6조 제1항, 신용정보법 제37조 제1항.

50) 순식간에 날려 쓴 조악한 저작물이라도 그 질을 묻지 않고 사후 70년간 배타적 권리를 부여하는 등 세계적으로 다소 균형을 잃은 저작권과 비교할 때, 데이터베이스권은 제작자가 데이터베이스의 제작 또는 그 소재의 갱신검증 또는 보충에 인적 또는 물적으로 상당한 투자를 한 경우에만 인정(저작권법 제2조 제20호)될 뿐 아니라, 보호기간도 제작을 완료하거나 갱신을 위한 투자를 한 다음 해부터 5년 동안만 존속하는 등(저작권법 제95조), 인적 · 물적 투자로부터의 편익을 내부화시킨다는 목적에 충실하며 그 목적을 달성할 수 있는 한에서만 인정된다는 점에서 양의 외부성과 뚜렷하게 견련(牽連)되어 있다.

51) Directive 96/9/EC of the European Parliament and of the Council on the legal protection of databases, 11 March 1996, Official Journal of the European Union, No. L 77/20 of 27 March 1996.

인정하고 있는 EU에서는 정작 데이터가 상당 부분 (준)독점적 시장에서 공중에 제공된 서비스 과정에서 자동적으로 생성된 경제활동의 부산물(by-product 혹은 spin-off)이므로 (소유권 설정 등) 추가적인 유인 부여가 필요 없다는 회의적인 시각이 있고,[52] 유럽위원회(European Commission)도 데이터베이스권이 EU 역내에서의 데이터베이스 투자 증대에 유의한 영향이 있었다는 증거를 찾지 못했으며,[53] 유럽사법재판소(ECJ)도 2005년 British Horseracing Board 사건에서 데이터베이스 자체를 구축하는 데 사용된 자원에 대한 투자가 아니라 데이터의 생성을 위해 사용된 자원에 대한 투자만으로는 데이터베이스권이 정당화될 수 없다고 판시하였는데,[54] 이로써 데이터 소유권과 데이터베이스권은 서로 상당히 유리(流離)되었다. 국내의 유력한 견해도 같은 맥락에서 개인정보 데이터셋이 "소재를 체계적으로 배열 또는 구성한 편집물로서 개별적으로 그 소재에 접근하거나 그 소재를 검색할 수 있도록 한 것"이라는 "데이터베이스"의 정의(저작권법 제2조 제19호)를 충족하기 쉽지 않다고 본다.[55] 양면시장(two-sided market) 구조 하에서 기업들이 개인정보 데이터를 취득하기 위해서는 많은 투자를 통해 개발한 무료 서비스(이메일, 검색 등)를 제공하여야 하며, 실질상 무료 서비스와 개인정보 간의 거래라는 점을 고려할 때, 데이터베이스의 보호적격이 인정되지 않는 것은 기업 입장에서 뜻밖일 수 있다.

　그러나 현실적으로는 기업의 데이터 소유권은 투자나 노력을 통해 확보된 사실상의 지배이자 실체적 법현상으로서 위와 같은 데이터베이스권의 범위와 관련된 논란이나 법이 정하는 한정적인 요건에 좌우된다고 보기는 어렵다. 대부분의 데이터 침해는 동시에 데이터를 담고 있는 자산의 침해이며, 이는 전통적인 소유권의 보호 대상이기 때문이다. 정보통신망법 제48조 제1항이 소위 "해킹" 등 정보통신망의 무단 침입을, 제2항이 데이터 등을 침해하는 악성프로그램의 전달, 유포를 처벌하는 것도 강화된 소유권 보호로 볼 수 있고, 실제 기업은 이러한 침

---

52) P. Bernt Hugenholtz, "Abuse of Database Right — Sole-Source Information Banks under the EU Database Directive", in *Antitrust, Patents and Copyright: EU and US Perspectives* (François Lévêque & Howard Shelanski eds., 2005).

53) European Commission DG Internal Market and Services Working Paper, First Evaluation of Directive 96/9/EC on the Legal Protection of Databases, 5 (2005).

54) European Court of Justice (2005), Judgments of the Court in Cases C-46/02, C-203/02, C-338/02 and C-444/02 on the protection of databases.

55) 박준석, "지적재산권법에서 바라본 개인정보 보호" (주 38), 29면.

입을 민사법에 의하여도 배제할 수 있을 것이다. 데이터를 담고 있는 자산으로부터 분리된 순수한 데이터 자체에 대한 소유만이 문제되는 경우란, 기업이 데이터를 공중의 이용에 제공하였는데 제3자가 이들 데이터를 긁어서(data scraping) 새로운 데이터셋을 추출(retrieval)하는 경우 등을 생각해 볼 수 있는데, 개인정보 데이터베이스의 경우 이러한 상황은 개인정보의 특성상 (공지의 인물정보 데이터베이스 등을 제외하면) 현실에서 자주 보기는 어렵다. 가사 순수한 데이터 자체의 소유만이 문제될 경우에도, 부정경쟁방지법(제2조 제1호 차목)[56], (부정경쟁방지법에 해당하지 않더라도) 불법행위에 기한 금지청구권[57] 등 데이터베이스권이 인정되지 않더라도 보충적으로 적용될 수 있는 배타적 지배권들이 존재하기도 한다.

아울러, 앞서 살펴본 데이터의 가치재적 특성상 (특히 (준)독점기업의) 데이터 전유에 제약을 가함으로써 그 활용을 촉진하여야 하는 경우가 있을 수 있다. 특히 최근 EU의 경쟁당국들이 미국계 인터넷기업들이 보유한 데이터에 대하여 필수설비론을 적용하려는 움직임이 있다.[58] 그러나 "알고 한 동의"에 집착하는 EU와 같은 법제는 필수설비론을 적용하더라도 제대로 된 구제수단(remedy)을 시행할 수 없다는 모순이 있다. 경쟁당국이 조사 결과 시장지배적 사업자가 데이터를 독점하고 남용행위를 한다고 판단하더라도, 사전 고지와 동의에 집착하는 법제 하에서는 일일이 이용자의 동의를 얻지 않고 데이터를 개방하도록 하는 구제수단을 시행하는 것은 불가능하기 때문이다.

2. 기업의 데이터 소유권의 제한

더 중요한 문제는 공익적, 윤리적 이유로 기업의 데이터 사용, 수익, 처분을 어느 정도까지 제약할 수 있는지 여부이다. 각 개별 정보가 사회적 위험과 실제 어느 정도 관련 있는지 위험도 분석이 필요하다. 즉, 일방의 오남용 또는 보안 소홀이 일파만파 산업 전체에 악영향을 미칠 수 있는 등 특정 데이터의 처리에 있어서 고도의 위험이 수반되어 있을 경우 시장실패로 인해 위험을 분석하고 관리하는 국가의 역할이 필요할 수 있다. 현재 대표적인 거래규제인 고지 및 동의

---

56) 서울중앙지방법원 2015. 8. 28.자 2015카합702 결정.
57) 대법원 2010. 8. 25.자 2008마1541 결정.
58) 예컨대 독일 연방카르텔청(Bundeskartellamt)은 2017년 페이스북의 API를 통한 소셜네트웍 외부에서의 제3자로부터의 데이터 수집 및 이들 데이터의 이용자 계정 데이터와의 융합 등이 시장지배력 남용에 해당할 수 있다는 취지의 규제예고를 발하였으며, 조사를 계속해 나가고 있다.

규제나, 투박한 보안 규제는, 역시 위험을 분석하고 관리하는 데에도 제대로 된 역할을 수행하고 있지 못하므로, 대안의 모색이 필요하다. 개인의 식별을 용이하게 하는 것이면 그 내용을 묻지 않고 동일한 규제를 가하는 체제에서, 각 정보의 유형별로 위험도를 분석하고 맞춤형으로 대응하는 체제로의 전환이 필요하다.

예컨대 결제정보, 특히 신용카드정보의 경우, 전세계적으로 이들이 유출되는 핵심적인 경로는 (1) 카드를 긁고 서명하는(swipe-and-signature) 방식의 구형 카드 단말기(IC칩을 삽입하고 PIN을 입력하는 방식의 EMV 단말기에 비하여 보안이 대단히 취약하다)와 (2) 보안 투자를 제대로 하지 않는 소규모 인터넷 쇼핑몰들이다. 범죄자들은 이러한 취약한 경로를 통해 신용카드정보를 습득한 후 이들을 다른 온오프라인 상점에서 명의도용 거래를 하는 데에 활용한다. 일단 범죄자가 결제정보를 습득한 이상, 위 제3의 상점들이 아무리 많은 보안 투자를 하고 주의를 기울여도 도용을 근본적으로 차단하기는 어렵다. 결국 열악한 보안 조치로 인한 신용카드정보의 유출의 결과 초래되는 피해는 보안에 소홀한 당사자가 아니라 위 제3자들이 떠안게 되어, 보안투자의 유인이 왜곡되고, 사회 전체의 보안 수준이 추락하는 시장실패가 초래된다. 이에 대해 과거 우리나라는 보안 침해를 두려워한 나머지 누구든지 신용카드정보를 일체 보관하지 못하도록 하는[59] 청야전술(淸野戰術)을 펼쳐 이용자들이 결제를 할 때마다 이를 일일이 다시 입력하게 하는 한편, 위 제3의 온라인 상점에서 결제를 할 때 도용거래를 막는다며 공인인증서, 안심클릭·ISP 등 인증(authentication) 절차를 겹겹이 통과하도록 하였다.[60] 이를 위하여 방화벽, 키보드 보안 프로그램, 백신 등 소위 보안 3종 세트를 다운로드받아야 하는 것은 덤이다.[61] 전자상거래와 금융거래에 심각한 거래비용을 초래하며 거래를 위축시키던 중 수차례의 법개정으로 다행히 위험발생원에 규제를 집중하는 방식의 제도로 전환되었다. 일단 2015. 1. 20.자 개정 여신전문금융업법이 2018. 7. 21.까지 시한을 두고 구형 신용카드 단말기들을 전부 EMV 방식(IC칩 삽입 방식)으로 전환한 후 등록하도록 하였고,[62] 신용카드정보를 예외적으로 보관

---

59) 여신전문금융업감독규정 제24조의6 제3항, 여신금융협회 신용카드가맹점 표준약관 제19조 제2항.
60) ISP, 안심클릭의 경우 여신전문금융업감독규정 제24조의6 제1항 단서, 공인인증서의 경우 구 전자금융감독규정(2015. 3. 18. 개정 전) 제37조 제1항.
61) 특히 방화벽, 키보드보안의 경우 구 전자금융감독규정(2015. 2. 3. 개정 전) 제34조 제2항 제3호, 구 전자금융감독규정시행세칙(2012. 5. 29. 개정 전) 제29조 제2항 제3호.

할 수 있는 적격PG 지정 제도가 마련되어 일정한 규모와 보안 투자 여력을 가진 적격PG들이 온라인 신용카드정보를 통합관리하게 함으로써,[63] 이용자들의 원클릭 쇼핑도 가능하면서 이에 수반되는 정보 유출과 도용 거래의 리스크도 집적관리(risk pooling)되도록 하는 등 위험 관리 시스템이 전반적으로 개선되었다. 이러한 최근의 변화는 "동의"의 신화에서 벗어나 정보주체의 데이터 소유권 행사를 보장하면서 위험의 분석, 관리도 놓치지 않기 위해 법제도를 어떻게 개선할지에 대하여 많은 것을 시사한다.[64]

민감정보의 경우, 결국 개인의 명예와 관련된 정보로서, 그 활용과 관련하여 소유권 제한의 근거가 되는 윤리적 문제와 일정한 사회적 위험이 수반되어 있다. 개인정보 보호법상 형식적인 추가 고지, 동의(제23조)로써 이 문제를 풀어가려 하고 있으나, 역시 부적절하며, 손쉬운 면책수단만 제공하여 보호를 약화시킬 뿐이다. 이들의 처리와 관련한 사회적 위험에 대하여 계속적인 실증분석과 논의가 필요하며, 최근의 의료정보 비식별화에 관한 논의를 계기로 많은 생산적인 검토가 이루어지고 있다.

기타 일반 정보의 경우, 일정한 이용자의 기대만 충족된다면 위험이 크지 않으며, 규제가 그다지 필요하지 않은 분야이다. 소유권의 확립과 거래비용의 인하로 많은 문제를 해결할 수 있으며, 사적 집행에 의한 해결이 좀 더 적절한 분야라 할 수 있다.

아울러 데이터 소유권과 관련하여서는, "동의"의 좁은 틀에 가려져 더 중요한 새로운 사회문제들이 간과되었을 수 있다. 예컨대 데이터의 활용이 개인화(individualization)를 가능하게 함으로써 이를 소지한 사업자의 전례 없던 소비자 차별을 가능하게 하고 있다. 향후 인터넷 서비스의 과정에서 완전가격차별

---

62) 여신전문금융업법 제27조의4 제2항, 부칙(2015. 1. 20.) 제4조.

63) 금융위원회, 금융감독원, "「전자상거래 결제 간편화 방안」 후속조치 추진관련 보도참고자료" (2014. 7. 28.). 여신금융협회 신용카드가맹점 표준약관 제19조 제3항.

64) 위험의 분석과 관리라는 패러다임을 이미 구현하고 있는 또 다른 분야가 신용정보법이 예정하는 신용정보체계이다. 연체정보 등 신용정보는 금융질서의 토대를 이루고 금융거래에 있어서 정보불균형의 문제를 완화하는 등 그 사회적 효용이 대단히 큰 가치재이다. 1955년 "금융기관 연체대출금 정리에 관한 협약"이 체결되어 연체정보를 공유하는 체계가 구축된 이래, 신용정보업자, 신용정보집중기관, 신용정보제공·이용자로 구성된 신용정보체계의 테두리 내에서는 자유로운 신용정보 교환과 활용을 가능하게 하고, 그 테두리 밖을 넘어갈 때에만 고도의 위험을 고려하여 강한 규제를 가하였다. 물론 이러한 본래의 취지가 퇴색되고 다른 개인정보법제와 마찬가지로 동의 위주의 형식주의에 빠진 측면도 있다.

(perfect price discrimination)이나 거의 완전한 행태적 차별(behavioral discrimination)도 가능해질 것으로 예상된다.[65] 이러한 사회문제의 데이터 소유권 보장과의 조화로운 해결에 대한 계속적인 고민이 필요하다.

VI. 결　론

이상 데이터 소유권 개념의 불분명한 외연과 모호함(elusiveness)[66]을 극복하고자 다소간의 이론적 논의를 전개하지 않을 수 없었으나, 우리 법체계의 개편과 관련한 현실적인 의미만을 요약하면 다음과 같다. 첫째, 정보주체의 데이터(자신의 개인정보) 소유의 핵심은 때로는 데이터를 일종의 교환수단으로서 거래에 제공하여 경제적 이익을 얻거나(데이터의 재화적 측면), 때로는 위 경제적 이익을 반납하고 데이터를 시장에서 회수(opt-out)하여 스스로를 세상으로부터 다시 숨길 수 있어야 한다는 것이다(데이터의 비재화적 측면). 법제도는 정보주체의 소유권 행사와 관련한 이러한 선택들을 존중하고, 번거로운 사전 고지·동의 요건 등 비효율적 규제수단보다는 표준화 등의 방책을 통해 거래비용을 낮춤으로써 이를 도우며, 이로써 데이터의 활용과 보호의 조화라는 사회문제를 효율적으로 해결해야 한다. 현행 법체계의 핵심을 이루는 형식주의적인 사전 고지·동의 요건은 거래비용을 높이고 데이터의 소유권적인 처분을 방해하는 잘못된 거래규제이다. 둘째, 기업의 데이터 소유의 핵심은 신경제의 동력으로서의 데이터를 구축하기 위한 투자와 노력을 적절히 보상받아야 한다는 것이나, 이는 기업의 데이터의 실효적 보유나 데이터를 담고 있는 자산의 소유권 보호로도 가능하므로, 법제도는 데이터의 위험도에 더 큰 관심을 가져야 한다. 물론 데이터 소유권이라는 단일 개념으로 정보보호법이 해결하고자 하는 복잡한 사회문제를 전부 포괄하는 것은 가능하지도 바람직하지도 않으나, 이러한 논의가 정보화의 발목을 잡고 있는 법제도의 개선의 하나의 단초가 되기를 바랄 뿐이다.

---

65) Ariel Ezrachi & Maurice E. Stucke, *Virtual Competition - The Promise and Perils of the Algorithm-Driven Economy* 89 (2016).

66) Richard A. Posner, "The Right of Privacy", 12(3) *Georgia Law Review* 393, 393 (1977) ("The concept of 'privacy' is elusive and ill defined. Much ink has been spilled in trying to clarify its meaning.").

참고문헌

[국내문헌]

고학수, "개인정보보호의 법, 경제 및 이노베이션", 「경제규제와 법」, 제5권 제2호 (2012).

권영준, "개인정보 자기결정권과 동의 제도에 대한 고찰", 「법학논총」, 제36권 제1호 (2016).

박준석, "지적재산권법에서 바라본 개인정보 보호", 「정보법학」, 제17권 제3호 (2013).

이상용, "데이터 거래의 법적 기초", 「법조」, 제67권 제2호 (2018).

최경진, "빅데이터·사물인터넷 시대 개인정보보호법제의 발전적 전환을 위한 연구", 「중앙법학」, 제17권 제4호 (2015).

[국외문헌]

Ariel Ezrachi & Maurice E. Stucke, *Virtual Competition - The Promise and Perils of the Algorithm-Driven Economy*, 2016.

Garrett Hardin, "The Tragedy of the Commons", 162(3859) *Science* 1243 (1968).

George J. Stigler, "An Introduction to Privacy in Economics and Politics", 9(4) *Journal of Legal Studies* 623 (1980).

Guido Calabresi & A. Douglas Melamed, "Property Rules, Liability Rules, and Inalienability: One View of the Cathedral", 85 *Harvard Law Review* 1089 (1972).

Hal R. Varian, "Economic Aspects of Personal Privacy", in *Internet Policy and Economics* 101 (William H. Lehr & Lorenzo Pupillo eds., 2009).

Harold Demsetz, "Toward a Theory of Property Rights", 57 *American Economic Review* 347 (1967).

Josef Drexl, "Designing Competitive Markets for Industrial Data: Between Propertisation and Access", *Max Planck Institute for Innovation and Competition Research Paper* No. 16－13 (2016).

Lars Noah, "The Imperative to Warn: Disentangling the 'Right to Know' from the 'Need to Know' about Consumer Product Hazards", 11 *Yale Journal on Regulation* 293 (1994).

Nestor Duch−Brown, Bertin Martens, Frank Mueller−Langer, "The Economics of Ownership, Access, and Trade in Digital Data", *Digital Economy Working Paper* 2017−01 (European Commission Joint Research Centre, 2017).

L. Jean Camp & Catherine Wolfram, "Pricing Security", in *Economics of Information Security* 17 (L. Jean Camp & Stephen Lewis eds., 2006).

Louis Kaplow & Steven Shavell, "Property Rules versus Liability Rules: An Economic Analysis", 109(4) *Harvard Law Review* 754 (1996).

Omri Ben−Shahar, Data Pollution (2018). Available at SSRN: https://papers.ssrn.com/sol3/papers.cfm?abstract_id=3191231.

Omri Ben−Shahar & Carl E. Schneider, "The Failure of Mandated Disclosure", 159 *University of Pennsylvania Law Review* 647 (2011).

Paul Schwartz, "Property, Privacy, and Personal Data", 117(7) *Harvard Law Review* 2076 (2004).

P. Bernt Hugenholtz, "Abuse of Database Right − Sole−Source Information Banks under the EU Database Directive", in *Antitrust, Patents and Copyright: EU and US Perspectives* (François Lévêque & Howard Shelanski eds., 2005).

Richard A. Musgrave, "A Multiple Theory of Budget Determination", 25(1) *FinanzArchiv* 33 (1957).

Richard A. Posner, "The Right of Privacy", 12(3) *Georgia Law Review* 393 (1977).

Richard A. Posner, "The Economics of Privacy", 71 *American Economic Review* 405 (1981).

Richard H. Thaler & Cass R. Sunstein, *Nudge: Improving Decisions about Health, Wealth, and Happiness*, 2008.

Ronald H. Coase, "The Problem of Social Cost", 3 *Journal of Law and Economics* 1 (1960).

Ron Kohavi, "A Study of Cross−Validation and Bootstrap for Accuracy Estimation and Model Selection", *Proceedings of the 14th International Joint Conference on Artificial Intelligence* 1137 (1995).

Ross Anderson & Tyler Moore, "The Economics of Information Security", 314 *Science* 610 (2006).

Samuel D. Warren & Louis D. Brandeis, "The Right to Privacy", 4(5) *Harvard Law Review* 193 (1890).

Thomas W. Merrill & Henry E. Smith, "Optimal Standardization in the Law of Property: The Numerus Clausus Principle", 110 *Yale Law Journal* 1 (2000).

William M. Landes & Richard A. Posner, *The Economic Structure of Intellectual Property Law*, 2003.

기본권으로서의 개인정보자기결정권: 개인정보자기결정권의 헌법상 근거와 보호영역*

전상현(서울대학교 법학전문대학원 부교수)

Ⅰ. 서   론

개인정보의 이용과 보호에 관한 문제는 최근 들어 법학의 모든 영역에서 많은 관심과 논의의 대상이 되고 있다. 특히 헌법재판소가 2005년 결정에서 개인정보자기결정권을 헌법상 독자적인 기본권으로 승인한 후로 개인정보에 관한 문제는 헌법상 기본권 차원의 논의로 다루어지게 되었다. 개인정보자기결정권의 침해 여부가 쟁점이 된 헌법재판소 결정이 증가하면서 기본권으로서의 개인정보자기결정권에 대한 관심은 지속적으로 증가해 왔다.[1]

한편 신생 기본권이라 할 수 있는 개인정보자기결정권은 기본권 영역에서 매우 빠른 속도로 그 세력을 넓혀 가고 있다. 이는 거의 모든 생활영역이 컴퓨터와 스마트폰, 인터넷을 통해 이른바 "정보화"됨에 따라 개인정보의 이용과

---

* 이 글은 「저스티스」 통권 제169호(2018. 12), 한국법학원, 5~36면에 게재되었던 "개인정보자기결정권의 헌법상 근거와 보호영역"과 동일한 글이다. 다만, 이 책의 편집취지를 고려하여 제목을 수정하고 본문 중 표현 일부를 수정하였다.

1) 헌법재판에서 당사자가 개인정보자기결정권 침해를 주장하거나 헌법재판소가 개인정보자기결정권 침해 여부를 판단한 사건의 수는 계속해서 증가하는 추세에 있다. 헌법재판소 결정문 중에서 개인정보자기결정권의 침해 여부를 언급한 사건(결정문을 기준으로)의 숫자는 2005년에 3건, 2008년 1건, 2009년 3건, 2010년 3건, 2012년 7건, 2013년 6건, 2014년 7건, 2015년 15건, 2016년 23건, 2017년 11건, 2018년 15건이었다. 2017년은 11건으로 전년도에 비해 큰 폭으로 감소한 것으로 보이지만, 2017년은 헌법재판소가 결정을 선고한 사건 수 자체가 전년도에 비해 크게 줄었던 사실(전원재판부 기준으로 헌법재판소가 선고한 결정은 2016년 573건에서 2017년 369건으로 크게 감소했다. 2016년 12월 9일 소추된 대통령탄핵사건의 심리가 3월 10일까지 이어진 것이 영향을 미친 것으로 이해된다)을 고려하면, 2017년에도 개인정보자기결정권이 문제가 된 사건 수가 전년도에 비해 줄었다고 판단하기는 어렵다. 위 통계는 헌법재판소 인터넷홈페이지 '헌법재판정보'의 판례검색란(http://search.ccourt.go.kr/ths/pr/selectThsPr0101List.do)에서 검색 가능한 판례를 토대로 한 것이다. (2019. 3. 31. 최종방문).

보호가 문제되는 영역 자체가 넓어지고 있기 때문이기도 하지만, '인격권' 또는 '사생활의 비밀과 자유' 같은 기존의 기본권으로도 충분히 포섭이 가능한 영역들에 대해서까지 헌법재판소가 개인정보자기결정권 문제로 처리하고 있는 것 또한 그 원인의 하나로 보인다. 생활영역에서의 정보화 추세와 헌법재판소의 태도를 고려하면 이러한 추세는 앞으로도 계속 이어질 것으로 전망되는데, 대부분의 기본권 논의가 개인정보자기결정권으로 수렴되는 것 아닌가 하는 우려마저도 든다.

헌법재판소는 개인정보자기결정권의 헌법상 근거로 제10조와 제17조 등을 들면서 그 보호영역이 '인간으로서의 존엄과 가치', '행복추구권', '인격권', '사생활의 비밀과 자유' 등과 중첩되는 경우에는 개인정보자기결정권 침해 여부의 판단만으로 충분하다는 입장이다. 그러면서 헌법 제10조와 제17조에 의해 보호되는 기본권들과 비교할 때 개인정보자기결정권이 갖는 고유한 보호영역, 개인정보자기결정권과 그 기본권들과의 관계, 그리고 각각의 기본권들이 갖는 기본권 보호의 효력에 있어서 차이점 등에 대해서는 구체적인 논증을 제시하지 않고 있다. 그러나 헌법에 열거되지 않은 권리를 기본권으로 인정하기 위해서는 헌법상 근거가 명확히 제시되어야 하고, 그 기본권의 보호영역이 분명하게 획정되어야 한다. 기본권 상호간의 보호영역을 구별하고 그 보호영역에 상응하는 기본권을 검토하는 것은 기본권침해 여부에 대한 적정한 판단뿐 아니라 개별 기본권의 목적과 기능을 최대한 실현하기 위해서도 필요한 일이다.[2]

이 글의 목적은 개인정보자기결정권이 독자적인 기본권으로서 갖는 고유한 의미와 효력이 무엇인지 살펴보는 것이다. 이를 위해서는 개인정보자기결정권이 기본권으로 인정될 수 있는 헌법상 근거를 밝히고, 개인정보자기결정권이 기존의 기본권들과 구별되는 내용은 무엇인지 확인해야 한다. 이하에서는 먼저 개인정보자기결정권의 확대경향과 그에 따른 문제점을 짚어 본 후(Ⅱ), 개인정보자기결정권의 헌법상 근거에 대해 검토한다(Ⅲ). 이를 토대로 개인정보자기결정권의 고유한 보호영역을 규명함으로써 다른 기본권들과 구별되는 독자적 기본권으로

---

2) 기본권의 보호영역의 의미와 확정에 관한 자세한 논의로는 한수웅, "자유권의 보호범위", 「헌법학연구」 제12권 제5호, 한국헌법학회 (2006), 41면 이하 참조. 한편, 기본권의 내용과 보호영역의 개념을 구별하면서 기본권의 보호영역을 "구체적인 상황에서 실제로 보장되는 범위"로 이해하는 견해로는 정종섭, 「헌법학원론」, 박영사, 2018, 364면.

서의 의미를 밝혀 보고자 한다(Ⅳ). 이를 통해 개인정보자기결정권과 기존 기본권들과의 관계를 적정하게 설정하고 개인정보자기결정권에 대하여 합당한 의미와 역할을 부여하고자 한다.

Ⅱ. 개인정보자기결정권의 확대경향과 문제점

1. 규율대상의 광범성

(1) "개인정보" 개념의 광범성

법적 개념으로서가 아니라 일반적인 용어로서의 개인정보는 "개인(個人)에 관한 정보(情報)"라고 할 수 있는데, 개인에 관한 정보는 그 범위가 매우 포괄적이고 광범위하여 구체적인 의미를 한정하기가 쉽지 않다. 이는 우선 "정보(情報)"라는 개념의 광범성에서 기인한다. 사전적 의미에서 정보란 "관찰이나 측정을 통하여 수집한 자료를 실제 문제에 도움이 될 수 있도록 정리한 지식 또는 그 자료"이다.[3] 이러한 사전적 의미에 따른다면, 특정한 대상에 관한 지식이나 자료이기만 하면 정보라고 할 수 있으므로[4] 결국 특정한 개인에 관한 것이기만 하면 그 내용이 무엇이건 간에 "개인정보"에 해당할 수 있게 된다. 우리가 누군가에 대해 알고 싶어 하고, 알게 되는 것들 대부분이 개인정보일 수 있는 것이다. 예컨대, 이름, 성별, 나이, 신체적 특징, 학력, 경력, 직업, 재산, 주소, 연락처, 가족관계 등이 그러하다.

한편, 법적 규율대상으로서의 개인정보 개념은 법의 규율목적이 무엇인지에 따라 달라질 수 있으며, 일상용어로서의 개인정보와는 구별되는 의미를 가질 수 있다. 개인정보의 보호를 위해 제정된 일반법이라 할 수 있는 개인정보보호법은 개인정보의 의미를 "살아 있는 개인에 관한 정보로서 성명, 주민등록번호 및 영상 등을 통하여 개인을 알아볼 수 있는 정보(해당 정보만으로는 특정 개인을 알아볼 수 없더라도 다른 정보와 쉽게 결합하여 알아볼 수 있는 것을 포함한다)를 말한다."고 정의하고 있다.[5] 그 정보가 누구에 관한 정보인지 알 수 있기만 하면 "개인에 관한

---

3) 이 밖에도 "일차적으로 수집한 첩보를 분석·평가하여 얻은, 적(敵)의 실정에 관한 구체적인 소식이나 자료"라는 의미가 있고, "어떤 자료나 소식을 통하여 얻는 지식이나 상태의 총량"의 의미도 있다.
4) 예컨대, 일상생활에서 흔히 사용되는 "교통정보", "날씨정보", "부동산정보" 등과 같은 말들이 의미하는 바는 각각 교통, 날씨, 부동산에 관한 지식이나 자료를 가리키는 것이다.
5) 개인정보보호법 제2조.

정보"는 모두 개인정보가 될 수 있다는 점에서, 개인정보보호법에서 의미하는 개인정보 역시 그 범위는 매우 광범위하다.[6)]

(2) 개인정보에 대한 헌법재판소의 정의(定義)와 문제점

헌법재판소는 개인정보자기결정권의 보호대상이 되는 개인정보를 "개인의 신체, 신념, 사회적 지위, 신분 등과 같이 개인의 인격주체성을 특징짓는 사항으로서 그 개인의 동일성을 식별할 수 있게 하는 일체의 정보"라고 하였다.[7)] 이러한 설시는 개인정보의 의미를 구체적으로 정의하려는 시도로 보이지만, 정작 개인정보자기결정권의 보호대상이 되는 개인정보의 범위 설정에 그다지 도움을 주지 못한다. "신체"나 "신념"에 관한 정보는 비교적 구체적으로 그 범위를 확정할 수 있지만, "사회적 지위, 신분 등"은 내용이 워낙 광범위하여 그 범위를 확정하기가 매우 어렵다. 헌법재판소는 평등권을 규정한 헌법 제11조 제1항에서 규정하고 있는 "사회적 신분"의 의미에 대해, "사회에서 장기간 점하는 지위로서 일정한 사회적 평가를 수반하는 것을 의미한다"고 하여[8)] 선천적 신분 뿐 아니라 후천적 신분, 즉 사회생활에서 일정 기간 점하는 지위이기만 하면 사회적 신분에 해당되는 것으로 보고 있다.[9)] 이러한 입장에 따르면 특정한 개인에게 귀속되는 거의 모든 속성을 사회적 지위나 신분으로 볼 수 있게 된다.[10)] 게다가 "신체, 신념, 사회적 지위, 신분"도 예시적인 표지에 불과하여, 결국 개인정보에 해당하는지 여부의 판단은 "인격주체성을 특징짓는 사항"인지 여부에 따라 달라지게 된다.

문제는 "인격주체성을 특징짓는 사항"이 무엇을 의미하는지가 불명확하다는 데에 있다. 정보의 주체, 즉 그 정보가 설명하고 있는 개인의 동일성을 특정할 수 있는 정보를 말하는 것인지, 아니면 더 나아가 개인의 인격적 가치에 대한 사회적 평가에 영향을 미칠 수 있는 사항을 말하는지가 명확하지 않다. "인격주체

---

6) 개인정보보호법상 개인정보의 개념적 구성요소를 "개인식별성"과 "정보성"으로 설명하고 있는 것으로는 문재완, "개인정보의 개념에 관한 연구", 「공법연구」 제42집 제3호, 한국공법학회 (2014), 56면.

7) 헌재 2005. 5. 26. 99헌마513 등, 판례집 17―1, 668, 682.

8) 헌재 1995. 2. 23. 93헌바43, 판례집 7―1, 222, 235.

9) 김하열, 『헌법강의』, 박영사, 2018, 334면; 성낙인, 『헌법학』, 법문사, 2018, 1062―1063면.

10) "사회적 신분"에 후천적 신분도 포함되는 것으로 해석하면 사회적 신분의 범위가 지나치게 넓어져 사회적 신분이 아닌 것이 없게 되므로 "사회적 신분"이라는 규정이 아무런 의미를 갖지 못하게 된다는 비판으로는 정종섭, 앞의 책(주 2), 460면; 한수웅, 『헌법학』, 법문사, 2015, 589.

성"에서의 "인격(人格)"을 "법인격(法人格)"이라는 용어에서와 같이 법적 "주체" 또는 "단위(entity)"를 의미하기 위한 것으로 이해한다면 "인격주체성을 특징짓는 사항"이란 정보주체의 동일성을 구별할 수 있는 사항이기만 하면 모두 개인정보에 해당한다. 반면, 인격주체성에서의 "인격(人格)"을 헌법 제10조의 "인격권(人格權)"에 의해 보호되는 내용들, 즉 개인의 인격적 가치에 대한 사회적 평가에 영향을 미칠 만한 사항들만을 의미하는 것으로 이해하면, 주체의 동일성을 구별할 수 있는 정도만으로는 개인정보의 요소를 갖추었다고 보기 어렵게 된다.[11]

헌법재판소는 "인격주체성"이 무엇을 의미하는지에 대해 구체적인 설명을 제시하지는 않고 있다. 헌법재판소는 지문(指紋),[12] 일련의 숫자 또는 부호의 조합으로 표시된 DNA신원확인정보,[13] 주민등록번호[14] 등도 개인정보자기결정권의 보호대상이 되는 개인정보로 인정하고 있는데, 지문, DNA정보, 주민등록번호와 같은 사항들은 정보주체를 특정할 수 있는 정보들이긴 하지만 그 정보들 자체가 개인의 인격적 가치에 대한 평가에 영향을 미치는 것이라고 보기는 어렵다. 추상적인 무늬에 불과한 지문, 숫자나 부호의 조합에 불과한 DNA정보, 단순한 숫자의 나열인 주민등록번호가 그 자체로 개인의 사회적 인격상, 다시 말해 그 사람에 대한 사회적 평가에 직접 영향을 미칠 수는 없기 때문이다.[15] 그렇다면 헌법재판소가 말하는 "인격주체성을 특징짓는 사항"이란 결국 "그 정보의 주체를 특정할 수 있는 정보"를 의미하는 것으로 이해된다.[16]

한편, 헌법재판소는 개인정보자기결정권의 보호대상이 되는 개인정보인지 여부에 대한 판단을 '개인정보 보호법'이 정하고 있는 개인정보에 해당하는지 여부

---

11) 문재완 교수는 개인정보자기결정권을 인격권으로서의 성격을 가지는 권리로 보면서 개인정보자기결정권에 의해 보호되는 개인정보는 사회적 인격상에 관련된 정보를 의미한다고 보는데, 이는 헌법재판소가 설시한 개인정보의 의미를 후자(後者)와 같이 파악하는 입장으로 이해된다. 문재완, "개인정보 보호법제의 헌법적 고찰", 세계헌법연구 제19권 2호(2013), 281-282면 참조.

12) 헌재 2005. 5. 26. 99헌마513 등, 판례집 17-1, 668. 683.

13) 헌재 2014. 8. 28. 2011헌마28 등, 판례집 26-2상, 337, 363.

14) 헌재 2015. 12. 23. 2013헌바68 등, 판례집 27-2하, 480, 489.

15) 헌법재판소는 지문(指紋)에 대해 "개인의 고유성, 동일성을 나타내는 지문은 그 정보주체를 타인으로부터 식별가능하게 하는 개인정보이므로 …… 개인의 지문정보를 수집하고 …… 보관·전산화하여 …… 이용하는 것은 모두 개인정보자기결정권을 제한하는 것"이라고 하였다. 헌재 2005. 5. 26. 99헌마513 등, 판례집 17-1, 668, 683.

16) 헌법재판소는 주민등록번호에 대해 "모든 국민에게 일련의 숫자 형태로 부여되는 고유한 번호로서 당해 개인을 식별할 수 있는 정보에 해당하는 개인정보"라고 하였다. 헌재 2015. 12. 23. 2013헌바68 등, 판례집 27-2하, 480, 489.

에 따라 판단하기도 한다.[17] '개인정보 보호법'상 개인정보는 그 정보를 통해 정보의 주체를 식별할 수 있는지 여부가 핵심적인 기준이 되므로[18] 이 기준에 의하더라도 정보주체를 식별할 수 있는 정보이기만 하면 모두 개인정보자기결정권의 보호를 받는 개인정보에 해당할 수 있게 된다.[19] 그러나 개인정보자기결정권을 헌법상 보장되는 기본권이라고 하면서도 그 기본권의 보호대상인 개인정보의 범위를 헌법적 차원에서 직접 규명하지 않은 채 법률의 규정에 의존하는 것은 기본권의 보호영역 획정을 헌법해석을 통해서가 아니라 입법자의 의사에 맡기는 것이 되어 부당하다. 법률조항의 개정에 따라 기본권의 보호영역이 좌우될 수 있기 때문이다.

결국 헌법재판소의 설시에 따르면, 개인정보의 범위를 결정할 수 있는 헌법해석 차원의 독자적 기준 없이, 개인에 관한 정보로서 개인을 특정할 수 있는 정보이기만 하면 모두 개인정보에 해당할 수 있게 된다. 이로 인해 개인정보자기결정권의 보호영역이 지나치게 넓어질 뿐 아니라 그 범위를 명확하게 확정하기도 어렵게 된다.

---

17) 헌재 2012. 12. 27. 2010헌마153, 판례집 24−2하, 537, 547("구 '공공기관의 개인정보보호에 관한 법률' 제2조 제2호는 '당해 개인을 식별할 수 있는 정보' 뿐 아니라 '당해 정보만으로는 특정 개인을 식별할 수 없더라도 다른 정보와 용이하게 결합하여 식별할 수 있는 것을 포함한다'고 규정하고 있다. 그런데 이 사건 접견녹음파일은 접견자의 성명, 녹음일시 등을 기록함으로써 특정 개인을 식별할 수 있고, 접견시 이루어지는 대화의 방식과 내용은 개인의 신분, 사회적 지위 등 인격주체성을 특징짓는 사항으로서 그 개인의 동일성을 식별할 수 있게 하는 정보이므로 이 사건 접견녹음파일은 위 규정상 '개인정보'에 해당한다."); 헌재 2014. 8. 28. 2011헌마28 등, 판례집 26−2상, 337, 363("디엔에이신원확인정보는 개인 식별을 목적으로 디엔에이감식을 통하여 취득한 정보로서 일련의 숫자 또는 부호의 조합으로 표기된 것인데, 이는 '개인정보 보호법' 제2조 제1호에서 말하는 생존하는 개인에 관한 정보로서 당해정보만으로는 특정개인을 식별할 수 없더라도 다른 정보와 쉽게 결합하여 당해 개인을 식별할 수 있는 정보에 해당하는 개인정보이다. 이 사건 삭제조항은 특별한 사유가 없는 한 사망할 때까지 개인정보인 디엔에이신원확인정보를 데이터베이스에 수록, 관리할 수 있도록 규정하여 개인정보자기결정권을 제한한다.")
18) '개인정보 보호법' 제2조에서 정의하고 있는 개인정보의 핵심적 표지는 이른바 "개인식별성"이다. 그 정보 자체만으로 또는 다른 정보와 결합하여 그 정보의 주체를 식별할 수 있는지 여부가 '개인정보 보호법'에 의해 보호되는 개인정보인지를 판단하는 기준이 되는 것이다. 개인식별성의 의미와 판단 방법에 관한 구체적인 논의로는 이인호, "「개인정보 보호법」 상의 '개인정보' 개념에 대한 해석론 − 익명화한 처방전 정보를 중심으로 −",「정보법학」제19권 제1호 (2015), 69−83면 참조.
19) 이와 달리, 헌법재판소가 개인정보자기결정권에 있어서의 개인정보에 대해 "인격주체성을 특징짓는 사항"으로 한정하였으므로 개인정보자기결정권의 보호대상인 개인정보의 범위가 개인정보보호법상의 개인정보의 범위에 비해 더 좁아지게 되었다는 주장으로는, 문재완, 앞의 논문(주 6), 71면.

2. 다른 기본권들과의 관계

헌법재판소가 개인정보자기결정권과 다른 기본권들이 중첩되는 이른바 기본권 경합의 상황에서 개인정보자기결정권 침해 여부만을 판단함으로써 개인정보자기결정권의 적용영역은 더욱 확대되고 있다. 개인정보자기결정권과 함께 인간으로서의 존엄과 가치, 행복추구권, 인격권, 사생활의 비밀과 자유 등이 문제되는 사건들에서 헌법재판소는 다른 기본권들의 침해 여부는 개인정보자기결정권 침해 여부의 판단에 이미 포함되었다며 개인정보자기결정권 이외의 다른 기본권들에 대해서는 별도로 판단하지 않고 있다.[20]

구체적으로 살펴보면, 개별 의료급여기관으로 하여금 의료보험수급권자의 진료정보를 국민건강보험공단에 알려주도록 한 보건복지부 고시가 환자의 사생활의 비밀과 자유를 침해하는지,[21] '혐의없음'을 이유로 불기소처분 받은 사건에 관한 수사경력 자료를 장기간 보존하도록 하고 범죄경력자료의 삭제에 관하여 규정하지 않은 것이 사생활의 비밀과 자유, 행복추구권, 인격권 등을 침해하는지,[22] 일정한 성폭력범죄자에 대한 신상등록제도가 인간으로서의 존엄과 가치, 사생활의 비밀과 자유와 행복추구권을 침해하는지,[23] 가축전염병 예방 및 확산 방지를 위해 축산관계시설 출입차량에 차량무선인식장치를 설치하여 이동경로를 파악하는 것이 사생활의 비밀과 자유, 인간의 존엄과 가치, 행복추구권을 침해하는지[24] 등이 문제된 사건들에서 모두 개인정보자기결정권의 침해 여부만을 판단함에 그쳤다.

그런가 하면, 사생활의 비밀과 자유에 대한 침해 여부가 판단의 중심이 되어야 할 사건에서도, 사생활의 비밀과 자유에 속하는 내용이 녹음파일 형태로 존재

---

20) 헌재 2005. 5. 26. 99헌마513 등, 판례집 17-1, 668, 683-684; 헌재 2009. 9. 24. 2007헌마1092, 판례집 21-2상, 765, 787; 헌재 2009. 10. 29. 2008헌마257, 판례집 21-2하, 372, 384; 헌재 2012. 7. 26. 2010헌마446, 판례집 24-2상, 248, 260; 헌재 2014. 7. 24. 2013헌마423 등, 판례집 26-2상, 226, 233-234; 헌재 2015. 4. 30. 2013헌마81, 판례집 27-1하, 66, 73; 헌재 2015. 7. 30. 2014헌마340 등, 판례집 27-2상, 370, 382; 헌재 2016. 2. 25. 2013헌마830, 판례집 28-1상, 227, 235.
21) 헌재 2009. 9. 24. 2007헌마1092, 판례집 21-2상, 765, 786-787.
22) 헌재 2009. 10. 29. 2008헌마257, 판례집 21-2하, 372, 383-384; 헌재 2012. 7. 26. 2010헌마446, 판례집 24-2상, 248, 260.
23) 헌재 2014. 7. 24. 2013헌마423 등, 판례집 26-2상, 226, 233-234; 헌재 2015. 7. 30. 2014헌마340 등, 판례집 27-2상, 370, 382; 헌재 2016. 2. 25. 2013헌마830, 판례집 28-1상, 227, 235.
24) 헌재 2015. 4. 30. 2013헌마81, 판례집 27-1하, 66, 73.

한다는 이유로 개인정보자기결정권 침해 문제로 보기도 하였다. 미결수용자가 배우자와 접견하는 내용을 녹음하고 그 녹음파일을 수사기관에 제공한 행위가 문제된 사건에서, 접견을 녹음한 행위는 사생활의 비밀과 자유의 제한 문제로 보면서도 그 녹음파일을 수사기관에 송부한 행위는 개인정보자기결정권 제한의 문제라고 한 것이다.[25]

　　보호영역이 중첩되는 복수의 기본권에 대한 침해가 동시에 문제되는 경우, 문제되는 기본권 상호간에 특별법과 일반법의 관계에 있는 경우에는 법의 일반 원칙에 따라 특별법에 해당하는 기본권이 적용되지만,[26] 이러한 관계가 인정되지 않는다면 "사안과 가장 밀접한 관계에 있고, 또 침해의 정도가 큰 주된 기본권"을 중심으로 판단하여야 한다.[27] 개인정보자기결정권과 다른 개별 기본권들이 경합하는 상황에서 개인정보자기결정권 침해 여부만이 문제된다고 말하기 위해서는 먼저 개인정보자기결정권이 다른 기본권들과의 관계에서 특별법적 지위에 있다는 것이 인정되어야 한다. 만약 개인정보자기결정권이 다른 기본권들과의 관계에서 특별법적 지위에 있는 것이 아니라면 어떤 기본권을 중심으로 검토해야 하는지는 구체적인 사안에 따라 달라질 수밖에 없다. 이러한 문제의 해결을 위해서는 먼저 개인정보자기결정권과 다른 기본권의 관계가 규명되어야 하며, 개인정보자기결정권이 다른 기본권들과 구별되는 독자적인 보호영역은 무엇인지 밝혀야 한다. 그러나 헌법재판소는 이러한 문제에 대한 검토나 설명 없이 개인정보자기결정권을 다른 기본권들에 대하여 우선적으로 적용하고 있다. 이로 인해 개인정보자기결정권의 적용영역은 다시 한번 확대되고, 그로 인해 다른 기본권들의 의미는 그만큼 축소된다.

3. 개인정보자기결정권의 확대에 따른 문제점

(1) 개별 기본권조항의 기능 약화

　　개인정보의 수집과 이용으로 인해 그 정보의 주체가 입게 되는 불이익의 내용

---

25) 헌재 2012. 12. 27. 2010헌마153, 판례집 24−2하, 537, 547.
26) 김하열, 앞의 책(주 9), 258−259면; 한수웅, 앞의 책(주 10), 506면. 한편, 특별법과 일반법의 관계에 있는 기본권 사이에는 진정한 의미에서의 기본권경합 문제가 아니라는 견해로는 성낙인, 앞의 책(주 9), 964면.
27) 헌재 1998. 4. 30. 95헌가16, 판례집 10−1, 327, 337; 헌재 2002. 4. 25. 2001헌마614, 판례집 14−1, 410, 426.

은 그 정보의 내용이 무엇인지에 따라 다양한 기본권과 관련될 수 있다. 예컨대, 특정 단체에 가입하여 활동하고 있는지 여부를 공개하는 것은 결사의 자유(헌법 제21조 제1항)에 대한 제한이 될 것이고,[28] 그 단체가 노동조합인 경우에는 결사의 자유의 특별규정이라고 할 수 있는 단결권(헌법 제33조 제1항)에 대한 제한이 될 것이다. 미결수용자의 접견 내용을 녹음한 파일을 수사기관에 송부하는 것은 접견의 상대방 또는 대화의 내용에 따라 '사생활의 비밀과 자유'(제17조)에 대한 제한이거나 '변호인의 조력을 받을 권리'(제12조 제4항)에 대한 제한일 수 있다. 언제, 어떤 병원에서 진료를 받았는지에 관한 사실을 수사기관에 통보하는 것도 사생활의 비밀과 자유에 대한 제한이라고 할 수 있다.

이러한 각각의 사안들에서 정보의 공개나 이용으로 인해 저해되는 법익은 서로 다를 수밖에 없다. '개인정보의 수집과 이용'이라는 행위는 공통되지만 그 행위로 인해 제한되는 기본권은 결사의 자유, 단결권, 사생활의 비밀과 자유, 변호인의 조력을 받을 권리 등으로 달라지는 것이다. 그리고 그와 같이 달라지는 기본권에 상응하여 기본권 침해 여부에 대한 심사의 내용과 강도도 달라져야 한다. 이러한 차이는 개별 기본권들이 보호하고자 하는 법익의 차이에서 비롯된다. 그리고 개별 기본권들에 따른 법익의 차이야말로 개별 기본권들이 각자 고유한 기본권으로서 존재하는 이유이기도 하다.

특정 단체에 가입하고 있다는 사실이 정치적, 사회적으로 민감한 의미를 갖는 경우 그 단체에 가입한 사실이 공개됨으로써 입는 불이익의 핵심은 단체에 가입하여 활동할 자유가 위축되는 것이다. 미결수용자가 배우자와 접견하면서 대화한 내용이 녹음파일 형태로 수사기관에 제공됨으로서 위험에 처하는 것은 사생활의 비밀과 자유 또는 수사와 재판에서의 방어 전략이다.[29] 언제 어떤 병원을 출입하였는지 여부를 수사기관이 파악하는 것 역시 자신의 동선(動線) 혹은 공개

---

28) 이와 관련된 대표적인 사례로는 미국에서 흑인에 대한 차별이 공공연히 이루어지던 시절 흑인(유색인종)의 인권신장을 위한 단체(National Association of Advancement of Colored People, NAACP)에 대하여 그 회원명단을 제출하라는 주(州) 정부의 명령이 결사의 자유를 침해한다고 판결한 NAACP v. Alabama ex rel. Patterson 357 U.S. 449 (1958).

29) 그러나 앞서 본 바와 같이 헌법재판소는 개인정보자기결정권 문제로 보았다(주 25). 다만, 그 결정의 반대의견은 "단순히 개인의 인격주체성을 특징짓는 개인정보만을 제공한 것이 아니라 접견 중 나눈 대화내용 전체를 제공한 것이므로, 개인정보자기결정권을 넘어서 사생활의 비밀과 자유를 제한한다고 봄이 타당하다"는 이유에서 사생활의 비밀과 자유를 제한되는 기본권으로 보았다. 헌재 2012. 12. 27. 2010헌마153, 판례집 24－2하, 537, 551.

를 원하지 않는 질병의 노출이 문제의 핵심이다. 이러한 사안들에 대해, 그저 개
인정보의 수집과 이용에 관한 문제라는 이유로 전부 개인정보자기결정권 침해
여부로 접근하는 것은 각각의 사안들에 담겨진 고유하고도 본질적인 쟁점을 놓
치거나 외면하는 것이다. 사안에 따라 문제의 본질에 부합하는 기본권을 찾아 그
기본권에 대한 침해 여부를 따지는 것은 개별 기본권의 고유한 목적을 실현하는
것이며, 가장 타당한 기본권적 보호를 보장하는 길이기도 하다. 그러나 헌법재판
소는 위에서 예로 든 사안들을 모두 개인정보자기결정권 제한의 문제로 봄으로
써30) 결국 개별 기본권의 기능을 약화시키고 궁극적으로는 개별 사안들에서 타
당한 기본권적 보호를 실현하지 못하는 결과를 초래하고 있다.

(2) 개인정보자기결정권의 포괄적 기본권화

개별 기본권마다 고유한 보호영역을 획정하여 각 기본권의 경계를 구분하고
저마다의 보호영역을 분명히 하려는 이유는, 기본권으로 보호되는 여러 이익들
중에서 보호의 목적과 정도에 있어 이질적인 것들을 분류하여 보호의 목적과 정
도를 달리하는 이익들 각각에 상응하는 기본권보호의 기준을 설정하려는 데에
있다. 개별 기본권이 갖는 고유한 보호영역의 구별이 무시된다면, 모든 기본권침
해 주장은 '기본권이 침해되었다'는 동일한 내용의 주장이 될 수밖에 없다. 이로
써 보호영역이 지나치게 광범위하거나 포괄적인 기본권에 대해서는 보다 구체적
인 기본권들로 그 보호영역을 세분화할 필요가 생겨난다. 이것은 지나치게 광범
위한 보호영역으로 인해 보호가치에 있어서 전혀 다른 이익들을 모두 동일한 기
준으로 다루게 되는, 이른바 일률적인 평준화의 위험을 방지하기 위한 것이다.31)
그 대표적인 예가 헌법 제10조가 규정하고 있는 행복추구권이다. 행복추구권은
그 보호영역의 포괄성으로 인해 기본권침해 여부에 대한 적정한 심사를 보장하기
위해, 보다 구체적인 내용들을 갖는 하위범주의 기본권들로 세분화 되어야 한다.

개인정보의 수집과 이용이 문제되는 모든 경우를 개인정보자기결정권의 문제
로 접근하는 것은 개인정보자기결정권의 보호영역을 지나치게 넓힘으로써 개인

---

30) 헌재 2011. 12. 29. 2010헌마293, 판례집 23−2하, 879, 888(교원의 교원단체 및 노동조합 가입 정
보에 대한 공개); 헌재 2012. 12. 27. 2010헌마153, 판례집 24−2하, 537, 547(미결수용자가 자신의
배우자와 접견하면서 대화한 내용이 녹음된 파일을 수사기관에 송부); 헌재 2018. 8. 30. 선고
2014헌마368, 공보 제263호, 1455(요양급여정보를 경찰서장에게 제공한 행위).
31) von Munch/Kunig(Hrsg.), Grundgesetz−Kommentar Band1, 김주환 역(譯), 독일기본법주해서
제1권, 헌법재판소, 2004, 211면.

정보자기결정권을 행복추구권과 같은 포괄적 권리로 만든다. 이것은 보호의 목적과 정도를 달리하는 여러 법익들을 모두 개인정보자기결정권이라는 하나의 기본권으로 포섭함으로써 구체적인 사안들에 상응하는 적정한 기본권보호를 어렵게 한다. 이렇게 되면 결국 개별 사안들에서 적정한 기본권보호를 위해서는 개인정보자기결정권을 다시 구체적인 기본권들로 세분화하여야 하는 상황에 이르게 되는데, 이는 애써 새로운 기본권으로 인정한 개인정보자기결정권의 독자적인 존재 의미가 크게 줄어든다는 것을 의미한다.

Ⅲ. 개인정보자기결정권의 헌법상 근거

1. 열거되지 않은 기본권의 헌법상 근거

헌법이 규정하고 있지 않은 자유와 권리를 기본권으로 인정하는 것은 가장 중요한 헌법해석 문제 중 하나이다.[32] 우리 헌법은 제37조 제1항에서 "국민의 자유와 권리는 헌법에 열거되지 아니한 이유로 경시되지 아니한다."고 하여 헌법이 규정하고 있지 않은 자유나 권리도 기본권으로 보호될 가능성을 인정하고 있다. 다만, 이 조항은 헌법이 규정하지 않은 자유와 권리에 대해서도 기본권으로 승인 또는 확인하는 것에 대한 헌법적 정당성을 부여할 뿐, 헌법에 열거되지 않은 개별 기본권들의 직접적인 근거가 될 수는 없다.[33] 따라서 개인정보자기결정권과 같이 헌법에 열거되지 않은 권리를 기본권으로 인정하기 위해서는 그 권리를 기본권으로 인정할 수 있는 헌법상 근거가 제시되어야 한다.

일정한 자유나 권리가 기본권으로 인정된다는 것은 그 기본권으로 보호되는 영역에 관한 법적 규율에 있어 입법부의 권한이 축소된다는 것을 의미한다. 기본권으로 보호되는 영역에 관한 법적 규율은 기본권을 침해하지 않아야 한다는 헌

---

32) 미국헌법에서 헌법의 해석을 통해 헌법에 명시되지 않은 기본권을 발견 또는 확인하는 것을 "Invisible Constitution"이라는 비유로 설명하고 있는 것으로는, Laurence H. Tribe, *The Invisible Constitution*, Oxford University Press, 2008.

33) 한수웅, "헌법상의 인격권", 「헌법논총」 제13집, 헌법재판소 (2002), 635면. 한편 우리 헌법의 제37조 제1항과 유사한 내용을 규정하고 있는 미국연방헌법 수정헌법 제9조("The enumeration in the Constitution, of certain rights, shall not be construed to deny or disparage others retained by the people")에 대해, '헌법에 열거되지 않은 자유도 보호된다'는 정당성에 관한 조항일 뿐 그 조항 자체가 기본권의 근거(repository)는 아니라는 설명으로는 Erwin Chemerinsky, *Constitutional Law - Principles and Policies -*, (3rd ed.), Aspen Publishers, 2006, p. 794.

법적 한계 내에서만 정당화되기 때문이다. 따라서 개인정보자기결정권이 법률상 보장되는 권리인지, 헌법상 보장되는 기본권인지에 대한 논의는 결국 개인정보에 관한 법적 규율에서 입법부가 갖는 권한의 한계를 설정하는 논의이기도 하다. 개인정보자기결정권이 헌법상 보장되는 기본권이라고 말하는 순간, 개인정보를 둘러싼 다양한 상충하는 이익의 조정에 관한 입법부의 자유로운 형성 권한은 축소된다. 이처럼 헌법에 열거되지 않은 권리를 기본권으로 인정하는 것은 헌법해석을 통해 입법권을 제약하는 것인 만큼 그 제약을 정당화하기 위해서는 명확한 헌법적 근거를 필요로 한다.[34]

한편 기본권의 보호영역은 그 기본권의 헌법적 근거에 의해 결정된다. 개인정보자기결정권에 의해 보호되는 대상과 보호의 목적은 개인정보자기결정권의 헌법적 근거가 무엇인지에 달려 있다. 개인정보자기결정권이 보호하고자 하는 정보의 범위는 어디까지인지, 개인정보자기결정권을 통해 보호하려는 개인의 행위 또는 상태는 무엇인지, 다른 기본권들에 의한 보호와 개인정보자기결정권에 의한 보호는 어떻게 다른지 등에 관한 문제들은 개인정보자기결정권의 헌법적 근거가 무엇인지에 따라 달리 정해질 수 있는 것이다. 개인정보자기결정권의 헌법상 근거를 분명히 하는 것은 개인정보자기결정권의 보호영역을 확정하기 위한 전제이기도 하다.

요컨대 헌법에 열거되지 않은 개인정보자기결정권을 헌법상 보장되는 기본권으로 인정하기 위해서는 개인정보자기결정권의 헌법상 근거가 무엇인지에 대해 설득력 있는 논증이 제시되어야 한다.[35]

2. 개인정보자기결정권의 헌법상 근거에 관한 학설 및 판례

개인정보자기결정권의 헌법적 근거에 대한 논의들은 "인간으로서의 존엄과 가치 및 행복추구권"을 규정하고 있는 제10조만을 근거로 보는 견해, "사생활의 비

---

34) 미국헌법의 해석에 있어서 명문규정이 없는 권리를 "Fundamental Rights"로 인정하는 것에 대해 반대하거나 소극적인 입장을 취하고 있는 이른바 원전주의자들(Originalists)의 입장은 법원이 뚜렷한 근거없이 헌법해석이라는 이름으로 헌법이 입법부에게 부여한 권한을 제한할 가능성에 대한 우려에 근거한다. Erwin Chemerinsky, 앞의 책(주 33), pp. 795-796.

35) 알렉시(Alexy)의 표현에 따른다면 "정확한 기본권적 논증(korrekte grundrechtliche begründung)"이 요구되는 것이다. 알렉시는 기본권규정에 표현되지 않은 권리는 "정확한 기본권적 논증"이 가능한 경우에만 기본권규범이 될 수 있다고 하였다. Robert Alexy, *Theorie der Grundrechte*, 이준일 역(譯), 『기본권이론』, 한길사, 2007, 96-97면.

밀과 자유"를 규정하고 있는 제17조만을 근거로 보는 견해, 그리고 헌법 제10조와 제17조가 모두 근거가 되어야 한다는 견해로 나누어진다.36)

(1) 제10조를 근거로 보는 견해

개인정보자기결정권의 근거를 헌법 제10조에 찾는 견해들도 그 이유에 대해서는 견해가 나누어진다. 먼저, 헌법 제17조는 '사생활 보호'라는 인격권의 한 부분만을 보호하는 조항임에 반해 헌법 제10조는 사생활 보호를 포함하여 사회적 인격상에 관한 자기결정과 같이 인격의 자유로운 발현을 위한 조건을 포괄적으로 보호하는 조항이므로, 자유로운 인격발현의 조건이라고 할 수 있는 개인정보자기결정권은 일반적 인격권에 속하는 것이라는 견해가 있다.37)

한편, 개인정보자기결정권의 대상이 되는 정보는 사생활 영역에 국한되지 않고 공적 생활영역에서 형성되는 정보나 이미 공개된 정보도 포함되므로 사생활의 비밀과 자유 조항으로는 개인정보자기결정권을 포섭할 수 없으므로 헌법 제10조에 의해 인정되는 일반적 인격권이 근거가 되어야 한다고 설명하는 견해도 있다.38)

그런가 하면, 개인정보자기결정권은 사적인 생활영역에 속하는 사항이 아니라 사회생활의 영역에서 형성되는 인격상을 보호하기 위한 것이므로 제17조는 근거가 될 수 없고 제10조의 일반적 인격권이 근거가 되어야 한다는 주장도 있다.39) 그러나 개인정보자기결정권이 사생활 영역 이외의 정보도 보호한다고 주장할 수는 있지만 사생활 영역에 속하는 사항은 보호하지 않는다는 주장은 이해하기 어렵다.

개인정보자기결정권이 적극적인 청구권적 성격을 갖는다는 점에서, 사생활의

---

36) 개인정보자기결정권의 헌법적 근거에 대한 학설의 논의상황에 대한 소개와 검토로는, 정태호, "개인정보자결권의 헌법적 근거 및 구조에 대한 고찰", 헌법논총 제14집, 헌법재판소(2003), 414-431면; 권건보, "자기정보통제권에 관한 연구 : 공공부문에서의 개인정보보호를 중심으로", 서울대학교 법학박사학위논문(2004), 84-89면; 권건보, 『개인정보보호와 자기정보통제권』, 경인문화사, 2005, 99-115면.
37) 한수웅, "헌법상의 인격권"(주 33), 649면.
38) 정태호, "개인정보자결권의 헌법적 근거 및 구조에 대한 고찰"(주 36), 423-431면. 다만, 저자는 사생활에 관한 정보에 관해서는 헌법 제17조가 특별규정으로서 우선적으로 적용되고 그 이외의 정보들에 대한 자기결정권은 일반적 인격권에 근거한 개인정보자기결정권(저자의 용어로는 "개인정보자결권")이 적용된다고 하는데(431면), 이러한 주장은 결국 뒤에서 보는, '제10조와 제17조'를 모두 근거로 주장하는 견해와 아무런 차이가 없는 것이 아닌가 하는 의문이 있다.
39) 문재완, "개인정보 보호법제의 헌법적 고찰"(주 11), 280-281면.

비밀과 자유를 규정한 제17조가 아니라 헌법 제10조가 그 근거가 되어야 한다는 주장도 제기되고 있다.[40]

(2) 제17조를 근거로 보는 견해

헌법 제17조가 개인정보자기결정권의 근거가 되어야 한다는 견해로는, 개인정보자기결정권을 궁극적으로는 인격의 자유로운 발현에 관한 것으로 보면서도 헌법 제17조가 규정한 사생활의 비밀과 자유에 대한 보장의 일환이라고 설명하거나,[41] 사생활의 비밀과 자유를 명시적으로 규정하고 있는 제17조와의 관계에서 헌법 제10조는 보충적인 의미를 가지므로 헌법 제17조를 근거로 삼아야 한다는 주장,[42] 또는 여기서 한발 더 나아가, 개인정보자기결정권의 일반적 근거조항은 제17조이지만 사생활의 비밀과 자유에 관하여 보다 구체적으로 규정하고 있는 제16조(주거의 자유)와 제18조(통신의 비밀)와의 관계에서는 제17조가 보충적으로 적용된다는 주장,[43] 그리고 사생활의 비밀과 자유 이외의 개별 기본권들에 의한 보호 가능성을 인정하면서도, 자신에 관한 정보에 대한 통제는 사생활의 자유에서 나오는 것이므로 헌법 제17조가 근거가 되어야 한다는 주장[44] 등이 제기되고 있다.

(3) 제10조, 제17조를 근거로 보는 견해

제10조와 제17조를 함께 근거로 제시하는 입장은 개인정보자기결정권의 보호대상이 되는 정보가 개인의 사생활에 관한 정보에 국한되지 않고 공적, 사회적 영역에서 생성된 정보도 보호대상으로 한다는 점을 강조한다.[45] 개인정보자기결정권의 소극적 자유로서의 측면은 헌법 제17조에서 찾고, 정보의 통제에 관한 적극적인 청구권적 측면은 헌법 제10조에서 근거를 찾는 견해도 있다.[46]

이 밖에도, 개인정보자기결정권이 자유로운 인격의 보장과 함께 권력에 대한 민주적 통제와 감시 기능도 갖는다는 점을 강조하면서, 자유로운 인격의 보장과

---

40) 양 건, 『헌법강의』, 법문사, 2018, 551, 554면.
41) 권영성, 『헌법학원론』, 법문사, 2010, 458면.
42) 성낙인, 앞의 책(주 9), 1272−1273면.
43) 김일환, "정보자기결정권의 헌법상 근거와 보호에 관한 연구", 「공법연구」 제29집 제3호, 한국공법학회(2001), 100−102면.
44) 권건보, 앞의 논문(주 36), 91−93면.
45) 김하열, 앞의 책(주 9), 529−530면. 정종섭 앞의 책(주 2), 680면은 구체적인 근거를 제시하지는 않은 채 개인정보자기결정권의 근거로 제10조, 제17조, 제37조 제1항을 들고 있다.
46) 김철수, 『헌법학개론』, 박영사, 2010, 667면.

관련해서는 헌법 제10조가, 민주적 통제와 감시 기능과 관련해서는 국민주권의 원리와 민주주의 원칙을 개인정보자기결정권의 근거로 제시하는 견해도 있다.[47) 다만, 이러한 주장에 대해서는, 권력통제 기능은 모든 기본권에 내재하는 속성으로서 다른 기본권들 역시 민주적 정치기능을 보장하는 기능을 수행한다고 지적하면서, 국민주권의 원리나 민주주의를 개인정보자기결정권의 근거로 드는 것은 기본권의 기능 문제와 기본권의 헌법상 근거 문제를 혼동한 것이라는 비판이 있다.[48)

(4) 판   례

개인정보자기결정권을 처음으로 인정한 결정에서 헌법재판소는 제10조와 제17조를 근거로 제시하는 한편 "동시에 우리 헌법의 자유민주적 기본질서 규정 또는 국민주권원리와 민주주의원리 등을 고려할 수 있으나, 개인정보자기결정권으로 보호하려는 내용을 위 각 기본권들 및 헌법원리들 중 일부에 완전히 포섭시키는 것은 불가능하다"고 하면서, "헌법적 근거를 굳이 어느 한두 개에 국한시키는 것은 바람직하지 않은 것으로 보이고, 오히려 개인정보자기결정권은 이들을 이념적 기초로 하는 독자적 기본권으로서 헌법에 명시되지 아니한 기본권이라고 보아야 할 것이다."라고 판시하였다.[49)

헌법재판소는 개인정보자기결정권이 독자적 기본권이라는 이유로 그 헌법적 근거를 한두 개에 국한시키는 것이 바람직하지 않다고 하였으나, 독자적인 기본권이라고 해서 헌법적 근거가 한두 개의 조항에 국한될 수 없는 것은 아니다. 다만 위 결정 직후의 판결에서는 개인정보자기결정권의 근거를 헌법 제10조의 일반적 인격권과 헌법 제17조로 국한하였다.[50) 그 후로는 "자유민주적 기본질서", "국민주권원리", "민주주의원리" 등에 대해서는 언급하지 않고 "헌법 제10조 제1문에서 도출되는 일반적 인격권"과 "제17조"를 개인정보자결정권의 헌법적 근거로 제시하고 있다.[51) 그러나 헌법재판소는 개인정보자기결정권의 헌법상 근거가 제10조

47) 김종철, "헌법적 기본권으로서의 개인정보통제권의 재구성을 위한 시론", 「인터넷법률」 제4호 (2001), 43면.
48) 정태호, "개인정보자결권의 헌법적 근거 및 구조에 대한 고찰"(주 36), 421면.
49) 헌재 2005. 5. 26. 99헌마513 등, 판례집 17－1, 668, 683.
50) 헌재 2005. 7. 21. 2003헌마282 등, 판례집 17－2, 81, 90. 이 결정에서는 "인간의 존엄과 가치, 행복추구권을 규정한 헌법 제10조 제1문에서 도출되는 일반적 인격권 및 헌법 제17조의 사생활의 비밀과 자유에 의하여 보장되는 개인정보자기결정권"이라고만 하였다.
51) 다만, 개인정보자기결정권의 근거로 "자유민주적 기본질서", "국민주권원리", "민주주의원리" 등

와 제17조인 이유에 대해서는 구체적으로 설명하거나 제대로 논증하지 않고 있다.

3. 개인정보자기결정권의 헌법상 근거에 대한 검토

(1) 개인정보자기결정권의 등장 배경

헌법재판소는 개인정보자기결정권을 새로운 기본권으로 인정하여야 하는 이유에 대해 다음과 같이 설명하고 있다.

> "정보환경의 급격한 변화로 …… 컴퓨터를 통한 개인정보의 데이터베이스화가 진행되면서 …… 개인의 인적 사항이나 생활상의 각종 정보가 정보주체의 의사와는 전혀 무관하게 타인의 수중에서 무한대로 집적되고 이용 또는 공개될 수 있는 새로운 정보환경에 처하게 되었고, 개인정보의 수집·처리에 있어서의 국가적 역량의 강화로 국가의 개인에 대한 감시능력이 현격히 증대되어 국가가 개인의 일상사를 낱낱이 파악할 수 있게 되었다. …… 개인정보자기결정권을 헌법상 기본권으로 승인하는 것은 현대의 정보통신기술의 발달에 내재된 위험성으로부터 개인정보를 보호함으로써 궁극적으로는 개인의 결정의 자유를 보호하고, 나아가 자유민주체제의 근간이 총체적으로 훼손될 가능성을 차단하기 위하여 필요한 최소한의 헌법적 보장장치라고 할 수 있다."52)

현대의 정보통신기술의 발달에 따라 국가의 개인에 대한 감시능력이 현격히 증대되어 개인의 일상사를 낱낱이 파악할 수 있게 된 상황이 개인정보자기결정권을 필요로 하였다는 것이다. 다시 말해, 개인정보의 수집과 이용으로 인한 사적 생활영역의 공개의 위험으로부터 개인을 보호하기 위해 개인정보자기결정권이 필요하다는 것이다. 정보의 수집과 이용에 관한 기술의 발전에 따라 새로운 방식으로 발생할 수 있는 개인의 일상사에 대한 침해로부터 개인을 보호하려는 것이 개인정보자기결정권을 새로운 기본권으로 인정하게 된 배경인 것이다.

그런데 헌법재판소가 개인정보자기결정권을 인정하는 위와 같은 이유들은 아래에서 보듯이 프라이버시 권리가 새로운 기본권으로 논의된 사회적 배경이나, 사생활의 비밀과 자유가 새로운 헌법상 기본권으로서 인정된 배경과 사실상 동

을 언급하는 결정이 완전히 사라진 것은 아니었다. 예컨대, 헌재 2009. 10. 29. 2008헌마257, 판례집 21−2하, 372, 384, 385(수사경력자료의 보존); 헌재 2010. 5. 27. 2008헌마663, 판례집 22−1하, 323, 334(채무불이행자명부의 공개).

52) 헌재 2005. 5. 26. 99헌마513 등, 판례집 17−1, 668, 682−683.

일하다. 기술의 발전에 따른 "새로운 침해 방식"에 대응한 "새로운 보호 방안"으로 등장한 권리가 미국에서의 프라이버시(privacy) 권리였고, 그러한 내용의 권리가 우리 헌법에 도입된 것이 사생활의 비밀과 자유였다.

한편 헌법재판소는 개인정보자기결정권이 궁극적으로 "개인의 결정의 자유"를 보호하기 위한 것이라고 했는데, 헌법상 기본권으로서의 사생활의 비밀과 자유는 사생활의 "비밀" 뿐 아니라 "자유"도 보장하기 위한 기본권이므로 개인정보자기결정권을 통해 궁극적으로 보호하려는 "개인의 결정의 자유"도 결국 사생활의 비밀과 자유에 의해 보호될 수 있다.[53]

(2) 자기정보에 대한 통제권으로서의 "사생활의 비밀과 자유"

우리 헌법은 제헌헌법에서부터 "주거의 자유"와 "통신의 비밀"에 관한 조항을 두고 있었는데 1980년 헌법개정을 통해 "사생활의 비밀과 자유"를 새롭게 규정하였다.[54] 주거의 자유나 통신의 비밀이 주거에 대한 물리적 침입, 통신에 대한 검열 또는 감청과 같은 고전적 의미에서의 사적 생활영역에 대한 보호를 위한 조항이었다면, 사생활의 비밀과 자유는 현대적 환경에서 사적 생활영역을 보호하기 위하여 규정된 조항이다. 이른바 정보화사회에서 벌어지는 다양한 방식의 사생활 침해에 대응하기 위하여 규정되었던 것이다.[55]

우리 헌법이 사생활의 비밀과 자유를 헌법상 기본권으로 도입한 것은 미국에서의 프라이버시(privacy) 권리에 관한 논의에 영향을 받은 것이었다.[56] 그런데

---

53) 미국헌법의 해석에서도 프라이버시의 보호에는 사생활의 "비밀", 즉 사적인 사항의 공개로부터의 보호(avoiding disclosure)뿐 아니라 사생활의 "자유", 즉 생활영역에서의 자유로운 결정의 보호 (independence in making decisions) 또한 포함한다. Whalen v. Roe, 429 U.S. 589, 599－600 (1977) 참조.
54) 1980년 헌법 제16조 "모든 국민은 사생활의 비밀과 자유를 침해받지 아니한다."
55) 성낙인, "프라이버시와 개인정보보호를 위한 입법정책적 과제", 「영남법학」 제5권 제1·2호 (1999), 25면.
56) 우리 헌법이 사생활의 비밀과 자유를 명시적으로 규정하기 이전에도 대부분의 학설들은 "privacy 권"이라는 헌법상 기본권을 인정하고 있었다. 다만 그 헌법적 근거에 관해서는 견해가 일치하지 않았는데, 일반적 인격권의 한 내용으로 보아 "인간으로서의 존엄과 가치"를 규정한 헌법조항에서 찾거나, "행복을 영원히 확보할 것"이라고 한 헌법 전문(前文)에서 그 근거를 구하는 견해("행복추구권" 역시 1980년 헌법개정으로 도입되었다), 혹은 인간의 존엄성 조항과, 신체의 자유, 주거의 불가침, 통신의 비밀, 헌법에 열거되지 아니한 자유와 권리의 존중 조항 등을 근거로 하는 견해 등이 있었다고 한다. 권영성, "사생활권의 의의와 역사적 변천", 「언론중재」 1983년 여름호, 언론중재위원회(1983) 참조. 이 문헌의 내용은 현재 언론중재위원회의 인터넷홈페이지 정보자료실(http://www.pac.or.kr/kor/pages/?p＝60&magazine＝M01&cate＝MA02&nPage＝14&idx＝496&sub_idx＝3660&m＝read&f＝&s＝)에서 확인가능함. 2019. 3. 31. 최종확인.

현대사회에서 프라이버시 권리의 핵심적인 내용이 바로 "자기정보에 대한 통제권"이었다. Alan Westin 교수는 1967년에 이미 "Privacy란 자신에 관한 정보가 언제, 어떠한 방식으로, 어느 정도까지 다른 사람에게 전달될 수 있는지에 대해 스스로 결정할 수 있는 권리를 의미한다."고 하였다.[57] 이는 오늘날 프라이버시 권리에 관한 정의(定義)로 일반적으로 받아들여지고 있으며, 우리가 개인정보자기결정권으로 부르는 권리의 내용과 사실상 동일한 것이다. 법학에서 프라이버시에 관한 논의가 처음 제기된 배경 자체가, 현대사회에서 기술의 발전으로 인해 종전에는 경험하지 못한 새로운 방식의 사생활 침해로부터 개인의 사적 생활영역을 보호하기 위한 것이었다.[58]

이와 같이 정보화사회에서 프라이버시 권리의 핵심적인 내용이 다름 아닌 '자기정보에 대한 통제권'이라는 사실은 우리 헌법이 1980년 개정으로 사생활의 비밀과 자유를 명시적인 규정으로 도입할 당시에도 이미 충분히 인식되고 있었다. 변재옥 교수는 미국에서의 프라이버시 권리에 대한 논의를 소개한 1979년 논문에서[59] 정보화사회에서 프라이버시 권리는 전통적, 소극적 개념인 "혼자 있을 권리(right to let be alone)"에서 현대적, 적극적 개념인 "자기정보에 대한 통제권"을 의미하는 것으로 재구성되고 있다고 설명하였다.[60] 이러한 설명은 우리 헌법이 사생활의 비밀과 자유를 명시적인 조항으로 도입한 직후에는 우리 헌법의 해석론으로 그대로 이어졌다.[61] 요컨대 "사생활의 비밀과 자유"라는 기본권은 헌법재판소가 오늘날 개인정보자기결정권을 새로운 기본권으로 인정하려는 바로 그 이

---

57) Alan Westin, *Privacy and Freedom*, Ig Publishing, 1967, p. 7.
58) 프라이버시 논의의 효시라고 할 수 있는 Warren과 Brandeis의 1890년 논문은 "프라이버시(privacy) 권리"라는 새로운 권리가 필요한 배경에 대해, '기술의 발전과 산업의 변화에 따라 사진이나 신문 보도 등을 통해 개인의 사적인 생활영역에 대한 침해가 과거에는 없던 방식으로 이루어지면서 개인의 사적인 생활영역을 보호할 필요가 과거 어느 때보다 커졌기 때문'이라고 하였다. Samuel D. Warren & Louis D. Brandeis, "The Right To Privacy", *Harvard Law Review*, Vol.9 No.5(1890), pp. 195-196. Warren과 Brandeis가 위와 같은 논문을 쓰게 된 배경은 공저자(共著者) 중 한 사람이었던 Warren 변호사의 부인(夫人)의 사생활이 선정적인 기사를 쓰는 언론에 의해 지나치게 노출되는 것으로 인한 고통 때문이었다. William L. Prosser, "Privacy", *California Law Review*, Vol.48(1960), p.383.
59) 이 논문은 우리나라에서 프라이버시에 관한 최초의 본격적인 논의로 평가받고 있다. 성낙인, "프라이버시와 개인정보보호를 위한 입법정책적 과제"(주55), 22면.
60) 변재옥, "정보화사회에 있어서 프라이버시의 권리 - 미국의 경우를 중심으로 -", 서울대학교 법학박사학위논문(1979), 29-33면.
61) 변재옥, "한국헌법상 프라이버시의 권리", 「사회과학연구」 제3권 제2호, 영남대학교 사회과학연구원 (1983), 14면.

유에서 처음 논의되기 시작하였고, 우리 헌법에 수용되었던 것이다.

개인정보자기결정권의 근거를 사생활의 비밀과 자유에서 찾는 것이 타당하다는 것은 유럽기본권헌장(Charter of Fundamental Rights of the European Union, 이하 "유럽헌장")[62]에 대한 유럽사법재판소(The Court of Justice of the European Union)의 해석례에 비추어 보더라도 수긍할 수 있다. 유럽헌장은 제1조에서 인간의 존엄을, 제3조에서 인격권을 규정한 후, 제7조에서 사생활에 관한 권리(the right to respect for private life)를,[63] 이어 제8조에서 개인정보의 보호에 관한 권리(the right to the protection of personal data)를 규정하고 있다. 유럽사법재판소는 제8조의 개인정보의 보호에 관한 권리가 제7조의 사생활의 권리에 근거한 것으로서 두 조항은 서로 밀접하게 연계되어(closely linked) '개인정보의 처리에 있어서의 사생활에 관한 권리(right to respect for private life with regard to the processing of personal data)'를 구성한다고 판시한 바 있다.[64]

(3) 제10조를 근거로 주장하는 견해의 문제점

1) "일반적 인격권"과 "사생활의 비밀과 자유"의 관계

사생활의 보호에 관하여 명시적으로 규정하고 있는 헌법은 많지 않다.[65] 사생활의 보호에 관한 명시적 기본권조항이 없는 독일에서는 사생활 보호에 관한 헌법적 근거를 "일반적 인격권"에서 찾는다.[66] 독일연방헌법재판소는 "정보의 자기

---

[62] 2009년 12월 1일 공표된 유럽헌장은 유럽연합(EU)이 설치한 기관이나 기구에 대해 직접 효력을 가지며 유럽연합의 회원국이 EU법을 직접 집행하는 경우 또는 그 집행을 위해 국내법을 제정하거나 적용하는 경우에 적용된다.

[63] Article 7. Respect for private and family life Everyone has the right to respect for his or her private and family life, home and communications. 한편, 유럽인권협약 제8조 제1항도 동일한 내용을 규정하고 있으나, "communications"를 "correspondence"로 표현하고 있는 것이 다르다.

[64] Joined Cases C-293/12 Digital Rights Ireland Ltd. and C-594/12 Kärntner Landesregierung (2013. 12. 12.) paragraphs 62-63. (http://curia.europa.eu/juris/document/document.jsf; jsessionid=9ea7d0f130da3cf2bd02fb104e949eaefe095c8af3d4.e34KaxiLc3eQc40LaxqMbN4Pb3mOe0?text=&docid=145562&pageIndex=0&doclang=en&mode=lst&dir=&occ=first&part=1&cid=160008#Footref53) 2019. 3. 31. 최종방문

[65] 스페인헌법(제18조 제1항), 포르투갈헌법(제26조 제1항), 터키헌법(제20조) 등이 사생활의 보호를 명시적으로 규정하고 있다.

[66] Michael Sachs, Verfassungsrecht II, Grundrechte, 2000, 방승주 역(譯), 『헌법 II - 기본권론』, 헌법재판소, 2002, 228-229, 245면. 독일기본법 제2조 제1항의 "인격의 자유로운 발현권"의 내용은 크게 두 가지로 구분되는 보호영역을 가지는데, 하나는 "일반적 행동의 자유"이고 다른 하나는 "일반적 인격권"이다. 독일기본법의 해석상 일반적 인격권은 사적(私的)인 사항에 대한 보호, 성명권, 명예권, 초상권, 자신의 인격상(人格像)에 대한 권리, 자신의 생활영역에 대한 자기결정권 등을

결정권(informationelle Selbstbestimmung)"이 일반적 인격권에 의해 보장된다고 하였다.[67] 미국의 경우 프라이버시 권리는 물론이고 인격권도 헌법상 명시적인 규정으로 존재하지 않지만 연방대법원은 1965년 Griswold v. Connecticut 판결에서 프라이버시 권리를 헌법상 권리로 명시적으로 인정한 바 있다.[68] 다만 그 근거는 구체적인 영역별로 프라이버시가 문제되는 개별 사안들에 따라 수정헌법의 다양한 조항들에서 찾고 있다.[69] 한편 연방대법원이 이른바 정보 프라이버시권(right to informational privacy)을 프라이버시 권리와 구별되는 별개의 독자적 기본권으로 인정하고 있는지에 대해서는 평가가 엇갈리고 있다.[70]

사생활의 보호는 궁극적으로 인간으로서의 존엄과 가치를 실현하기 위한 것이고 전통적으로 사생활의 비밀과 자유는 인격권의 한 내용으로 이해되어 왔다.[71] 따라서 사생활의 보호에 관한 구체적인 조항이 없는 경우에 자신에 관한 정보를 통제할 수 있는 권리를 인격권에서 찾는 것은 가능하지만,[72] 우리 헌법은 사생활

포함한다.

67) BverfGE 65, 1. 이 결정에 대한 번역문은, 독일연방헌법재판소 판례번역집 합본집 1권(1999~2003), 헌법재판소, 710면 이하.

68) 381 U.S. 479 (1965). 피임약이나 피임기구를 사용하는 행위를 처벌하는 한편 그러한 행위를 교사하거나 방조하는 행위를 처벌하는 Connecticut 주 법률에 대해 혼인한 부부가 피임을 위해 사용하는 경우에 대해 처벌하는 것은 프라이버시를 침해하므로 헌법에 위반된다는 판결이었다.

69) 예컨대, 연방대법원은 단체의 구성원의 인적사항을 공개하지 않을 자유로서의 프라이버시는 수정헌법 제1조, 주거에 관한 안전에 관한 프라이버시는 민가의 군용숙소사용 금지를 규정한 수정헌법 제3조, 수사나 형사재판과 관련해서 자신에게 불리한 내용을 공개당하지 않을 프라이버시는 부당한 압수수색을 금지한 수정헌법 제4조와 자기부죄거부를 규정한 수정헌법 제5조에 의해 인정되는 것으로 보아 왔으며, '부부 사이의 성행위 및 임신 여부에 대한 결정'과 같은 프라이버시는 여러 수정헌법 조항들에 의해 보호된다고 하였다. Id. at 484-485.

70) 이와 관련한 논의의 자세한 소개로는 최희경, "미국 헌법상 정보 프라이버시권", 「법학논집」 제19권 제2호, 이화여자대학교 (2014), 36-45면; 김선희, 『미국의 정보 프라이버시권과 알권리에 관한 연구』, 헌법재판소 헌법재판연구원, 2018, 30-42면 참조.

71) 프라이버시 권리가 인간의 존엄이라는 관점에서는 서로에 대한 존중을 요구하는 것이고, 자유라는 관점에서는 자신에 대해 스스로 결정하는(self-defining) 자율적(autonomous) 개인을 강조하는 것이라는 설명으로, Robert C. Post, "Three Concept of Privacy", *The Georgetown Law Journal*, Vol.89 (2001), pp. 2092-2094. 한편, 유럽의 역사에서 사생활의 보호는 과도한 언론의 자유와 과도한 시장의 자유에 따른 "명예에 대한 위협"으로부터 개인을 보호하기 위한 것으로 발전되어 왔다. James Q. Whitman, "The Two Western Cultures of Privacy: Dignity Versus Liberty", *Yale Law Journal*, Vol.113(2004), pp.1171-1172.

72) 개인정보의 보호에 관한 세계 각국의 법률들이 명시적으로 밝히고 있는 목적은 "사생활(privacy)의 보호" 또는 "인격권(personality)의 보호"이다. 미국, 캐나다, 뉴질랜드, 오스트레일리아의 경우 법률의 이름부터 "Privacy Act"이고, 독일이나 스위스의 경우에는 인격권의 보호를 그 법률의 목적으로 규정하고 있다. Lee A. Bygrave, *Data Privacy Law - An International Perspective* -, Oxford University Press, 2014, p.118.

의 보호에 관한 명시적인 조항을 가지고 있다. 사생활의 비밀과 자유라는 명시적인 규정의 존재에도 불구하고 사생활 보호의 근거를 인격권에서 찾는 것은 부당하다.

2) 적극적 청구권 인정을 위해 인격권이 근거가 되어야 한다는 견해의 문제점

개인정보자기결정권의 근거로 헌법 제10조의 일반적 인격권을 드는 견해 중에는, 자유권인 사생활의 비밀과 자유로는 개인정보자기결정권의 내용에 포함되는 적극적 권리인 청구권을 포섭하지 못한다는 점을 근거로 들기도 한다. 그러나 사생활의 비밀과 자유에 소극적 자유만이 인정된다면, 어째서 같은 자유권에 속하는 일반적 인격권에는 적극적 청구권이 포함될 수 있는지가 설명되지 않는다. 만약 사회적 상황의 변화에 따라 새로운 기본권침해 방식에 대응하기 위해 일반적 인격권에 대해 적극적 청구권으로서의 성격을 인정할 수 있다면 사생활의 비밀과 자유에 대해서는 왜 같은 이유로 적극적 청구권으로서의 성격을 인정하면 안 되는지 이해하기 어렵다.

헌법재판소는 알권리의 헌법상 근거를 표현의 자유로 보면서도 알권리의 핵심적인 내용은 정부에 대한 정보공개청구라는 청구권이라고 하였다.[73] 해석상 인정되는 새로운 기본권의 헌법상 근거를 자유권조항에서 찾는다고 해서 새롭게 인정되는 기본권도 반드시 자유권에 국한되는 것으로 볼 필요는 없다. 이는 근거조항의 성격에 관한 문제라기보다는 보호영역과 효력의 확장에 관한 문제라고 할 것이다.

3) 공적 생활영역에서 생성된 정보는 인격권으로 보호된다는 견해의 문제점

헌법 제10조와 제17조를 모두 근거로 제시하는 견해는, 개인에 관한 정보 중에서도 공적 생활 영역에서 생성된 정보 또는 이미 공개된 정보의 경우에는 사생활에 관한 정보가 아니기 때문에 사생활의 비밀과 자유에 의해서는 보호되지 못하고 일반적 인격권에 의해 보호되어야 한다고 주장한다. 개인에 관한 정보 중에는 그 사람에 대한 사회적 평가에 영향을 미치는 정보임은 분명하지만, 그 정보가 반드시 사적인 생활영역에서 만들어지고 관리되는 것은 아닌 정보들이 있다는 점에 주목하는 것이다.

그러나 정보의 생산이나 관리가 사적인 생활영역에서 이루어지는지, 아니면

---

73) 헌재 1989. 9. 4. 88헌마22, 판례집 1, 176, 189.

공적 생활영역에서 이루어지는지에 대해서는 그 구별 자체가 명확하지 않다. 무엇보다도 개인이 자신에 관한 정보를 통제함으로써 보호되는 이익은 그 정보가 사적인 생활영역에 관한 것인지, 아니면 공적인 생활영역에 관한 것인지에 따라 달라지지 않는다. 예컨대, 특정한 직업에 종사한다는 것은 개인의 생계수단이라는 점에서는 사적 생활영역에 속한다고 볼 수 있지만, 직업적 활동은 사회적 활동일 수밖에 없다는 점에서 공적 생활영역에 속한다. 또한 일정한 범죄경력이나 세금체납사실 등은 공적 생활영역에 속하는 정보이지만, 정보의 주체 입장에서 보면 그러한 정보를 수집하거나 이용하는 행위는 자신에 관한 정보의 통제가 문제된다는 점에서 사생활 영역의 정보에 대한 통제와 아무런 차이가 없다.

자신에 관한 정보가 타인에게 공개되거나 타인이 그 정보를 수집하고 이용하는 것을 원하지 않는 경우, 정보주체에게는 그 정보가 사적 영역에서 생성된 것인지, 공적 영역에서 생성된 것인지는 중요하지 않다. 중요한 것은 그 정보의 생성 영역이 어디였든 자신에 관한 정보가 타인에게 공개되고 이용되는 것을 통제할 수 있기를 원한다는 것이다. 이는 정보의 주체가 타인에게 보여주고 싶지 않은 정보는 그 정보의 생성 영역이 어디였든 간에 그 정보를 타인에게 보여주지 않을 자유를 가져야 한다는 것을 의미한다. 그런데 개인이 다른 사람들에게 "무엇은 보여주고, 무엇은 가릴 것인지"를 결정하고 통제할 수 있는 자유야말로 사생활의 비밀과 자유의 핵심이다.[74] 자신에 관한 정보가 자신이 원하지 않는 방식으로 공개되는 것으로부터 개인을 보호하는 것은 그 정보가 생성된 영역이 어디였든 결국 자기정보에 대한 통제권으로서 사생활의 비밀과 자유에 관한 문제인 것이다.

4) "자기결정권"이라는 명칭에 따른 혼란

우리 헌법의 해석상 여러 종류의 자기결정권이 인정된다. 헌법재판소는 인간으로서의 존엄과 가치 및 행복추구권을 규정하고 있는 헌법 제10조로부터 자기운명결정권, 성적자기결정권, 연명치료중단에 관한 자기결정권 등을 도출하고 있

---

74) Alan Westin은 무엇을 가리고 무엇을 보여줄 것인지는 시대와 문화에 따라 달라지지만 프라이버시의 핵심은 가리고자 하는 것을 가리는 것에 있다고 하였다. 그는 문화권에 따라 사용되어 왔던 베일(veil), 부채(fan), 선글라스 등이 바로 프라이버시 보호의 시각적 상징이라고 설명한다. Alan Westin, *Privacy and Freedom*, Ig Publishing(주 57), 12−14면.

다. 이로 인해 개인정보자기결정권도 헌법 제10조에 의해 도출되는 여러 자기결정권들 중 하나로 이해되기 쉽다. 그러나 개인정보자기결정권에서 말하는 자기결정은 굳이 "자기결정권"이라는, 해석상 도출되는 기본권에 의할 것 없이 사생활의 비밀과 자유라는 명시적인 조항에서 충분히 그 근거를 찾을 수 있다.

　헌법재판소가 "자기결정권"이라는 명칭을 쓰게 된 데에는 "정보의 자기결정(informationelle Selbstbestimmung)에 관한 권리"라고 표현한 독일연방헌법재판소의 결정이 영향을 미친 것으로 보인다.[75] 그러나 독일기본법에는 사생활의 비밀과 자유에 관한 명시적인 조항이 없으므로 일반적 인격권으로부터 도출되는 자기결정권에서 그 근거를 찾는 것이 부득이하지만, 우리 헌법의 경우에는 헌법 제10조의 해석상 도출되는 자기결정권에서 근거를 찾는 것과 같은 우회적이고 간접적인 방식을 취할 필요가 전혀 없다. 자기정보의 통제에 관한 직접적인 근거가 되는 사생활의 비밀과 자유 조항이 존재하기 때문이다. 자기결정권이라는 표현에 담겨 있는 "자유로운 결정"을 강조하고자 하더라도 헌법 제10조에서 근거를 찾을 필요는 없다. 사생활의 비밀과 자유 조항은 사생활의 "비밀" 뿐 아니라 "자유" 또한 이미 규정하고 있기 때문이다.

(4) 소　　결

　우리 헌법은 1980년 헌법을 통해 사생활의 비밀과 자유 조항을 명시적으로 규정하였다. 현대적 상황에서 사생활의 비밀과 자유가 보호하고자 하는 핵심적인 내용은 자기정보에 대한 통제권이다. 따라서 사생활의 비밀과 자유에 관한 규정이 없는 헌법에서와 같이 포괄적 기본권인 인격권으로부터 개인정보의 보호에 관한 권리를 발견하는 것과 같은 우회적인 방법을 취할 필요가 없다. 우리 헌법이 자기 정보에 대한 통제권을 의미하는 사생활의 비밀과 자유 조항을 명시적으로 도입함으로써, 개인정보의 보호 문제는 헌법 제10조(인간으로서의 존엄과 가치와 행복추구권)의 영역으로부터 헌법 제17조(사생활의 비밀과 자유)의 영역으로 완전히 이관되었다고 보는 것이 타당하다. 개인정보자기결정권의 헌법상 근거는 헌법 제17조이다.

---

75) 권건보, 개인정보보호의 헌법적 기초와 과제,「저스티스」통권 제144호, 한국법학원 (2014), 14면.

Ⅳ. 개인정보자기결정권의 보호영역

1. 개인정보자기결정권과 다른 기본권들의 관계

(1) 보호영역 확정의 의의

헌법재판소는, 헌법에 열거되지 않은 기본권을 인정하기 위해서는 '새로운 기본권으로 인정할 필요성이 특별히 인정되어야 하고', '권리내용(보호영역)이 비교적 명확하여야 한다'고 하였다.[76] 기본권으로 인정할 필요성이란 기존의 기본권조항들만으로는 보호될 수 없었던 영역이 새로운 기본권을 통해 보호되거나 기존의 기본권에 비해 강화된 보호가 가능하게 되는 경우를 말하는 것으로 이해된다. 기존의 기본권조항들에 의한 보호와 아무런 차이가 없다면 굳이 헌법에 열거되어 있지도 않은 기본권을 새로이 인정할 필요는 없다. 헌법해석을 통해 새로운 기본권을 인정한다는 것은 기본권에 의한 보호영역이 확장되거나 그 보호가 강화된다는 것을 의미한다.

또한 새로운 기본권으로 인정받기 위해서는 고유한 보호영역이 존재하여야 한다. 이 때, 헌법해석을 통해 새롭게 인정되는 기본권과 기존의 기본권들과 사이의 관계가 문제된다. 개별 기본권의 보호영역은 기본권의 의미와 기능을 고려하여 정해지는바, 그 보호영역은 헌법이 기본권을 보장한 목적의 실현을 위해 사회상황의 변화에 따라 달라질 수 있다.[77] 개별 기본권의 보호영역을 확정함에 있어서는 기본권목록에 포함된 다른 기본권들의 보호영역을 고려하여 개별 기본권들이 모두 그 의미와 기능을 다할 수 있도록 설정되어야 한다.[78] 따라서 특정한 기본권을 새로운 기본권으로 인정하는 경우에도 그 기본권의 보호영역을 지나치게 확대함으로써 기존의 다른 기본권들의 존재를 유명무실하게 해서는 안 된다.

(2) 개인정보자기결정권의 보호영역 확장의 문제점

정보화시대의 가속화된 진전에 따라 거의 모든 생활영역이 컴퓨터와 인터넷을 매개로 정보화된다. 우리의 일상은 음성파일로, 영상파일로, 문자메시지로 정보

---

76) 헌재 2009. 5. 28. 2007헌마369, 판례집 21-1하, 769, 775.
77) 한수웅, "자유권의 보호범위"(주 2), 72-73면. 여기서 저자는 정보화사회라는 사회상황의 변화에 따라 인격발현의 조건을 보장하기 위해 개인정보자기결정권을 인정하는 것을 그 한 예로 들고 있다.
78) 한수웅, "자유권의 보호범위"(주 2), 54, 62면.

화되어 유용되고 보관되고 있다. 이러한 상황에서 정보에 대한 통제와 관련된 모든 문제를 개인정보자기결정권 문제로 파악하는 것은 기존의 개별 기본권들의 보호영역을 모두 개인정보자기결정권의 보호영역으로 편입시킬 우려가 있다.

헌법재판소는 개인정보자기결정권을 기본권으로 인정하지 않더라도 기존의 다른 기본권들에 의해 보호되고 있었거나 보호될 수 있는 기본권들까지도 개인정보자기결정권 문제로 파악하는 경향이 있다. 이에 따라 개인정보자기결정권의 보호영역은 지나치게 확대되었고 기존의 개별 기본권들의 보호영역은 축소되었다. 예컨대, 개인정보자기결정권을 인정하기 이전인 2003년 결정에서는 청소년 성매수자 신상공개제도에 대해 일반적 인격권과 사생활의 비밀과 자유 문제로 판단하였으나[79] 최근 결정들에서는 신상정보공개를 일반적 인격권과 개인정보자기결정권 문제로 보았다.[80] 그러나 기본권침해 여부에 대한 판단의 구조나 내용 자체에는 아무런 변화가 없었고 심사기준이 달라진 것도 아니었다. 그저 종전에 '사생활의 비밀과 자유'의 제한 문제로 보았던 것을 '개인정보자기결정권'의 제한 문제로 대체한 것뿐이었다.

위치추적 전자장치(이른바 '전자발찌')를 통해 피부착자의 위치와 이동경로를 실시간으로 추적하는 행위로 인해 제한되는 것은 '내가 어디에 있는지 알리고 싶지 않은 자유'이며 이것은 사생활의 비밀과 자유로도 충분히 보호될 수 있다. 따라서 굳이 "위치정보"라는, 정보로서의 성격에 착안하여 개인정보자기결정권 문제로 다룰 필요는 없다.[81] 집회현장에서 집회참가자들의 얼굴을 촬영하는 행위도 집회의 자유와 인격권 침해 여부가 핵심적인 문제이지, 헌법재판소가 판단한 것처럼 여기에 더하여 개인정보자기결정권까지 논할 필요는 없는 것이었다.[82]

정보화사회의 진전으로 거의 모든 사항들이 정보화되어 수집되고 보관될 수 있는 상황에서 단지 "○○정보"에 해당할 수 있다는 이유만으로 개인정보자기결정권 문제로 접근하는 것은 개인정보자기결정권의 보호영역을 지나치게 확장시

---

79) 헌재 2003. 6. 26. 2002헌가14, 판례집 15−1, 624, 642. 재판관 전원이 일반적 인격권과 사생활의 비밀과 자유에 대한 제한을 인정하였고, 5인의 재판관은 그 기본권들에 대한 침해까지 인정하였다. 다만, 위헌결정에 필요한 정족수에 이르지 못해 합헌으로 결정되었다.

80) 대표적으로, 헌재 2013. 10. 24. 2011헌바106 등, 판례집 25−2하, 156, 161−162.

81) 헌법재판소는 사생활의 비밀과 자유와 개인정보자기결정권을 함께 판단하였다. 헌재 2012. 12. 27. 2011헌바89, 판례집 24−2하, 364, 379.

82) 헌재 2015. 4. 30. 2013헌마81, 판례집 27−1하, 66, 73.

키는 것이다. 이는 문제되는 정보의 수집과 이용 등이 갖는 의미를 구체적으로
고려하지 않은 채 모든 정보의 보호를 모두 개인정보자기결정권의 보호영역으로
포섭하는 것이다. 이것은 개별 기본권들의 보호영역을 부당하게 축소시킬 뿐 아
니라 궁극적으로는 기본권침해 여부에 대한 적정한 심사도 저해한다.[83] 개인정
보의 수집과 이용이 문제되는 상황이라 하더라도 다른 기본권의 보호영역에 속
하는 문제들에 대해서는 그 기본권들이 갖는 목적과 기능이 충분히 실현될 수
있도록 그 기본권들에 의한 보호 가능성을 먼저 문의할 필요가 있다.[84] 개인정보
자기결정권은 기존의 다른 기본권들에 의한 보호가 어려운 영역에 한하여 고려
되어야 한다. 이를 위해서는 개인정보자기결정권이 독자적으로 의미를 갖는 고
유한 보호영역을 분명히 할 필요가 있다.

2. "중립적 정보"에 대한 통제권

헌법이 자기정보의 통제에 관한 권리를 의미하는 사생활의 비밀과 자유를 명
시적으로 규정하고 있음에도 불구하고 개인정보자기결정권이라는 새로운 기본권
을 인정해야 하는 이유는 무엇인가? 그것은 기존의 기본권인 사생활의 비밀과
자유 조항으로는 보호하기 어렵지만 헌법상 기본권으로 보호할 필요가 있는 영
역들이 새롭게 인식되었기 때문이다. 정보의 성질상, 그 정보가 공개되거나 수집
된다고 해서 개인의 사생활의 비밀과 자유가 침해된다고 보기는 어렵지만 새로
운 정보환경으로 인해 그 정보를 수집하고 이용하는 행위로 인한 사생활 침해의
'가능성'에 대한 대처가 필요했던 것이다. 말하자면, 문제가 된 정보 그 자체는
굳이 "가리고 싶은" 정보에 해당하지 않지만 정보통신기술의 발달로 인해 다른
정보와의 결합이나 정보처리의 대량화를 거치면 언제든지 사생활을 침해할 수
있는 정보로 전환될 수 있는 상황에서, 사생활에 대한 현실적인 침해 이전 단계
에서 그 정보에 대한 통제권을 기본권으로 인정할 필요성이 생기게 된 것이다.

---

83) 예컨대, 사생활의 비밀과 자유에 대한 심사에 있어서는 독일에서 제시된 이른바 "영역이론"의 적
   용을 통해, 내밀한 영역, 사적인 생활영역, 사회적 생활영역을 구별하고 그에 상응하여 보호의 정
   도를 달리하는 심사기준이 적용되지만, 개인정보자기결정권에 의한 심사는 개별 기본권 영역에서
   구체화되어 있는 심사기준의 적용마저도 어렵게 되고, 언제나 일반적인 심사기준만이 적용됨으로
   써 오히려 문제의 본질에 대한 본격적인 검토를 어렵게 할 우려가 있다.
84) 법률해석의 차원에서 같은 취지의 주장을 하고 있는 글로는 김진환, "개인정보 보호의 규범적 의
   의와 한계 ─ 사법(私法) 영역에서의 두 가지 주요 쟁점을 중심으로 ─", 「저스티스」 통권 제144호,
   한국법학원 (2014), 59─62면.

헌법재판소가 개인정보자기결정권을 처음 인정한 결정에서 문제가 된 개인정보가 지문(指紋) 정보였다는 사실은 개인정보자기결정권의 보호영역을 이해함에 있어 시사하는 바가 크다.[85] 손가락 피부의 무늬에 불과한 지문이 타인에게 공개되거나 수집된다고 해서 그것이 사생활의 비밀이나 자유에 대한 진지한 제한이라고 보기는 어렵다. 설사 제한은 인정하더라도 기본권이 침해되었다고 보기는 쉽지 않다. 일련의 숫자와 부호로 결합된 DNA신원확인정보[86]나 숫자들의 조합에 불과한 주민등록번호[87] 또는 졸업생의 성명과 생년월일 및 졸업일자[88] 등도 마찬가지다.

개인정보자기결정권이 독자적인 기본권으로서 의미를 갖는 것은 바로 이러한 정보들에 대해서다. 정보 그 자체만으로는 공개되더라도 사생활의 비밀과 자유에 대한 진지한 제한으로 인정되기 어려운 정보, 다시 말해 정보의 성질상 그 자체만으로는 개인에 대한 사회적 평가에 영향을 미치기 어려운 이른바 "중립적인 정보(neutral information)"이지만, 그 정보의 수집과 이용에 따른 잠재적 위험으로부터 개인을 보호하기 위하여 새로운 기본권으로 인정된 것이 개인정보자기결정권인 것이다.[89]

따라서 사생활의 비밀과 자유와 개인정보자기결정권은, 문제되는 정보의 성질이 사생활의 비밀과 자유에 직접적인 위험을 가하는 것인지, 아니면 정보의 성

85) 독일연방헌법재판소가 1983년에 정보의 자기결정권을 처음으로 인정한 사례는 이른바 인구센서스에 관한 근거 법률에 대한 사건이었다. 우리 헌법재판소는 인구주택총조사의 조상대상이 된 "성명, 나이, 종교 등과 같은 '가구원에 관한 사항'", "가구 구분, 거주기간 등과 같은 '가구에 관한 사항'", "거처의 종류, 총 방수 등과 같은 '주택에 관한 사항'"들에 대하여 개인정보자기결정권에 의해 보호되는 개인정보로 보고 개인정보자기결정권 침해 여부를 심사하였으나 그 기본권을 침해하는 것은 아니라고 하였다. 헌재 2017. 7. 27. 2015헌마1094, 판례집 29−2상, 219, 225.
86) 헌재 2014. 8. 28. 2011헌마28 등, 판례집 26−2상, 337, 363.
87) 헌재 2015. 12. 23. 2013헌바68 등, 판례집 27−2하, 480, 489.
88) 졸업생의 성명, 생년월일, 졸업일자를 개인정보로 인정. 헌재 2005. 7. 21. 2003헌마282 등, 판례집 17−2, 81, 91.
89) 개인정보자기결정권은 "사생활의 비밀"을 보호하기 위한 절차적 규범이라는 주장도 있다. 개인정보자기결정권은 사생활의 비밀에 대한 침해를 예방하는 역할을 하는 규범으로서 사생활의 비밀(프라이버시)에 대한 침해를 방지하기 위한 절차적 보호수단이 개인정보자기결정권이라는 것이다. 박경신, "사생활의 비밀의 절차적 보호규범으로서의 개인정보보호법리 − 개인정보보호법 및 위치정보보호법의 해석 및 적용의 헌법적 한계 −", 공법연구 제40집 제1호, 한국공법학회(2011), 129, 148면. 여기서 저자는 개인정보자기결정권이 사생활의 비밀에 대해 가지는 이러한 역할은 '미란다 원칙의 고지를 받을 권리'가 자기부죄(自己負罪, self−incrimination) 거부의 권리(미국연방헌법 수정제5조에 근거한 기본권)에 대한 침해를 예방하는 기능을 하는 것에 비견된다고 한다.

질 자체는 사생활의 비밀과 자유를 직접 제한하지 않는 중립적인 정보이지만 그 수집과 이용 등에 대한 통제의 필요성은 인정되는 정보인지에 따라 구별된다. 이는 사생활의 보호와 개인정보의 보호를 함께 규정하고 있는 유럽헌장에 대해 유럽사법재판소가 취하는 입장이기도 하다. 유럽사법재판소는 유럽헌장 제7조 (사생활의 보호)에 관한 문제인지, 제8조(개인정보의 보호)에 관한 문제인지는 "정보의 성질(nature)"에 달려 있다고 하면서, 제8조에 의해 보호되는 개인정보란, 예컨대 신분증에 기재된 사항들처럼 개인을 특정하는 '개인에 관한 정보(personal information)'이기는 하지만 그 이상의 의미는 갖지 않는 중립적(neutral) 정보인 반면, 제7조에 의해 보호되는 정보들이란 사생활 또는 사생활의 비밀(confidentiality)에 관련되는 정보들로서 여기에는 내밀한 사항(intimacy)도 포함될 수 있다고 하였다.[90] 그리고 제8조가 주로 정보의 처리(processing)에 대한 보호를 위한 것이라면 제7조는 정보 그 자체에 대한 보호를 위한 것이라고도 하였다.[91]

3. 정보통제를 위한 "적극적 권리"

개인정보자기결정권의 독자적 기본권으로서의 기능 중 하나는 적극적 권리를 포함한다는 것이다. 자기정보에 관한 통제권이 제대로 보장되기 위해서는 단지 국가의 간섭으로부터 자유를 보장받는 소극적 자유만으로는 부족하다. 자신에 관한 정보의 열람과 정정, 이용중지, 삭제 등을 요구할 수 있는 적극적인 청구권이 보장되어야 한다.[92]

물론 개인정보자기결정권이라는 새로운 기본권을 도출하지 않더라도 사생활의 비밀과 자유 조항에 이미 적극적 청구권이 포함되어 있다고 주장하는 견해들도 존재한다. 사생활의 비밀과 자유가 우리 헌법에 도입된 직후에도 이미 정보의

---

90) Joined Cases C-293/12 Digital Rights Ireland Ltd. and C-594/12 Kärntner Landesregierung (2013. 12. 12.) paragraphs 62-63, 64-66. (http://curia.europa.eu/juris/document/document.jsf; jsessionid=9ea7d0f130da3cf2bd02fb104e949eaefe095c8af3d4.e34KaxiLc3eQc40LaxqMbN4Pb3mOe 0?text=&docid=145562&pageIndex=0&doclang=en&mode=lst&dir=&occ=first&part=1&cid= 160008#Footref53) 2019. 3. 31. 최종방문.
91) Ibid. para. 65.
92) 사생활의 비밀과 자유는 소극적·방어적 권리임에 반해, 개인정보자기결정권은 타인에 의한 개인 정보의 무분별한 수집이나 이용 등에 대해 정보주체가 적극적인 통제권을 갖는 것을 의미한다는 점에서 적극적·능동적 권리라는 주장으로, 지성우, "빅데이터 환경과 개인정보 보호방안", 「헌법재판연구」 제4권 제2호 (2017. 2), 56면.

통제에 관한 권리의 보장을 위해서는 국가에 대해 적극적인 조치를 요구할 수 있는 권리가 필요하다는 의견이 제기되었고,[93] 사생활의 비밀과 자유 조항으로부터 정보의 열람청구권을 도출하려는 시도도 있었다.[94] 그러나 우리 헌법의 해석론으로는 정보에 대한 열람청구권은 그 정보가 자신에 관한 것인지 여부를 불문하고 알권리에 의한 보호되는 것으로 보는 것이 일반적이며,[95] 개인정보자기결정권을 통해 보호하고자 하는 적극적 권리로서의 청구권을 사생활의 비밀과 자유로부터 직접 도출하기는 쉽지 않다. 따라서 자신의 정보에 대한 수집과 보관, 처리, 이용 등 전반에 걸친 통제권을 적극적인 청구권으로 보호하기 위해서는 새로운 기본권이 필요했던 것이다. 이러한 필요에서, 자기정보에 대한 통제라는 측면에서 사생활의 비밀과 자유에 근거를 두면서도 기존의 사생활의 비밀과 자유 조항의 효력으로는 인정하기 어려웠던 적극적인 청구권을 포함하는 권리로서 개인정보자기결정권이 고안되었던 것이다.

개인정보의 보호에 관한 권리를 헌법상 명시적인 규정으로 두고 있는 입법례를 살펴보면 대부분이 그 권리의 내용들에 적극적 청구권을 포함하고 있음을 알 수 있다. 포르투갈 헌법은, 자신에 관한 전산화된 정보에 접근 및 열람할 수 있는 권리와 그 정보를 수정하거나 변경된 내용을 반영할 권리, 그 정보들의 보관 목적을 고지 받을 권리 등을 규정하고 있다(제35조 제1항).[96] 터키 헌법 역시 개인정보의 보호에 관한 권리에는 자신에 관한 정보에 대해 고지 받을 권리와 열람, 정정, 삭제 등에 관한 권리를 규정하고 있다(제20조).[97]

---

93) 변재옥, 앞의 논문(각주 61), 14−15면에서는 적극적 의미의 정보통제권을 위해서는 정보의 열람과 정정청구권 등을 규정한 법률의 제정이 필요함에도 입법의 불비로 사생활의 비밀과 자유가 침해되고 있다고 지적하면서, 선진 각국의 예에 따라 자료보호법의 제정이 필요하다고 하였다. 헌법재판소가 존재하지 않아 헌법해석을 통해 새로운 기본권을 인정하는 것을 생각하기 어려웠고 개인정보의 보호에 관한 법률이 제정되기 한참 전이었던 당시 상황을 감안하면 타당한 주장이었다.

94) 권건보, 개인정보보호와 자기정보통제권(주 36), 92−93면.

95) 자신의 정보에 대한 열람청구권은 개인정보자기결정권과 알권리가 중복된다는 견해로는 권영성, 『헌법학원론』, 458면.

96) Article 35 (Use of information technology) 1. Every citizen has the right of access to all computerised data that concern him, which he may require to be corrected and updated, and the right to be informed of the purpose for which they are intended, as laid down by law. 흥미로운 것은 제5호에서 개인에게 국가가 일련번호를 부여하는 것을 금지하고 있다("The allocation of a single national number to any citizen is prohibited."). 포르투갈헌법재판소 인터넷홈페이지(영어판) 참조(http://www.tribunalconstitucional.pt/tc/conteudo/files/constituicaoingles.pdf). 2019. 3. 31. 최종확인.

97) Everyone has the right to request the protection of his/her personal data. This right includes

요컨대, 개인정보자기결정권은 자기정보에 대한 통제 수단으로 적극적인 청구권을 포함한다는 점에서 사생활의 비밀과 자유 조항과 구별되고, 새로운 독자적인 기본권으로서의 의미를 갖는다.

V. 결 론

헌법에 열거되지 않은 권리를 기본권으로 인정하기 위해서는 헌법상 근거가 명확히 제시되어야 하고, 새롭게 인정된 기본권의 고유한 보호영역이 존재하여야 한다. 헌법재판소는 개인정보자기결정권을 헌법상 열거되지 않은 기본권의 하나로 인정한 이래로 개인정보자기결정권의 적용영역을 계속해서 확대해 오고 있으나, 개인정보자기결정권의 헌법상 근거에 대해서는 구체적인 논증을 제시하지 않았고, 다른 기본권들과의 관계에서 개인정보자기결정권이 갖는 고유한 보호영역도 명확하게 확정하지 않았다. 개인정보자기결정권의 고유한 보호영역을 확정하지 않은 채 그 적용범위를 확대하는 것은 다른 기본권들의 의미와 기능을 축소시킬 뿐 아니라 기본권침해의 적정한 심사를 위해서도 바람직하지 않다.

개인정보자기결정권은 자신의 정보에 대한 통제권이라는 점에서 우리 헌법이 이미 명시하고 있는 사생활의 비밀과 자유에 근거하는 기본권이다. 그러나 개인정보자기결정권은 두 가지 특성에서 사생활의 비밀과 자유와는 구별되는 독자적인 기본권으로서 존재 의의를 갖는다. 하나는 개인정보자기결정권이 이른바 중립적 정보, 즉 문제된 정보 그 자체로는 사생활의 비밀과 자유에 대한 진지한 제한으로 인정되기 어려운 정보에 대한 통제권을 기본권 차원에서 보장한다는 것이고, 다른 하나는 개인정보자기결정권에는 자신의 정보에 대한 전반적인 통제권의 보장을 위해 적극적 권리로서의 청구권이 포함된다는 것이다.

요컨대 개인정보자기결정권은 사생활의 비밀과 자유에 근거한 기본권이지만, 기존의 사생활의 비밀과 자유 조항만으로는 제대로 보호되기 어려웠던 '중립적

---

being informed of, having access to and requesting the correction and deletion of his/her per-sonal data, and to be informed whether these are used in consistency with envisaged objectives. Personal data can be processed only in cases envisaged by law or by the person's explicit consent. The principles and procedures regarding the protection of personal data shall be laid down in law. 터키헌법재판소 인터넷홈페이지(영어판) 참조(https://global.tbmm.gov.tr/docs/constitution_en.pdf). 2019. 3. 31. 최종확인.

정보에 대한 통제'와 '정보의 통제를 위한 청구권의 행사'를 가능케 한다는 점에서 사생활의 비밀과 자유와는 구별되는 독자적 기본권으로서의 의미를 갖는다. 개인정보자기결정권의 헌법적 근거와 고유한 보호영역을 분명히 인식하여야만 다른 기본권들과의 관계에서 개인정보자기결정권의 적용범위가 적정하게 설정되고 기본권침해 여부에 대한 심사의 타당성도 보장할 수 있을 것이다.

참고문헌

[국내문헌]

권건보, "자기정보통제권에 관한 연구: 공공부문에서의 개인정보보호를 중심으로", 서울대학교 법학박사학위논문 (2004).

권건보, 『개인정보보호와 자기정보통제권』, 경인문화사, 2005.

권건보, "개인정보보호의 헌법적 기초와 과제", 「저스티스」 통권 제144호, 한국법학원 (2014).

권영성, "사생활권의 의의와 역사적 변천", 「언론중재」 1983년 여름호, 언론중재위원회 (1983).

권영성, 『헌법학원론』, 법문사, 2010.

김선희, 『미국의 정보 프라이버시권과 알권리에 관한 연구』, 헌법재판소 헌법재판연구원, 2018.

김일환, "정보자기결정권의 헌법상 근거와 보호에 관한 연구", 「공법연구」 제29집 제3호, 한국공법학회 (2001).

김종철, "헌법적 기본권으로서의 개인정보통제권의 재구성을 위한 시론", 「인터넷법률」 제4호 (2001).

김진환, "개인정보 보호의 규범적 의의와 한계 – 사법(私法) 영역에서의 두 가지 주요 쟁점을 중심으로 –", 「저스티스」 통권 제144호, 한국법학원 (2014).

김철수, 『헌법학개론』, 박영사, 2010.

김하열, 『헌법강의』, 박영사, 2018.

문재완, "개인정보 보호법제의 헌법적 고찰", 「세계헌법연구」 제19권 제2호 (2013).

문재완, "개인정보의 개념에 관한 연구", 「공법연구」 제42집 제3호, 한국공법학회(2014).

박경신, "사생활의 비밀의 절차적 보호규범으로서의 개인정보보호법리 – 개인정보보호법 및 위치정보보호법의 해석 및 적용의 헌법적 한계 –", 「공법연구」 제40집 제1호, 한국공법학회 (2011).

변재옥, "정보화사회에 있어서 프라이버시의 권리 – 미국의 경우를 중심으로 –", 서울대학교 법학박사학위논문 (1979).

변재옥, "한국헌법상 프라이버시의 권리", 「사회과학연구」 제3권 제2호, 영남대학교 사회과학연구원 (1983).

성낙인, "프라이버시와 개인정보보호를 위한 입법정책적 과제", 「영남법학」 제5권 제
　　1·2호 (1999).

성낙인, 『헌법학』, 법문사, 2018.

양 건, 『헌법강의』, 법문사, 2018.

이인호, ""「개인정보 보호법」 상의 '개인정보' 개념에 대한 해석론 – 익명화한 처방전
　　정보를 중심으로 –", 「정보법학」 제19권 제1호 (2015).

정종섭, 『헌법학원론』, 박영사, 2018.

정태호, "개인정보자결권의 헌법적 근거 및 구조에 대한 고찰", 「헌법논총」 제14집,
　　헌법재판소 (2003).

지성우, "빅데이터 환경과 개인정보 보호방안", 「헌법재판연구」 제4권 제2호, 헌법재
　　판소 (2017. 2).

최희경, "미국 헌법상 정보 프라이버시권", 「법학논집」 제19권 제2호, 이화여자대학교
　　(2014).

한수웅, "헌법상의 인격권", 「헌법논총」 제13집, 헌법재판소 (2002).

한수웅, "자유권의 보호범위", 「헌법학연구」 제12권 제5호, 한국헌법학회 (2006).

한수웅, 『헌법학』, 법문사, 2015.

[국외문헌]

Alan Westin, *Privacy and Freedom*, Ig Publishing, 1967.

Erwin Chemerinsky, *Constitutional Law - Principles and Policies -*, (3rd ed.), Aspen Publishers,
　　2006.

James Q. Whitman, "The Two Western Cultures of Privacy: Dignity Versus Liberty",
　　Yale Law Journal, Vol.113 (2004).

Laurence H. Tribe, *The Invisible Constitution*, Oxford University Press, 2008.

Lee A. Bygrave, *Data Privacy Law - An International Perspective -*, Oxford University Press,
　　2014.

Michael Sachs, *Verfassungsrecht Ⅱ, Grundrechte,* 2000, 방승주 역(譯), 『헌법 Ⅱ – 기본권
　　론』, 헌법재판소, 2002.

Robert Alexy, *Theorie der Grundrechte*, 이준일 역(譯), 『기본권이론』, 한길사, 2007.

Robert C. Post, "Three Concept of Privacy", *The Georgetown Law Journal*, Vol.89(2001).

Samuel D. Warren & Louis D. Brandeis, "The Right To Privacy", *Harvard Law Review*,
　　Vol.9 No.5(1890).

von Munch/Kunig(Hrsg.), Grundgesetz−Kommentar Band1, 김주환 역(譯), 독일기
    본법주해서 제1권, 헌법재판소, 2004.
William L. Prosser, "Privacy", *California Law Review*, Vol.48 (1960).

제 2 부

데이터에 관한 권리 기반 접근의 가능성

• 데이터와 사법상의 권리, 그리고 데이터 소유권(Data Ownership)
  __최 경 진 99
• 데이터 소유권(Data Ownership), 개념과 그 비판__이 동 진 121
• 빅데이터 등 새로운 데이터에 대한 지적재산권법 차원의 보호
  가능성__박 준 석 143

데이터와 사법상의 권리, 그리고 데이터 소유권(Data Ownership)

최경진(가천대학교 법과대학 교수)

I. 데이터 시대의 도래와 '데이터 소유권' 논의

사람 주변의 자연적인 사물에 대하여 지배할 수 있는 권리로서 인식되었던 소유권은 데이터 경제 시대로 접어들면서 새로운 도전을 맞이하고 있다. 과거에는 눈에 보이고 만질 수 있는 유형적인 물건에 대한 전면적 지배권으로서의 소유권이 중요한 시대였다면, 이제는 유체물이든 무체적인 재산이나 서비스이든 그에 대한 접근이나 공동 이용이 중요한 경제적 가치를 가지는 시대가 된 것이다.[1] 다양한 변화의 원인들이 존재하겠지만, 최근의 흐름을 살펴보면 시대의 변화를 촉진하는 중심에 데이터가 있다는 점을 부인하기 어렵다. 정보화시대를 거쳐, 고도화된 데이터 기반의 사회로 접어들어 가면서, 데이터가 곧 경제적 가치라는 인식은 점점 강해지고 있다. 많은 기업들과 국가들이 데이터의 생성, 집적, 활용에 많은 노력을 기울이는 것은 데이터가 가지는 경제적·사회적 가치를 인식하고 있기 때문이다. 이 때문에 데이터에 대한 권리, 특히 데이터 소유권(data ownership)을 어떻게 파악하고 적절히 보호해 줄 수 있을 것인가를 놓고 논란이 된다. 데이터 소유권의 개념, 성질, 구체적인 권리 내용과 범위 등을 어떻게 설정할 것인가에 따라 데이터를 기반으로 한 산업의 발전에 큰 영향을 미칠 수 있기 때문이다. 누구나가 데이터를 수집할 수 있고 다른 사람이 집적한 데이터 셋(data set)을 복제할 수 있다면, 많은 시간과 노력을 들여서 데이터를 수집하고 집적하여 처리할

---

[1] 재산(property)의 역할이 빠르게 변화하면서, 우리 사회는 Jeremy Rifkin이 역설한 '접속의 시대(The Age of Access)'로 접어들고 있다. 그에 의하면, 소유권은 더 이상 자본주의 시대에서와 같이 중요한 권리로서 기능하지 않고, 건물, 토지, 정보, 문화 등에 접속(access)할 권리가 중요한 자산이자 권리가 된다고 한다. Rifkin, Jeremy, *The Age of Access: The New Culture of Hypercapitalism, Where all of Life is a Paid-For Experience*, Tarcher—Putnam, 2000.

유인이 생겨나지 않을 것이다. 반면, 데이터 소유권을 개인과 불가분의 관계에 있는 절대적인 권리로서 파악하게 된다면, 데이터를 유통시키는데 많은 제약이 따를 수도 있다. 때문에 데이터 소유권 이슈는 향후 데이터 기반의 경제나 사회가 발전하는데 매우 중요한 의미를 가진다.

이 글은 먼저 현행 법체계 하에서 데이터에 대하여 어떠한 권리를 인정할 수 있는지를 살펴보고, 데이터 시대에 적합한 데이터 권리 정립방안을 데이터 소유권을 중심으로 도출해보고자 한다.

II. 현행법상 데이터에 대한 권리와 그 한계

1. 권리 객체로서의 데이터의 의의

현행법상 데이터에 대한 권리를 파악하기 위해서는 먼저 권리의 보호객체인 '데이터'의 의미와 범위를 명확히 하여야 한다. 사전적 의미로 데이터란 3가지 의미로 이해된다. 즉, (1) "이론을 세우는 데 기초가 되는 사실"이나 "바탕이 되는 자료", (2) "관찰이나 실험, 조사로 얻은 사실이나 정보", (3) "컴퓨터가 처리할 수 있는 문자, 숫자, 소리, 그림 따위의 형태로 된 정보"를 의미한다.[2] 외래어로서의 데이터는 정보로도 번역되는데, 정보로 번역되는 또 다른 단어인 'information'과 종종 혼용되기도 한다. 'data'와 'information' 사이의 명확한 구분은 쉽지 않지만, 대체로 'data'는 처리가 필요한 있는 그대로의 구조화되지 않은 사실을 의미하는 반면, 'information'은 'data'를 유용하게 만들기 위하여 일정한 맥락에 따라 'data'가 처리되거나 구조화되거나 제시되는 경우에 'information'이라고 부른다. 우리가 주목하는 '데이터 시대'는 컴퓨터가 처리할 수 있는 다양한 자료, 있는 그대로의 원 정보, 가공되거나 처리된 'information'이 컴퓨터로 처리할 수 있는 형태로 존재하는 경우를 모두 포괄하여, 이러한 다양한 유형의 정보가 중요한 의미를 가지는 환경을 의미할 것이기 때문에 이 글에서는 데이터라는 용어를 사용하되, 그 의미는 기본적으로 "컴퓨터가 처리할 수 있는 문자, 숫자, 소리, 그림 따위의 형태로 된 정보"로 이해하고자 한다. 이에 의하면, 담고 있는 내용이 자료이든 단순 사실이든 처리된 정보(information)이든 관계없이 '컴퓨터로

---

2) 표준국어대사전의 데이터(data)에 대한 정의 참조.

처리 가능한 형태로 된 정보'라는 '정보의 존재형식'이 데이터의 핵심적 성격이자 내용이 된다.3) 존재형식을 중심으로 데이터를 이해하더라도, 그에 대한 법적 규율의 문제는 존재형식 그 자체보다는 데이터가 담고 있는 자료나 정보의 내용이나 성질에 따라 달라진다. 데이터에 대한 사법상의 권리로서 어떠한 것들이 인정될 수 있는가를 살펴봄에 있어서도 데이터로 존재하는 자료나 정보가 무엇인가가 더욱 중요한 기준이 된다.

2. 현행법상 데이터에 대한 권리

데이터4)의 유형은 매우 다양하며 데이터가 활용되는 범위도 매우 광범위하다. 데이터는 가공되지 않고 처리되는 원시적 정보 그 자체를 의미하거나 컴퓨터로 처리 가능한 존재형식 그 자체를 일컫기도 한다. 그러한 데이터의 존재형식으로 어떠한 내용이 담기느냐에 따라 다양한 가치평가 혹은 법적 평가가 이루어지기도 한다. 예를 들면, 기업이 영업활동 중에 얻거나 체계적으로 정리해 놓은 데이터들이나 문학적 가치를 가진 창작 글을 담은 데이터의 경우와 같이 재산적 가치가 인정되는 데이터도 있고 단순히 친구에 대한 데이터나 일상생활 중에 누구나 얻거나 정리하는 데이터와 같이 재산적 가치를 평가하기 어려운 데이터도 있다. 이러한 다양한 데이터들 중에서 특별히 보호되어야 할 필요성이 인정되는 데이터에 대하여 개별 법률에서 특별히 권리를 부여하거나5) 그에 대한 법익을 보

---

3) 정보가 정보통신 네트워크에서 처리되는 방식과 수준에 초점을 맞추어서 처리·유통되는 층위를 3단계로 나누어 이해하여 법제도적 규율방식을 논의하기도 한다. Lawrence Lessig은 Yochai Benkler가 제시한 정보통신네트워크의 3 계층(3 layers)인 물리 기반 계층(physical infrastructure layer), 논리 기반 계층(logical infrastructure layer), 콘텐트 계층(content layer)에서 아이디어를 얻어서, 통신이 이루어지는 가장 하위의 물리 계층(physical layer), 하드웨어가 작동하게 만드는 코드에 초점을 맞춘 중간의 논리 또는 코드 계층(logical or code layer), 최상층의 콘텐트 계층(content layer)으로 나누어 법제도적 규율에 대하여 논의한다. Lessig, Lawrence, *The Future of Ideas : the Fate of the Commons in a Connected World*, Random House, 2001, p.23; Benkler, Yochai, "From Consumers to Users: Shifting the Deeper Structures of Regulation Toward Sustainable Commons and User Access," 52 *Federal Communications Law Journal* 561, 562–563 (2000).

4) Data는 '정보'라는 번역된 말로 사용되기도 하고, '데이터'라는 외래어로서 한글음을 그대로 쓰기도 한다. 현행법상으로도 '데이터' 혹은 '정보'라는 용어가 혼용되고 있다. '정보'는 'data'나 'information'의 번역어로 혼용되기도 한다. 그러나 데이터 시대에서의 권리의 의미를 탐색해보는 이 글의 취지상, "컴퓨터가 처리할 수 있는 문자, 숫자, 소리, 그림 따위의 형태로 된 정보"의 의미를 최대한 그대로 살리면서도 번역에 따른 오해를 최소화하기 위하여 '데이터'라는 외래어를 사용하고자 한다.

5) 종래 데이터에 대하여 권리를 부여하는 접근방식은 주로 지적재산권법 영역에서 활용되었다. 즉, 재산적 데이터에 대하여 접근을 차단하는 방식으로 보호하는 경우와 그 경제적 이용을 차단하는

호하기 위한 규정을 두는 경우가 있다.[6] 예를 들면, 데이터가 공공연히 알려져 있지 아니하고 독립된 경제적 가치를 가지는 것으로서, 비밀로 관리된 생산방법, 판매방법, 그 밖에 영업활동에 유용한 기술상 또는 경영상의 정보를 담고 있는 경우에는 영업비밀로서 「부정경쟁방지 및 영업비밀 보호에 관한 법률」에 의하여 보호받게 된다. 문학적 창작물을 담고 있는 데이터에 대하여는 「저작권법」에 의하여 보호를 받게 된다. 「저작권법」에 따르면, 데이터가 저작물에 해당되지 않는 경우에도 저작물이나 부호·문자·음·영상 그 밖의 형태의 자료의 집합물(데이터베이스 포함)로서 그 소재의 선택·배열 또는 구성에 창작성이 있는 경우에는 해당 집합물로서의 데이터가 보호된다. 또한 소재를 체계적으로 배열 또는 구성한 편집물로서 개별적으로 그 소재에 접근하거나 그 소재를 검색할 수 있도록 한 데이터베이스도 저작권법에 의하여 보호된다. 데이터가 살아 있는 개인에 관한 정보로서 성명, 주민등록번호 및 영상 등을 통하여 개인을 알아볼 수 있는 정보(해당 정보만으로는 특정 개인을 알아볼 수 없더라도 다른 정보와 쉽게 결합하여 알아볼 수 있는 것을 포함)에 해당하는 때에는 「개인정보 보호법」, 「정보통신망 이용촉진 및 정보보호 등에 관한 법률」, 「신용정보의 이용 및 보호에 관한 법률」, 「위치정보의 보호 및 이용 등에 관한 법률」 등의 개인정보 보호 관련 법률에 의하여 보호받게 된다. 미래의 데이터 시대에는 컴퓨터와 네트워크를 통하여 데이터가 처리·유통되는 것이 일반적이기 때문에 누군가에 관한 데이터의 유통에 관한 정보는 통신비밀에 해당하는 경우가 많을 것이다. 이러한 경우에는 「통신비밀보호법」에 의하여 감청이나 통신사실확인자료의 무단 제공 등과 같은 불법적인 행위로

방식으로 보호하는 경우로 나누어 볼 수 있다. 전자에 해당하는 데이터로는 영업비밀을 들 수 있으며, 「부정경쟁방지 및 영업비밀 보호에 관한 법률」에 의하여 보호를 받는다. 후자에 해당하는 데이터로는 발명이나 문학적 창작물을 들 수 있으며, 이는 「특허법」이나 「저작권법」에 의하여 보호를 받는다(中里 實·石黒一憲編著(中山信弘 執筆 部分), "デジタル時代の知的財産權", 電子社會と法システム, 新世社, 2002, 232-235面 참조). 데이터화로 인하여 발생하는 데이터보호 관련문제는 지적재산권법적 측면에서도 많은 논의가 진행되어 왔으며, 실제 법에 수용된 경우도 많이 있다. 예를 들면, 2003년 5월 27일 저작권법의 개정으로 데이터베이스 및 기술적 보호조치에 대한 보호가 규정되었다. 그러나 이 글에서는 민법적 측면에서 물건에 데이터를 포섭할 수 있을 것인가의 문제와 민법상 보호, 특히 물권적 보호가 가능한가에 대하여 보다 집중적으로 검토한다.

6) Scassa, Teresa, "Data Ownership", *CIGI Paper* No. 187, 2018, p.4-13에서는, 현행법 하에서의 데이터와 관련한 소유권은 저작권법이 중심이 되고 있으며, 비밀이나 영업비밀, 개인정보도 관련 쟁점으로 제시한다. Deloitte, Study on emerging issues of data ownership, interoperability, (re-)usability and access to data, and liability (Final Report), 2017, p.74도 유사하게 설명한다.

부터 통신 및 대화비밀이 보호된다.

　이처럼 개별적인 특별법에 의하여 데이터가 보호되지 않는다고 하더라도 일반 사법인 「민법」에 의하여 데이터가 보호될 수도 있다. 민법 상 데이터에 대한 보호는 물권적인 측면과 채권적 측면으로 나누어 볼 수 있다. 물권적 측면에서는 물권의 기본적인 유형인 소유권의 객체가 될 수 있는가가 문제된다. 보통 '데이터 소유권'이라는 용어를 사용하게 되면, 법적 측면에서는 민법상 소유권을 가장 먼저 떠올리게 된다. 그런데 이는 보다 정밀한 검토가 필요하여, 이하에서 별도로 보다 상세하게 살펴보고자 한다. 결론적으로 현행법 체계 하에서 민법상 소유권을 인정하는 것은 쉽지 않다. 채권적 보호 측면에서는 계약법적인 접근방식과 불법행위법적인 접근 방식으로 나눠볼 수 있다.[7] 계약법적 접근방식은 데이터의 사용·수익·처분 등에 대한 계약을 체결함으로써 계약 상 권리에 기하여 데이터에 대한 통제 혹은 보호하는 방식이다. 불법행위법적인 접근 방식은 데이터에 대한 독과점이나 독점적 지위의 남용, 타인의 데이터에 대한 불법적인 침입이나 부당한 사용 등에 대하여 불법행위에 기한 손해배상청구 등을 활용하는 방안이다. 이상에서 살펴본 것처럼, 데이터에 대한 일반적이고 일원화된 권리가 현행법상 규정되어 있지는 않지만 데이터의 내용에 따라 다양한 법률에서 권리를 부여하거나 보호하는 규정을 두고 있다.

3. 데이터에 대한 권리와 관련한 현행법의 한계

　데이터에 대한 현행법상의 보호는 법률에 규정이 있는 경우에 한하여 제한적인 범위 내에서 이루어지는 것이기 때문에 새로운 보호의 필요성이 있는 경우에는 관련 법률의 개정이나 새로운 법의 제정을 통해서만 보호가 가능하게 된다. 그런데 데이터 경제(data economy) 시대로 접어들면서 종래의 법적 보호를 통해서는 해결하지 못하는 문제들이 발생하게 되었으며, 이에 대하여 법제도적인 변화의 필요성이 제기되었다. 즉, 종래의 데이터는 그 성격에 따라 소설이라면 종이, 음악이라면 음반, 영화라면 필름, 회화라면 캔버스 등과 같이 다양한 유체물

---

7) 불법행위법적 접근방식의 난점으로서 불법행위에 의한 보호에는 금지청구가 인정되지 않는다는 한계가 있으며, 부정경쟁방지법에 의한 보호에는 양도·담보설정·압류 등이 불가능하다는 한계가 있다는 지적도 있다. 또한 당사자 사이의 계약에 의한 보호는 제3자효(第3者效)가 없다는 난점이 있다고도 한다. 中舍寬樹, "權利客體としての權利(無體財産擔保を中心に)(上)", NBL(No.762), 2003. 6., 52面 참조.

형태의 매체(Media)에 아날로그방식으로 표현되었기 때문에 복제·배포 등의 경제적 이용이나 데이터에 대한 접근이 제한적일 수밖에 없었다. 그런데 데이터 시대에 들어서면서 모든 데이터는 0과 1로 구현되는 디지털방식으로 통일적으로 표현되어졌다. 이처럼 음성·문자·영상 등 데이터의 성격에 관계없이 모든 데이터가 동일한 형식으로 처리된다는 것은 모든 데이터가 통합된다는 것을 의미하는 것이며, 그 결과 음악이든 그림이든 동일한 기억매체에 저장되고 동일한 방법으로 전달되게 되었다. 즉, 처리상의 데이터의 특색은 소멸하고 획일화된 것이다. 이는 나아가 각 미디어가 가지는 특색이 소멸하고 소위 디지털 융합(Digital Convergence)이라는 현상이 생겨남을 의미한다. 이러한 환경 하에서 종래의 데이터는 급속히 전자데이터로 변형·유입되었고 종래와는 비교할 수 없을 정도의 많은 (전자적) 데이터가 창출되었다. 더욱이 이러한 전자데이터의 확대로 전자적 아이템이나 전자적 데이터베이스와 같이 종래 예상치 못했던 새로운 거래대상들이 나타나게 되었을 뿐만 아니라 높은 경제적 가치를 가지고 유통되는 경우가 증가하고 있다.

　이러한 환경 하에서 종래의 오프라인 상의 데이터와는 달리 전자적 데이터의 경우에는 그 경제적 이용이나 접근이 비교적 쉽게 이루어지기 때문에 재산적 가치가 있고 법적으로 보호가 필요한 전자적 데이터인 경우에도 법적인 보호가 어려운 면이 있다. 이러한 점에서 데이터의 실효성 있는 보호를 위한 논의의 필요성이 존재한다. 여기에서 더 나아가 사법상 일원화되고 일반적 권리를 창설하거나 인정할 것인가는 데이터 소유권을 둘러싼 중요한 논의가 된다. 특히 데이터가 생성, 결합, 연계 등을 통하여 빅데이터가 되고 새로운 경제적인 부가가치가 창출되면서 빅데이터를 둘러싼 '소유권'이 누구에게 귀속되고 어떻게 취급되어야 하는지에 대한 논란이 확대되고 있다.

　사람들은 데이터를 소유한다고 표현하지만, 실제에 있어서는 소유할 수 있는 대상을 확정하기도 어렵고, 기존의 소유권으로 보호받기도 어려울 뿐만 아니라 실제 데이터가 특정인의 소유로 인정되기 보다는 오히려 많은 사람들이 공동으로 활용하면서 그 가치가 증대되기 때문에 전통적인 배타적 소유의 관념을 그대로 인정하기도 어렵다. 그러나 여전히 사람들은 통상적인 표현으로 데이터 소유권(data ownership)이라는 말을 사용하는데 주저하지 않는다. 일반인들이 법률가로서의 전문적 지식을 가지고 있지 않기 때문에 그러한 표현은 틀리다고 단언할 수도 있겠지만, 일반인들의 법감정의 집합체가 결국 법으로 형성되기 때문에 그러한 표현이 전혀 틀렸다고 단언하는 것도 바람직하지 않다. 사람들이 통상 생각하는 데이터에 대한 소유권의 현상과 본질이 무엇인지도 살펴보아야 하고, 전통적인 소유권 관념과의 상이점과 향후 데이터 시대에 적합한 민사법적 접근방식에 대하여도 검토해보아야 한다. 이를 통하여 데이터를 둘러싼 현상과 데이터에 대한 국민의 법감정과 데이터에 대한 실제 법적 취급이 가능한 일치하도록 해석이나 법제도적인 개선의 노력이 필요할 것으로 생각된다.

Ⅲ. 데이터에 소유권을 인정할 수 있는가?

1. 전통적인 해석론에 따른 데이터 소유권 인정 여부

데이터에 대하여 민법상 소유권을 인정하기 위해서는 데이터가 소유권의 객체이어야 한다. 「민법」 제211조는 법률의 범위 내에서 소유물을 사용, 수익, 처분할 권리를 소유권으로 규정한다. 소유권의 객체이기 위해서는 먼저 '소유물', 즉 물건이어야 한다. 통상 소유권을 포함한 물권의 객체가 되기 위해서는 (1) 특정되어야 하며, (2) 원칙적으로 현존하는 것이어야 하며, (3) 독립한 물건이어야 한다.[8] 결국 민법상 데이터에 대한 소유권의 인정 여부는 데이터가 민법상 '물건'으로 인정될 수 있는가와 직결된다.

현행 민법상 물건개념을 파악하는데 있어서는 제98조의 물건정의가 기초가 된다. 동조에 의하면 물건은 「유체물」과 「전기 기타 관리할 수 있는 자연력」으로 개념 정의할 수 있으며, 이로부터 독일민법(제90조는 "본법에서 말하는 물건이란 유체물만을 가리킨다"고 규정한다)이나 일본민법(제85조는 "본법에 있어서 물건이란 유체물을 말한다"고 규정한다)과 같은 유체물 한정적(有體物 限定的) 물건 개념은 포기되어 있음을 알 수 있다. 그런데 구체적으로 유체물과 자연력이 무엇을 의미하는지에 대하여는 명문의 규정이나 입법과정에서 나타나 있지 않으며, 결국 해석에 의하여야 한다.[9][10]

---

8) 김용담 편집대표, 『주석 민법–물권편』(제4판), 한국사법행정학회, 2011, 40–42면 및 476면.
9) 자연력에 대하여는 문리해석과 입법과정에서 나타난 외국입법례를 검토함으로써 그 의미를 밝힐 수 있다. 즉, 사전적 의미로 자연력이란 "자연계의 작용이나 능력" 혹은 "인간의 노동력을 돕는 바람·물·빛·수증기·전기 따위의 힘"을 의미한다. 또한 민법 제정 과정에서 참조된 외국법 중에서 자연력 개념은 스위스 민법에서만 찾아볼 수 있다는 점에서 스위스 민법상의 자연력 개념으로부

우리 민법의 물건개념이 유체적 제한을 포기함으로써 자연주의적 권리대상
관11)의 의미도 퇴색되어졌으며, 유체적 제한을 취하는 독일민법이나 일본민법상
에서도 물건개념의 확대가 논의되고 있을 뿐만 아니라 현대에 있어서 물건개념
의 확대가 강하게 요구되고 있는 점 등을 고려할 때에, 물건개념을 유체물 이외
에 무체물에까지 확장된 것으로 파악하는 것이 타당하다. 그런데 문제는 이와 같
이 앞에서 살펴본 물건개념에 대한 시각에 기초하여 구체적으로 어떠한 요건을
갖추어야 민법상 물건으로서의 자격이 인정될 것인가 하는 점이다. 종래의 견해
는 총칙상의 독자적인 물건요건을 인정하지 않고 물권의 객체로서의 물건요건과
일체적으로 파악하여, 물건의 요건으로서 ① 유체물 또는 관리가능한 자연력, ②
배타적 지배(관리)가능성, ③ 비인격성(외계의 일부), ④ 독립성(단일성)을 요구해
왔다.12) 즉, 유체물이란 공간의 일부를 차지하고 사람의 오감에 의하여 지각할
수 있는 형태를 가진 물질을 말한다. 무체물로서 관리가능한 자연력의 의미에 대
하여는 명확한 기준이 정립되어 있지는 않지만, 대체로 전기·열·빛·원자력·풍
력·음향·향기 등과 같이 공간을 차지하는 형체를 가지지 않는 것이라고 이해된
다. 민법 제98조는 자연력에만 관리가능성을 요구하는 것처럼 보이지만, 관리가
능성은 기본적으로 물건 모두에 요구되는 요건으로 볼 수 있다. 다만, 일반적 견
해에 의하면, 관리가능성은 사람이 배타적으로 지배할 수 있는 가능성으로 좁게
해석한다.13) 이는 물건의 의의를 물권의 객체와 연결 짓는 입장에서 도출되는 것
이다.

이처럼 물건에 관한 통설적 견해에 의하면, 정보는 민법상 물건에 해당한다고
보기 어려워진다. 즉, 정보는 유체물도 아니고 전기·열·빛·원자력·풍력·음향·

터도 우리 민법상 자연력 개념의 의미를 추론해 볼 수 있다(民法案審議錄(上卷), 67면). 즉, 스위스
민법에서 자연력은 에너지로서 물리적으로 저장된 힘이나 작업력을 말하며(Berner Kommentar,
Band Ⅳ., S. 98), 특히 전력이나 풍력과 같은 것을 말한다. 이상을 종합하여 보면 우리 민법상의
자연력은 전력, 수력, 화력, 풍력 등과 같이 자연계의 작용이나 힘으로서 인간의 노동력을 돕거나
작업을 대체하는 것을 말하며, 이를 통하여 경제적 가치를 가짐으로써 법적 보호의 테두리 속으로
들어오게 된다.
10) 이 글에서의 물건의 개념과 물건요건론에 대한 현행법의 분석과 새로운 해석론의 제안 등에 대하
여는 최경진, "물건요건론 소고", 「비교사법」 제11권 제2호 (2004), 49~82면을 기초로 하였다.
11) 유체물 한정적 물건 개념은 고대 로마로까지 거슬러 올라간다. 즉, 자연주의적 권리대상관 하에서
물건은 자연적이면서 일상적으로 쉽게 파악되는 유체물만을 의미하는 것으로 이해하였다. Terry,
Henry T., *The First Principles of Law*, 9th ed., Maruzen, 1909, p. 230 et seq.
12) 김용담 편집대표, 『주석 민법－총칙편』(제4판), 한국사법행정학회, 2010, 253면.
13) 김용담 편집대표, 전게 『주석 민법－총칙편』(제4판), 257면.

향기 등과 같이 공간을 차지하는 형체를 가지지 않는 것에도 해당하지 않는다. 정보는 관리가능하기는 하지만, 그 복제가능성과 복제의 용이성으로 인해서 배타적인 지배를 인정하기 어려운 면이 있다. 데이터는 기본적으로 비인격성을 띠는 경우가 많겠지만, 개인정보나 의료정보와 같이 개인과 밀접한 관련을 가지는 인격적 성격의 정보를 포함하는 경우에는 비록 '사람이나 인격의 일부분' 그 자체에 해당하지는 않겠지만 사람이나 인격과의 관련성이 높기 때문에 그 인격적 정보에 대한 배타적 지배를 인정하지 않는다는 관점에서는 물건요건을 충족할 수 없다고 지적할 가능성도 없지 않다. 또한 데이터는 전자적 처리를 통하여 무한 복제가 가능하며, 원칙적으로 네트워크를 통한 유통도 자유롭기 때문에 독립성을 확보하는 것이 상대적으로 쉽지 않은 면이 있다. 이처럼 데이터는 현행 민법상 물건에 요구되는 개념요건과는 거리가 있기 때문에 결과적으로 소유권의 대상이 되기 어렵다.

2. 데이터 소유권을 향한 새로운 해석론

(1) 물건 개념의 변화

우리 민법상의 물건은 「유체물」과 「자연력」이라는 두 가지 요소를 내용으로 하는 개념으로 파악할 수 있으며, 종래의 견해는 모두 이를 기초로 하여 설명하고 있다. 그런데 이러한 시각은 물건의 요소를 확정하는 점에서는 의미가 있지만, 유체물과 자연력을 포괄하는 상위의 물건 개념의 파악이라는 점, 나아가 여러 법률에서 사용되는 물건이라는 용어를 포괄하는 개념으로서 파악하는 점에 있어서는 미흡한 면이 있다. 또한 유체물 한정적 입법 태도를 취하는 외국에서도 새로운 거래대상이 창출되는 현재에 있어서 물건개념을 과거와 동일하게 유지하는 것은 타당하지 않다는 인식 하에 물건 개념의 확대 노력이 나타나고 있고,[14] 현실적인 측면에 있어서도 유체물이나 자연력에 한정하는 물건 개념은 타당하지 않은 면이 있다. 그리고 현행 민법상 물건의 정의규정은 총칙적·실질적 의의를 인정할 수 있으며, 실제 사회·경제적인 변화와 민법제정과정에 나타난 의견들을

---

14) 星野英一, 民法槪論 I (序論·總則), 良書普及會, 昭和46年(1971), 159面; 內田 貴, 民法 I (第2版) 總則·物權總論, 東京大學出版會, 1999, 330面은 민법이 상정하는 전형적인 물건의 개념을 유지하면서, 이를 어디까지 유추 내지 확장할 것인가는 형태로 문제를 파악하는 방법이 물권법 규정의 타당성을 반성함에도 유익하다고 한다.

고찰15)하더라도 물건개념의 변화필요성은 인정될 수 있다.

(2) 물건개념의 재정립

1) 유체적 제한의 포기와 자연주의적 권리대상관의 축소

우리 민법상 물건개념은 독일민법이나 일본민법과 같은 유체적 물건개념을 포기하고, 유체물 이외에 "전기 기타 관리할 수 있는 자연력"을 인정하고 있다. 따라서 독일민법과 같이 물건개념 전체에 투영되어 있던 자연주의적 권리대상관은 더 이상 우리 민법상 물건개념에 일반적으로 타당한 개념요소는 아니며 그 의미는 유체물을 한도로 줄어들었다고 보아야 한다. 즉, 우리 민법에서도 유체물은 물건의 중요한 유형으로 규정되어 있을 뿐만 아니라, 실제 물권의 객체로서 중요한 의미를 가지는 것이기 때문에 유체물을 파악하는 한도에서만 자연주의적 권리대상관은 의미를 가지게 된다. 그러나 유체물에 대한 자연주의적 권리대상관을 인정한다고 하더라도 구체적으로 유체물을 어떻게 파악할 것인가, 즉 감성주의적으로 파악할 것인가 아니면 공간주의적으로 파악할 것인가 하는 점은 별개의 논의이다.

2) 물건 개념의 추상성에 기초한 새로운 물건 개념의 정립

우리 민법이 명문의 규정에 의하여 "전기 기타 관리할 수 있는 자연력"과 같은 무체물을 인정하고 있기 때문에 독일민법이나 일본민법에서와 같이 물건개념에 무체물을 포함할 것인가의 논의는 더 이상 실익이 없다. 다만, 유체물과 무체물을 포괄한 물건개념을 어떻게 통일적으로 파악할 것인가는 여전히 문제로 남는다. 즉, 유체물과 실제 보이지는 않지만 경제적 거래의 대상이 되며 권리로서만 보호되는 것을 어떻게 일괄할 수 있을 것인가라는 문제이다. 이러한 점에서 물건개념의 추상화가 요구된다. 즉, 종래의 물건개념은 유체물 한정적으로 파악되고 권리가 부여되었기 때문에 자연과학적 요소가 강한 개념이었고, 물건개념 확대설에 의한다고 하더라도 경제적 개념에 불과하였다. 그러나 '물건'은 법에서 사용되며 실질적·총칙적 의의를 가지는 규범적 개념이다. 따라서 물건의 개념이

---

15) 민법제정과정에서의 물건에 관한 의견으로는 "「物件」에 關하여서는 物件의 槪念을 擴張시키고 … 以外에는 現行民法과 비슷한데 今日의 經濟事情에 비추어 이 二規定이 甚히 不充分한 것 같다"(民事法研究會, 民法案意見書, 一潮閣, 1957, 7면)는 의견과 "權利의 客體로서의 「物件」의 槪念을 現在의 有體性에서 有體性과 管理能力性의 二元的인 槪念으로 變更한 것은 時機에 맞는 適宜한 改正이라 할 수 있다"(民議院法制司法委員會民法案審議小委員會, 民法案審議資料集(李丙浩 意見 部分), 69면)는 의견 정도만이 나타나있다.

나 요건 등은 자연과학적 방법이나 경제적 방법에 의해서만 결정되는 것이 아니라 주로 법적 관념 내지 규범적 방법에 의하여 결정되고 그 보조적 수단으로서 자연과학적 내지 경제적 방법에 의하여 확정되어야 한다. 또한 물건은 유체물이든 무체물이든 동일하게 권리의 객체 내지 권리의 목적물로서의 성격을 가지기 때문에 법적 의미를 가진 '대상(對象)'으로서 객관화된 존재이어야 한다. 이로부터 물건이 존재하여야 할 '외계'는 더 이상 단순한 자연계가 아니라 '법적으로 의미가 있는 경제계·재화계'를 의미하는 것이 된다. 더욱이 종래 로마법적 자연주의적 권리대상관에서와 같이 권리를 무체물이라고 파악하는 것은 타당하지 않다. 왜냐하면 권리는 그 자체가 사람이 가지는 규범적 능력을 말하는 것이며, 권리객체적 측면에서 무체물은 유체물과 동질성을 가지는데 이와 동일한 취지에서 권리 그 자체가 아니라 권리를 통하여 실현되는 대상이 무체물이 되기 때문이다.16) 다만, 물권법은 유체물을 전제로 하여 형성되었기 때문에 개개의 무체물 유형에 대해서는 그대로 적용할 수 없으며 각각의 성질에 맞게 수정이 필요하다. 또한 무체물에 유체물과 동일한 법적 의의를 인정한다고 하더라도 명문으로 규정된 "전기 기타 관리할 수 있는 자연력" 이외에 어디에까지 확장할 것인가는 여전히 문제가 된다.

이상을 종합하면 우리 민법상의 물건개념은 유체물 한정성으로부터 벗어났으며, 이에 따라 로마법으로부터 이어져 온 전통적인 자연주의적 권리대상관은 유체물을 한도로 하여 그 의의가 축소되었다. 또한 무체적 존재를 인정함으로써 유체적 존재형태를 중심으로 한 종래의 경직된 물건개념을 탈피하였다. 결국 물건개념은 유체물과 자연력을 기초로 하지만, 물건의 총칙적·실질적 기능에 답하고 유체물과 무체물의 통일적 파악을 위해서는 그 개념을 추상적으로 파악하여야 하며, 구체적으로는 "권리의 객체 내지 목적물로서의 성격을 가지는 대상으로서 법적으로 의미가 있는 경제계·재화계에 객관화된 존재"로서 파악할 수 있을 것

---

16) 물건을 "유체물 및 전기 기타 관리할 수 있는 자연력"에 한정하여 파악하면서, 민법이 예외적으로 권리를 물권의 객체로 하는 경우도 있지만 물권의 객체가 모두 물건이라고 단정할 수는 없는 것이고, 권리를 물권객체로 하는 경우에도 이는 단지 그러한 권리의 배타적 지배가능성을 인정하여 예외적으로 편의상 권리에 대한 물권의 객체적격성을 인정한 것에 지나지 않는 것으로 보아야 하기 때문에 물건의 정의에 관한 민법 제98조의 일반적인 해석론으로서는 권리도 물건의 범위에 포함된다고는 할 수 없다는 견해도 있다. 곽윤직 대표집필(김병재 집필 부분), 『민법주해[Ⅱ]』-총칙(2), 박영사, 1992, 28-29면.

이다.

(3) 물건 요건의 재정립

1) 종래 해석론의 검토

　종래의 통설적 해석에 따른 물건요건론은 다음과 같이 물건의 개념 및 민법상 의의와 논리적 측면에서 재검토되어야 한다. 즉, ① 물건의 개념을 유체물과 무체물을 포괄하는 추상적 법률개념으로 이해하면서 그 기능적 의의를 총칙적·실질적으로 파악하는 사견으로는 개별 권리에서 다루는 구체적인 물건의 요건을 고찰함에 앞서서 민법 총칙편 제98조에 규정된 물건의 요건을 검토하는 것이 타당하다. 또한 ② 통설에 의하면 민법상 물건을 포괄하는 일관된 물건개념, 즉 일반적·총칙적 물건개념을 정립할 수 없으며, 더욱이 물건의 전체적인 외연이 결정되지 않은 단계에서 직접 그 내포만을 논의하는 것은 논리적으로도 문제가 있다. 나아가 ③ 종래의 통설은 물건에 관한 제98조의 규정에 총칙적 의의를 인정하면서도, 그 구체적인 범위를 확정지어주는 물건요건에 관하여는 물권과의 일체적 파악에 기초를 두고 있는 점은 논리적으로 타당하지 못하다.

　따라서 물권객체로서의 물건이 갖추어야 할 요건과는 별도로 제98조의 물건으로서 갖추어야 할 요건인 일반적·총칙적 물건요건을 독자적으로 고찰하여야 한다. 즉, 물건요건을 분리하여, ① 민법상 물건의 범위 즉, 일반적·총칙적 물건의 「외연」을 확정해주는 일반요건론과 ② 개별적인 권리와 관련하여 구체적으로 결정되는 물건의 범위, 즉 개별 권리에 맞는 물건의 「내포」를 결정해주는 특별요건론으로 나누어 단계별로 고찰하여야 한다.

　이러한 물건요건에 대한 접근방식은 ① 민법상 물건을 일관성 있게 파악할 수 있게 하며, ② 권리대상적 위치에 놓인 물건을 유연하게 해석할 수 있게 함으로써 대상적 측면에서 민법의 역할범위를 확대시키고 살아있는 법으로 기능하게 한다. 또한 ③ 물건에 대한 통일적인 이해를 바탕으로 하여 민법 전체계 내에서 물건과 연계된 규정을 일관성 있게 고찰할 수 있는 기틀을 마련해주고, 나아가 추상적 물건개념을 바탕으로 하면서도 유체물과 무체물의 이질성을 인정함으로써 개별적인 권리나 법률관계에서 종래의 민법원리를 수정·변용하여 타당한 결론을 얻을 수 있게 한다.

2) 새로운 물건요건론

위에서 언급한 것처럼, 새로운 접근 방식으로서 물건요건을 민법 제98조에 규정된 일반적·총칙적 개념으로서의 물건에 요구되는 일반요건과 개별 권리의 객체로서의 물건에 요구되는 특별요건으로 구분할 수 있다. 즉, 물건의 일반요건은 민법상 일반적·총칙적 개념으로서의 물건의 범위(외연)를 확정해주는 역할을 한다. 민법상 물건으로 인정될 수 있는 전체적 범위가 결정되는 것이다. 이는 물건 정의규정인 제98조와 함께 앞에서 살펴본 물건개념의 추상성 및 물건규정의 총칙적·실질적 의의에 기하여 구체화되는 요건들이다. 그런데 문제는 앞에서 살펴본 바와 같이 물건개념의 확대를 인정한다고 하더라도 구체적으로 물건의 범위를 결정해주는 요건론에 있어서 민법 제98조의 제약을 무시 내지 초월할 수 있을 것인가 하는 점이다. 즉, 자연력을 하나의 요건으로 하여 물건 중에서 특히 무체물을 자연력에 한정하는 것으로 보아야 할 것인가의 문제이다. 이에 관하여 현재의 학설은 거의 대부분 "유체물 또는 관리가능한 자연력"을 물건을 개념 짓는 기본요건으로서 인정하고 있다. 그러나 이러한 견해는 우리 민법상 물건개념의 의의를 과소평가함으로써 변화하는 법현실에 적절히 대응할 수 없는 경직된 물건개념을 인정하는 것으로서 타당하지 않다. 즉, ① 우리 민법은 독일민법이나 일본민법과는 달리 유체물 이외에 「전기 기타 관리할 수 있는 자연력」이라는 무체물을 인정하고 있을 뿐만 아니라 독일민법에서와 같은 한정적 표현(… nur …)이 없고, ② 유체물만을 물건으로 규정하는 독일민법 하에서도 물건개념의 확대에 관한 논의가 있으며, ③ 우리 민법의 기초가 된 일본민법에서는 독일민법과 같은 강한 한정성을 규정하고 있지는 않지만 "본법에 있어서 물건이란 유체물을 말한다"고 규정되어 있음에도 물건개념의 확대를 주장하는 견해가 유력하게 주장되고 있다. 또한 ④ 우리 민법상 물건규정은 실질적·총칙적 의의가 있음을 인정할 수 있으며, ⑤ 실제적 측면에서도 경제적·기술적·사회적 변화에 따라 물건개념의 확대가 요구되고 있다. 더욱이 우리 민법의 제정과정에서 나타난 의견을 살펴보더라도 ⑥ 민법 제정 시의 민법안심의자료집에 따르면 물건규정에 대하여 "「物件」의 槪念을 … 有體性과 管理能力性의 二元的인 槪念으로 變更한 것은 時機에 맞는 適宜한 改正"이라고 평가하여 현행민법이 확장된 물건개념을 취하고 있음을 알 수 있으며, ⑦ 민법제정안에 대한 민법안의견서에 의하면, "「物件」에 關하여서는 物件의 槪念을 擴張시키고 … 以外에는 現行民法과 비슷한데

今日의 經濟事情에 비추어 이 二規定이 甚히 不充分한 것 같다"고 하여 '자연력' 만을 물건규정에 포함시킨 것이 불충분함을 추론할 수 있다. 이를 종합하여 보면 민법상 물건의 일반요건으로서 자연력을 채택하는 것은 타당하지 않다.[17) 따라서 물건의 일반요건으로서는 제98조의 "유체물 및 전기 기타 관리할 수 있는 자연력" 및 물건 개념의 추상성을 바탕으로 한 "권리의 객체 내지 목적물로서의 성격을 가지는 대상으로서 법적으로 의미가 있는 경제계·재화계에 객관화된 존재" 라는 의의로부터 개별화된 요건, 즉 비인격성·경제적 가치성·관리가능성의 요건이 도출된다.

　물건의 특별요건은 일반요건에 따라 민법상 물건으로 포섭된 대상들 중에서 개별적인 권리와 관련되어 의미를 가지는 물건의 범위(內包)를 결정해주는 기능을 한다. 즉, 개별적인 권리의 의의나 특성에 따라서 그 객체 혹은 목적물로서 의미를 가지는 구체적인 물건이 결정된다. 따라서 물건의 특별요건은 개별 권리의 의의·성질·취지·내용 등을 기초로 하여 각각 구체화되며, 일원적·일반적으로 요건이 확정되는 것은 아니다. 예를 들어, 소유권의 객체로서의 물건의 특별요건은 소유권의 내용과 특질에 따라 개별적으로 도출된다. 즉, 로마법 이래로 물건은 물권, 특히 소유권의 객체로서 중요한 의의를 가지고 있으며 이에 따라 물건의 요건을 소유권의 객체적격과 동일시하는 견해가 지배적이었다. 이와 같이 전면적인 지배권으로서의 소유권의 객체가 물건이라는 점은 당연하다. 그러나 예를 들면, 지상권 등의 용익물권은 물건에 대한 타인의 소유권 내의 사용가치의 측면을 지배하는 권능에 관한 것이며, 저당권 등의 담보물권은 원칙적으로 물건에 대한 타인의 소유권 내의 교환가치의 측면을 지배하는 권능에 관한 것이다. 따라서 물권의 객체가 물건이라고 하는 일반적인 견해는 정확하지 않고, 물권 중에서도 소유권의 객체가 물건이 된다. 따라서 소유권객체적격(所有權客體適格)의 판단기준은 소유권객체로서의 물건의 특별요건과 일치한다고 할 수 있으며, 결국 소유권에 있어서의 물건의 특별요건은 소유권의 객체성과의 관련 하에 결정된다. 즉, 소유권의 전면적·배타적 지배권으로서의 성질, 물권법정주의, 일

---

17) 물건의 요건에 관하여 기본적으로는 '유체물 및 전기 기타 관리할 수 있는 자연력'을 인정하면서도, 물건을 유체물과 무체물로 분류하면서 무체물로서 권리의 객체가 될 수 있는 것으로는 전기·가스·열·냉기·광·음향·향기·에너지·산소·전파 등이 있으며 그 종류는 점차 확대되고 있다고 설명하는 견해도 있다. 이은영, 『민법총칙』, 박영사, 2000, 299-301면

물일(소유)권주의(一物一(所有)權主義)에 기하여[18] 소유권의 객체로서의 물건은 배타적 지배가능성, 특정성, 독립성 등을 특별요건으로 한다.

(4) 새로운 해석론에 기초한 데이터의 물건성 인정 가능성

데이터의 물건성을 고찰함에 있어서는 데이터 그 자체의 물건성과 데이터가 고정된 대상적 기체(對象的 基體)의 물건성을 구분하여 고찰하여야 한다. 즉, 오프라인상에서 인쇄되거나 녹음되는 경우와 같이 데이터가 유체물에 고정됨으로써 유통이 가능해진다. 즉, 인쇄매체나 음반은 무체적인 데이터와 대상적 기체로서의 유체물이 혼합되어 있는 것이다. 그런데 대상적 기체로서의 유체물에는 데이터와 구별되는 물건성이 인정된다. 이와는 달리 대상적 기체에 고정된 데이터는 무체성을 가지기 때문에 물건성을 인정할 수 있는가에 대하여는 검토를 요한다. 즉, 물건의 일반요건적 측면으로부터 살펴보면 비인격성 · 경제적 가치성 · 관리가능성이 존재하여야 한다. 먼저 비인격성의 측면을 살펴보면, 사람에 관한 데이터도 있을 수 있지만 민법상 의미가 있는 데이터는 사람으로부터 독립된 객관화된 존재로 인정할 수 있기 때문에 비인격성은 - 개인정보보호 관련법제의 적용 가능성을 별개로 하고 - 대부분 문제되지 않는다. 경제적 가치성 요건과 관련해서는, 경제적 거래의 대상이 될 수 없는 데이터도 있지만 법적 보호의 테두리 속에서 논의되는 데이터들은 경제적 가치가 인정되는 것이 대부분이다. 또한 데이터는 생성 · 수집 · 축적되는 과정에서 관리가 이루어지기 때문에 관리가능성의 요건도 충족된다. 따라서 법적으로 의미 있는 외적 재화계에 객관화된 존재로서의 데이터가 비인격성 · 경제적가치성 · 관리가능성의 요건을 갖추는 한 민법상 물건성을 인정할 수 있다.

전자적 데이터의 경우에도 동일한 결론이 나오게 된다. 즉, 전자적 데이터는 전자적 형태로 데이터가 존재하는 것으로서 오프라인 상의 데이터와 마찬가지로 그 대상적 기체는 존재하지만 대상적 기체의 존재형태가 무체적이라는 차이가 있다. 그런데 오프라인상의 데이터인 경우에는 대상적 기체인 유체물에 그 독자

---

18) 소유권의 성립역사, 특질 등에 관하여는 川島武宜, 所有權法의 理論, 岩波書店, 1987; 尹喆洪, 所有權의 歷史, 法元社, 1995; Karl Renner/崔達坤 · 鄭東鎬 譯, 私法과 所有權의 基礎理論, 東亞學習社, 1981; 甲斐道太郎 外/강금실 譯, 『소유권 사상의 역사』, 도서출판 돌베개, 1984; 鎌野邦樹, "近代ドイツ法學における所有權槪念의 變遷－土地所有權法硏究序說一", 早稻田大學 法硏論集(第30號), 71－95面 참조.

적인 가치를 인정할 수 있는데 반하여 전자데이터에 있어서의 대상적 기체의 가치는 대부분 그에 화체(化體)된 데이터에 의하여 결정된다는 점에서 차이가 있다.[19] 결국 전자적 데이터의 경우에 그 물건성의 판단문제는 전자적 데이터를 기준으로 하는 것이 아니라 데이터 자체를 기준으로 하게 된다. 따라서 물리적 매체에 고정된 데이터와 마찬가지의 결론에 이르게 된다.

(5) 새로운 해석론에 따른 데이터 소유권 인정 가능성

민법상 데이터의 물건성을 일반요건적 측면에서 인정할 수 있게 되면, 그 다음 단계로는 소유권의 객체적격으로서의 물건의 특별요건을 충족하는지를 검토하여야 한다.[20] 즉, 소유권과 관련된 물건의 특별요건론으로부터 살펴보면, 소유권의 객체가 되기 위해서는 배타적 지배가능성, 특정성, 독립성의 요건이 요구된다. 그런데 데이터는 소비되어 없어지거나 감가되는 성질을 가지지 않는다는 점 및 데이터를 이전한 경우에도 동일한 데이터가 판매자에게 그대로 남아 있게 된다는 점에서 종래의 유체물과는 다른 특성을 지니며, 더욱이 데이터는 복제를 통하여 동시에 다수의 사람이 이용할 수 있다는 점(소비의 공동성)과 무임승차자(Free-rider)를 완전히 배제하기가 어렵다는 특색이 있으며, 혹자에 따라서는 이러한 점을 바탕으로 데이터가 공공재적 성격을 가지고 있다[21]고 설명하기도 한다. 즉, 물건의 특별요건으로서 배타적 지배가능성, 특정성 및 독립성의 요건을 갖추기가 매우 어려운 점을 살펴볼 수 있다. 더욱이 전자데이터의 경우에는 디지털 기술의 특성상 데이터의 공유 가능성을 기본적 속성으로 하기 때문에 배타적 지배가능성이 충족되지 않는 경우가 많다. 또한 특정성이나 독립성의 요건의 경우에도 전자데이터의 특성상 복제·배포·전송이 매우 쉽기 때문에 그 요건들이 충족되지 못하는 경우가 대부분이다. 따라서 전통적인 소유권의 개념 및 특성 하에서 도출된 특별요건은 충족되지 못하고 데이터에 대한 민법상 소유

---

19) 배대헌, "디지털 재산으로서 데이터와 '물건'개념 확대에 관한 검토", 「데이터사회에 대비한 일반법 연구(Ⅳ)」, 데이터통신정책연구원, 2002, 231면은 "디지털 데이터는 이를 담고 있는 물건 자체의 가치보다는 그것을 구성하는 내용(contents)에 그 가치가 부여됨으로써 중요하게 다루어지고, 데이터통신망의 전달매체를 이용하며, 무체물이라는 특성에 따라 종래의 것과 구별된다"고 설명한다.

20) 이와 관련하여 데이터의 자유로운 유통과 권리보호라는 두 가지 이익의 조화라는 측면에서 물권적 보호가 타당한가라는 문제는 논의의 대상에서 제외한다.

21) 松村良之, "財としてのDataとその法的保護ー「法と經濟學」からのアプローチ", Data·秩序·ネットワーク, 北海道大學圖書刊行會, 1999, 7面 이하.

권은 인정할 수 없게 된다.22)

그러나 최근 데이터에 대한 특정성과 독립성, 배타적 지배가능성을 가능하게 하는 기술적 환경이 논의되고 있는데, 대표적인 예가 블록체인(blockchain)이다. 블록체인 기반으로 각 데이터에 대한 유일성을 부여하고, 이를 통제할 수 있도록 함으로써 특정성과 독립성이 보장될 수 있다는 것이다. 또한 블록체인이나 레지스트리를 통하여 공시기능이 구현된다면 이를 부동산 등기부와 같은 공적 장부와 연계함으로써 사실상 기존의 소유권 부여를 위한 전제를 충족시킬 수도 있을 것이다.

IV. 데이터 소유권에 대한 새로운 접근방식과 우리에게 남겨진 과제

1. 데이터 소유권(data ownership)에 대한 새로운 접근방식

새로운 해석론에 의하더라도 당장 데이터 소유권을 전면적으로 인정하는 것은 쉽지 않아 보인다. 그러나 고도 정보화에 따른 데이터 시대의 진전으로 데이터에 대한 법적 규율을 발전시켜 나가는 것은 피할 수 없는 방향이다. 그러한 흐름 속에서 데이터 소유권이 민법에 의하여 수용될 가능성도 완전히 배제하기는 어렵다.23) 지적재산권법 영역이 그랬던 것처럼 데이터 소유권에 대한 규율도 민법상의 소유권이 아니라 별도의 입법을 통한 권리 부여 방식을 채택할 가능성도 없지 않다.24) 반면, 현재와 같이 엄격한 소유권 개념을 유지하면서, 데이터 소유권을 법적으로 용인하지 않을 가능성도 없지 않다. 어떠한 방향으로 가더라도, 중요한 것은 데이터 시대의 핵심은 결국 데이터에 있다는 것이다. 데이터 시대를 통하여 인류가 발전하기 위해서는 어떠한 형태로든 데이터에 대한 법익을 보호

---

22) 해당 데이터가 창작적 저작물인 경우에는 저작권이 인정되어 저작권법의 보호를 받게 되며, 이는 물권과 같은 배타적 지배권으로서의 성격이 인정되기 때문에 일물일권주의에 입각하여 민법상 물권이 인정될 여지가 없다고 설명하기도 한다. 宋永植·李相珵·黃宗煥, 知的所有權法(上), 育法社, 1999, 51면).

23) 이호선, "소유 담론의 확장과 대안을 위한 소고", 「법학논총」(국민대학교 법학연구소) 제29권 제3호(2017.2.), 373면에서 "자본주의 경제를 추구하는 나라들에서조차도 소유와 소유권이 다양한 조합을 보여주고 있다는 것은 소유의 본질과 그 기능에 대한 사회적 논의는 다양하게 열려 있으며 진행 중이라는 점을 시사한다"고 지적한 것처럼 데이터 소유권에 대한 수용 여부도 소유 관념의 변화와 기술의 진보 등 환경의 변화에 따라 계속 논의될 것이다.

24) Teresa Scassa, op.cit., p15는 데이터 소유권을 창설하는 것은 지극히 어렵지만, 폭넓은 독자적인 데이터 소유권(sui generis data ownership)에 관한 논의가 현재 EU에서 진행되고 있다고 한다.

하기 위한 법과 제도가 필요하다는 것이다. 이를 위해서 언젠가 데이터에 대하여 명시적으로 민법상 소유권을 허용하는 때가 오기 전이라도 데이터 소유권에 대한 인식과 접근 방식을 유연하게 변경할 필요가 있다.

데이터 소유권은 엄격한 현행 민법의 테두리 속에서는 허용될 수 없는 개념이다. 물론 앞서 살펴본 것처럼 새로운 해석론에 의하면 절대 불가능한 것은 아니지만, 통설적 견해나 판례가 새로운 해석론을 수용하기를 기대하는 것은 불가능에 가깝다. 그러나 데이터 소유권을 데이터에 적법하게 접근하고 그 이용과 처분을 통제할 수 있는 사실상의 지배권한이나 데이터에 대한 계약을 통하여 데이터의 이용권한을 부여하는 채권적 지위를 의미하는 것으로 실무상 혹은 강학상 넓게 해석한다면, 현행법제 하에서도 충분히 수용가능하고 보다 구체적으로 발전시켜갈 수 있는 개념으로 이해할 수 있을 것이다.[25] 로마 시대로부터[26] 현재까지 이어져온 소유권의 기본적인 내용인 사용, 수익, 처분 권능이 배타적으로 지배가능한 물건에 대한 것이었던 반면, 데이터 소유권(data ownership)의 객체인 데이터가 배타적으로 지배가능한 물건인지에 대하여는 다툼이 있을 수 있지만, 적어도 데이터에 대한 사용(이를 위한 접근을 포함), 수익, 처분(채권적 처분) 권능이라는 관점에서는 널리 소유권이라는 용어례로 포섭하는 것이 반드시 불가능하거나 비합리적이지만은 않다.[27] 이러한 용어를 사용하는 것이 오히려 현재 실무에서의 일반적 국민의 법감정과도 부합하는 것으로 보인다.[28] 데이터 소유권은 민법 상 소유권으로 인정될 수는 없더라도, 데이터의 합법적인 유통의 법적 근거를 마련하여 데이터 시대의 발전을 뒷받침한다는 측면에서는 포괄적인 실무상·강학상 용어로 사용해도 무방할 것이다. 다만, 그 구체적인 내용에 대하여는 현행

---

25) 経済産業省, AI·データの利用に関する契約ガイドライン, 平成 30年 6月(2018), 15면은 "데이터 오너십을 귀속시킨다'는 표현은 해당 계약 당사자가 다른 당사자에 대하여 데이터의 이용권한을 주장할 수 있는 채권적 지위를 가지고 있다는 것을 가리키는 것"이라고 서술한다.

26) 로마 시대의 소유권은 ius utendi fruendi abutendi, 즉 사용, 향유, 처분할 권리와 이전할 권리로 이해된다. W.W.Buckland·Peter Stein, *A Text-Book of Roman Law: From Augustus to Justinian*, Cambridge University Press, 1963, p.187; W.W.Buckland, *A Manual of Roman Private Law*(2nd ed.), Cambridge University Press, 1953, p.111.

27) 데이터 소유권이라는 개념이 민법상 소유권과의 혼동이나 혼란을 야기하기때문에 부적절하다면, '데이터 오너십'이라는 외래어 표기를 그대로 사용하는 것도 대안으로서 생각해볼 여지가 있다.

28) British Academy·techUK·Royal Society, *Data Ownership, Rights and Controls: Reaching a Common Understanding*, 2018, p.9는 실제 데이터 소유권과 관련하여 사람들이 관심을 가지는 부분은 위험을 부담하거나 경험하는 사람과 데이터로부터 오는 이익을 경험하거나 데이터로부터 오는 가치를 소유하는 사람 사이의 균형이 공정한가와 관련될 수 있다고 지적한다.

법체계와 실무를 반영한 구체적인 논의가 뒤따라야 할 것이다. 기본적으로는 현행법 상의 데이터에 대한 권리와 사실상의 지배권을 바탕으로 채권법적으로 보호받을 수 있는 권리로서 실현할 수 있는 것으로 이해하면 데이터 시대로의 발전과정에서 충분히 그 역할을 다할 것이다.

2. 우리에게 남겨진 과제

데이터 시대에 들어서면서 데이터의 중요성이 증가함에 따라 데이터 소유권을 둘러싸고 종래의 지적재산권법을 비롯한 개별 특별법에 의해서 해결하지 못하는 문제들이 새로이 등장하고 있으며 그에 대한 논의와 함께 입법적 대응이 시도되고 있다. 그런데 입법에 의하여 미처 해결하지 못했거나 기존 법률에 의한 규율이 미치지 못하는 부분에 대하여는 민법에 의한 보충적 규율을 고려할 수 있다. 이 글에서는 데이터 소유권 논의의 핵심이라고 할 수 있는 민법상 데이터의 물건성을 인정할 수 있는가 하는 점과 물권, 특히 소유권의 객체가 될 수 있는가에 대하여 검토해 보았다. 종래의 통설적인 해석론에 의하면, 데이터 소유권을 인정하는 것은 거의 불가능하다. 그러나 필자가 시도한 새로운 접근방식에 따르면, 데이터의 일반적 물건성을 인정할 수 있지만, 소유권과 관련된 물건의 특별요건은 특별한 사정의 변화가 없는 한 충족되기 어려운 점을 살펴보았다. 이는 종래의 소유권 개념이 유체물을 중심으로 발전되어 왔고, 이를 바탕으로 한 특별요건은 데이터의 특성과는 맞지 않기 때문이다. 물론 데이터에 대하여 민법에 의한 소유권적 보호를 인정하는 것이 타당한가 하는 점은 별개의 문제로서 깊이 있게 논의되어야 한다. 그러나 지적재산권법이나 다른 법률에 의하여 규율하지 못하는 사각지대가 발생하는 경우에 그 보충적 규범으로서 민법이 기능하도록 하는 것이 바람직하다고 생각한다. 민법으로 보호한다고 해서 반드시 물권(소유권)적 보호만을 고집할 필요는 없다. 데이터의 총칙적 물건성을 바탕으로 매우 다양한 채권법 상의 규정들을 데이터에 적용할 수 있기 때문이다. 즉, 데이터의 총칙적 물건성을 인정하는 이상 물권법에 비해서 비교적 쉽게 채권법 상의 특별요건을 충족시킬 수 있을 것이다. 예를 들면, 매매의 경우에는 그 목적이 되는 재산권의 내용으로부터 도출된 특별요건을 충족시켜야 하는데, 재산권이 저작권이라면 그 대상물인 저작물은 일반요건을 충족시키는 한 매매에 관한 규정에서의 물건에 해당된다. 따라서 매매에서의 물건과 관련된 규정은 저작물인 데이터에도 적용

될 수 있는 것이다. 그러나 저작권법의 사각지대 속에서 구체적으로 어떠한 민법
규정이 적용되어 어떠한 효과를 나타내는가에 대하여는 깊이 있는 검토가 요구
된다. 데이터 소유권 논의는 이제 막 본격적으로 시작되었다. 데이터 소유권을
실무상 개념으로만 사용하고, 입법적 변화 없이 현행법 테두리 내에서의 논의로
한정할 수도 있다. 반면, 데이터 소유권을 민법상 수용하기 위한 입법적 변화를
과감하게 시도하는 방향으로 논의를 이어갈 수도 있다.29) 어떠한 방향으로 논의
를 진행해 가더라도, 우리 앞에 놓인 데이터 시대로의 변화의 흐름을 역행하는
방향으로의 선택은 되지 말아야 한다. 이를 위해서 데이터의 성질을 잘 이해하면
서도 기존의 법체계와의 조화를 이루면서 발전하는 방향으로 구체적이고 정밀한
논의와 함께 보다 깊은 연구를 진행해야 할 것이다.

---

29) 이와 관련하여 "試論的 例로써 財産歸屬으로 편제될 수 있는 私法的 權利對象을 物件(Sache), 金
錢(Geld), 權利(Recht), 그리고 정보(Information)로 구분하여 체계화하는 방안을 모색할 수 있을
것"이라는 견해도 있다(安法榮, "金錢私法의 法理에 관한 小考-權利對象으로서 金錢의 脫有體化
에 관해서-", 「고려대학교 법학논집」, 제34집, 1998.12, 250면). 또한 디지털 데이터의 실체를 중
심으로 하여 이를 디지털 재산(digital property)으로 파악하고 이에 관한 법리를 구성하여야 한다
는 견해도 있다(Lesley E. Harris, *Digital Property: Currency of The 21st Century*, McGraw Hill, 1998, pp.
5-6).

참고문헌

[국내문헌]

곽윤직 대표집필(김병재 집필 부분), 『민법주해[Ⅱ]』-총칙(2), 박영사, 1992.

김용담 편집대표, 『주석 민법-물권편』(제4판), 한국사법행정학회, 2011.

民事法硏究會, 民法案意見書, 一潮閣, 1957.

民議院法制司法委員會民法案審議小委員會, 民法案審議資料集(李丙浩 意見 部分).

배대헌, "디지털 재산으로서 데이터와 '물건'개념 확대에 관한 검토", 「데이터사회에 대비한 일반법 연구(Ⅳ)」, 데이터통신정책연구원 (2002).

宋永植·李相珵·黃宗煥, 知的所有權法(上), 育法社, 1999.

安法榮, "金錢私法의 法理에 관한 小考-權利對象으로서 金錢의 脫有體化에 관해서-", 「고려대학교 법학논집」, 제34집 (1998.12.).

尹喆洪, 所有權의 歷史, 法元社, 1995.

이은영, 『민법총칙』, 박영사, 2000.

이호선, "소유 담론의 확장과 대안을 위한 소고", 「법학논총」(국민대학교 법학연구소) 제29권 제3호 (2017.2.).

최경진, "물건요건론 소고", 「비교사법」 제11권 제2호 (2004).

[외국문헌]

Benkler, Yochai, "From Consumers to Users: Shifting the Deeper Structures of Regulation Toward Sustainable Commons and User Access," 52 *Federal Communications Law Journal* 561, 562-563 (2000).

British Academy·techUK·Royal Society, *Data Ownership, Rights and Controls: Reaching a Common Understanding*, 2018.

Deloitte, "Study on emerging issues of data ownership, interoperability, (re-) usability and access to data, and liability", *Final Report* (2017).

Harris, Lesley E., *Digital Property: Currency of The 21st Century*, McGraw Hill, 1998.

Lessig, Lawrence, *The Future of Ideas : the Fate of the Commons in a Connected World*, Random House, 2001.

Renner, Karl/崔達坤·鄭東鎬譯, 私法과 所有權의 基礎理論, 東亞學習社, 1981.

Rifkin, Jeremy, *The Age of Access: The New Culture of Hypercapitalism, Where all of Life is a Paid-For Experience*, Tarcher－Putnam, 2000.

Scassa, Teresa, "Data Ownership", *CIGI Paper* No. 187 (2018).

Terry, Henry T., *The First Principles of Law*, 9th ed., Maruzen, 1909.

W.W.Buckland, *A Manual of Roman Private Law*(2nd ed.), Cambridge University Press, 1953.

W.W.Buckland·Peter Stein, *A Text-Book of Roman Law: From Augustus to Justinian*, Cambridge University Press, 1963.

甲斐道太郎 外/강금실譯, 『소유권 사상의 역사』, 도서출판 돌베개, 1984.

鎌野邦樹, "近代ドイツ法學における所有權槪念の變遷ー土地所有權法研究序說ー", 早稻田大學 法研論集(第30號).

經濟産業省, AI·データの利用に関する契約ガイドライン, 平成 30年 6月 (2018).

內田 貴, 『民法Ⅰ』(第2版) 總則·物權總論, 東京大學出版會, 1999.

星野英一, 『民法槪論Ⅰ』(序論·總則), 良書普及會, 昭和46年, 1971.

松村良之, "財としてのDataとその法的保護ー「法と經濟學」からのアプローチ", Data·秩序·ネットワーク, 北海道大學圖書刊行會 1999.

中里 實·石黑一憲編著(中山信弘 執筆 部分), "デジタル時代の知的財産權", 電子社會と法システム, 新世社, 2002.

中舍寬樹, "權利客體としての權利(無體財産擔保を中心に)(上)", NBL(No.762), 2003.6.

川島武宜, 所有權法の理論, 岩波書店, 1987.

데이터 소유권(Data Ownership), 개념과 그 비판*

이동진(서울대학교 법학전문대학원 교수)

I. 서 론

데이터(data)는 이른바 제4차 산업혁명 시대의 원유(oil)라고들 한다. 구글(Google), 페이스북(Facebook)과 같이 기본적으로 고객으로부터 수집한 데이터에 사업기반을 두고 있는 세계적인 기업이 다수 있고, 기업 간 데이터 거래도 제법 이루어지고 있다. 이른바 데이터 (기반) 경제(data economy)의 효율성을 높이려면 데이터에 대한 권리, 즉 데이터 소유권(data ownership)을 명확히 하여야 한다는 논의가 국내·외에서 전개되고 있다.[1]

그런데, 이제는 제법 일반적으로 쓰이는 데이터 소유권이라는 표현이 무엇을 의미하는가, 이 표현으로 의도하는 바가 무엇인가 하는 점은 그다지 분명하지 아니하다. 그 결과 데이터 소유권을 인정하여야 하는가, 데이터 소유권을 인정하면 어떠한 차이가 생기는가에 관하여도 혼란이 생기고 있다. 이 점을 분명히 하지 아니한다면 서로 다른 개념과 목적을 갖고 데이터 소유권에 찬성 또는 반대하여 논의에도 불구하고 별다른 성과를 내지 못할 위험이 있다.

이 글에서는 데이터 소유권이란 무엇인가, 또는 무엇일 수 있는가를 살펴보고, 그러한 권리를 인정하면 이를 인정하지 아니하는 경우에 대하여 어떠한 차이가 생기는지 검토한다. 그로부터 데이터 소유권 개념을 도입하여야 하는지, 도입한다면 어떤 경우에 도입하여야 하는지 등 몇몇 쟁점에 대하여도 일정한 시사점을

---

* 「정보법학」 제22권 제3호 (2018)에 게재.

1) 가령 김경환, "[김경환 변호사의 IT on IP] 데이터 소유권(ownership) 개념 도입해야", IT 조선 2017. 9. 15.자(= http://it.chosun.com/site/data/html_dir/2017/09/15/2017091585038.html); Zech, "Daten als Wirtschaftsgut – Überlegungen zu einem "Recht des Datenerzeugers"", Computer Und Recht 2015, 137; Zech, "A legal framework for a data economy in the European Digital Single Market: rights to use data", 11 *Journal of Intellectual Property Law & Practice* 7 460 (2016).

끌어내고자 한다.

Ⅱ. 데이터 소유권의 개념

1. 정보의 구분과 데이터의 위치

하나의 권리는 그 내용과 대상, 즉 권리객체에 의하여 규정된다. 데이터 소유권은 무엇보다도 데이터에 대한 권리이므로, 데이터가 무엇인가가 분명히 규정되어야 할 필요가 있다. 이는 그보다 더 전부터 쓰인 정보(information) 개념과 관련하여 위치 지워질 수 있다.

오늘날 미국, 독일에서는 법적인 규율대상으로서 정보(information)에는 크게 세 층위 또는 구분이 있다는 점이 지적되고 있다. 내용/의미론적 정보(content layer, semantische Information), 그 표시·기호/구문론적 정보(code layer, syntaktische Information) 및 물리적·유형적 실현물/구조적 정보(physical layer, strukturelle Information)가 그것이다.[2] 책이나 그림, 건축물이 물리적·유형적 실현물, 즉 구조적 정보라면, 그곳에 담긴 문자열, 음률, 화상, 구조설계 등이 표시·기호, 즉 구문론적 정보이고, 이들의 감상, 해석으로부터 얻을 수 있는 의미, 심상(心想)이 내용, 즉 의미론적 정보에 해당한다. 책이나 건물을 카메라로 찍거나 CD Player에서 흘러나오는 음악을 컴퓨터로 녹음하면, 나아가 OCR로 읽어 들이거나 음률을 악보에 옮겨 적으면 구조적 정보에는 영향을 주지 아니한 채 그로부터 구문론적 정보만 추출, 복제할 수 있다. 또한, 다른 사람의 글을 읽고 구체적 표현이나 내용은 둔 채 그 주장만 따서 쓴다면 구문론적 정보는 그대로 둔 채 의미론적 정보만 복제할 수 있다. 특허권은 의미론적 정보의 보호에, 저작권이나 컴퓨터소프트웨어, 부정경쟁방지 및 영업비밀 보호에 관한 법률상 성과모방(Nachahmung) 등은 구문론적 정보의 보호에 해당한다. 영업비밀 보호는 이들 모두에 해당할 수 있다. 구조적 정보는 그것을 구현하고 있는 물건의 소유권이나 (초상권·음성권, DNA 등의 경우) 사람의 인격권으로 보호되는 것이 보통이다.

정보와 데이터(data)는 서로 교환 가능한 용어로 쓰이곤 한다. 그러나 양자의

---

2) Benkler, "From Consumers to Users: Shifting the Deeper Structures of Regulation", 52 *Federal Communications Law Journal* 561, 562 (2000); Lessig, *The Future of Ideas: The Fate of the Commons in a Connected World*, 2002, p. 23; Zech, *Information als Schutzgegenstand*, 2012, S. 37 ff.

의미가 완전히 같지는 아니하다. 의미론적 정보는[3] 정보보다는 지식(knowledge)이라고 부르는 것이 적절하고, 적어도 데이터라는 표현을 쓰기는 어렵다. 의미는 주체의 인식과 이해를 거쳐야 비로소 생성되므로 주체로부터 분리, 독립된 객체가 되기에 적절하지 아니하고, 데이터 경제에서 말하는 데이터도 아니다. 구조적 정보도 마찬가지이다. 이는 정보이기는 하나 유체적 대상, 즉 원(源)질료와 결합된 원(源)정보에 해당한다. 정보량이 지나치게 많고 전혀 표준화되어 있지 아니하며 무엇보다도 그 자체로는 그것을 구현하고 있는 물건이나 사람과 분리되지 아니한다. 데이터 경제에서 말하는 데이터는 원(源)정보 중 필요한 부분을 정해진 규칙에 따라 기호화, 즉 코딩(coding)한 것으로, 구문론적 정보를 가리킨다. 데이터 소유권에서 말하는 데이터도 마찬가지이다.[4]

나아가 이러한 코딩은 원칙적으로는 컴퓨터 등 정보처리장치에 의하여 처리될 수 있도록 전자기적으로 이루어져야, 즉 디지털화되어야 한다. 물론 병·의원의 진료기록이나 스포츠센터의 고객리스트 등이 종이로 기록되어 있다 하여 데이터가 아니라고 할 수는 없다. 그러나 이는 예외에 그친다. 데이터가 그 작성·관리의 주체나 그의 고객관계 등 영업(goodwill)과 분리된 독자적 권리객체가 되려면, 누가 관리하든 그 데이터에 대한 접근·통제권(access and control)만 취득하면 그 가치를 - 어느 정도 - 실현할 수 있어야 한다. 오늘날 이는 디지털 코딩과 이를 디코딩(decoding)하는 정보처리장치에 의하여 확보되는 것이 보통이고, 또 그러한 경우가 현실적으로도 중요하다. 종래 데이터 소유권에 관한 논의 또한 명시적 또는 묵시적으로 디지털 데이터를 전제해온 까닭이 여기에 있다.

2. 데이터에 대한 배타적 재산권으로서 데이터 소유권

이제 데이터에 대한 '소유권'이 무엇을 의미하는가 하는 점을 본다.

(1) 데이터에 대한 배타적 권리

먼저 소유권(ownership)이라는 표현에 논의를 오도(誤導)하는 측면이 있다는 점을 지적하지 않을 수 없다. 소유권은 법역(法域)에 따라 서로 다른 의미로 쓰인

---

3) 각종 정보제공의무(duty to inform)에서 정보는 이러한 의미의 정보이다.

4) Specht, "Ausschließlichkeitsrechte an Daten – Notwendigkeit, Schutzumfang, Alternativen. Eine Erläuterung des gegenwärtigen Meinungsstands und Gedanken für eine zukünftige Ausgestaltung", *Computer und Recht* 32 2016, 288, 290 f.

다. 독일법에서는 유체물에 대한 완전한 배타적 지배권을 소유권이라고 한다. 반면 프랑스법에서는 무체물(주로 채권)에 대한 배타적 권리(귀속)도 소유권이라고 한다. 영미법에서 '소유권'은 무엇인가를 점유(possess)할 배타적 권리를 뜻한다.[5] 데이터에 대하여 소유권을 관념할 수 있는가 하는 점은 당해 법질서에서 데이터에 대한 배타적 지배권을 소유권이라고 할 수 있는가에 달려 있다.

민법 제211조, 제212조는 소유권의 객체가 '물건'임을 전제하고 있고, 제98조는 유체물 이외에 '전기 기타 관리할 수 있는 자연력'도 물건이라고 규정한다. 이 규정은 본래 이른바 전기(電氣)절도를 절도로 포섭하기 위하여 형법상 '재물' 개념에 '관리할 수 있는 자연력'을 넣고자 함이었다.[6] 그러나 민법상 물건에 관리할 수 있는 자연력을 포섭한 이상 물권의 대상이 된다는 점에는 별 의문이 없다. 이때 관리할 수 있는 자연력은 부동산은 아니므로 이는 동산에 속한다(민법 제99조 제2항). 따라서 에너지에 대한 동산물권을 관념할 수 있다. 과학적으로 물질(질량)과 에너지는 자연계에 실존하는 존재자이고 상호 교환 가능하며[7] 어느 것이든 총량이 보존된다는 점에서 이러한 동등 취급에는 수긍할 만한 부분이 있다.[8] 물리적 존재자의 관리는 사실상 지배, 즉 점유를 뜻하고, 그 총량이 보존되는 한 누군가에게 권리를 할당하면 배제성(exclusiveness)과 경합성(rivalry)도 관념할 수 있다.

그러나 데이터는 그렇지 아니하다. 데이터는 그 자체로는 하나의 관념이지 물리적 존재자가 아니고,[9] 직접 물리적으로 지배할 수도 없다. 구문론적 정보로서 데이터에는 그 성질상 배제성도 없다. 이를 물건으로 포섭하여 바로 동산물권, 예컨대 유치권이나 질권을 인정할 수는 없다.[10] 권리의 내용규정은 그 객체에 대

---

5) Van Erp, "Ownership of Data: The Numerus Clausus of Legal Objects", 6 *Bringham-Kanner Property Rights Conference Journal*, 235 (2017).

6) 민법안심의록, 1957, 74면은 이 규정에 대하여 '現行法[의용민법] 第八條와 同一한 趣旨이다(刑法 第三四六條參照)'라고 하고, 참조조문으로 독일민법 제90조, 프랑스민법 제517조 이하, 스위스민법 제713조, 만주국민법 제95조를 들고 있다. 그러나 그중 관리할 수 있는 자연력에 상응하는 규정을 둔 것은 스위스민법뿐이다. 우리 법상으로는 민법안이유서도 지적하듯 이미 형법 제346조가 관리할 수 있는 자연력의 재물성을 인정한다.

7) 아인슈타인(Einstein)의 특수상대성이론 $E = MC^2$가 이러한 상호 교환 가능성을 표현하고 있다.

8) 김용담 편집대표 『주석민법[총칙(2)]』(제4판), 2010, 254−255면(이상원 집필부분). 이에 대하여 관리가능한 자연력의 점유를 부정하는 견해로, 김용담 편집대표 『주석민법[물권(1)]』(제4판), 2011, 263면(김형석 집필부분).

9) 위의 책, 256면(이상원 집필부분). 형사법에서는 일관하여 재물성이 부정되고 있다. 대법원 1999. 2. 24. 선고 98도3140 판결; 2002. 7. 12. 선고 2002도745 판결.

10) 같은 취지에서 데이터베이스에 대하여 보통법상 점유담보권(possessory lien; 우리의 유치권/질권

한 규정을 필연적으로 수반하는데,11) 물권의 객체는 어디까지나 배타적 지배가 가능한 물건인 것이다. 물권의 객체를 유추로 확장하는 것은 물권법정주의(민법 제185조)와 재산권에 관한 법률유보(헌법 제23조 제1항) 위반이다.

데이터 소유권은 독일에서 말하는 데이터에 대한 (배타적) 권리(Ausschließlich-keitsrechte an Daten)를 가리킨다. 권리에는 특정인의 행위에 지향된 상대권과 대상을 매개로 모든 사람에 대하여 효력(erga omnes)이 있는 절대권이 있다. 채권은 전자의, 물권은 후자의 대표적인 예이지만, 물권은 물건과 권리만을 대상으로 한다.12) 이른바 데이터 소유권은 어떤 데이터의 배타적 할당과 그로부터 도출되는 일련의 권능, 즉 자유로운 이용, 제3자 관여의 배제 등을 포함하는 절대권에 해당하지만, 물건도 권리도 대상으로 하지 아니한다. 데이터 '소유권'이라는 표현은 이론적으로도, 실정법적으로도 정확하지 아니하다. 이하에서는 이러한 문제가 있음에 유의하면서, 논의의 편의상 이 표현을 계속 사용하기로 한다.

(2) 데이터에 대한 독립적 재산권

다음으로 중요한 점은 여기에서 말하는 소유권이, 인격권이 아닌, 재산권이라는 것이다. 이와 관련하여 몇 가지 추가설명이 필요하다.

첫째, 데이터 소유권은 법경제학(law and economics)에서 말하는 재산권(property right) 인정 여부와 구별된다.13) 법경제학에서 재산권은 특정인에게 부여된 권리·권능(의 묶음, bundle of rights)으로 인격권과 구별되지 아니하고 오히려 이를 포괄한다.14) 그 핵심은 사회적 조정을 (이른바 재산권을 부여하여) 당사자의 자율적 교섭에 맡길 것인지, 아니면 제3자, 가령 국가의 고권(高權)적 처분에 맡길 것인지

에 해당한다)의 성립을 부정한 영국 판례로, Your Response Ltd. v. Database Business Media [2014] EWCA (Civ) 281 [23], [31]. 당해 사안은 약정 수수료를 받지 못한 데이터베이스 관리업체가 그 반환을 거부한 것이었다.

11) Van Erp, "Ownership of Data: The Numerus Clausus of Legal Objects"(주 5), pp. 236 ff.

12) Zech, *Information als Schutzgegenstand*(주 2), 344 ff.

13) 개인정보를 사전동의의 원칙에 의하여 일반적으로 보호하지는 아니하는 미국에서 종래 제기된 개인정보 재산권론은 주로는 이러한 측면에 초점을 맞춘 논의라고 할 수 있다. 가령 개인정보에 재산권을 부여하면 그 오용(으로 인한 데이터 오염)을 막는 데 도움이 된다고 하는 Lund, "Property Rights to Information", 10 *Northwestern Journal of Technology & Intellectual Property* 1 (2011), 미국 개인정보 보호법의 내재적 흠을 극복하는 데 도움이 된다고 주장하는 Litman, "Information Privacy/ Information Property", 52 *Stanford Law Review* 1283 (2000) 등.

14) 이동진, "물권법의 법경제학", 김일중·김두얼 편, 『법경제학. 이론과 응용[II]』, 2013, 185－186면. 독일에서 법경제학적 의미의 재산권을 행위권(Handlungsrecht)으로 번역하는 까닭이 여기에 있다. Schäfer/Ott, *Lehrbuch der ökonomische Analyse des Zivelrechts*, 5. Auflage., 2012, Springer. 549.

에 있고,15) 조정대상이 인격적 이익인지 재산적 이익인지와는 무관하다. 이러한 관점에서는 사전동의의 원칙에 터 잡은 현행 개인정보 보호법도 이미 정보주체에게 법경제학적 의미의 재산권은 부여하고 있다고 할 수 있다. 오늘날 유럽과 우리나라에서 논의되고 있는 데이터 소유권은 이러한 동의원칙에 기반한 개인정보 보호를 넘는 재산권 내지 상품(commodity)으로서 데이터에 대한 권리의 인정 여부에 관한 것이고, 뒤에 보는 바와 같이 이는 주로 산업 데이터(industrial data)와 관계되어 있다.

둘째, 데이터 소유권은 이른바 인격권의 재산적 요소와도 구별된다.

누구나 인격권에 터 잡아 성명, 초상(肖像), 음성 등 자기 인격표지의 사용 여부를 결정할 수 있다. 돈을 받고 사용을 허락해주는 일도 생길 수 있다. 그 결과, 특히 고객흡인력이 있는 유명 연예인, 스포츠선수 등에서, 인격표지의 상업화(commercialization)가 널리 이루어지고 있다. 이른바 인격권의 재산적 요소란, 바로 이러한 상업화의 대가로 얻을 이익을 인격권의 배타적 보호범위 안에 넣는 것을 뜻한다. 어차피 동의 여부를 결정할 권한이 인격 주체에게 있었고, 권리주체가 그것을 활용해와 이미 시장이 그 동의 여부에 어느 정도 일반적인 경제적 가치를 승인하기에 이르렀으므로 법도 그것을 승인하여야 한다는 것이다.16) 그러나 이는 어디까지나 인격권의 일부이고 별도의 재산권이라고 할 수는 없다. 이 점은 인격표지 사용에 대한 동의의 철회를 상정할 때 잘 드러난다. 인격표지의 상업적 사용이 별도의 재산권의 보호 대상이라면 그에 대한 양도 기타 처분도 그 자체 흠이 없는 한 효력을 유지하여야 한다. 양수인은 인격 주체의 동의 없이 이를 제3자에게 양도하고, 경우에 따라서는, 흠이 있다 하더라도 (선의의) 제3자의 취득이 보호될 수도 있어야 한다. 저자의 인격의 발현이기는 하나(저작인격권),

---

15) Coase, "The Problem of Social Cost", 2 *The Journal of Law & Economics* 1 (1960). 또한 Calebresi and Melamed, "Property Rules, Liability Rules and Inalienability: One View of the Cathedral", 85 *Harvard Law Review* 1089 (1972). 이와 관련하여서는 property rule의 역어(譯語)로 '동의원칙'이 제안되고 있다는 점도 참조.

16) 권태상, "인격권 관점에서 본 퍼블리시티권", 「민사법학」 제59호(2012), 43면 이하; 안병하, "인격권의 재산권적 성격 : 퍼블리시티권 비판 서론", 「민사법학」 제45−1호(2009), 71면 이하. 이는 본래 독일의 판례·학설이 발전시킨 이론구성이다. 가령 BGH Neue Juristische Wochenschrift 2000, 2195 (Marlene Dietrich); Götting, *Persönlichkeitsrechte als Vermögensrechte*, 1995, S. 138. 과거 우리 하급심 재판실무는 이른바 퍼블리시티권을 독자적인 재산권처럼 취급하는 경향이 있었으나 근래에는 오히려 인격권의 일부라고 한다. 가령 서울서부지방법원 2014. 7. 24. 선고 2013가합32048 판결.

어떻든 저자와 분리된 별개의 작품(work)인 저작(재산)권에서는 실제로 그러한 처리가 이루어지고 있다(저작권법 제14조, 제45조). 그러나 인격 주체와 분리될 수 없는 초상·음성 등에서 이러한 처리는 금지된 인격 자체의 처분이 되어 허용될 수 없다. 인격표지의 상업적 사용을 (종국적) 양도가 아닌 이용허락으로 구성할 수밖에 없는 까닭이다.[17] 이것이 인격적 법익에 대한 행위인 이상 계약으로 이용허락의 철회를 제한한다 하더라도 이용허락의 철회 자체를 막지는 못한다. 계약위반에 대한 책임 문제가 생길 뿐이다. 그러므로 그 권리가 당초의 인격주체에게 부여되는 경우 그것은 인격권(의 재산적 요소)에 그치고, 이용허락을 받은 상대방 등에게 부여되는 경우에도 언제든 인격주체가 동의를 철회함으로써 무력화될 수 있어 독자적인 법적 의미의 재산권이라고 할 수 없게 된다. 데이터 경제의 효율성을 높이기 위하여 데이터 소유권을 인정하여야 한다고 할 때 그 대상은, 이와 같은 인격권의 재산적 요소가 아니라, 말 그대로 재산권으로서 데이터 소유권이다. 뒤에 보는 바와 같이 데이터 소유권 도입은 그것이 법적인 의미의 재산권을 도입하는 것을 뜻할 때에 비로소 의미가 있기 때문이다.

그러므로 개인정보 보호법이나 인격권의 일부로서 개인정보자기결정권에[18] 의하여 보호되는 '개인정보'에 대한 권리는, 재산적 이익을 그 보호범위에 넣는다 하더라도, 데이터 소유권이 아니다. 그것은 인격권으로서 이른바 개인정보자기결정권에 재산적 요소를 인정할지의 문제일 뿐이다. 개인정보 보호를 강화하기 위하여 데이터 소유권을 인정하여야 한다는 주장은[19] 전혀 다른 목적과 맥락에 있는 두 담론을 하나로 뒤섞어 오히려 논의를 혼란스럽게 한다. 오늘날 데이터 소유권 논쟁이 전형적으로 염두에 두고 있는 상황은 개인정보가 아예 포함되지 아니한 데이터, 현실적으로 유의미한 데이터의 압도적 다수가 누군가와 관련하여

---

17) 권태상, "인격권 관점에서 본 퍼블리시티권"(주 16), 67면 이하. 독일의 판례·학설로는 BGH Neue Juristische Wochenschrift 1993, 918; Götting, *Persönlichkeitsrechte als Vermögensrechte*(주 16), S. 278. 이는 개인정보가 포함된 데이터에 대한 배타적 재산권 설정이 갖는 의미가 다소 제한적일 수밖에 없는 이유이기도 하다. 데이터셋에 포함된 개별 정보주체가 언제든 동의를 철회하고 처리의 정지를 요구할 수 있는 한(개인정보 보호법 제37조) 재산권은 불안정한 상태에 놓일 수밖에 없는 것이다.
18) 정상조·권영준, "개인정보의 보호와 민사적 구제수단", 「법조」 통권 제630호 (2009), 19면 이하.
19) 앞의 주 13의 문헌 참조. 이러한 관점에서 미국의 개인정보 재산권론은 (이미 동의원칙이 채택되어 있어 인격권에 대비되는 재산권으로서의 성격이 오히려 문제가 되는) 유럽적인 맥락에서는 적합하지 아니하다는 지적으로, Purtova, "Property in Personal Data: a European Perspective on the Instrumentalist Theory of Propertisation", *European Journal of Legal Studies* 2 (2010), 3.

생성되고 있다는 점을 고려한다면, 기계에 의하여 처음부터 익명화되어 생성된 데이터(machine-generated data)나[20] (사후에) 비식별화·익명화된[21] 데이터(de-identified or anonymized data)이다. 이러한 데이터에 재산권을 부여할 것인가, 부여한다면 누구에게 어떤 범위에서 부여할 것인가가 주된 쟁점인 것이다.

Ⅲ. 데이터 소유권 인정의 실익

1. 현행법상 데이터의 지위

(1) 물건 또는 재산적 이익의 일부로서 데이터의 보호

데이터 일반은 현행법상으로도 이미 일정한 법적 규율을 받고 있다.

먼저, 데이터가 유체물에 부착되어 구조적 정보에 포함되어 있는 한 당연히 보호된다.

(대부분의) 인공물에는, 그리고 관점에 따라서는 자연물에도, 정보가 포함되어 있다. 물건이 질료와 형상의 불가분적 결합이라면, 그중 형상은 일종의 정보이고, 특히 인공물에서 그것은 데이터이다.[22] 조각상을 녹이는 것이 소유권 침해인 것처럼, 책에 색을 칠해 글씨를 읽을 수 없게 하는 것도 소유권 침해이다. 이들은 모두 물건의 물리적 상태에 변형을 가한다. 이 경우 손해액의 산정에 조각의 조각으로서의 가치, 책의 책으로서의 가치 손실이 고려되어야 한다는 데도 의문이 없다. 구조적 정보는 물건과 분리되지 않고, 일체로서 물건의 가치는 법이 아닌 경제·사회적 관념이 정하기 때문이다. 데이터를 CD, DVD, usb 등 저장매체에 저장한 경우도 같다. 이들은 눈에 안 보이는 방식으로 매체(중 전자기적으로 읽을 수 있는 부분)의 물리적 구조를 변형시킨다. 데이터의 임의 삭제는 그 물리적 구조의 재변경과 그로 인한 가치 상실을 포함한다. 이것이 소유권의 위법한 실체적 변경으로 그 침해라는 데는 별 의문이 없다. 삭제가 (복구프로그램 등으로) 손쉽게

---

20) 자동차나 그 타이어 등이 운행 중 수시로 축적하는 정보, 교통정보 등이 이에 해당할 수 있다. 그 중에는 날씨 정보와 같이 처음부터 개인 관련성이 없는 정보도 존재한다.

21) 비식별화·익명화에 대하여는 우선 이동진, "개인정보 보호법 제18조 제2항 제4호, 비식별화, 비재산적 손해 - 이른바 약학정보원 사건을 계기로 -", 「정보법학」 제21권 제3호 (2017), 260면 이하 참조.

22) Zech, *Information als Schutzgegenstand*(주 2), S. 267 f. 의미 그 자체는 유체물에 기입할 수 없고, 원(源)정보도 마찬가지이다. 인공물에 기입되는 정보가 대부분 데이터의 형식을 취할 수밖에 없는 까닭이다.

복구가 가능하다면 복구를 구할 수 있고(민법 제214조), 불가능하다면 손해배상을 구할 수 있을 것이다(민법 제750조).[23] 소유물의 (본래 예정된) 이용 또한 소유권의 보호범위에 속하므로, 저장 매체의 경우 용법대로의 이용을 방해하는 행위도 소유권 침해가 된다. 가령 데이터 접근에 암호를 설정하거나 설정된 암호를 임의로 변경하여 매체 소유자가 읽을 수 없게 한 경우 그 복구 또는 개시(開示)를 구할 수 있고(민법 제214조), 더는 암호를 복구할 수 없는 경우 물리적 구조변경이 없다 하더라도 손해배상을 구할 수 있는 것이다(민법 제750조).

　나아가 유체물과 분리된 데이터 자체도 일정한 범위에서는 간접적으로 보호받을 수 있다.

　데이터는 종종 유체물과 분리된다. 가령 피용자가 사용자의 데이터를 자기 매체(와 장비)에 다운로드(download)하여 일을 하는 경우(Bring Your Own Device; BYOD) 매체(와 장비)는 피용자 소유임이 분명하나 데이터가 피용자의 것이라고 하기는 어렵다. 그러나 이처럼 유체물의 소유권과 분리된 데이터도 업무, 가령 사용자의 영업(권)의 일부로 보호될 수 있다. 이미 형법 제314조 제2항은 '컴퓨터등 정보처리장치 또는 전자기록등 특수매체기록을 손괴하거나 정보처리장치에 허위의 정보 또는 부정한 명령을 입력하거나 기타 방법으로 정보처리에 장애를 발생하게 하여 사람의 업무를 방해한 자'를 업무방해의 일종으로 보아 처벌한다. 여기에서 '전자기록등 특수매체기록'은 곧 디지털 데이터를 가리키고, 그 손괴로 인하여 침해되는 보호법익은 업무주의 업무이다.[24] 업무는 누군가에게 배타적으로 할당된 보호영역(할당내용; Zuweisungsgehalt)이 있는 권리는 아니나 그 자체 보호할 가치가 있는 이익으로써, 업무를 방해하는 일정한 유형의 행위는 금지된다.[25] 이러한 금지의 보호 범위에 업무주의 업무에 대한 개인적 이익

---

23) 이미 OLG Karlsruhe, Urt. v. 7.11.1995 – 3 U 15/95, Neue Juristische Wochenschrift 1996, 200 (201); Spickhoff, "Der Schutz von Daten durch das Deliktsrecht", Leible/Lehmann/Zech (hrsg) *Unkörperliche Güter im Zivilrecht*, 2011, S. 236; Zech, *Information als Schutzgegenstand*(주 2), S. 266 ff.

24) 특수매체기록은 전자기 및 광학적 방식 등 사람의 지각에 의하여 인식할 수 없는 방식으로 작성된 기록으로써 컴퓨터 등 정보처리장치에 의한 정보처리에 제공되는 것을 말한다. 이 규정에서 손괴가 물리적 파괴나 멸실을 수반하지 아니하는 전자기록의 소거(消去)와 비밀번호 무단변경에 의한 접속 방해도 포함하고 있다는 점도 주의. 신동운, 『형법각론』, 2017, 742–743면; 대법원 2006. 3. 10. 선고 2005도382 판결.

25) 권리가 아니므로 보호영역이 규정되어 그 보호영역을 침범하면 일응 위법성이 징표되는 것이 아니라 어떠한 이익침해행위가 위법한지 여부를 개별적 이익형량을 통하여 도출하여야 한다. 우선 윤태영, "영업이익의 침해와 위법성", 「민사법학」 제30호 (2005), 98면 이하.

이 포함되므로 업무주는 그러한 행위의 금지와[26) 그로 인한 손해의 배상을[27) 구할 사법(私法)상의 청구권을 가진다. 데이터가 업무, 전형적으로는 영업의 중요한 구성요소이고, 데이터의 가치가 영업의 가치의 상당 부분을 차지하는 이상 이는 사실상 데이터 침해의 금지와 데이터 침해로 인한 손해의 배상을 포함한다.[28)

매체 소유와 데이터의 귀속이 분리되는 경우에는 몇 가지 문제가 더 생긴다. 첫째, 데이터의 가치가 (흔히 그러하듯) 매체 자체의 가치를 훨씬 초과하는 경우 가공에 의한 소유권 변동이 생기지는 아니하는가. 독일에서는 다툼이 있다. 우리 학설로는 매체에 데이터를 기입하는 것을 가공(민법 제259조)으로 볼 수 있다 하더라도,[29) 반복하여 삭제·기입할 수 있는 전형적인 저장 매체의 경우에는 가공의 요건이 충족되지 아니한다는 견해가 보일 뿐이다.[30) 그러나 가공으로 매체 소유자에게 귀속될 수 있는 것은 매체의 물리적 변경, 즉 구조적 정보뿐이다. 구문론적 정보로서 데이터가 매체 소유자가 아닌 다른 사람에게 경제적으로 귀속되

---

26) Zech, *Information als Schutzgegenstand*(주 2), S. 343 f. 불법행위를 원인으로 하는 금지청구권 일반에 관하여는 대법원 2010. 8. 25.자 2008마1541 결정; 김상중, "불법행위에 대한 금지청구권의 판례법적 형성과 발전 — 영업이익과 계약관계 침해에 대한 예방적 보호를 중심으로 —", 「민사재판의 제문제」 제22권, 2013, 315면 이하; 이연갑, "법인의 업무방해에 대한 금지청구", 「민사판례연구[XXXIV]」, 2012, 551면 이하. 이때 데이터가 업무주의 서버에서 삭제되고 침해자에게만 남아 있다면 데이터(만)의 반환을 청구할 수 있는가 하는 문제가 생긴다. 긍정하는 것으로 Ch. Paulus, "Die Herstellungsvereinbarung" als konkursfeste Sicherheit des Bestellers eines Software—Erstellungsvertrages", *Juristische Rundschau* 1990, 405, 406 f.

27) Zech, *Information als Schutzgegenstand*(주 2), S. 386 ff.

28) Specht, *Konsequenzen der Ökonomisierung informationeller Selbstbestimmung - Die zivilrechtliche Erfassung des Datenhandels*, 2012, S. 216 f.

29) 독일의 학설 중 데이터 기입에서 가공에 의한 소유권취득을 긍정하는 것으로 Zech, *Information als Schutzgegenstand*(주 2), S. 270 ff., 이를 부정하는 것으로 Redecker, "Anmerkung zu LAG Sachsen, Urt. v. 17. 1. 2007 — 2 Sa 8080/05", *Computer und Recht* 2008, 554. 하급심 재판례로는 LAG Sachsen, Urt. v. 17. 1. 2007 — 2 Sa 8080/05 판결이 있다. 이 사건에서 법원은 피용자가 사용자 소유의 업무용 노트북에 자신이 구입한 Microsoft Outlook 소프트웨어를 설치하였다면 가공(독일 민법 제950조)에 의하여 그 소프트웨어가 사용자에게 귀속하고(피용자는 Microsoft Outlook은 라이센스의 대상일 뿐이라고 다투었으나 이는 가공을 방해하지 아니하였다) 노트북에 대한 물권적 및 고용계약상 반환의무에 Microsoft Outlook 소프트웨어의 반환의무도 포함된다고 판단하였다(나아가 같은 판결은 피용자는 사용자에 대하여 점유보조자에 불과하므로 비용상환청구권에 터 잡아 반환을 거절할 수도 없다고 한다).

30) 엄동섭, "민법상의 첨부제도(부합, 혼화, 가공)에 관하여", 「곽윤직 고희기념논문집 민법학논총」 제2권 (1995), 156면; 김용담 편집대표, 『주석민법[물권(1)]』(제4판), 2011, 865면(김진우 집필부분). 명시적으로 언급하지는 아니하나, 부합·혼화·가공은 모두 첨부로 분리 불가능성 또는 분리곤란을 전제한다는 점에 근거를 두고 있다고 보인다.

어 있는 한 그것이 가공으로 매체와 결합한다고 볼 근거가 없다. 데이터는 매체와 분리가능하고, 따라서 첨부법이 적용될 대상이 아닌 것이다. 둘째, 업무 또는 영업 내적으로 접근·통제권을 부여받은 피용자 등이 그 목적에 반하여 데이터를 이용하거나 사용자 등의 지시에도 불구하고 데이터의 삭제·반환을 거부하는 경우에는 어떻게 하여야 하는가. 사용자의 피용자에 대한 데이터 삭제·반환 청구는 데이터 소유권과 무관하게 고용계약 및 그에 부수하는 (묵시적) 데이터 위탁약정에 터 잡아 인정할 수 있을 것이다.[31]

(2) 데이터에 대한 사실상의 지배와 데이터 계약

데이터에 관한 계약이 하나의 기업(조직)에 속한 사용자와 피용자 사이에서만 체결되는 것이 아니다. 서로 다른 경제주체 사이에 데이터를 제공하기로 하는 계약이 체결되는 일이 적지 않다. 마케팅 등 목적으로 개인정보 보호법상의 개인정보에 해당하는 이름, 전화번호, 이메일주소(email address) 기타 프로파일(profile) 등을 거래하곤 한다.[32] 비식별화된 의약품 이용정보[33] 등도 거래되고 있다.

데이터 계약은 여러 형태를 취할 수 있다.

데이터가 기입된 매체, 가령 CD, DVD, usb 등을 거래하는 경우에는 유체동산 매매로 보면 족하다. 그림을 판매할 때 그림의 내용과 품질, 경우에 따라서는 그 그림이 누구의 작품인가 하는 점까지도 매매 목적물의 성상(性狀)을 구성하고 그 흠이 하자담보책임(민법 제580조)의 요건으로서 '하자'에 해당하는 것처럼, 데이터의 흠 또한 하자담보책임(및 채무불이행책임)을 발생시킨다.[34] 데이터가 담긴

---

31) 미국 뉴욕주 항소법원은 Thyroff v Nationwide Mutual Ins. Co N.Y. 3d 283 (2007)에서 데이터는 물리적 대상은 아니지만 기업활동(business activity)에 "본질적(essential)"이라면서 피용자가 그 소유의 컴퓨터에 다운로드한 사용자 데이터를 삭제한 것이 보통법상 동산 횡령 불법행위(tort of conversion)가 된다고 판시한 바 있다(당해 사안에서는 사용자가 피용자의 업무용 파일 이외에 개인적 이메일 기타 개인정보까지 전송받아온 것도 문제가 되었다). 같은 취지에서 텍사스 남부 파산법원도 In re Yazoo Pipeline Co LP 459 B.R. 636 (Bankr. S.D. Tex. 2011)에서 컴퓨터로부터 지진정보를 복사해간 것이 횡령 소권을 발생시킬 수 있다고 한다. 횡령 소권이 인정되는 경우 가해자는 — 보통법의 원칙상 — 금전배상의무를 질뿐이나, 그의 선택에 따라 반환(및 복구)으로 금전배상책임을 면할 수 있다. 이들 재판례에 대한 간단한 소개로는, Hoeren, "Big Data and the Ownership in Data: Recent Developments in Europe", [2014] *Europe Intellectual Property Review Issue* 12, 751.

32) 대법원 2017. 4. 8. 선고 2016도13263 판결 (홈플러스 경품 응모권 사건).

33) 서울중앙지방법원 2017. 9. 11. 선고 2014가합508066, 538302 판결 (약학정보원 사건, 항소심계속 중). 상세는 이동진, "개인정보 보호법 제18조 제2항 제4호, 비식별화, 비재산적 손해 — 이른바 약학정보원 사건을 계기로 —"(주 21), 254면 이하.

34) Haedike, *Rechskauf und Rechtsmängelhaftung; Forderungen, Immaterialgüterrechte und das reformierte Schuldrecht,*

매체의 매매에서도 당사자가 염두에 둔 급여의 핵심이 데이터 자체에 있는 이
상, 매도인이 매체를 제공하지 아니하고 바로 매수인의 매체에 데이터를 기입해
주거나 인터넷 다운로드 등으로 방법으로 전송해주는 경우에도 달리 규율할 까
닭이 없다. 이때에도 완전한 데이터 이용권한의 종국적 부여가 수반되는 한 매
매법을 적용할 수 있다.35) 금전 기타 권리가 아닌 단순한 이익도 유상계약(有償
契約)에서 대가가 될 수 있고, 매매법은 매매 이외의 유상계약에 준용된다(민법
제567조).

반면 데이터의 이용목적을 제한하거나 이용권한을 종국적으로 부여하지 아니
하고 기간 등의 제한을 두는 경우에는 매매로 보기 어렵다. 이용기간에 제한이
있는 경우는 물론, 그 목적에 제한이 있는 경우도 목적달성과 함께 이용이 종료
되게 마련이므로 대개는 임대차·사용대차법을 유추함이 적절할 것이다.36)

어느 경우든 데이터 계약의 상대방 아닌 제3자에게 복제해주는 것을 금지하는
부수적 약정은 위와 같은 성질 결정에 방해가 되지 아니한다. 매수인 또는 차주
(借主) 이외의 제3자에게는 그 데이터를 제공하지 아니하기로, 나아가 매도인 또
는 대주(貸主)의 데이터 보유나 이용도 배제하기로 하는 약정도 유효하다.37) 그
위반에 대하여 계약책임을 물을 수 있음은 물론이다.

그런데 이러한 데이터 계약은 계약상 데이터 제공의무를 지는 당사자가 상대
방에게 데이터를 제공해줄, 경우에 따라서는 나아가 그 밖의 제3자의 접근을 차
단할, 힘을 전제한다. 그중 후자, 즉 제3자의 접근을 차단할 힘은 특별한 조건하
에서만 가능하다. 데이터, 즉 구문적 정보는 그 자체 배타성이 없기 때문이다. 이

2003, S. 97 ff.; Specht, *Konsequenzen der Ökonomisierung informationeller Selbstbestimmung - Die zivilrechtliche Erfassung des Datenhandels*(주 28), S. 125 ff., 136 ff. 소프트웨어의 종국적 양도계약에 관한 이러한 판례전개의 예로, BGH Neue Juristische Wochenschrift 1988, 406 (매체양도를 포함하는 경우) 및 BGH Neue Juristische Wochenschrift 2007, 2395 (매체양도와 독립하여) 참조.

35) 유럽사법재판소(Court of Justice of the European Union; CJEU)는 UsedSoft, C-128/11, ECLI: EU:C:2012:407에서 다운로드된 컴퓨터프로그램에 유럽 컴퓨터프로그램 보호 지침(Directive 2009/24/EC)상 최초판매원칙(the first sale doctrine)을 적용하여야 한다고 판시하였다. 위 결정은 그 논거로 매수한 컴퓨터프로그램의 '소유권(owner)'이 매수인에게 귀속한다는 점을 들었으나, 이는 위 저작권 제한의 논거에 그치고 (물권에 유사한) 데이터 소유권을 인정하는 취지는 아니다.

36) Specht, *Konsequenzen der Ökonomisierung informationeller Selbstbestimmung - Die zivilrechtliche Erfassung des Datenhandels*(주 28), S. 161 ff.

37) Haedike, *Rechskauf und Rechtsmängelhaftung; Forderungen, Immaterialgüterrechte und das reformierte Schuldrecht*(주 34), S. 102 ff.; Specht, *Konsequenzen der Ökonomisierung informationeller Selbstbestimmung - Die zivilrechtliche Erfassung des Datenhandels*(주 28), S. 141 ff. 이는 특정물의 매매, 임대 등에 상응한다.

러한 힘은 데이터를 아무나 접근할 수 없게 하거나,[38] 데이터 접근을 허용하되 그 접근을 통제할 수 있는 관리적 또는 기술적 조치를 취하여, 가령 물리적 또는 전자적 복제가 불가능한 공간에서 또는 그러한 방법으로만 데이터에 접근할 수 있게 하거나,[39] 데이터는 이전하되 그 데이터를 사용할 때마다 서버의 인증 (authentication)을 받게 하거나,[40] 데이터를 이전하되 기술적 보호조치와 이를 존중하는 디코딩 규약을 채택하고 매체로부터 데이터를 분리·복제하거나 최초의 다운로드 및 설치 후 재복제하면 원본이나 복사본 중 하나가 파괴되게 하는[41] 등으로 사실상의 배타성을 창출하여야 비로소 확보된다.[42] 이처럼 데이터를 특정인의 사실상 배타적 지배하에 두는 것을, 비유적으로, 데이터 점유라고 할 수 있다(민법 제192조 제1항 참조).[43] 데이터 '점유'는 — 물건 점유와 마찬가지로 — 이미 존재하는 사실이지 법이 비로소 창출하는 권리가 아니고,[44] 따라서 데이터를 직접 규율하는 법규범이 없는 현행법하에서도, 그 용어의 적실성은 별론, 존재 자체를 부인할 수는 없다.

(3) 데이터의 포괄승계

끝으로 현행법상 데이터는 합병·분할합병·상속 등 포괄승계의 대상이 된다. 매체에 기입된 데이터의 경우 매체가 포괄승계의 대상이 됨으로써 포괄승계인에게 이전된다. 업무 내지 영업의 일부인 데이터도 업무 내지 영업의 포괄승계에 수반하여 포괄승계인에게 이전된다. 인터넷 서비스 등의 이용자로서의 지위, 이메일, 게임 캐릭터와 아이템 등은 그 이용계약 당사자로서의 지위에 수반하여 포괄승계인에게 이전될 수 있다.[45]

---

38) 특히 소수만 갖고 있어야 가치가 유지되는 데이터의 경우 그 비밀성을 유지하고 앞서 본 민·형사상의 조치 및 사실상의 보호조치로 침해를 잘 방어해내는 것만으로도 이러한 사실상 지배가 가능하다.
39) 외부와의 접속이 차단된 특정 공간 내에서만 데이터에 접근할 수 있게 해주거나, 아이디와 비밀번호 등으로 접속하여 특정 가상공간에서만 게임 아이템 등 가상재화를 쓸 수 있게 해주는 경우.
40) Microsoft Office 제품군 등 상당수의 소프트웨어가 이러한 방식을 취한다. 그러나 소프트웨어 이외의 데이터라 하여 이러한 방법을 쓰지 못할 이유는 없다.
41) Adobe Acrobat의 pdf 형식, 음악 CD 등에 이러한 기술이 널리 채택되어 있다.
42) Zech, *Information als Schutzgegenstand*(주 2), S. 348 ff.
43) 그러나 데이터가 물건이 아닌 이상 여기에 점유법을 직접 적용할 수는 없다. 반면, 제3자의 접근을 배제할 수 없는 상황에서 단지 데이터를 제공할 뿐인 경우 그러한 데이터는 이미 공유(common goods)의 영역에 있고, 데이터 점유는 관념할 수 없다. 제3자 배제가능성은 지배로서 점유의 중요한 구성요소에 해당하기 때문이다. 김형석(주 8), 247면.
44) 김형석(주 8), 235 – 238면.
45) 가령 오병철, "인격적 가치 있는 온라인 디지털정보의 상속성", 「가족법연구」 제27권 제1호(2013),

다만, 데이터 거래가 그러한 것처럼 이러한 포괄승계도 또한 데이터에 대한 사실상의 이용가능성을 확보할 수 있을 때에 그에 대한 법적 보호를 제공하는 데 그친다. 이용계약 당사자로서의 지위, 기업조직 내 업무주로서의 지위 등 별도의 법적 근거 없이 데이터 포괄승계인의 지위 자체에 터 잡아 별 관계 없는 제3자에게 접근·통제권의 부여나 이전을 구할 수는 없다.

2. 새로운 데이터 소유권 도입의 실익과 그 평가

(1) 데이터 소유권 도입으로 달라지는 점

디지털시대에 정보를 수집하여 일정한 규칙에 따라 코딩(coding)하는 사람은 그와 동시에 그 데이터를 사실상 지배할 가능성 내지 기회도 갖게 마련이다. 그가 그러한 사실상 지배를 확보하고 유지하는 한 그는 데이터 침해에 대하여 사법(私法)적 방어방법을 가지고 있을 뿐 아니라 제3자와 데이터에 관하여 거래를 할 수도 있다. 기업합병이나 상속 등으로 포괄승계될 수도 있다. 데이터 소유권 없이도 데이터의 사실상 점유자는 사실상 소유자(de facto owner)로서 데이터를 이용하거나 거래할 수 있고, 따라서 데이터 시장도 성립할 수 있으며, 실제로 존재한다.[46]

그렇다면 나아가 데이터에 관하여 법적 배타적 재산권을 도입하는 실익은 무엇인가. 데이터 소유권을 도입하면 이러한 상황에 어떠한 차이가 생기는가.

데이터의 사실상 점유자는 배타적 재산권 없이도 제3자가 자신의 데이터를 무단으로 복제, 이용하는 것을 차단할 수 있다. 그러나 그러한 가능성은 어디까지나 매체 소유권이나 업무 등을 통하여 간접적으로 확보된 것이므로, 매체 소유권 침해도 업무방해도 없는 경우에는 무력해진다. 사물인터넷(Internet of Things; IoT)으로 연결된 제품들 사이의 데이터 송수신과정에 개입하거나 업무과정에서 수집, 코딩한 거래 또는 고객 데이터를 해외 서버로 송수신과정에 개입하여 데이터를 탈취하는 경우 매체 소유권 침해나 업무방해가 부정될 수 있는 것이다. 이러한

147면 이하. 다만 종래의 논의는 일치하여 재산권으로 원칙적으로 당연히 상속된다고 하면서도, 어떠한 재산권인가 하는 점에 대하여는 명확히 하지 아니하는 경향이 있다. 이와 달리 상속법적 포괄승계의 대상의 관점에서 이 문제에 접근하는 것으로, Thiesen, *Daten in der Erbmasse: Der digitale Nachlass zwischen Erbgang und Rechtsdurchsetzung*, 2017, S. 29 ff. 이러한 입장이 더 안정적인 출발점이 되리라고 생각된다.

46) Drexl, *Designing Competitive Markets For Industrial Data - Between Propertisation and Access*, 2016, pp. 29 ff.

경우 사실상 지배, 즉 점유에 터 잡은 보호로는 대응하기 어렵다. 데이터 침해는 사실상의 평온을 해하지 아니하고도 이루어질 수 있으므로 데이터 '점유'를 관념할 수 있다 하여 명문 규정도 없이 당연히 데이터 탈취 자체에 대한 방어청구권을 인정할 수는 없기 때문이다. 반면 배타적 재산권을 부여하는 경우 그 재산권에 터 잡아 데이터의 (반환 및) 무단이용중지와 데이터 무단이용으로 인한 이득의 반환(민법 제741조)을[47] 구할 수 있게 된다.

　데이터는 사실상 점유자에게 있으나 어떠한 사정으로 그 데이터에 접근·통제하는 데 필요한 비밀번호, 키(key) 등이 제3자에게 있는 경우도 마찬가지이다. 사실상 점유자로서는 계약 등 직접 법률관계가 존재하지 아니하는 제3자에게 무엇인가 적극적인 행위를 요구할 권리를 근거 지우기 어렵다. 그러나 배타적 재산권이 인정되는 경우 권리자는 배타적 재산권에 터 잡아 그 제3자에게 비밀번호, 키 등의 개시(開示), 반환 등을 청구할 수 있게 된다.

　마지막으로 사실상 지배가 그 보유자의 협력 없이 이전될 수 없는 것과 달리 법적 권리는 강제집행의 방법으로 이전할 수 있다. 사실상 지배 없는 법적 권리를 취득한 매수인은 배타적 재산권에 터 잡아 사실상 지배의 작출을 강제할 수 있으므로, 데이터에 대한 강제집행이 가능해진다. 사실상 지배의 대상이기만 한 경우에는 불가능한 일이다. 같은 맥락에서 데이터에 대한 매체나 영업 일반과 분리된 개별적 담보물권을 도입할 하는 것도, 제3취득자 보호 등 거래안전보호를 위한 장치를 도입하는 것도, 일단 배타적 재산권의 인정을 전제한다.[48] 데이터에 대한 배타적 소유권이 인정되기 전에는, 데이터 지배자의 채권자로서는, 파산절차에서 전체 영업(재산)의 일부로 데이터의 경제적 가치를 파악할 수 있을 뿐이고, 위와 같은 개별집행 및 담보물권 설정은 불가능하다.

(2) 데이터 경제와 데이터 소유권 도입논의

　그렇다면 이러한 데이터 소유권을 새로운 입법 등으로 도입하여야 하는가. 데이터 소유권 논쟁은 무엇보다도 유럽연합(EU) 역내(域內) 데이터의 자유로운 교환(Free Flow of Data)을 촉진하여 이른바 디지털 단일시장(Digital Single Market; DSM)을 수립하는 하나의 수단으로 논의되기 시작하였다. 그런데 관련 산업이 발

---

47) 배타적 재산권의 이러한 의미에 대하여는 Peukert, *Güterzuordnung als Rechtsprinzip*, 2008, S. 426 ff.; Zech, *Information als Schutzgegenstand*(주 2), S. 72.
48) Zech, *Information als Schutzgegenstand*(주 2), S. 111 ff.

전하여 특히 집중적으로 논의된 독일[49] 산업계의 태도는 오히려 부정적이라고
한다.[50] 이는 무엇보다도 누구에게 데이터 소유권이 부여되어야 하는가 하는 점
과 관계되어 있다고 보인다.

먼저, 이미 사실상 배타적 지배가 확보되어 있는 데이터라면 그 점유자, 전형
적으로 데이터를 수집, 코딩, 저장하여 관리하는 자에게 배타적 재산권을 부여하
는 경우를 생각해보자.[51] 이 방안은 현 상황에 가장 적게 개입하는 것이고, 그
점에서 가장 안전한 길이다. 앞서 본 바와 같이 사실상 배타적 지배는 경제적 관
점에서는 법적 배타적 지배권과 큰 차이가 없고, 경제(학)적으로는 이미 재산권
(property right)이다. 데이터 소유권 논쟁이 처음부터 엄밀한 의미의 법적인 배타
적 재산권 문제일 수밖에 없는 까닭이다. 그러나 사실상의 재화로서 데이터의 법
적 보호는, 그 주변 내지 한계영역에서는, 불완전하다. 불분명하거나 불완전한
법적 보호는 그 틈을 노린 기회주의적 행태(opportunistic behaviour)와 그에 대응
하기 위한 자원의 낭비를 초래한다. 여기에 법적 배타적 지배권을 보탠다면 한계
적인 상황에서 보호의 공백을 메움으로써 데이터의 가치를 높일 수 있을 것이
다.[52] 다만 한 가지 문제는 이제 데이터 소유권자가 재산권자(헌법 제23조 제1항)
가 되어 데이터 소유권에 대한 새로운 조정은, 불가능하지는 아니하더라도, 기득
권 침해로 엄격한 헌법적 제한 하에 놓일 가능성이 있다는 점이다.

다음, 근래 종종 주장되고 있는, 데이터 소유권을 (부분적으로) 원(源)정보 보유
자에게 귀속시키는 경우를 생각해보자. 전형적으로 개인정보를 비식별화·익명화
하여 활용하는 경우, 인체조직으로부터 특허발명을 해낸 경우에 비식별화한 기
업이나 특허발명을 한 발명자 외에 당초의 정보주체가 인체조직의 귀속주체에게

---

49) Drexl, *Designing Competitive Markets For Industrial Data - Between Propertisation and Access*(주 46), pp. 2−5; Wiebe, "Von Datenrechten zu Datenzugang − Ein rechtlicher Rahmen für die europäischen Datenwirtschaft. Überblick und erste Bewertung zur Mitteilung der EU−Kommission vom 10.1. 2017", *Computer und Recht* 2017, 87.

50) Żdanowiecke, "Recht an Daten", Bräutigam/Klindt (hrsg) *Disitalisierte Wirtschaft/Industrie 4.0*, 2015, S. 18−28.

51) 데이터 소유권의 지지자들은 대체로 이러한 형태의 데이터 소유권을 지지한다. Heymann, "Der Schutz von Daten bei der Cloud Verarbeitung", *Computer und Recht* 2015, 807, 810; Specht, "Ausschließlichkeitsrechte an Daten − Notwendigkeit, Schutzumfang, Alternativen. Eine Erläuterung des gegenwärtigen Meinungsstands und Gedanken für eine zukünftige Ausgestaltung"(주 4), S. 294 f.

52) 이러한 측면에 대한 지적으로 Drexl, *Designing Competitive Markets For Industrial Data - Between Propertisation and Access*(주 46), p. 35.

일정한 권리를 인정하는 것이다. 이는 일종의 사후적 이익참여권이 될 수밖에 없다. 비식별화·익명화의 기능과 의미에 비추어볼 때 이들에게 개인정보에서와 같이 동의원칙에 따른 보호를 제공할 수는 없기 때문이다.[53] 이 점에서 이는 이미 엄밀한 의미의 '소유권'[54], 즉 배타적 재산권이 아니다. 이러한 접근은 데이터 경제에서 새로운 분배정의라는 관점에서 확실히 고려할 만한 가치가 있다. 그러나 구체적인 분배기준과 방법을 고안하는 것은 기술적·이념적으로 제법 까다로운 문제이다. 데이터는 하나하나는 의미가 없고 아주 많은 수를 모아야 비로소 가치를 가지는 것이 보통이다. 그렇다면 데이터 생성의 기초가 된 정보의 주체의 몫도 적다고 할 수 있는가.[55] 독특한 인체조직을 이용하여 특허발명을 해낸 경우 그 인체조직의 귀속주체와 발명자의 몫은 어떠한가. 복잡한 과정을 거쳐 수집, 갱신된 방대한 데이터에서 생기는 최종 이익에 참여하는 체제는 어떠한 모습인가. 정보주체가 일정한 이익참여권을 가진다면 그 밖의 기여자들은 어떠한가. 그들에게도 이익참여권이 부여되어야 하는가. 그들에게도 이익참여권이 인정된다면 누군가의 사실상 배타적 지배하에 있는 데이터에 한하여 이익참여권을 부여할 까닭은 또 무엇인가. 그리하여 공개된 데이터에서 생긴 수익에도 이익참여권을 부여한다면 과연 그것이 공정하고 효율적인 것일까. 이러한 질문에 대하여 답하는 것은 완전히 새로운 시대와 사회의 설계에 해당하는 작업이 될지도 모른다.[56]

　데이터가 데이터가 되는 것은 대개는 데이터를 코딩하는 사람의 투자에 의하여서이다.[57] 그들은 데이터에 대하여 사실상의 배타적 지배, 즉 '점유'를 확보할

---

53) 즉, 이때의 보호는 동의규칙(property rule)이 아닌 보상규칙(liability rule)에 의하여야 한다.

54) 이것이 물권법적 의미의 소유권이 아님은 이미 배타적 지배가능성을 전제하지 아니한다는 점만으로도 분명하다.

55) 이러한 이유에서 인격권으로서 개인정보도 재산적 요소를 가지지만, 그것이 데이터 사업자의 이익 중 차지하는 부분은 작다고 주장하는 것으로, Lindhorst, *Sanktionsdefizite im Datenschutzrecht*, 2009, S. 107 ff.

56) 이러한 논의는 정치적·사회적으로도 큰 의미가 있다. 이러한 측면에 초점을 맞추어 데이터소유권론을 전개한 것으로 Fezer, "Dateneigentum der Bürger — Ein originäres Immaterialgüterrecht sui generis an verhaltensgenerierten Informationsdaten der Bürger", *Zeitschrift für Datenschutz* 2017, 99; ders, *Repräsentatives Dateneigentum Ein zivilgesellschaftliches Bürgerrecht*, 2018.

57) 그렇지 않은 경우, 즉 중간단계의 관여자들이 사실상 데이터 생성에 협조할지 여부를 결정할 나름의 지배가능성을 갖고 있는 경우에는 이미 그러한 사실상 지배 내지 통제가능성에 터 잡아 일정한 이익배분이 이루어진다. 가령 개인정보의 수집이 그러하다. 결국 문제되는 것은 그러한 통제권을 가지지 아니하는, 따라서 비용이 드는 협조를 하지 아니한 관여자들에게 재산권을 부여할 것인지 여부이다.

방법을 갖고 있고, 그러한 한 교환 등의 거래도 할 수 있으며, 그 밖에 데이터 생성을 위한 투자도 하게 마련이다. 물론 사실상의 배타적 지배로는 보호가 완전하지 아니하다. 그러나 사실상 배타적 지배권을 법적 배타적 지배권으로 고양하여 추가로 얻을 효율성의 개선 또한 아마도 한계적(marginal)일 것이다. 이미 중요한 영역 대부분에서 데이터 지배와 그 보호, 데이터 거래가 가능하고, 아직도 남아 있는 빈틈 또한 법보다는 기술적 보호조치에 의하여 더 잘 메워질 것이며, 기술적 보호조치 없는 법적 보호로 얻을 것은 많지 아니한 반면, 기술적 보호조치가 잘 이루어지는 한 법적 보호의 필요성이나 추가적인 기여는 그리 크지 않다. 데이터 거래는 대부분 반복적 행위자(repeated player)인 기업 간 거래(B2B)라는 점에서도 법의 기여는 제한적이기 쉽다. 이전을 위하여 사실적 협력이 필수적인[58] 데이터 이전에서 강제집행 및 담보설정 등의 가능성이 가지는 기능 또한 제한적이다. 요컨대 데이터 점유자로서는 데이터 소유권으로 얻는 이익이 그리 크지 아니하다. 반면 이 논쟁이 원(源)정보 귀속주체 등의 이익참여권 문제로 비화하는 경우 이는 거대한 정치·사회적 또는 이념적 담론으로 바뀌게 되고, 데이터 경제의 성장에는 그 자체 불확실성과 비용으로 작용할 가능성이 높다. 이미 데이터를 사실상 배타적으로 보유하고 있는 기업이 바라지 아니하는 바일 뿐 아니라, 데이터 산업과 시장을 더 활성화하여야 한다는 유럽연합 등의 정책결정자의 인식과도 충돌한다.

IV. 결   론

데이터는 본질적으로는 비배제적이고 비경합적이다. 따라서 데이터라는 새로운 자원을 가급적 널리 공유, 활용하여 그 효율을 극대화하고, 그로 인한 이익도 고르게 배분하여야 한다는 점에는 이론(異論)의 여지가 없다. 현재의 상황이 한편으로는 정부와 소수의 기업이 데이터와 그로부터 발생하는 이익을 독점하고 데이터 공개·공유·교환도, 데이터 생성과정에 참여 내지 기여한 이해관계인들의 이익참여도 잘 이루어지지 아니하여 충분히 만족스럽지 않다는 점도 부정하기 어렵다.

---

58) 이 점은 근래 가상화폐 등의 압수 및 몰수 가능성 문제가 대두하면서 여실히 확인된 바 있다.

문제는 데이터에 배타적 재산권을 부여할 것인지 여부에 관한 논의가 이러한 상황의 개선에 얼마나 기여할 것인가 하는 점이다. 당초의 기대와 달리 배타적 재산권 부여의 기여는 불확실하다. 데이터를 사실상 지배하고 있는 측에 배타적 재산권을 부여함으로써 약간의 효율 개선이 이루어질 수는 있을 것이다. 그러나 그 결과 이미 불공평한 '데이터 권력'의 배분을 규범적으로 고착시키는 결과가 될 수 있다. 그로 인하여 얻을 효율 개선은 그다지 크지 아니하다. 데이터를 사실상 지배하고 있지 아니한 다른 이해관계인들에게 데이터에 대한 배타적 재산권을 부여하는 것은 중대한 혁신이자 새로운 사회적 타협이 될 수 있다. 그러나 이는 데이터에 기반한 사회가 어떠한 모습이어야 하는가에 대한 훨씬 큰 담론의 결론이어야 한다. 그와 같은 검토 없이 소박한 데이터 소유권론에 터 잡아 다른 이해관계인들에게 이익을 배분하려 한다면 자칫 아직 충분히 성장하지 아니한 데이터 산업에만 제법 큰 타격을 주는 것으로 끝날 가능성이 있는 것이다.

≪추기(追記)≫

대법원 2017. 11. 29. 선고 2017도9747 판결은 "수사기관이 인터넷서비스이용자인 피의자를 상대로 피의자의 컴퓨터 등 정보처리장치 내에 저장되어 있는 이메일 등 전자정보를 압수·수색하는 것은 전자정보의 소유자 내지 소지자를 상대로 해당 전자정보를 압수·수색하는 대물적 강제처분으로 형사소송법의 해석상 허용"되고 "압수·수색할 전자정보가 압수·수색영장에 기재된 수색장소에 있는 컴퓨터 등 정보처리장치 내에 있지 아니하고 그 정보처리장치와 정보통신망으로 연결되어 제3자가 관리하는 원격지의 서버 등 저장매체에 저장되어 있는 경우에도, 수사기관이 피의자의 이메일 계정에 대한 접근권한에 갈음하여 발부받은 영장에 따라 영장 기재 수색장소에 있는 컴퓨터 등 정보처리장치를 이용하여 적법하게 취득한 피의자의 이메일 계정 아이디와 비밀번호를 입력하는 등 피의자가 접근하는 통상적인 방법에 따라 원격지의 저장매체에 접속하고 그곳에 저장되어 있는 피의자의 이메일 관련 전자정보를 수색장소의 정보처리장치로 내려받거나 그 화면에 현출시키는 것 역시 피의자의 소유에 속하거나 소지하는 전자정보를 대상으로 이루어지는 것이므로 그 전자정보에 대한 압수·수색을 위와 달리 볼 필요가 없다"고 하여 전자정보, 즉 데이터의 소유를 전제하는 듯한 판시를 하였다. 그러나 위 판시는 누구의 전자정보인지에 관한 것일뿐 전자정보가 재산권, 특히 소유의 대상임을 뜻한다고 할 수 없다. 다른 한편, 대법원 2018. 5. 30. 선고 2018도3619 판결은 비트코인(Bitcoin)이 '재산적 가치가 인정되는 무형의 재산'으로 몰수의 대상이 된다고 하나, 그 당부는 별론, 이를 가상화폐가 아닌 데이터 일반에 확장하기는 어렵다.

참고문헌

[국내문헌]

권태상, "인격권 관점에서 본 퍼블리시티권", 「민사법학」 제59호 (2012).

김경환, "[김경환 변호사의 IT on IP] 데이터 소유권(ownership) 개념 도입해야", IT조선 2017. 9. 15.자(http://it.chosun.com/site/data/html_dir/2017/09/15/2017091585038.html).

김상중, "불법행위에 대한 금지청구권의 판례법적 형성과 발전 — 영업이익과 계약관계 침해에 대한 예방적 보호를 중심으로 —", 「민사재판의 제문제」 제22권 (2013).

신동운, 「형법각론」, 2017.

안병하, "인격권의 재산권적 성격 : 퍼블리시티권 비판 서론", 「민사법학」 제45-1호 (2009).

엄동섭, "민법상의 첨부제도(부합, 혼화, 가공)에 관하여", 「곽윤직 고희기념논문집 민법학논총」 제2권 (1995).

오병철, "인격적 가치 있는 온라인 디지털정보의 상속성", 「가족법연구」 제27권 제1호 (2013).

윤태영, "영업이익의 침해와 위법성", 「민사법학」 제30호 (2005).

이동진, "개인정보 보호법 제18조 제2항 제4호, 비식별화, 비재산적 손해 — 이른바 약학정보원 사건을 계기로 —", 「정보법학」 제21권 제3호 (2017).

이동진, "물권법의 법경제학", 김일중·김두얼 편, 「법경제학」. 이론과 응용[II], 2013.

이연갑, "법인의 업무방해에 대한 금지청구", 「민사판례연구[XXXIV]」 (2012).

정상조·권영준, "개인정보의 보호와 민사적 구제수단", 「법조」 통권 제630호 (2009).

[국외문헌]

Benkler, "From Consumers to Users: Shifting the Deeper Structures of Regulation", 52 *Federal Communications Law Journal* 561 (2000).

Calebresi and Melamed, "Property Rules, Liability Rules and Inalienability: One View of the Cathedral", 85 *Harvard Law Review* 1089 (1972).

Ch. Paulus, "Die „Herstellungsvereinbarung" als konkursfeste Sicherheit des Bestellers eines Software—Erstellungsvertrages", *Juristische Rundschau* 1990, 405.

Coase, "The Problem of Social Cost", 2 *Journal of Law & Economics* 1 (1960).

Drexl, *Designing Competitive Markets For Industrial Data - Between Propertisation and Access*, 2016.

Fezer, "Dateneigentum der Bürger − Ein originäres Immaterialgüterrecht sui generis an verhaltensgenerierten Informationsdaten der Bürger", *Zeitschrift für Datenschutz* 2017, 99.

ders, *Repräsentatives Dateneigentum Ein zivilgesellschaftliches Bürgerrecht*, 2018.

Götting, *Persönlichkeitsrechte als Vermögensrechte*, 1995.

Haedike, *Rechtskauf und Rechtsmängelhaftung, Forderungen, Immaterialgütterrechte und das reformierte Schuldrecht*, 2003.

Heymann, "Der Schutz von Daten bei der Cloud Verarbeitung", *Computer und Rechts* 2015, 807.

Hoeren, "Big Data and the Ownership in Data: Recent Developments in Europe", *European Intellectual Property Review*, Issue 12, 751 (2014).

Lessig, *The Future of Ideas: The Fate of the Commons in a Connected World*, 2002.

Lindhorst, *Sanktionsdefizite im Datenschutzrecht*, 2009.

Litman, "Information Privacy/Information Property", 52 *Stanford Law Review* 1283 (2000).

Lund, "Property Rights to Information", 10 *Northwestern Journal of Technology & Intellectual Property* 1 (2011).

Peukert, *Güterzuordnung als Rechtsprinzip*, 2008.

Purtova, "Property in Personal Data: a European Perspective on the Instrumentalist Theory of Propertisation", *European Journal of Legal Studies* 2 (2010), 3.

Redecker, "Anmerkung zu LAG Sachsen, Urt. v. 17. 1. 2007 − 2 Sa 8080/05", *Computer und Recht* 2008, 554.

Specht, "Ausschließlichkeitsrechte an Daten − Notwendigkeit, Schutzumfang, Alternativen. Eine Erläuterung des gegenwärtigen Meinungsstands und Gedanken für eine zukünftige Ausgestaltung", *Computer und Rechts* 2016, 288.

ders, *Konsequenzen der Ökonomisierung informationeller Selbstbestimmung − Die zivilrechtliche Erfassung des Datenhandels*, 2012.

Spickhoff, "Der Schutz von Daten durch das Deliktsrecht", Leible/Lehmann/Zech (hrsg) *Unkörperliche Güter im Zivilrecht*, 2011.

Thiesen, *Daten in der Erbmasse: Der digitale Nachlass zwischen Erbgang und Rechtsdurchsetzung*, 2017.

Van Erp, "Ownership of Data: The Numerus Clausus of Legal Objects", 6 *Bringham— Kanner Property Rights Conference Journal* 235 (2017).

Wiebe, "Von Datenrechten zu Datenzugang — Ein rechtlicher Rahmen für die europäischen Datenwirtschaft. Überblick und erste Bewertung zur Mitteilung der EU—Kommission vom 10.1.2017", *Computer und Rechts* 2017, 87.

Żdanowiecke, "Recht an Daten", Bräutigam/Klindt (hrsg) *Disitalisierte Wirtschaft/ Industrie 4.0*, 2015.

Zech, "A legal framework for a data economy in the European Digital Single Market: rights to use data", 11 *Journal of Intellectual Property Law & Practice* 460 (2016).

ders, "Daten als Wirtschaftsgut — Überlegungen zu einem "Recht des Datenerzeugers"", *Computer und Rechts* 2015, 137.

ders, *Information als Schutzgegenstand*, 2012.

빅데이터 등 새로운 데이터에 대한 지적재산권법 차원의 보호가능성*

박준석(서울대학교 법학전문대학원 교수)

Ⅰ. 빅데이터의 중요성에 따른 보호와 개인정보보호와의 관계

사실 데이터(data), 그 중에서도 전자적 형태의 데이터가 유용한 정보로서 우리 생활에서 중요한 기능을 하게 된 것은 어제 오늘 일이 아니다. 하지만 '데이터가 (21세기의) 새로운 석유다.'라는 근래의 유행어가 상징하는 것처럼 데이터의 중요성이 극도로 강조되고 한층 부각된 것은, 무엇보다 '빅데이터'의 등장 및 활용을 떼어 놓고는 전혀 설명하기 곤란하다.[1]

정보통신 기술의 발달이 시간이 갈수록 더욱 가속화한 결과, 종전의 상식적인 예상을 뛰어 넘어 다양한 종류의 정보가 수집되게 되었고 그렇게 집합[2]된 정보의 규모도 급속하게 커지는 경험을 현재 세계 각국은 겪고 있다. 이런 데이터 집적과 관련하여 근래에 등장한 획기적인 현상이 다름 아니라 '빅데이터(Big Data)'의 집적과 그 이용이다. 빅데이터 기술의 등장에 따라, 예전 기술 환경에서는 감히 분석할 엄두조차 내기 힘들만큼 대용량 수준으로 집적된 정보를 각종 빅데이터 분석툴을 이용해 제대로 분석하는 것이 가능하게 되었고, 그 결과 개별정보 차원에서는 보이지 않더라도 큰 가치가 있는 전체맥락이나 일정 패턴을 정보전체의 분석

---

* 이 글은 한국지식재산학회 간행의 「산업재산권」 제58호에 게재된 동일 제목의 논문 내용을 기초로 삼아 이 책의 성격에 맞추고자 여러 부분에서 변형을 가한 결과물이다.
1) 이하 빅데이터 및 사물인터넷(IoT)에 대한 각 설명 부분은 박준석, "지적재산권법에서 바라본 개인정보 보호", 「정보법학」 제17권 제3호, 한국정보법학회(2013. 12.), 20면 이하 및 박준석, "4차 산업혁명에 대응한 우리 지적재산권법 관련 쟁점들의 통합적 분석", 「정보법학」 제21권 제3호, 한국정보법학회(2017. 12.), 181면 이하의 각 내용을 변형하여 옮긴 것이다.
2) 우리 개인정보보호법은 개인정보가 모인 데이터의 집적물을 '개인정보 집합물'로 지칭하고 있다. '개인정보파일'을 "개인정보를 쉽게 검색할 수 있도록 일정한 규칙에 따라 체계적으로 배열하거나 구성한 개인정보의 집합물(集合物)을 말한다."고 정의한 개인정보보호법 제2조 제4호 참조.

결과로부터 도출할 수 있게 되었다. 가령 서울에서 심야에 이루어진 핸드폰 발신지(그가 현재 위치한 곳)와 착신지(통상적으로, 그가 가야할 집)를 일괄 분석하여 새로운 심야버스 노선 결정에 활용한 우리의 실제 사례가 좋은 예다.[3]

특히 '4차 산업혁명'의 도래와 관련하여 핵심기술로 여겨지는 사물인터넷(IoT, Internet of Things) 기술이 조만간 우리 주변의 거의 모든 물건에 적용되는 시점이 되면 종전까지는 아주 드물었던 빅데이터의 집합이 아주 일상화될 것으로 전망되고 있다. 사물인터넷 환경 하에서 사물인터넷 기술이 적용된 개개 사물들은 당해 네트워크 생태계에서 가장 말단에 위치한 개개 기기라는 점에서는 현재 인터넷 환경 하에서 PC단말기와 흡사하다. 하지만 PC단말기는 이용자가 일일이 입력한 정보만을 네트워크에 송출한다는 측면에서 지극히 수동적이지만, 위 개개 사물들은 다양한 외부자극을 감지하여 이를 디지털정보로 변환해 수록할 수 있는 센서(sensor)가 부착되어 그런 수집정보를 사물인터넷 네트워크에 전달하는 능동적 역할을 수행하는 것이 당연히 상정되어 있다.[4] 시스템반도체(비메모리반도체) 기술이 발전함에 따라 현재 기술만으로 적어도 이론상으로는 우리 주변의 거의 모든 사물에 센서가 부착된 통신기능을 부여할 수 있게 되었다. 이로써 사물인터넷을 통해 과거에는 기록되지 못했던 정보들이 디지털 데이터로 변환·수집될 수 있게 되면서 그러한 디지털 데이터들은 네트워크를 통해 하나의 데이터 집합을 이룰 수 있게 된다. 가령 고령의 환자가 병원 주치의를 방문할 필요 없이 환자의 몸에 장착된 착용형(wearable) 혈압감지기, 심지어 환자가 평소에 사용하는 칫솔이나 컵이 수집한 정보를 통해서도 의사가 해당 환자의 건강상태를 체크할 수 있게 될 것이므로,[5] 모든 사람들의 일상생활 거의 전부가 디지털 정보로서 데이터로 집적될 날도 아주 먼 미래의 일만은 아니게 된 것이다. 결국 이렇게 집합되는 데이터의 내용은 인간이나 사물의 거의 모든 동태가 일일이 채록한 것이어서 결과적으로 아주 방대한 규모의 정보, 즉 빅데이터가 수시로 생성된다. 결국 사물인터넷 기술이 완전히 정착되면 빅데이터의 생성빈도·규모는 폭증할 수밖에 없다.

---

3) 이런 사례들은 시사IN, "빅데이터, 세계를 꿰뚫다" 2013. 8. 9.자, <http://www.sisainlive.com/news/articleView.html?idxno=17271>.

4) 민경식, "사물 인터넷(IoT)의 시장정책동향 분석", 「인터넷 시큐리티 이슈」 2012년 9월호, 한국인터넷진흥원(2012. 9.), 15면.

5) 김윤정·윤혜선, 「인공지능 기술의 활용과 발전을 위한 제도 및 정책이슈」(ISSUE PAPER 2016-07), 과학기술평가원(2016), 15면.

이상 설명과 같이 앞으로 폭증하게 될 '빅데이터'가 과거의 데이터(인터넷 등장 초기의 데이터)와 달리 가지는 특징은 크게 2가지로 볼 수 있다. 첫째, 우리 일상생활의 모든 면에 관한 정보를 담고 있는 것이기에 그 데이터를 잘 분석하기에 따라서는 무궁무진한 가치를 가진 정보를 얻어낼 수 있다. 그리고 둘째, 역시 동전의 양면과도 같이 우리 일상생활에 관한 정보를 담는 과정에서 불가분적으로 우리의 개인정보(personal data, personal information) 관련 내용도 함께 데이터 안에 포함될 수밖에 없다.

우선 빅데이터의 첫 번째 특징과 관련하여, 그런 빅데이터의 장점 때문에 세계 각국은 빅데이터의 가치를 최대한 활용하는 순환적 시스템을 먼저 구축하여 우위를 점하고자 치열한 경쟁을 벌이고 있다. 그 중에서도 유럽연합[6])의 최근 몇 년간의 발 빠른 움직임은 가령 2014년과 2017년에 각각 채택된 '데이터 주도 경제(data‒driven economy)' 혹은 '데이터 경제(data economy)' 관련 제안서(communication)의 제목이 취한 용어 때문에 우리에게도 많이 알려져 있다. 여기서 '데이터 경제'란 서로 다른 유형의 시장 참여자, 가령 생산자, 연구자 및 인프라 제공자 등이 데이터에 대한 접근가능성과 데이터의 유용성을 확보하기 위해 협력하는 생태계를 의미한다. 이것은 가령 교통 조절, 곡물수확 최적화 혹은 원격헬스케어와 같이 일상생활의 편익증진에 큰 잠재력을 가진 다양한 응용을 가능하게 함으로써 시장참여자들로 하여금 데이터의 가치를 향유할 수 있게 해준다.[7])

특히 유럽연합은 그런 움직임 속에서 빅데이터에 대한 적절한 보호의 틀로서, 혹은 데이터에 대한 접근에 장애가 될 만한 잠재적 사유들 중 하나로 '데이터 소유권(data ownership)' 문제를 다양한 각도에서 심도 있게 검토하였다. 한두 곳이 아니라 수많은 기관에 의뢰하여 '데이터 소유권'에 관한 다양한 검토결과를 보고받았던 것이다. 여기서 '데이터 소유권'으로 보호하는 방안의 검토는 일반 민사법에 따른 '물권적인 재산권(property right)'의 부여를 통한 보호방법, 혹은 지적재산권법 중 저작권, 영업비밀 등 여러 유형 중 하나의 권리로 보호하는 방법 등을 망라하고 있다.

여기서 참고로 'property'를 '재산권'으로 번역할 수도 있고, 이미 '데이터 소

---

6) 반면 미국의 경우 정부 주도의 움직임이 전혀 없지는 않지만, 아무래도 시장에 맡기는 경향이 아직은 더 강한 듯하다.

7) 이상은 2017. 1. 10. "유럽연합 데이터 경제 건설에 대한 제안서".

유권' 관련한 유럽연합의 논의에 대하여서도 그런 번역예가 국내에 여럿 존재한다. 하지만 '재산권'으로만 번역할 경우 자칫하면 '재산권' 안에 '채권'까지 포함되고 있다는 사정 상 '배타적 독점권' 혹은 '물권'에 가까운 원어의 뉘앙스를 제대로 살리지 못할 수 있다. 특히 다른 국가라면 모르겠지만 미국 법제에서만큼은 'property (right)'가 우리 민사법체계에서 소유권 등 물권을 뜻한다.[8] 이 글에서 원용하는 원문들 중 설령 유럽학자들의 논의 중 등장하는 'property (right)'도 그런 의미로 쓰이는 경우가 많다. 따라서 여기서는 원어의 뉘앙스를 살린다는 의미에서 번역함에 있어서 편의에 따라 '배타적 독점권'과 같은 표현도 병행할 것이다.

　다음으로 빅데이터의 두 번째 특징과 관련하여, 빅데이터의 정보 중에는 수많은 개인정보 혹은 그것을 익명화하여 가공한 정보가 불가피하게 포함되어 있고 이런 개인정보에 관해 권리자가 이미 존재함이 분명하므로 새로 데이터의 보호를 논의하고 권리를 인정함에 있어서는 불가피하게 개인정보 보호와의 관계를 사전에 분명하게 정리하지 않으면 안 된다. 일단 '생래적(生來的)인 개인정보 보유자(이하에서는 생래적 정보보유자)'[9]가 자신의 개인정보에 관하여 일정한 권리를 가지고 있다는 사실은 세상 그 누구도 다투지 않는 분명한 출발점이다. 다만, 그런 권리의 성격이 우리 법제상 용어로 인격권적 보호인지, 아니면 재산권적 보호까지 포함하는지 여부, 한편으로는 그런 권리가 단지 불법행위로부터의 보호기준(liability rule)에 따른 것인지 물권적 재산권 혹은 배타적 독점권에 의한 보호기준(property rule)에 따른 것인지는 나라마다, 그리고 같은 나라 안에서도 학자들마다 다툼이 있다.

　어쨌든 그런 생래적 정보보유자가 이미 분명하게 가지고 있는 권리와 빅데이터 작성자(집합정보 작성자)에게 인정될 권리와의 상호관계, 빅데이터 속에 포함된 개인정보가 포함된 상황에서 그런 개인정보에 대하여는 이미 생래적 정보보유자

---

8) 이에 관해 더 자세히는, 박준석, "무체재산권·지적소유권·지적재산권·지식재산권 —한국 지재법 총칭(總稱) 변화의 연혁적·실증적 비판—",「서울대학교 법학」제53권 제4호, 서울대학교 법학연구소(2012. 12.), 150－151면.

9) 우리 개인정보보호법은 이를 '정보주체'라고 칭하고 있다(동법 제2조 제3호; "정보주체란 처리되는 정보에 의하여 알아볼 수 있는 사람으로서 그 정보의 주체가 되는 사람을 말한다."). 한편 유럽연합 개인정보 보호지침(DPD)과 새로운 개인정보보호규정(GDPR)에서도 'data subject'라고 칭하고 있다.

가 권리를 가지고 있으므로 차후 논의할 빅데이터 작성자를 위한 권리 부여에서
는 그런 개인정보 부분은 제외하고 논의하는 것이 타당한지, 그렇지 않으면 개인
정보가 아닌 부분은 물론이려니와 개인정보 부분까지 망라하여 빅데이터 작성자
의 권리가 미치는 것으로 구성할지 여부 등에 관해 사전 교통정리가 필요한 상
황이다.

　우선 빅데이터 안에 개인정보가 포함되었는지 확실히 판단하는 것부터가 쉽지
않다. 엄밀히 따지자면, 개인정보 자체가 아니라 그것이 완전히 익명화된 상태라
면 아예 '개인정보' 개념에서 벗어나게 되어 검토 자체가 필요 없을 수도 있겠지
만 그렇게 문제가 단순하지만은 않은 것이다. 일단 개인정보의 개념범위는 '개인
을 식별하게 하거나 적어도 식별가능성을 제공하는 일체의 정보' 정도로 정의할
수 있다.[10] 따라서 전혀 식별가능성이 없는 수준이라면 이론상 '개인정보'가 아니
게 될 것이지만, 가장 중요한 기준인 '식별가능성'이 무엇인지에 관해 현재도 심
각한 논란이 진행 중이어서 결국 현실적으로는 '개인정보'의 범주 자체가 상당히
유동적인 상황이다. 가령 4차 산업혁명의 핵심기술로 일컬어지는 인공지능 기술
의 고도화가 현실화되면, 그런 인공지능은 종전까지 인간으로서는 전혀 특정 개
인을 식별할 수 없었던 단편적인 데이터를 기초로 삼고서도 인공지능이 집적한
다른 데이터와 유기적으로 결합하는 방법을 통해 개인을 식별가능하게 될 것이
라는 상당히 설득력 있는 논의[11]도 있다.

　필자의 사견을 여기서 밝히자면 만일 빅데이터 작성자를 위한 권리를 새로 부
여한다고 전제한다면 그런 권리는 빅데이터 속에 포함된 개인정보 부분까지 망
라하여 미치는 것으로 구성하여야 타당하다고 본다.[12] 혹자는 그럴 경우 생래적
정보보유자가 이미 가지고 있는 권리와의 충돌을 우려할지도 모르지만, 이렇게
외형상 동일한 객체에 대해 서로 다른 주체가 가진 서로 다른 권리가 경합하거
나 중첩하는 것이 법률 세계에서 드문 일은 아니다. 가장 유사한 상황으로는 지

---

10) 가령 'OECD 개인정보 가이드라인' Part 1 혹은 우리 개인정보보호법 제2조 제1호 등.
11) 이런 논의에 관해 더 자세히는 차상육, "4차 산업혁명 시대에 있어 개인정보보호 관련 몇 가지 쟁
　　점에 관한 고찰", 「IT와법연구」 제15집, 경북대 IT와법연구소(2017. 8.), 127－128면.
12) 이 부분 이하 사견은 박준석, "지적재산권법에서 바라본 개인정보 보호", 31－32면 내용을 옮긴
　　것임. 나아가 사견과 엇비슷한 입장으로는, Jeffrey Ritter & Anna Mayer, "Regulating Data as
　　Property: A New Construct for Moving Forward", 16 *Duke Law & Technology Review* 220 (March 6,
　　2018), p. 272.

적재산권법 세계에서 타인이 이미 저작권을 가지고 있는 '저작물'들을 나중에 집합하여 '데이터베이스'를 작성한 자에게 앞서 저작권과는 별개로 그 데이터베이스 전체에 관한 권리보호를 부여하는 상황을 꼽을 수 있다. 우리 법은 일정한 요건 하에 그런 작성자에게 데이터베이스에 대한 권리를 부여하면서도, 그런 집합행위도 최초 창작자인 저작권자로부터 허락을 받지 아니하면 저작권침해가 되는 것으로 규율하여 데이터베이스제작자의 권리가 저작권에 일단 복종하도록 함으로써 양자의 권리를 조정하고 있는 것이다.[13] 이런 사견과는 반대로, 지금까지 유럽연합에서의 논의[14], 그리고 일본의 2018년 개정 부정경쟁방지법에서 빅데이터를 새로 보호하려는 규정 등에서는 빅데이터 중 개인정보 관련 부분은 일단 제외한 채 나머지 부분을 대상으로 삼아 소유권 등 새로운 권리보호의 필요성을 검토하는 태도를 보이고 있다. 필자는 당연히 이런 태도가 궁극적으로 올바른 접근법은 아니라고 판단하지만, 어느 쪽 견해가 타당하지가 밝혀지는 것은 한참 미래일 것이다. 빅데이터 작성자를 위한 새로운 권리 부여가 필요한지에 관해서조차 각국의 논의가 막 태동하고 있는 단계이므로 그런 논의 끝에 새로운 권리보호가 필요하다고 판단된 뒤라야 앞서 언급하듯이 이미 존재하는 개인정보 보호와의 관계 정리가 분명하게 이루어질 수 있기 때문이다.

덧붙여, 이 글의 분석대상인 데이터가 빅데이터를 염두에 두고 있지만, 이 글 제목에서처럼 꼭 그것에 한정하지 않고 '새로운 데이터'라는 조금 넓은 표현을 채용한 이유는 빅데이터가 아니라도 개인정보가 포함된 데이터를 기업 등이 비즈니스에서 굉장히 중요하게 활용하는 사례들은 이미 한참 전에 현실화되어 있고 그런 사례에 등장하는 데이터에 대한 법적 보호논의에서도 이 글의 분석내용이 일정부분 그대로 적용될 수 있기 때문이다. 가령 인터넷검색엔진 사업자들이 수집하는 인터넷이용자들의 웹서핑 행태정보가 좋은 예[15]이다. 특정 인터넷 이용자의 검색이력 등 온라인 행동양태를 미리 프로파일링(profiling)하여 그 자의

---

13) 저작권법 제2조 제20호 및 제17호, 제93조 제3항 참조.

14) 가령 Wolfgang Kerber, "A New (Intellectual) Property Right for Non−Personal Data? −An Economic Analysis−", *Gewerblicher Rechtsschutz und Urheberrecht, Internationaler Teil* (September 2016), pp. 989−999 및 Hugenholtz, P. B., "Data Property: Unwelcome Guest in the House of IP", *Paper presented at Trading Data in the Digital Economy: Legal Concepts and Tools* (2017) 등.

15) 이런 검색광고의 양상과 개인정보 보호의 관계에 관해 자세히는 양지연, "온라인 맞춤형 광고: 개인정보보호와 정보이용의 균형점을 찾아서, 미국 FTC와 EU의 가이드라인에 비추어", 「Law & Technology」 제5권 제2호 (서울대 기술과법센터, 2009. 3.), 5면 이하.

특정어 검색이나 웹에서의 여타 행동에 대응하여 그때그때 개별맞춤형 광고를 제시하는 경우에 개인정보가 쓰인다. 쉬운 예로, 강남에 거주하는 30대 주부가 '현대'라고 검색할 때는 현대백화점 등의 광고를 제시하지만 울산에 거주하는 40대 남성이 동일한 검색어를 입력할 때는 현대자동차의 광고를 제시하는 것과 같다. 바꾸어 말하면, 빅데이터를 핵심으로 필자가 '새로운 데이터'로 거론하는 것들의 공통적 특징은 무차별적 혹은 기계적으로 수집되는 결과로 그 수집대상인 행위에 관계된 사람들의 개인정보가 필연적으로 포함되어 있다는 점이라고 할 수 있다.

Ⅱ. 이른바 '데이터 소유권'의 인정을 둘러싼 논란과 전망

1. 유럽연합의 동향

유럽연합은 빅데이터를 위시한 다양한 데이터의 잠재적 가치를 최대로 활용하고 아울러 유럽연합 역내에서 데이터 활용에 대한 일체의 장벽을 허물기 위하여 최근 몇 년 동안 상당히 전향적인 정책방향 설정과 입법적 논의를 진행하여 왔다. '데이터 경제(data economy)'라는 용어로 함축될 수 있는 이런 움직임은 의료, 식품안전, 기후변화, 에너지자원 효율, 인공지능 교통시스템 및 스마트시티에 이르기까지 다방면에 걸쳐 진행되고 있는 것이다. 이렇게 빅데이터 등 데이터를 적극적으로 활용하는 방안 중 하나로 진지하게 검토된 것이 이른바 '데이터 소유권(data ownership)'의 인정여부 검토라 할 수 있다. 여기서 소유권(ownership)은 그 논의의 맥락상으로 물권적 재산권(property right)을 뜻하고 있고 구체적인 논의에서도 실제로 그렇게 표현하기도 하므로 이하 설명에서는 양자를 엄밀히 구별하기보다 편의상 혼용하고자 한다.

먼저 빅데이터의 잠재적 가치를 최대한 활용하기 위한 유럽연합의 탐색 및 제도정비 움직임을 최근 몇 년간의 동향만 크게 요약하자면, 다음과 같다. 가장 먼저 2013. 10. 유럽연합의회는 빅데이터 및 클라우드 컴퓨팅의 유럽단일시장 구현을 위한 적절한 기초작업을 유럽연합이 실행할 것을 결의하였다. 이런 결의에 부응하여 유럽연합이사회는 2014. 7. 2. "데이터 주도 경제에 대한 제안서(Communication on data-driven economy)"를, 2017. 1. 10. "유럽연합 데이터 경제 건설에 대한 제안서(Communication on 'Building a European data economy')"를,

2018. 4. 25. "유럽연합 역내 보편적 데이터 공간을 위한 제안서(Communication 'Towards a common European data space')"를 차례대로 채택하였다. 한편 최근 몇 년 동안 여러 관련 단체들로부터 '데이터 (주도) 경제'에 관한 다양한 의견을 청취하였다. 그런 의견 청취에서 주요 관심사 중 하나는 데이터에 대한 소유권 인정 가능성이었다. 그런 청취에서 확인된 지배적 의견의 방향은, 데이터 소유권의 인정이 가져올 긍정적 효과보다 그것의 부정적 효과가 더 크리라는 취지였다. 가령 유럽연합 내부의 전문가그룹이 2017년 1월경 작성한 보고서16)에서는 첫째 데이터가 경제활동의 의도된 목적물이 아니라 부산물에 불과하기 때문에 굳이 추가적으로 소유권보호와 같은 유인책을 새로 부여할 필요가 없다는 점, 둘째 널리 유포되기도 하는 저작물과는 다르게 데이터의 경우 그런 유포의 예가 드물고 직접 거래되는 상황도 존재하지 않으므로 굳이 권리를 부여해 앞서 유포나 거래에 대비할 필요가 적다는 점, 셋째 데이터의 가치는 즉각적이고 실시간의 활용가능성에 있기 때문에 장기간 권리로 보호하는 것은 실익이 적다는 점 등이 근거로 제시되었다.

나아가 유럽연합이사회가 2017년 9월경 여러 단체들로부터 의견을 수렴한 결과를 정리하기 위해 작성한 종합보고서17)의 내용에 따르면, 유럽연합이사회는 데이터 소유권을 인정하는 것보다 데이터에 대한 접근을 최대한 확보하는 것이 더욱 중요하다는 점을 그런 의견수렴으로 확인하였다면서 향후 그런 접근 확보의 방향으로 나아갈 것임을 암시하고 있다.

유럽연합이사회의 위 종합보고서에서 가장 유력하게 참고한 듯한 의견18)에서도 데이터 소유권의 도입에 관해 다음과 같은 세부적 근거를 내세우면서 부정적 견해를 피력하고 있다. 물권적 재산권(property right)을 부여하면 그 데이터 생산자가 관련 소비자(data generator19))와 이윤을 나누는 대신 데이터가 낳은 이윤을 독점할 수 있게 되고 아울러 관련 데이터의 거래를 촉진하여 거래시장을 형성시

---

16) Duch-Brown et al., "The economics of ownership, access and trade in digital data", *Joint Research Centre Digital Economy Working Paper* 2017-01 (2017), pp. 13-15.

17) European Commission, 「Synopsis Report Consultation on The 'Building A European Data Economy' Initiative」(7 September 2017).

18) European Political Strategy Centre, 「Enter the Data Economy EU Policies for a Thriving Data Ecosystem」(*EPSC Strategic Notes Issue* 21 (11 January 2017).

19) 여기서는 가령 인터넷 검색엔진 이용자나 신용카드 사용자 등을 데이터 창출자(data generator)라고 지칭하고 있다. 그들 자신의 행위에 의하여 관련 데이터를 창출한다는 의미이다.

킬 수는 있겠지만,[20] 첫째 데이터 생산에 직접 관여하지 않고 나중에 그것을 분석하는 역할을 담당하는 기업들의 동기부여를 낮추는 부작용이 우려된다는 점, 둘째 빅데이터를 작성하는데 그 부분을 이루는 개개 정보들이 반드시 필요하다는 사실과 반대로 그 개개 정보 하나하나의 가치는 극히 미미하다는 사실 때문에 결국 여러 참여자가 관여하여 최종적으로 빅데이터가 작성되는 일련의 과정(chain)에서 데이터 소유권을 누구에게 귀속시킬지 애매해질 수 있다는 점, 셋째 데이터에 소유권과 같은 권리가 부여되면 데이터가 자유롭게 거래되는 데 있어 새로 거래비용이 부가되어 데이터 거래에 지장을 초래할 것이라는 점이 그것이다. 결론적으로 위 의견에서는 소유권의 부여보다는 데이터에 대한 접근가능성을 높이는 방향으로 향후 검토가 이루어질 것을 제안하고 있다.

한편 유럽연합의 다수학자나 실무가들은 빅데이터 등 데이터를 새로 물권적 독점권으로 보호하는데 반대하는 입장을 취하고 있다.[21] 반대의 근거는 실로 다양하지만, 중요한 것들을 꼽아보자면 자유로운 데이터 흐름을 방해하리라는 점, 엇비슷하게 독점권 때문에 경쟁이 저하되리라는 점,[22] 부여될 독점권의 대상이 사실은 불명확하다는 점 등이 있다. 반면 아직 소수설이지만, 데이터에 대해 물권적 재산권을 부여하자고 정면으로 주장하는 견해도 존재한다. 가령 2012년경 독일의 학자가 그런 취지의 주장[23]을 제기하였는데, 여러 가지 논거 중에서도 이 글이 주목할 만한 부분은 기존 지적재산권 법제에서 정보를 물권적 독점권으로 보호하는 것처럼 데이터도 마찬가지의 보호를 시도할 수 있다는 설명부분[24]이다. 영국에서도 마찬가지의 긍정적 주장[25]을 찾아볼 수 있다.

20) European Political Strategy Centre, op cit., pp. 10−11.
21) 가령 Wolfgang Kerber, op cit.; Hugenholtz, P. B., op cit., 그리고 Max Planck Institute for Innovation & Competition, "Data Ownership and Access to Data − Position Statement of the Max Planck Institute for Innovation and Competition of 16 August 2016 on the Current European Debate", *Research Paper* No. 16−10 등 다수.
22) 가령 Hugenholtz, P. B., op cit., pp. 14−15.
23) Herbert Zech, Information als Schutzgegenstand (Tübingen: Mohr Siebeck, 2012){이는 Anette Gärtner & Kate Brimsted, "Let's Talk about Data Ownership", 39 *European Intellectual Property Review*, Issue 8 (2017), p. 461면에서 재인용}.
24) Herbert Zech, "Information as Property", 6 *JIPITEC(Journal of Intellectual Property, Information Technology and Electronic Commerce Law)* 192 (2015), p. 192 참조.
25) Jeffrey Ritter & Anna Mayer, op cit., p. 220.

2. 미국의 동향

'데이터 소유권'이란 개념을 중심으로 활발한 논의가 이루어지고 있는 유럽연합과 대조적으로 미국에서는 대응 논의가 아직 본격적으로 이루어지지 않고 있다. 더 정확히 말하자면, 정보통신기술의 등장에 따라 등장한 정보 일반에 관해 마치 동산(動産) 소유권에 흡사한 배타적 지배권을 긍정하는 것을 원칙적 모습으로 전제하고 '정보 물권(Information Property)'이라는 통합적 시각으로 파악하는 긍정적 견해[26]와 그런 견해를 뒷받침하는 하급심 판례[27]가 제시되었었고 반대로 물권적 재산권으로 정보를 보호하는 것을 거부하는 부정적 견해이자 더 유력한 입장[28]이 제법 오래전에 등장하기는 하였다.

하지만, 이것들은 어느 것이나 빅데이터와 같은 새로운 데이터를 염두에 둔 논의라고 하기 어렵다. 뿐만 아니라 위와 같이 긍정적 견해는 2018년 현재까지도 (개인정보가 아닌) 정보 일반에 관해 물권적 재산권을 인정하자는 주장으로는 미국에서 거의 유일한 주장에 해당하고,[29] 위 하급심 판례 역시 동산 물권에 관한 법리를 인터넷 정보에 잘못 적용하였다는 지배적인 비판을 받고 있는 상황이므로 진지한 고려의 대상이 되기 어렵다.[30] 반대 입장인 부정적 견해가 오늘날까지 여전히 유력한 것으로 여겨진다. 설령 그렇지 않더라도 위 견해와 판례는 정보 일반을 마치 동산처럼 배타적 지배의 대상으로 파악하는 것을 기본으로 삼고 있다는 점에서, 비경쟁성을 가진 정보에 관해서는 자유로운 유통을 가장 기본적인 모습으로 삼되 정책적 필요에 따라 예외적으로만 배타적 독점의 대상으로 삼아야 한다는 사리에 비추어도 부당하다. 이런 예외적인 독점의 모습이 보여지는 것이 기존 법제 중에서는 지적재산권법이며, 향후 가능한 법제로는 빅데이터 등이 잠재적 대상으로 거론되고 있는 것이다.

---

26) Jacqueline Lipton, "Mixed Metaphors in Cyberspace: Property in Information and Information Systems", 35 *Loyola University Chicago Law Journal* 235 (Fall 2003).

27) eBay, Inc. v Bidder's Edge, Inc., 100 F. Supp. 2d 1058이 바로 그것이다.

28) Mark A. Lemley & Philip J. Weiser, "Should Property or Liability Rules govern Information?", 85 *Texas Law Review* 783 (March, 2007).

29) 이런 사실은 Jeffrey Ritter & Anna Mayer, op cit., p. 252 등 참조.

30) UCITA의 관련 내용이 다름 아니라 정보를 물권적 재산권의 대상으로 규율한 것이었다는 설명 (Jeffrey Ritter, Anna Mayer, op cit., p. 253)도 찾아볼 수 있는데, 설령 그런 설명이 사실이더라도 이것이 모델법에 불과하였다는 사정상 역시 진지한 고려의 대상이 되기는 어려울 것이다.

한편 정보 일반이 아니라 개인정보 보호에 국한해서 살펴보자면 그런 보호를 물권적 재산권으로 구성할 지에 관해 비교적 활발하게 논의가 이루어지고 있는 양상이다. 참고로 한국에서는 주지하다시피 인격권의 법리에 따라 이미 재산권에서의 물권에 일면 흡사한 지위를 개인정보의 생래적 보유자가 누리고 있다. 하지만 미국에서는 개인정보에 관해 실무에서 주된 보호방법이 계약이나 불법행위법리에 의하고 있는 까닭에 사정이 전혀 다르다. 그런 상황 하에서 강한 보호를 도입해보자는 견지에서 '생래적 정보보유자'의 권리를 물권적인 재산권(property right)으로 구성하여 강하게 보호하자는 소수설적 제안[31])이 있지만 미국의 지배적 입장[32])은 이것에 분명히 반대하고 있는 모습이다. 하지만 이런 논의는 엄밀히 이 글의 내용에 직접적 관련성을 갖거나 도움이 되지는 않는다. 왜냐하면 이 글 Ⅰ.에서 설명한 것처럼 이 글의 주요관심은 개인정보의 생래적 보유자는 그것이 불법행위적 보호이든, 물권적 재산권과 흡사한 보호이든지 간에 자신의 개인정보 이용에 관해 분명하게 법적 보호를 받는다는 사실을 이미 전제한 다음 그런 보호와 별개로 개인정보를 망라한 빅데이터의 작성자에게 주어질 보호 문제를 검토하는 것이기 때문이다.

3. 향후 전망과 필자의 평가

'데이터 소유권' 논의, 더 정확하게는 빅데이터 등 새로운 형태의 데이터 등장을 계기로 그런 데이터의 작성자에게 물권적 재산권 혹은 배타적 독점권 차원의 보호를 부여할 지에 관한 논의가 그동안 유럽연합과 미국에서 진행되어 온 현황을 기준으로 하면, 그런 권리가 조만간 도입될 가능성은 지극히 낮다고 할 수 있다. 적어도 현재 시점에서는, 대체적 흐름이 부정적이다. 그런 권리가 도입됨으로써 생길지도 모를 부정적 영향에 대한 우려가 그런 권리가 가져올 데이터 창출 효과보다 훨씬 크다고 여겨지는 상황이다. 이와 관련하여 사견을 크게 2가지 견지에서 밝히자면 다음과 같다.

첫째, '데이터 소유권'을 논의함에 있어 그 중 '소유권'이란 문구가 염두에 둔

---

31) 이런 주장으로는 Vera Bergelson, "It's Personal but Is It Mine? Toward Property Rights in Personal Information", 37 *U.C. Davis Law Review* 379 (December, 2003), p. 383; Jamie Lund, "Property Rights to Information", 10 *Northwestern Journal of Technology & Intellectual Property* 1 (September, 2011), p. 18 등.
32) 이런 예로는 Richard A. Posner, "The Right of Privacy", 12 *Georgia Law Review* 393 (Spring 1972), pp. 397－401; Mark A Lemley, "Private Property", 52 *Stanford Law Review* 1545 (May 2000) 등 다수.

기존 법제도는 민법의 소유권이 아니라 차라리 지적재산권과 흡사한 것을 가리킨다고 보아야 더 정확할 것이라는 점이다. 유럽연합과 미국에서의 관련 논의를 자세히 살펴보면 일부 논의는 그들 법제에서 가장 전형적인 물권 제도, 즉 민사법 상의 소유권 제도를 직접적인 비교나 고려의 대상으로 빅데이터에도 그런 소유권과 흡사한 독점권을 새로 인정하는 것이 타당한지 여부를 검토하는 식으로 전개되고 있다. 그런데 이런 식으로 비교하는 과정에서 자칫하면 큰 실수를 범할 수 있다. 다름 아니라 처음부터 민법상의 소유권으로 보호되는 대상과 새로 보호하려는 대상인 빅데이터는 본질적인 차이가 명백함에도 그런 차이를 간과한 채 단지 빅데이터가 민법상의 소유권이 포섭하는 (새로운) 대상이 될지 여부를 검토하는 실수이다. 그런데 빅데이터의 기본적 성질은 유형물이 아니라 무형(無形, intangible)이라는 사실과 다른 사람의 이용행위가 더 추가되더라도 처음 존재한 특정인의 이용에 원칙적으로 부정적 영향을 끼치지 않는 비경쟁성(non-rivalrousness)을 가진다. 이렇게 민법이 소유권을 부여하는 대상과는 출발점부터 전혀 다른 대상인 빅데이터에 관해 만일 민법상 소유권 부여 여부를 직접 검토하는 것으로 (잘못) 생각하게 되면 그런 검토의 결과는 거의 언제나 '민법상 소유권의 적절한 대상이 아니다.'라는 식의 부정적 답변에 이르게 될 수밖에 없다.

　　이런 실수를 향후 한국에서의 관련 논의가 본격적으로 진행됨에 있어서도 범하지 말아야 한다. 바꾸어 말하자면, 데이터 소유권의 논의는, 엄밀히 민법상 '소유권'의 대상으로 빅데이터를 새로 포함할 수 있는지의 논의가 아니다. '데이터 소유권' 논의에서 '소유권'이란 문구는 우리 민법이 획정하고 분명하게 정의한 그것을 가리키는 것이라기보다 오히려 우리 법체계 전반에서 여러 법률 분야마다 조금씩 다른 모습으로 인정되고 있는 일련의 '배타적 독점권'을 총칭하는 표현에 가깝다. 따라서 '(우리) 민법은 소유권을 비롯한 물권의 대상을 유체물(동산, 부동산) 및 전기 기타 관리할 수 있는 자연력으로 제한하고 있으므로 그런 정의개념에 빅데이터는 소유권의 대상 안에 속하기 어렵다.'는 식의 주장[33]은 위 논의에 대해 제대로 대응하는 것이라고 보기 어렵다. 이런 주장은 고작해야 만일 데이터에 관해 배타적 권리를 부여하기로 사회적 합의가 이루어지고 그런 권리부여의 구체적 입법을 민법 테두리 안에서 수행하기로 한 상황이라야 의미를 가질 수

---

33) 가령 한국데이터진흥원, "데이터 인프라 관련 정책이슈와 해외 입법사례", 「Data Issue Report 2017-03」 제107호(2017. 4.), 6면 참조.

있을 뿐이다.

　혹자는 적어도 민법이 상정한 소유권이 우리 법 전체에서 다양한 형태로 주어
지는 배타적 독점권의 가장 전형(典型)에 해당하므로 그런 '소유권'의 모습과 비
교하는 것에 별다른 흠이 없다고 반박할지 모르겠으나, 민법상 소유권이 원칙적
모습일 수는 있어도 빅데이터의 성질에 더 근접한 대상을 배타적 독점권으로 보
호하는 확실한 법제로 지적재산권 법제가 이미 존재하는 이상 타당한 반박이 되
기 어렵다. 유럽연합에서 앞서 언급한 대로 2014년경 '데이터 주도 경제'를, 2017
년경 '데이터 경제'를 각각 제안한 뒤에 이루어진 여러 노력들 중 필자 입장에서
가장 긍정적으로 평가하는 점은, 빅데이터에 대한 법적 보호를 검토함에 있어 단
지 과거처럼 민사법의 전형적인 소유권을 염두에 둔 고찰에 그치지 않고 더 나
아가 지적재산권 법제의 도움을 받는데 착안하여 기존 지적재산권 법제를 염두
에 둔 검토를 이제 유럽연합 차원에서 적극적으로 수행하고 있다는 사실이다.[34]
물론 빅데이터와 지적재산권의 보호대상이 무형적·비경쟁적이라는 공통적 성격
을 가지고 있더라도 여전히 양자 사이에 미묘한 차이가 있기 때문에 지적재산권
제도가 빅데이터의 보호법제로 직접 적용되기 어려움은 물론 지적재산권 법리를
참고하되 변형된 형태의 새로운 법적 보호가 빅데이터를 위해 장래에 구현하는
데도 최적의 모델을 찾기 위하여 앞으로 연구할 영역이 많다. 하지만 적어도 유
럽연합의 이런 움직임은 민법의 소유권을 참고하여 빅데이터의 법적 보호를 검
토하는 상황보다는 진일보한 것이라고 필자는 평가하고 싶다. 참고로 미국의 경
우 앞서 보았듯이 개인정보의 생래적 보유자(우리 법상으로 '개인정보주체')에게 물
권적 재산권 보호를 새로 부여하느냐 여부를 둘러싼 다툼에서는 그런 물권적 보
호의 모델로 지적재산권법을 곧잘 거론하였었지만,[35] 정작 개인정보가 아닌 데
이터의 물권적 보호에 관해서는 아예 논의 자체가 희소하였기 때문에 그 보호모
델로 지적재산권법이 동원되느냐는 아직 뚜렷한 논의가 이루어지지 못한 상황이
었다. 이런 상황이었으므로 유럽연합에서 비교적 최근에 들어서지만 장차 데이
터 보호의 법제를 궁리함에 있어 각국이 이미 뿌리내린 지적재산권 법제가 좋은
모델이 될 수 있고 그런 방향의 연구검토가 필요함을 모범적으로 보여주었다는

---

34) 이런 예로 꼽을 수 있는 것이, Max Planck Institute for Innovation & Competition, op cit. 및
　　Osborne Clarke LLP, "Legal study on Ownership and Access to Data", op cit. 등 다수.
35) 이런 예들로는 Jacqueline Lipton, op cit.; Mark A Lemley, op cit., ; Pamela Samuelson, op cit. 등.

사실은 개인정보를 포함한 빅데이터의 법적 보호에 관해 그런 방향의 연구검토 필요성을 주장36)했었던 필자로서는 무척이나 반가운 일이다. 나아가 그런 견지에서 바로 아래 항목에서는 우리 지적재산권법 기존 제도의 관점에서 빅데이터의 보호가능성을 검토하는 것도 한국에서의 엇비슷한 궁리로 의의를 더할 수 있을 것이다. 즉 지적재산권법 조문을 그대로 빅데이터에 적용할 수 있는지 살펴보고 그렇지 않더라도 향후 빅데이터에 대한 새로운 입법을 수립함에 있어 민법보다는 지적재산권 법제를 더 유력한 참고로 삼아 응용한 법리를 정립할 수 있는지를 검토하는 것이다.

둘째, 그렇게 빅데이터 등에 관해 새로운 법적 보호를 논의함에 있어 지적재산권법제를 참고한다고 할 때라면, 당장은 아니라도 아주 장기적으로는 빅데이터의 중요성이 강조되는 만큼이나 그런 무형적이고 비경쟁적 정보의 작성을 장려한다는 정책적 목적 아래 각국에서 특별법 등을 통하여 빅데이터에 대한 다양한 보호법제가 등장할 것이고 그런 법제에 의해 부여되는 보호는 적어도 지적재산권법의 법리와 일정부분 공통점을 가지게 될 것이라고 예상할 수 있다. 즉 가령 특허권이나 저작권처럼 민법상 소유권에 버금가는 물권적 독점권으로 보호될 수도 있겠지만, 아래 설명하는 부정경쟁방지법 상의 보호처럼 독점권이 아니라 단지 소극적인 보호의 지위를 인정받는데 그칠 수도 있는 것이다.37) 다만 실현가능성이 높기로는 현재 저항감이 높은 물권적 독점권 방식이 아니라 부정경쟁방지법에서와 같은 소극적인 보호가 더 유력하다고 본다.38) 참고로 비록 영업비밀 보호법제의 기계적인 응용에 가까운 모습이어서 아쉬움은 있으나, 실제로 2018년에 이르러 일본에서는 이런 사견과 비슷한 맥락에서 자국의 부정경쟁방지법 안에 소정 요건 하에 빅데이터를 보호하는 입법을 입법하였음은 아래에서 다시 설명할 것이다.

어쨌든 이렇게 긍정적인 견해를 취하는 필자의 예상과 현재 유럽연합에서의 부정적인 기류는 정면으로 충돌하는 셈이다. 유럽연합에서 실로 다양한 논자들에 의하여 제기되고 있는 부정적 견해의 구체적 근거들을 일일이 논박하기는 지

---

36) 박준석, "지적재산권법에서 바라본 개인정보 보호", 12면.
37) 극단적으로는, 지적재산권법이 부여하는 보호 중에 단지 채권에 불과한 경우도 있다. 가령 특허 출원공개에 따른 보상금지급청구권(우리 특허법 제65조)이나 실연자 등 저작인접권자들에게 부여한 보상청구권(저작권법 제75조 내지 제76조의2, 제82조 내지 제83조의2 등).
38) 이런 견해는, 박준석, "지적재산권법에서 바라본 개인정보 보호", 30−31면.

면제약 때문에 어렵다. 하지만 가장 대표적 논거로 꼽을 수 있는 것은 데이터에 관해 배타적 권리가 인정되는 경우 거래비용 등으로 데이터의 자유로운 유통에 장애가 생긴다는 점이다. 그러나 기존 지적재산권 보호에 있어서도 엇비슷한 반발이 항상 존재하여 왔음을 우리는 잘 알고 있다. 가령 창작물이 저작권으로 보호되는 경우 그런 창작물을 자유롭게 전파하고 타인이 향유하는데 장애가 생긴다는 주장과 같다. 여기서 필자가 강조하고 싶은 것은, 그런 비판은 언제나 의례 있었으므로 자유로운 유통을 보장할 필요성을 무시해도 좋다는 취지가 아니라, 그런 비판이 항상 있었음에 불구하고 그동안 굳건하게 저작권 보호제도가 유지되어 온 사실 자체가 위 비판과는 정반대 측면에서 접근할 필요성(바꾸어 말하자면, 배타적 독점권 부여를 통한 저작물 창작에의 유인 제공과 같은 필요성)이 더 강하게 인정되어 왔음을 반증하고 있다는 점이다. 결국 저작권의 보호대상인 창작적 표현과 마찬가지로 무형적·비경쟁적 성질을 공유하는 빅데이터의 보호에 관해서도 데이터의 자유로운 유통을 보장할 필요성은 그것만으로 곧장 빅데이터에 대한 권리부여가 필요없다는 논거가 되기 어렵다. 슬기로운 접근방식은 저작권에서와 마찬가지로 빅데이터의 자유로운 유통을 보장할 필요성 대(對) 권리보호를 수단으로 삼아 빅데이터 집적(정보집합)을 적극적으로 장려할 필요성 사이에서 균형을 맞추는 것일 수밖에 없다. 이런 균형을 맞추는 방법으로 필자는 일단 빅데이터를 작성한 자에게 지적재산권에 흡사한 권리를 부여하는 대신 다른 경쟁자나 일반공중을 위해서는 저작권의 '공정이용' 제도와 엇비슷하게 일정 조건 하에서 빅데이터 작성자에게 부여될 권리에 불구하고 허락없이 이용할 수 있는 지위를 부여하는 방법이라고 생각한다.[39]

Ⅲ. 대안적 보호방법으로서의 지적재산권 법제

1. 서

　앞 항목에서 설명한 대로 만일 기존 민법상의 소유권 제도만을 염두에 두고 빅데이터의 보호여부를 검토하게 되면 아무래도 그 성질이 판이한 빅데이터를 기존 소유권의 보호대상처럼 보호하여야 한다는 적극적 결론을 내리기는 지극히

---

39) 박준석, "지적재산권법에서 바라본 개인정보 보호", 22면.

어렵다. 빅데이터와 성질이 비슷한 정보를 이미 확실히 보호하고 있는 기존의 법제가 다름 아니라 지적재산권 법제이므로 지적재산권의 관점에서 빅데이터를 보호할 수 있는지를 검토하는 것은 좋은 시각전환이 될 것이라고 생각한다. 유럽연합의 논의에서도 이런 시각에서 데이터 보호여부를 검토하고 있는 예[40]를 찾아볼 수 있다.

그렇게 시각을 전환한 다음, 우리가 생각해보아야 할 부분은 빅데이터의 보호에 있어 기존 지적재산권법의 조문을 그대로 적용하는 것만으로도 또 하나의 지적재산 산물로 보호될 수 있는지, 그렇지 않고 지적재산권 법제를 참조하여 새로운 법제를 수립하여야 하는지에 관한 것이다. 일단 빅데이터의 보호에 있어 기존 지적재산권법의 조문을 그대로 적용하는 방식의 경우 빅데이터의 성격은 지적재산권이 보호하는 대표적인 정보들의 성격(가령 특허발명의 진보성, 저작물의 창작성 등)을 갖추기 어렵다는 한계가 있다. 이런 한계를 바로 아래 항목마다 확인하게 될 것이다.

가령 흔히 지적재산권법 개론서에서 가장 먼저 설명하는 지적재산권이면서 아울러 역사적으로도 저작권과 더불어 가장 오랜 연혁을 가진 특허법을 그대로 적용하는 방식으로 빅데이터를 보호할 수 있는지에 관해 살펴보자. 빅데이터의 개념 자체가 기존의 소프트웨어 툴로는 관리하거나 분석하는 것이 불가능할 정도로 거대한 규모의 데이터 집합물을 뜻하므로 그런 빅데이터의 내용을 파악하는 데 유용한 혁신적 분석기법[41]이라면 일정 조건 하에 '특허발명'으로 보호될 여지가 있겠지만 빅데이터 그 자체는 어디까지나 사실 혹은 아이디어의 집합물에 불과할 것이어서 설령 혁신적일지라도 특허법의 보호대상인 '발명'으로 취급되기 어렵다. 여기서 미국이나 한국이냐를 불문하고 구체적 법리의 표현은 다를지 몰라도 각국 특허법에서 거의 예외 없이 자연법칙(가령 $E=MC2$와 같은 자연의 섭리나 현상)이나 아이디어 자체를 보호하지 않으려는 이유는 첫째 자연법칙이나 아이디어를 특허법이 발명으로 보아 특정인에게 독점권을 부여하게 되면 그 결과로 다른 경쟁자나 일반공중이 또 다른 발명을 향후에 하기 위해 반드시 도구로 삼아야 할 것들에 관해 큰 장애를 만드는 것이라는 점, 둘째 자연법칙이나

---

40) Osborne Clarke LLP, op cit., p. 9 이하; Hugenholtz, P. B., op cit.,p. 6 이하.
41) 빅데이터의 분석을 위해서는 'Big Table', 'Hadoop'과 같은 새로운 분석기술이 동원된다는 설명은, James Manyika et al., op. cit., pp. 31－32.

아이디어는 그것을 처음 착안한 사람이 만든 결과물이라기보다 이미 자연이나 조물주의 섭리하에 선재(先在)하고 있는 것이기 때문에 착안자(혹은 발견자)가 독점하기에 적당하지 않다는 점 등이 고려된 결과이다.[42] 이렇게 '아이디어' 자체는 보호하지 않는다는 특허법제의 대원칙에 비추어 특허법제의 적용확장에 의한 빅데이터 보호는 아주 곤란함을 지적재산권 전문가라면 누구나 쉽게 파악할 수 있다.

그런 배경 때문에 국내외에서 지적재산권 법제의 적용에 의해 빅데이터 보호가능성을 개진하는 논의들은 거의 예외 없이[43] 저작권 법제에 의한 보호가능성을 언급하는 데서 시작한다. 그러나 아래 단락에서 설명하듯이 저작권 법제에 의한 보호도 결국 곤란하며, 이런 곤란함은 데이터베이스 보호법제·영업비밀 보호법제 등 다른 지적재산권들에 걸쳐서도 구체적인 사유에 차이가 있을 뿐 결론적으로는 마찬가지로 발견된다.

다만, 지적재산권 법제 중에서도 부정경쟁방지법 중 일반 부정경쟁행위(우리 부정경쟁방지법 제2조 제1호 참조)의 경우 사정이 조금 다르다고 판단된다. 그 보호대상이 실로 다양한 대상들을 망라하고 있고 앞으로도 새로운 대상을 포섭하기가 가장 쉬운 법제라는 점을 고려할 때 조금만 손질하면 (구체적으로 한국의 경우라면, 제2조 제1호에 새로운 '목'을 창설하거나 혹은 기존의 카목을 확장 적용하는 방법) 굳이 별도의 특별입법이 없더라도 최소한 과도기적으로 빅데이터의 보호법제로 작동할 수 있으리라 기대할 여지가 있는 것이다. 이하에서 이런 상황을 하나하나 살펴보고자 한다.

2. 저작권에 의한 보호 곤란성

저작권으로 보호되는 창작성의 본질은 창작 주체에 의한 선택이 반영된 것인가에 달려 있다. 다른 사람과는 다른 창작 주체만의 개성이 발현된 결과가 창작성이라고 보는 것이다. 바꾸어 말하면 만약 다른 사람도 엇비슷한 선택을 할 수밖에 없는 결과물에 관해서는 어지간해서는 '창작성'이 인정되지 않는다. 이런 견

---

42) 이에 관해 더 자세히는, 박준석, "미국 특허법상 발명의 개념 −자연법칙의 이용성을 다룬 최신 판례들이 주는 시사점−", 「산업재산권」 제41호, 한국산업재산권법학회(2013. 8.)를 참조할 것.

43) 드물지만, 특허법제에 의한 빅데이터 보호가능성을 간단히 검토하고 결론적으로 부정한 예도 존재하기는 한다. 가령 Todd Vare & Michael Mattioli, "Big Business, Big Government and Big Legal Questions", 243 *Managing Intellectual Property* 46 (2014), p. 47.

지에서 볼 때 빅데이터의 구성부분을 이루는 개별정보들은 이 글 Ⅰ. 부분에서 설명한 대로 사물인터넷 기기 등에 의하여 무차별적으로[44] 수집된 정보라는 기술적 특징, 그런 무차별적 수집은 누가 하더라도 무조건 최대한 많은 범위의 정보를 집적하는 것이 목표일 뿐 수집 주체의 임의 선택에 따라 어떤 범위 정보는 포기하고 다른 범위는 남기는 등 이른바 저작권법이 중시하는 창작자로서의 선택이 개입할 여지가 거의 존재하지 않는다. 따라서 저작권법이 보호요건으로 요구하는 '창작성'이 빅데이터 전체정보에는 인정되기 어렵다. 이때 다른 경쟁자가 빅데이터에 담긴 정보를 설령 그대로 전부 복제하더라도 그런 행위가 저작권침해행위가 되기 어렵다. 빅데이터 자체가 저작물이 아니기 때문이다. 이와 관련하여 국내외의 견해[45]에서도 거의 예외 없이 빅데이터의 보호방법으로 저작권법은 직접 적용되기 어렵다는 입장이다.

그것과 구별하여 빅데이터를 분석하는 단계에서는 분석자에 의한 선택이 존재함으로써 저작권이 보호하는 창작성이 개입될 여지가 상당히 높아진다. 가령, 분석자가 염두에 둔 조건(연령·성별·재력 등)에 맞추어 특정 상품을 역시 특정한 일시와 장소에서 구입할 가능성이 가장 높은 잠재적 고객 리스트를 추출하는 경우이다. 그렇지만 그런 선택의 결과물을 직접 타인이 복제하는 상황을 맞지 않는한, 분석자의 선택이 있기 전 그 판단자료가 될 빅데이터에 대한 복제행위는 여전히 저작권법이 보호하는 창작물이 되지 못하는 까닭에 결국 빅데이터에 담긴 정보는 여간해서는 저작권법에 따라 보호되지 못한다.

물론 거의 모든 정보가 담길 수 있는 빅데이터의 방대한 규모 때문에 그 일부분의 내용은 특정인의 창작적 표현이 포함되어 있을 수 있고, 그런 부분에 대한 복제 등의 침해행위가 발생하면 그 특정인이 저작권을 내세울 수 있겠지만 이런 상황에서 권리보호를 주장할 수 있는 특정인은 원칙적으로 빅데이터 작성자와는 별개의 사람인 경우가 보통일 것이다.

3. 데이터베이스 보호법리의 적용곤란성

데이터베이스보호에 있어, 유럽연합에서는 데이터베이스보호지침(Database Di-

---

44) 인간의 움직임 등 외부의 자극을 빠짐없이 디지털정보로 채록한 것에 가깝다.
45) Hugenholtz, P. B., op cit., p. 6; Jeffrey Ritter & Anna Mayer, op cit., p. 222; Osborne Clarke LLP, op cit., p. 13 등 다수.

rective)[46]을 제정하여 저작권과 유사한 별도의 배타적 독점권(sui generis right)을 부여하는 방식을 취하고 있다. 반면 미국은 연방대법원의 Feist 판결[47]에서 창작성이 결여된 데이터베이스의 보호에 관해 저작권 법제에 의한 보호를 강하게 거부하였던 영향을 받아 이후 연방차원에서 데이터베이스 보호를 위한 입법은 대체로 부정차용행위(misappropriation)를 금지하는 부정경쟁방지 법리(우리의 부정경쟁방지법에 대응함)에 의거하여 추진되었다.[48] 어쨌든 미국에서는 유럽연합과 대조적으로 저작권법의 적극적 독점권이 아니라 부정경쟁방지법에 의한 소극적 보호로 대응하고 있는 셈이다. 그런데 한국에서는 흥미롭게도 우여곡절 끝에 저작권법 상으로는 별도의 장(章)에서 저작권에 유사한 별도의 배타적 독점권을 부여하여 유럽연합과 같은 입장을 취하면서도, 다른 한편으로는 미국에서 논의되는 대로 부정경쟁방지 법리에 기초한 데이터베이스 보호를 관철한 특별법(구 온라인 디지털콘텐츠산업발전법, 현 콘텐츠산업진흥법)도 아울러 입법한 상황이다. 이런 상황에서 빅데이터 보호의 틀로 외국이나 한국 등에서 거론하는 '데이터베이스 보호법제'는 주로 유럽연합의 방식과 같이 적극적으로 배타적 독점권을 창작성 없는 데이터베이스에 인정하는 보호방식을 염두에 두고 있다.

한국에서도 이미 많은 논객들이 데이터베이스 보호법리를 빅데이터 보호에 적용하거나 응용할 수 있는지에 관해 논의하였다. 그러나 일단 데이터베이스의 보호법제는 아직 제대로 된 판례조차 드물 정도로 거의 활용되지 못하고 있는 한국에서는 물론이려니와 유럽연합에서도 입법목적 달성에 실패하였다고 평가되는 법제임을 고려해야 한다. 10여 년 전 한국 저작권법 개정으로 새로 데이터베이스 제작자의 권리 보호가 시작되었을 때 관련자들의 기대는 그 보호가 상당히 긴요하게 쓰일 것이라는 방향이었지만, 지금까지 관련 판결례가 극소수에 불과할 정도로 위 보호는 실제 현장에 거의 뿌리내리지 못하고 있다. 그 원인은 여러 가지가 있겠지만, 위 저작권법 상의 보호가 기본적으로 데이터베이스의 '상당한 부분' 이상을 복제한 경우에만 미치기 때문에 경쟁자가 침해책임을 회피하기가 비교적 쉽고 아울러 위 '상당한 부분'의 범위 자체가 모호하다는 점이 거론되기도 한다

---

46) "Directive 96/9/EC of The European Parliament And Of The Council of 11 March 1996 on the legal protection of databases".

47) Feist Publications, Inc., v. Rural Telephone Service Co., 499 U.S. 340 (1991).

48) 다만 논란 끝에 최종적으로 입법에 성공한 예는 없다.

(우리 저작권법 제93조 제1항 등 참조). 또한 사견으로는, 데이터베이스제작자라고 하기에는 집합개인정보는 그것을 이루는 개별 정보에 편리하게 접근하는 것이 목적이 아니어서 '소재를 체계적으로 배열 또는 구성한 편집물로서 개별적으로 그 소재에 접근하거나 그 소재를 검색할 수 있도록 한 것'이라는 '데이터베이스' (저작권법 제2조 제19호)의 정의규정을 엄밀히 충족하기 어려울 수 있다고 본다. 또한 빅데이터는 데이터베이스처럼 개별소재의 내용이 아니라 정보전체 분석으로부터 숨겨진 패턴을 발견하는 등의 통찰에 진정한 가치가 있으므로 개별소재들의 '상당한 부분'을 보호하는 방식의 법제로는 보호에 한계가 분명하다.

　　외국에서도 데이터베이스 법제를 통한 빅데이터의 보호에는 부정적 입장을 표하는 견해가 대부분인데, 그런 견해가 추가로 제시한 논거 중에는 빅데이터의 경우 그 관련기술이 고도화되면 더욱 값싼 사물인터넷기기를 통해 별도의 노력 없이 데이터 집적이 이루어질 것이라는 사정을 고려할 때 데이터베이스 보호요건으로써 '상당한 투자' 관련요건이 결여될 수 있음이 거론되기도 한다.[49] 그 요건을 아주 엄격히 본다면 한국 저작권법에서도 데이터베이스제작자로 보호받기 위해서는 그 데이터베이스의 제작 등에 인적 또는 물적으로 상당한 투자를 한 자이어야 하기 때문에 마찬가지의 문제점을 가지고 있는 셈이다(제2조 제20호 참조).

4. 영업비밀에 의한 보호의 한계

　　혹자는 영업비밀 보호법제에 의해 빅데이터의 보호가 이루어질 수 있다고 주장하기도 한다. 무엇보다 이미 현실적으로 구글 등 다국적 기업들이 빅데이터를 보호하는 방식은 이렇게 경쟁자나 일반 공중을 상대로 비밀로 유지하는 방법을 통하고 있으므로 이런 주장이 전혀 근거 없는 것도 아닌 셈이다.

　　그렇지만 이런 식의 주장이나 검토는 왜 빅데이터의 보호가 문제되고 있는지 그 맥락을 외면한 것이다. 이 글을 비롯해 각국에서 빅데이터에 대한 보호가 검토되는 것은 그런 보호를 통하여 빅데이터의 작성이 더욱 활발하게 이루어질 것이라는 기대도 작동하는 것이지만 다른 반대쪽으로는 빅데이터의 공개를 촉진시켜 그 가치를 최대한 확보하는 생태계를 구축하려는 고려도 작동하고 있다. 바꾸어 말하면, '데이터 소유권'을 인정하자는 필요성 중 하나는 해당 데이터를 보유

---

49) Hugenholtz, P. B., op cit., p. 10.

한 기업으로 하여금 스스로 집적한 데이터를 손해의 두려움 없이 경쟁자 앞에 공개할 수 있게 유도하자는 취지도 당연히 담겨 있는 것이다. 그런데 그런 빅데이터를 영업비밀로 보호하자는 식의 논의는, 그렇게 데이터의 공개 및 활용을 장려한다는 견지를 외면하는 것이자[50] 사실은 새로운 보호를 만들지 말고 현재처럼 시장에 그대로 맡기자는 것과 거의 다를 바 없는 주장에 불과하다고 본다.

다만 빅데이터의 보호가 당장 영업비밀 보호법제 중심으로 이루어지는 것은 현실적으로 불가피한 측면이 있고, 반드시 지적재산권 법률 등의 강제에 의해 빅데이터가 외부에 공개되어야 할 필요는 없으며 가령 특정 영역마다 개별 사정에 의거하여 당해 빅데이터의 공개를 조금씩 강제하는 방법[51]도 충분히 유용하다는 견해[52]가 있다.

5. 부정경쟁방지법 중 일반 부정경쟁행위로서의 보호 방법

(1) 빅데이터 보호와 관련하여 부정경쟁방지법이 가진 장점(부정경쟁방지법의 독특한 성격)

장차 빅데이터(정확히는 빅데이터작성자)를 대상으로 어떤 형태로든 권리를 부여하여 보호한다고 전제할 때, 그렇게 부여될 권리를 아예 지적재산권 법제의 일부로 포섭하려는 시도에는 필자가 기본적으로 부정적 입장이지만[53] 만일 부정경쟁방지법의 새로운 보호대상으로 포섭하려는 시도[54]라면 훨씬 가능성이 있는 접근이라고 사료된다. 왜냐하면 우리 부정경쟁방지법은 다른 지적재산권 법제와 비교하여 새로 등장한 대상을 보호범위로 포섭하는 데 있어 가장 신축적인 법제이고, 아울러 물권적 독점권을 부여하는 방법이 빅데이터의 자유로운 유통에 장애가 될 수 있다는 반대 목소리를 상당부분 잠재우면서 실제 입법된 규정을 운영하기에 따라서는 상당한 폭으로 불법행위 규정처럼 운영할 수 있다는 신축성도 있기 때문이다.[55] 일본에서 부정경쟁방지법 테두리 안에서 빅데이터 등을 보

---

50) 같은 취지의 지적으로는 Todd Vare & Michael Mattioli, op cit., p. 46.
51) 가령 미국 연방통신위원회가 스마트폰 관련 업자들에게 관련 빅데이터의 공개를 강제하는 것과 같다.
52) Todd Vare & Michael Mattioli, op cit., p. 48.
53) 이런 사견은, 박준석, "지적재산권법에서 바라본 개인정보 보호", 12면.
54) 이런 시도와 관련해서는 박준석, "지적재산권법에서 바라본 개인정보 보호", 30-31면 참조.
55) 아래 본문에서 설명하는 'property rule(물권적 독점권에 의한 보호기준)' 대 'liability rule(불법행위로부터의 보호기준)'의 대별을 전제할 때 후자의 기준을 상당히 반영할 수 있다는 취지이다.

호하기 위한 규정을 실제로 입법하는 과정에서 불확실한 현실을 고려하여 과도
기적인 입법으로 부정경쟁방지법에 의한 보호수준이 적절하다는 취지의 유력한
분석56)이 있었는데, 필자의 사견과 정확히 일치하는 분석은 아니지만, 적어도 빅
데이터작성자를 위해 기존보다 강한 보호를 부여하기는 하여야 할 터인데 물권
적 독점권을 곧장 부여하는 방법은 함부로 취하기 어렵다고 판단되는 상황에서
부정경쟁방지법 상의 완화된 보호가 적절한 절충책이 될 수 있음을 지적하는 부
분에서는 수긍할 만한 분석이라고 생각한다. 이하에서는 그런 견지에서 우리 부
정경쟁방지법의 대체적인 성격에 관해 짧막하게나마 설명한다.

　　그동안 우리 부정경쟁방지법은 첫 번째 보호대상으로 규정한 상품표지57)를
비롯하여 도메인이름 등을 거쳐 상품형태, 거래상 아이디어, 타인의 성과물 차용
등 실로 다양한 영역으로 그 적용대상을 계속 확장하여 왔고 앞으로도 이런 추
세는 한동안 지속될 것이다. 부정경쟁방지법이 보호하는 대상물들을 잘 살펴보
면 성질이 본질적으로 너무나 상이한 것들을 망라하고 있음을 알 수 있다. 권리
자가 거래상에서 유용하게 활용하고 있는 대상물을 타인의 부정한 경쟁행위로부
터 보호하겠다는 최소한의 기본원리에서만 공통될 뿐, 그런 보호가 발동될 수 있
는 구체적인 모습에서는 전혀 상이하다. 각 대상물에 대하여 과연 어떤 행위가
'부정한 경쟁행위'로 규제되는 지에 관해서는 부정경쟁방지법의 해당 규정들이
저마다 판이하게 규정하고 있기 때문이다. 가령 우리 부정경쟁방지법은 제2조 제
1호 가목을 통해 '상품표지'에 관해서는 혼동을 초래하는 행위를 규제하지만,
2018년 개정법에 따른 새로운 차목을 통해서는 '거래상의 아이디어'에 관해 권리
자에게서 제공받은 아이디어를 함부로 사용하는 행위를 규제하고 있다. 이런 차
이를 가리켜 화자(話者)가 표현하기에 따라서는 '외형적인 형식만 하나의 법률일
뿐, 실질적 내용에 있어서는 각 목(目)마다 전혀 별개의 입법과 마찬가지이다.'고
말하더라도 전혀 지나친 표현이 아닐 정도이다.

　　한편 우리 부정경쟁방지법은 민사법 일반의 개념을 기준으로 어쨌든 '권리'를
부여하기는 하지만,58) 그 권리는 특허권·저작권 등 가장 전형적인 지적재산권

---

56) 일본 부정경쟁방지법 입법과정에서 타무라 요시유키(田村善之) 교수가 피력한 견해이다.
57) 부정경쟁방지법 제2조 제1호 가목 참조.
58) 부정경쟁방지법의 성격이 모호하여 아직 다툼이 심한 결과로, '권리'를 부여한다는 위 본문의 설
　　명에서부터 반대견해가 존재한다. 더 자세히는, 박준석, "무체재산권·지적소유권·지적재산권·지
　　식재산 −한국 지재법 총칭(總稱) 변화의 연혁적·실증적 비판−", 143−148면 참조.

과는 다르게 적극적인 독점권이 아니라 소극적 보호에 불과하다. 여기서 '적극적인 독점권'이란 권리자가 이미 주어진 객관적인 영역 안에서는 타인의 귀책사유가 없더라도 타인을 무조건 배제하고 그 이용을 독점할 수 있는 한편 자유롭게 제3자에게 양도할 수 있는 권리를 가리킨다. 반면, '소극적 보호'란 설령 금지청구권이 인정되더라도 타인의 이용행위가 정당하지 않다고 평가될 만한 일정한 조건[59] 하에서만 행사될 수 있으며 권리의 양도 역시 완전히 불가능하지는 않지만 원칙적으로 곤란함을 의미한다.

부정경쟁방지법이 보호하는 대상들이 점점 확장되어 아주 다양해진 결과로, 동일한 법률 안에서 보호하는 대상임에 불구하고 구체적인 보호대상마다 법적 보호의 성격에 차이가 있다. 가장 크게는 제2조 제1호가 열거한 여러 가지 일반 부정경쟁행위에 대한 보호와 제2조 제2호 영업비밀에 대한 보호의 성격부터 차이가 있다. 'property rule(물권적 독점권에 의한 보호기준)' 대 'liability rule(불법행위로부터의 보호기준)'이란 대별을 전제한다면, 영업비밀에 대한 보호는 전체적으로는 후자의 보호기준에 훨씬 더 가깝다.[60] 심지어는 금지청구권의 발동요건에 있어서도 다른 권리에 기한 금지청구권과는 구별되게 시효(時效)의 제한을 두거나[61] 상대방이 선의인 경우에는 권리행사를 차단하고 있다.[62] 반면 일반 부정경쟁행위에 대한 보호에서는 금지청구권의 발동에 시효의 제한이나 선의자 특례 등이 없다는 점[63] 등 영업비밀과 비교하여서는 상대적으로 전자의 보호기준에 더 가깝다고 볼 수 있겠지만, 여전히 특허권·저작권 등 가장 전형적인 지적재산권과 비교하여서는 그것들과 달리 전자의 보호기준에 잘 부합한다기보다 전자와 후자의 각 보호기준이 일부씩 혼용된 모습을 가지고 있다.

(2) 부정경쟁방지법에 의한 빅데이터 보호 관련한 일본의 실례 등

최근 일본에서는 빅데이터의 보호를 시도하는 입법을 부정경쟁방지법의 개정을 통해 관철하였다. 2018. 5. 30. 개정된 일본 부정경쟁방지법[64]에서 빅데이터

---

59) 여기서의 조건이란, '타인이 시장에서의 경쟁에서 부정하게 편승하는 행위를 한 경우'라고 다소 모호하게 표현할 수밖에 없을 것이다.
60) 그렇지만, 금지청구권이 부여되는 부분만큼은 'property rule'에 더 가까운 모습이다.
61) 영업비밀 침해 등을 안 때로부터 3년간의 시효를 규정한 부정경쟁방지법 제14조 참조.
62) 영업비밀 침해에 있어 선의자를 위한 특례를 정한 부정경쟁방지법 제13조 참조.
63) 일반 부정경쟁행위 모두에 대해 영업비밀 침해에 대한 경우와는 별도로 금지청구권을 규정한 부정경쟁방지법 제4조 참조.
64) 법률 제33호.

등의 보호를 위한 규정(동법 제2조 제11호 내지 제16호[65]))을 새로 도입하였는데, 그 구체적 내용은 데이터{원어는 '한정제공데이터(限定提供データ[66]))'}를 절취 등의 방법으로 침해하는 행위에 대항하여 금지청구권이나 손해배상청구권에 의한 소극적 보호를 부여하고 있다. 일본당국의 입법추진과정에서 주된 보호대상으로 염두에 두어진 것이 '빅데이터'임은 분명하지만, 실제로 입법된 부정경쟁방지법의 문구는 '한정제공데이터'라는 다른 개념을 채용하고 있어 반드시 빅데이터만을 대상으로 삼지는 않고 있다.

이런 보호의 문구적 표현은 언 듯 보기에 기존의 영업비밀 침해의 유형들과 상당히 엇비슷하게 규정하고 있고, '한정제공데이터'의 개념 속에 이미 "타인의 지각에 따라서 인식할 수 없을 것"을 요구하거나 관리성(管理性)[67]을 요구하고 있기 때문에 실제 운영하기에 따라서는 영업비밀의 경우와 별 다를 바 없이 경

---

65) 일본 부정경쟁방지법 제2조 제1항

　　11. 절취, 사기, 강박 기타의 부정한 수단에 의하여 한정제공데이터를 취득하는 행위(이하 「한정제공데이터 부정취득행위」라고 한다.) 또는 한정제공데이터 부정취득행위에 의하여 취득한 한정제공데이터를 사용하거나 개시(開示)하는 행위

　　12. 그 한정제공데이터에 대하여 한정제공데이터 부정취득행위가 개입(介在)된 것을 알고서 한정제공데이터를 취득하거나 그 취득한 한정제공데이터를 사용하거나 개시하는 행위

　　13. 그 취득한 후에 그 한정제공데이터에 대해서 한정제공데이터 부정취득행위가 개입된 점을 알고서 그 취득한 한정제공데이터를 개시하는 행위

　　14. 한정제공데이터를 보유하는 사업자(이하 「한정제공데이터 보유자」라고 한다.)로부터 그 한정제공데이터를 제시받은 경우에, 부정한 이익을 얻을 목적으로 또는 그 한정제공데이터 보유자에게 손해를 가할 목적으로, 그 한정제공데이터를 사용하는 행위(그 한정제공데이터의 관리에 관한 임무에 위반하여 행위한 경우에 한한다.) 또는 개시하는 행위

　　15. 그 한정제공데이터에 대하여 한정제공데이터 부정개시행위(앞의 호에서 규정하는 경우에는 그 호에서 규정하는 목적으로 그 한정제공데이터를 개시하는 행위를 말한다. 이하 동일하다.)인 것 혹은 그 한정제공데이터에 대해서 한정제공데이터 부정개시행위가 개입된 것을 알고서 한정제공데이터를 취득하거나 그 취득한 한정제공데이터를 사용하거나 개시하는 행위

　　16. 그 취득한 후에 그 한정제공데이터에 대하여 한정제공데이터 부정개시행위가 있었던 것 또는 그 한정제공데이터에 대해서 한정제공데이터 부정개시행위가 개입된 것을 알고서 그 취득한 한정제공데이터를 개시하는 행위

66) 한정제공데이터란, "업으로서 특정인에게 제공하는 정보로서 전자적 방법(전자적 방법, 자기적 방법 기타 타인의 지각에 따라서 인식할 수 없는 방법을 말한다. 다음 항에서도 같다)에 의해 상당량 축적되고 관리되는 기술상 또는 영업상의 정보(비밀로 관리되는 것을 제외한다)를 말한다." 이는 같은 법 제2조 제7항.

67) 실제 입법된 문구에서는 제외되어 있지만, 그 입법취지 설명에 따르면, 부정경쟁방지법의 새 규정에 따라 보호되는 데이터에 해당하려면 ① 기술적 관리성, ② 제한된 외부제공성을 구비하여야 하는데 그 중 기술성 관리성의 내용으로 ID나 패스워드 등에 의한 방법으로 관리되는 것을 요구되고 있다. 이런 입법취지 설명은 産業構造審議会 知的財産分科会 不正競争防止小委員会, 「データ利活用促進に向けた検討 中間報告(案)」(平成29年11月), 4頁 참조.

쟁자나 일반공중에게 공개되어 버리면(68) 그 보호적격을 상실케 할 여지도 없지 않아 결국 빅데이터의 외부공개를 저해하는 결과를 낳을 수도 있다고 예상된다. 다만, 어찌되었든 조문에서는 '비밀로 관리되는 데이터'를 새 규정의 적용대상에서 제외함으로써 영업비밀 보호와 최소한의 경계를 짓고자 노력하고 있다.

어쨌든 일본 부정경쟁방지법은 암호 등으로 관리되는 것을 조건으로 삼아 빅데이터에 대한 타인의 절취 등 행위에 관한 금지청구권이나 손해배상청구권에 의한 소극적 보호를 부여한 것이다. 이런 일본의 입법은 특정대상에 대한 독점권 부여 형태가 아니라 특정한 행위를 규제하는 방식으로 과도기적으로 빅데이터를 보호하려는 시도이다. 당장 빅데이터에 대한 특별한 보호를 전 세계에서 앞장서서 구현하였다는 사실만으로도 일면 긍정적이라는 평가(69)를 내릴 수 있겠지만, 필자는 일면 아쉽게 생각한다. 앞서 보았듯이 영업비밀에 의한 빅데이터 보호방식은 제한적이기는 하지만 이미 별도 입법이 굳이 없더라도 상당부분 기존 영업비밀 보호법제만으로 수행할 수 있을만큼 큰 변화를 가져오는 내용이 되기 어려운데, 일본의 입법은 향후 운영방향을 살펴보아야 확실해 지겠지만 영업비밀 보호의 기존 영역과 상당부분 겹칠 가능성이 있기 때문이다. 영업비밀로 간직되어야만 하는 빅데이터를 제외하고 일반적인 빅데이터 전반에 대해 적절히 부여될 수 있는 보호의 성격은, 소수의 한정된 상대방에 국한하여 투자 회수의 수단을 부여하려는 영업비밀 보호와는 달리 다수인에게 널리 이용하게 함으로써 투자를 회수하는 수단을 보호하겠다는 것으로 보아야 하므로, 영업비밀 보호법제와는 질적으로 전혀 다른 것이다.70) 일본의 입법이 가지는 긍정적 의미를 모두 부정하기는 어렵지만, 이왕 입법하는 김에 부정경쟁방지법의 다른 부분, 즉 일반적 부정경쟁행위를 규제하는 법리로 의율한다는 점을 분명히 하였다면 더욱 좋았을 것이라고 사료된다.

---

68) 공개되었더라도 무상이 아니라면 여전히 외형상으로 일본 부정경쟁방지법의 새로운 보호가 인정된다. "그 상당량 축적된 정보가 무상으로 공중에게 이용가능하도록 되어 있는 정보와 동일한 한정제공데이터를 취득하거나 그 취득한 한정제공데이터를 사용하거나 또는 공개하는 행위"는 적용제외 대상으로 명시한 동법 제19조 제1항 제8호 ㅁ목 참조. 하지만 '관리성' 등을 아주 엄격하게 해석하게 되면 사실상 영업비밀의 비밀관리성에 준하는 사안만 보호될 여지가 있다는 취지이다.
69) 다른 이유를 들고 있으나 역시 긍정적 의견으로는 田村善之, 앞의 발표자료 21–22면 등.
70) 田村善之, 앞의 발표자료, 47면.

Ⅳ. 한국에서의 바람직한 대응

빅 데이터와 같은 새로운 데이터에 대한 보호여부, 그리고 보호할 경우 가장 적절한 대응법제를 구상함에 있어 과거 인터넷 등장 초기 데이터에 기울였었던 것과 근본적으로 공통된 고민이 다시 한 번 필요하다. 비경쟁성(non−rivalrousness)이 있는 정보에 대하여 누구나 자유롭게 접근할 수 있도록 함으로써 사회전체 구성원들이 그로부터 최대한의 효용을 달성하게 할 필요성 대(對) 그런 유용한 정보의 생산 및 축적행위에 기여할 자에게 적절한 권리를 보장함으로써 사회에 최대한 많은 정보가 등장하게 할 필요성 사이의 고민으로 설명할 수 있겠다. 이런 양자의 필요성은 특별한 사정이 없는 한 서로 반대방향으로 작용하는 것이므로 결국 균형점을 어디에 맞추는지가 진정한 문제이다. 특정인에게 권리를 부여하되 타인의 일정범위 접근은 법률에서 허용하는 방식이 그런 균형점이거나 적어도 그것에 가깝다는 것이 지적재산권 법제 수립과정에서 얻어진 역사적 경험이었다. 빅 데이터와 같은 새로운 대상에 그런 경험이 그대로 적용될 수는 없더라도 상당부분 유용한 참조가 될 수 있다고 본다. 이를 고려하여 한국에서 빅 데이터 보호를 논의함에 있어 다음과 같은 측면을 고려해야 할 것이다.

첫째, 과거 새로운 대상에 대한 지적재산권 부여의 필요성과 흡사하게 빅데이터를 위한 새로운 보호부여는 데이터 집합을 적극 장려하는 수단으로 충분히 긍정적 측면이 있다. 새로운 보호장치의 부족함이 현재 빅데이터 작성자로 하여금 그 정보를 영업비밀 형태로 보유하도록 조장하고 있다. 적극적으로 라이선스 등을 통해 제3자에게 널리 이용할 수 있게 공개하는 것을 주저하게 만드는 요인이 되고 있으며 획기적 입법이 없는 한 앞으로도 그러할 것이다.

둘째, 빅데이터 보호에 있어 소유권이든 새로운 독점권이든 일체의 새로운 권리 창설에 대체로 부정적인 유럽연합에서의 논의내용은 그런 권리가 데이터의 자유로운 흐름에 방해가 될 것을 이유로 내세우면서도 정작 생래적 개인정보 보유자의 개인정보에 대한 강력한 통제권 때문에 생기는 엇비슷한 방해 효과에 관해서는 동등한 경각심을 드러내지 아니한 것 같아 아쉬움이 크다. 한국에서는 특히 지나친 개인정보 보호가 빅데이터의 자유로운 유통에 장애가 되는 상황이 초래되지 않도록 주의할 필요가 있다. 한편 만일 빅데이터 작성자에게 새로 독점권을 부여하거나 소극적 보호권을 부여한다고 할 때 생래적 정보보유자의 독점권과의 충돌 문제가 염려될 수 있다. 하지만 빅데이터 작성자의 새로운 법적 지위 부여는 생래적 정보보유자의 독점권과 저촉되지 아니한 범위 내에서만 인정하는 선에서 충분히 조정할 수 있다. 이런 조정에 관해서도 지적재산권법에서는 이미 비슷한 경험이 있음을 앞서 저작권자 대 데이터베이스제작자의 권리와의 관계를 들어 이미 설명하였다.

　나아가 결론적으로, 향후 한국에서 빅데이터에 관해 만일 지재권의 보호법제를 참조해 새로운 권리를 인정하는 방향으로 근본적 시각전환이 이루어질 경우, 지재권 중에서 특허권-저작권과 같이 민법상 소유권에 가까운 독점권이 아니라 부정경쟁방지법 법리에 따라 소극적 보호권을 부여하는 것이 현실적인 실현가능성, 그리고 구체적 집행과정에서 부작용을 최소화하도록 신축적 대응이 가능하리라는 점 등 여러 가지 측면에서 더 타당할 것이라고 생각한다.

V. 마무리하며(글 요약)

　전자적 데이터가 가진 정보로서의 가치에 주목한 것은 오래전부터이지만, 최근 새롭게 각광받고 있는 빅데이터는 새로운 시각에서 바라볼 필요가 있다. '4차 산업혁명'의 핵심기술인 사물인터넷 기술로 뒷받침을 받아 빅데이터 작성이 향후 폭발적으로 증가할 것이고 그 분석의 향방이 우리 일상생활에 엄청난 영향을 미치게 될 것이다. 그런 빅데이터의 특징 내지 가치에 주목하여, 외국은 발 빠르게 움직이고 있는데, 대표적으로 유럽연합은 '데이터 경제'라는 모토 아래 빅데이터 작성을 촉진하고자 물권적(배타적) 독점권을 부여할지 검토하는 이른바 '데이터 소유권' 논의를 진행 중이다. 빅데이터의 또 다른 특징은 무차별적으로 우리 일상생활에서 데이터를 집합하기 때문에 불가피하게 개인정보가 대거 포함된다는 점이다. 개인정보의 생래적 보유자(개인정보주체)에 대한 기존 보호와 그런 개인정보까지 포함한 빅데이터의 작성자에게 새로 주어질 수 있는 권리는 그 대상이 일부 중복되더라도 충돌하지 않을 수 있다. 지적재산권법의 이전 경험, 가령 데이터베이스를 작성한 자에 대한 보호와 그 데이터베이스 개별구성부분에 대한 권리보호를 구별하여온 접근법과 엇비슷하게 빅데이터 작성자에게 주어질 권리보호를 생래적 개인정보 보유자의 보호와 구별해 구성하면 되는 것이다.

　유럽연합에서 주로 2014년경부터 본격화된 '데이터 경제'나 '데이터 소유권' 논의의 진행추이를 살펴보면 물권적 독점권을 빅데이터에 새로 부여하는 방식에 관해서는 대부분이 부정적 견해를 피력하고 있는 상황이다. 한편 미국의 관련 상황은 한국과 다르게 아직 불법행위로부터의 보호에 그치고 있는 개인정보 보호를 물권적 권리 수준으로 격상하자는 논의가 비교적 활발할 뿐 개인정보가 아닌 빅데이터 전반을 물권적 권리로 보호할 지에 관해서는 아직 활발한 논의가 관찰되지 않는다. 개인정보를 포함한 빅데이터의 바람직한 권리보호방식을 구성하는 데 있어 지적재산권보호의 기존 경험을 유력하게 참고하여야 한다고 주장해온 필자의 입장에서는, 유럽연합의 위 논의가 단지 민법상의 소유권과 비교하는데 그치기보다 지적재산권 법제의 저작권·데이터베이스나 영업비밀 보호를 직접 적용하거나 응용하여 보호하는 방법을 적극 검토하기 시작했다는 점을 무척 긍정적으로 평가하고 싶다.

무형적·비경쟁적 정보에 대한 보호법제라는 점에서 지적재산권 법제의 기존 경험이 빅데이터에 대한 새로운 권리부여를 적절히 고민하는데 참고가 된다는 맥락에서, 이 글 후반부에서는 우리 지적재산권 법제를 중심으로 차례차례 적당한 지적재산권 법제를 찾아보았다. 그런 과정에서 특허나 저작권에 의한 보호 혹은 데이터베이스 보호는 성질상 곤란하다는 점, 영업비밀 보호법제는 이미 빅데이터 사업자가 일부 원용하고 있는 방법이지만 빅데이터를 공개하여 널리 활용되도록 촉진하다는 목적에 반할 수 있다는 점 등을 먼저 언급하였다. 그 다음으로는, 지적재산권 법제 중 부정경쟁방지법은 독점권을 적극적으로 부여하지 않고 부정한 경쟁행위로부터 소극적 보호만을 부여하고 있다는 독특한 성격을 가지고 있기 때문에 독점권 도입에 대한 반발을 극복하고 입법을 달성할 수 있는 현실적 실현가능성이 높고 구체적 집행과정에서도 신축적으로 대응함으로써 부작용을 최소화할 수 있어 장차 빅데이터 보호에 응용되기에 가장 유력한 법제가 될 수 있다고 생각한다.

참고문헌

[국내문헌]

박준석, "4차 산업혁명에 대응한 우리 지적재산권법 관련 쟁점들의 통합적 분석", 「정보법학」 제21권 제3호, 한국정보법학회 (2017. 12.).

박준석, "지적재산권법에서 바라본 개인정보 보호", 「정보법학」 제17권 제3호, 한국정보법학회 (2013. 12.).

차상육, "4차 산업혁명 시대에 있어 개인정보보호 관련 몇 가지 쟁점에 관한 고찰", 「IT와법연구」 제15집, 경북대 IT와법연구소 (2017. 8.).

차상육, "빅데이터의 지적재산법상 보호", 「법조」 통권 제728호, 법조협회 (2018. 4.).

한국데이터진흥원, "데이터 인프라 관련 정책이슈와 해외 입법사례", 「Data Issue Report 2017－03」 제107호 (2017. 4.).

[국외문헌]

Dennis D. Hirsch, "The Glass House Effect: Big Data, The New Oil, and The Power of Analogy", 66 *Me. L. Rev.* 373 (2014).

Dorothy Glancy, "Personal Information as Intellectual Property", *a draft for 10Th Annual Intellectual Property Scholars Conference* (August 12, 2010).

Duch－Brown et al., "The economics of ownership, access and trade in digital data", *Joint Research Centre Digital Economy Working Paper* 2017－01 (2017).

European Commission, "Synopsis Report Consultation on The 'Building A European Data Economy' Initiative", (7 September 2017).

European Political Strategy Centre, "Enter the Data Economy EU Policies for a Thriving Data Ecosystem", *EPSC Strategic Notes Issue* 21 (11 January 2017).

Herbert Zech, "Information as Property", 6 *JIPITEC*(*Journal of Intellectual Property, Information Technology and Electronic Commerce Law*) 192 (2015).

Hugenholtz, P. B., "Data Property: Unwelcome Guest in the House of IP", *Paper presented at Trading Data in the Digital Economy: Legal Concepts and Tools* (2017).

Jacqueline Lipton, "Mixed Metaphors in Cyberspace: Property in Information and

Information Systems", 35 *Loyola University Chicago Law Journal* 235 (Fall 2003).

James Manyika et al., "Big data: The next frontier for innovation, competition, and productivity", *McKinsey Global Institute* (May 2011).

Jeffrey Ritter, Anna Mayer, "Regulating Data as Property: A New Construct for Moving Forward", 16 *Duke Law & Technology Review* 220 (March 6, 2018).

Mark A Lemley, "Private Property", 52 *Stanford Law Review* 1545 (May 2000).

Mark A. Lemley & Philip J. Weiser, "Should Property or Liability Rules govern Information?", 85 *Texas Law Review* 783 (March, 2007).

Max Planck Institute for Innovation & Competition, "Data Ownership and Access to Data − Position Statement of the Max Planck Institute for Innovation and Competition of 16 August 2016 on the Current European Debate", *Research Paper* No. 16−10.

Osborne Clarke LLP, *Legal study on Ownership and Access to Data*, European Union (2016).

Pamela Samuelson, "Privacy as Intellectual Property?", 52 *Stanford Law Review* 1125 (May 2000).

Paul M. Schwartz, "Beyond Lessig's Code for Internet Privacy: Cyberspace Filters, Privacy−Control, and Fair Information Practices", 2000 *Wisconsin Law Review* 743 (2000).

Richard A. Posner, "The Right of Privacy", 12 *Georgia Law Review 393* (Spring 1972).

Todd Vare & Michael Mattioli, "Big Business, Big Government and Big Legal Questions", 243 *Managing Intellectual Property* 46 (2014).

Wolfgang Kerber, "A New (Intellectual) Property Right for Non−Personal Data? −An Economic Analysis−", *Gewerblicher Rechtsschutz und Urheberrecht, Internationaler Teil* (September 2016).

産業構造審議会 知的財産分科会 不正競争防止小委員会, 「データ利活用促進に向けた 検討 中間報告(案)」(平成29年11月).

田村善之, "ビッグ・データの保護~客体に着目するアプローチと行為に着目するアプローチの優劣という観点から~", 産業構造審議会 知的財産分科会 不正競争防止小委 1回 配布資料8(2017. 7. 27.).

제3부

데이터에 관한 권리 기반 접근의 법정책적 문제

• 데이터 소유권(Ownership)을 둘러싼 법적 쟁점과 경쟁법 원칙의 적용__홍 대 식 177
• 경쟁 정책의 관점에서 바라본 데이터 오너십의 문제__임 용 205
• 공공데이터의 이용과 통계 및 학술연구 목적의 데이터 처리 – 데이터의 안전한 이용의 관점에서__전 응 준 217
• 정보소유권으로서의 개인정보자기결정권과 그 대안으로서의 '정보사회주의'__박 경 신 257

데이터 소유권(Ownership)을 둘러싼 법적 쟁점과 경쟁법 원칙의 적용

홍대식(서강대학교 법학전문대학원 교수)

Ⅰ. 머리말

데이터 경제(data economy) 또는 데이터 주도 경제(data-driven economy)의 도래에 따라 세계 각국에서 이른바 빅데이터 산업의 중요성에 대한 인식이 증가하고 이를 진흥하기 위한 정책적 관심이 뜨겁다. 예컨대, 유럽연합(EU)에서는 2015. 5. 디지털 단일시장(Digital Single Market) 전략을 구축하기 위한 3대 기둥 중의 하나인 '유럽 디지털 경제의 성장 잠재력 극대화'를 위한 주요 실행계획으로서 '데이터 경제의 구축'을 제시한 바 있다.[1] 또한 보다 구체적으로 유럽 위원회는 2017. 1. '데이터의 자유로운 유통'을 중심으로 하는 데이터 경제 구축 전략을 제시하였다.[2] 이는 빅데이터와 사물인터넷의 세계에서 데이터의 국경을 넘는 이용을 증대하기 위한 목적으로 개인 데이터의 보호가 아닌 다른 이유에 의한 데이터의 자유로운 이동에 대한 정당하지 않은 제한에 대처하기 위한 것이다. 이런 전략 수립 과정에서 데이터에 대한 소유권, 상호호환성, 이용가능성과 접근과 같은 새로운 쟁점과 관련된 사례 및 현황 조사와 연구가 이루어졌다.

우리나라에서는 정책적으로 4차 산업혁명이라는 용어가 선호되고, 빅데이터는 4차 산업혁명의 근간으로서 구축, 개방, 유통 및 활용을 위한 지원체계 마련의

---

[1] European Commission, Communication of the Commission to the European Parliament, the Council, the European Economic and Social Committee and the Committee of the Regions, A Digital Single Market Strategy for Europe, COM(2015) 192 *final*, 6 May 2015; European Commission, 'A Digital Single Market for Europe: Commission sets out 16 initiatives to make it happen', Press Release, 6 May 2015, available at: http://europa.eu/rapid/press-release_IP-15 -4919_en.htm.

[2] European Commission, Communication of the Commission to the European Parliament, the Council, the European Economic and Social Committee and the Committee of the Regions, Building a European Data Economy, COM(2017) 9 *final*, 10 January 2017.

대상으로 주로 논의되고 있다. 2017. 7. 19. 발표된 문재인정부의 100대 국정과제에서도 4차 산업혁명은 주요 목표인 '더불어 잘 사는 경제'를 달성하기 위한 주된 전략으로 제시되었다.[3] 또한 우리나라에서는 4차 산업혁명 시대의 새로운 거래 대상으로 등장할 서비스를 지능정보서비스로 지칭하면서, 지능정보서비스의 기반이 되는 지능정보기술의 확보와 관련 산업의 육성 및 서비스 고도화를 통한 새로운 가치 창출과 경쟁력 확보가 강조된다. 데이터 수집, 이용 및 분석에 기반을 둔 데이터 서비스는 지능정보서비스의 또 다른 기반이 된다. 이는 그동안 별도로 강조되지 않았으나, 2018. 8. 31. 관계부처 합동의 데이터 경제 규제혁신 현장방문 행사를 계기로 급속도로 그 중요성에 대한 인식이 증대되고 활성화 방안이 논의되기 시작하였다.[4]

　지능정보서비스는 어느 한 기업이 독자적으로 또는 수직적인 가치사슬을 구성하여 개발, 제공할 수 있는 것이 아니라 다양한 시장 참여자의 거래와 상호작용으로 구성되는 개방형 생태계의 형성을 필요로 한다. 따라서 지능정보서비스가 개발, 제공되는 과정에서 서로 다른 시장 참여자 사이의 다양한 거래가 생성될 수 있다. 여기서는 지능정보서비스의 핵심적인 영역에 개인정보를 포함하는 데이터와 데이터 기반 혁신이 있다는 입장에서, 이러한 거래를 (1) 지능정보서비스를 가능하게 하거나 그 원재료가 되는 데이터의 수집, 이용과 관련된 거래, (2) 데이터 접근에 대한 거래와 (3) 데이터를 이용한 서비스에 대한 거래로 구분한다.

　이러한 구분이 의미를 갖는 이유는 「개인정보 보호법」이나 「정보통신망 이용촉진 및 정보보호 등에 관한 법률」(이하 '정보통신망법')에 포함된 온라인 거래에서의 개인정보보호에 관한 규정 등을 포괄하는 개인정보 보호법제가 공정거래법제 및 소비자법제와 접점을 이루는 영역이 데이터 수집, 이용과 관련된 거래와 데이터 접근에 대한 거래이기 때문이다. 기존의 온라인 사업자의 경우 이용자의 동의를 기초로 하여 이미 개인정보를 비롯한 이용자 관련 데이터를 수집, 이용하거나 이를 제3자에게 제공하는 행위가 행해지고 있고, 이는 사업의 기반이 되고 있다. 이를 거래의 관점에서 보면, 데이터 수집, 이용과 관련된 거래와 데이터 접근에 대한 거래로 구분할 수 있다. 데이터 접근에 대한 거래에서는 데이터 자체가 사

---

3) 국정기획자문위원회, 문재인정부 국정운영 5개년 계획, 2017. 7., 62면.
4) 과학기술정보통신부, 행정안전부, 금융위원회, 방송통신위원회 보도자료, "데이터를 가장 안전하게 잘 쓰는 나라를 만들겠습니다－데이터 경제 활성화 규제혁신 현장방문 행사 실시－", 2018. 8. 30.

고파는 거래의 대상이 된다는 점에서 이를 거래로 보는 데 이견이 없지만, 온라인 사업자가 스스로 수집, 이용한 데이터를 외부에 판매하지 않고 자신의 서비스에 적용하는 경우에도 거래와 시장이 성립한다고 볼 수 있는지에 대하여는 이견이 존재한다.5)

데이터 주도 경제에서 창출되는 새로운 서비스는 어떤 데이터를 확보하고 또 그 데이터로부터 어떤 분석과 함의를 끌어낼 수 있는지가 경쟁력을 좌우하므로, 데이터의 산업적 중요성은 계속 증가하고 있다. 데이터 주도 경제의 활성화를 위해서는 산업적 데이터의 창출과 거래 촉진의 필요성이 요구된다. 산업적 데이터에는 개인정보의 성격을 갖는 데이터와 그렇지 않은 데이터가 포함된다. 개인정보의 성격을 갖지 않은 데이터의 수집, 이용에는 특별한 문제가 없지만, 개인정보의 성격을 갖는 데이터에 대하여는 그 수집, 이용에 법적 제한이 있다. 그로 인해 데이터를 통한 가치 창출의 원천이 되는 데이터셋(dataset)에 개인정보가 포함될 경우 그 데이터셋에 접근할 수 있는 사업자와 그렇지 않은 사업자 간에 경쟁상 우위 확보에 차이가 발생할 수 있다. 따라서 개인정보가 포함된 데이터셋에 대한 접근을 허용할 것인지, 허용한다면 어느 정도로 어떻게 할 것인지는 중요한 경쟁법상 문제가 된다.

이 글에서는 이러한 배경 하에 디지털 경제에서 경쟁상 중요성을 갖는 데이터 거래에 대한 경쟁법 원칙의 적용에 관하여 논한다. 앞서 본 것처럼 데이터 거래는 정보주체와 사업자 간의 개인정보를 포함한 데이터 수집, 이용에 관한 거래와 사업자와 사업자 간의 데이터 접근에 관한 거래로 구분될 수 있으나, 이 글에서는 데이터 접근에 관한 거래에 초점을 맞춘 논의를 진행한다. 데이터 접근에 관한 거래에 경쟁법 원칙을 적용할 때, 출발점은 데이터 접근이 경쟁상 필요한 상황인지를 식별하는 것이다. 만일 데이터 접근이 경쟁상 필요한 상황이라면, 더 나아가 데이터 접근을 활성화하기 위하여 경쟁법을 적용하는 것이 가능한지, 그 근거가 되는 경쟁법 이론은 무엇이 될 수 있을지를 판별하고 그 적용의 한계를

---

5) 찬성하는 견해는 European Data Protection Supervisor (EDPS), Privacy and Competitiveness in the Age of Big Data: The Interplay between Data Protection, Competition Law and Consumer Protection in the Digital Economy, March 2014, 4.1.; Harbour, Pamela Jones & Tara Isa Koslov, "Section 2 in a Web 2.0 World: An Expanded Vision of Relevant Product Markets", 76 Antitrust Law Journal 769, 773, 2010; 반대하는 견해는 Tucker, Darren S. and Hill B. Wellford, "Big Mistakes Regarding Big Data", The Antitrust Source, December 2014, available at: www.antitrustsource.com.

논의하는 것도 데이터 거래에 대한 경쟁법 원칙의 적용이라는 이 글의 주제와 관련성을 갖는다.

다만 이 논의에 앞서 데이터의 경우에는 산업의 원천 또는 원료가 되는 다른 무형 또는 유형의 상품 또는 서비스와 달리 그와 관련된 재산권이 명확하게 정의되지 않고 있다는 점에 주목할 필요가 있다. 따라서 이 논의는 데이터 거래를 활성화하기 위하여 법적으로 데이터 소유권(data ownership)을 정립할 필요가 있는가, 아니면 데이터 보유자의 사실상의 통제에 근거한 당사자 간의 계약에 의한 데이터 접근(access to data)이라는 관점에서 데이터 거래의 문제를 다룰 것인가라는 쟁점과 연결된다. 이 글에서는 데이터에 관한 권리의 법적 정립의 문제에 대하여 경쟁법적 원칙을 고려할 때 현 단계에서 데이터 소유권을 법적으로 정립할 필요가 없다는 점을 먼저 논증하고, 이에 기초하여 데이터를 둘러싼 법적 쟁점을 야기할 수 있는 시장실패의 문제와 그에 대처하기 위한 경쟁법적 원칙 적용의 유효성과 한계에 대하여 논의하기로 한다.

Ⅱ. 데이터에 관한 권리의 법적 정립과 경쟁법 원칙의 고려

1. 데이터에 관한 권리의 법적 정립의 방식

데이터에 관한 권리를 논하기에 앞서 데이터(data)와 정보(information)의 개념 구분이 필요하다. 빅데이터라는 개념은 데이터에서 파생된 반면, 개인정보라는 개념은 정보에서 파생되므로, 그 구분은 권리의 대상과 범위를 한정하는 데에도 의미가 있다. 법률에서 데이터를 정의하고 있는 것으로는 「공공데이터의 제공 및 이용활성화에 관한 법률」(이하 '공공데이터법')이 있고, 법률에서 정보를 정의하고 있는 것으로는 「국가정보화기본법」이 있다.

공공데이터법 제2조 제2호는 공공데이터를 데이터베이스, 전자화된 파일 등 공공기관이 법령 등에서 정하는 목적을 위하여 생성 또는 취득하여 관리하고 있는 광(光) 또는 전자적 방식으로 처리된 자료 또는 정보로서 일정한 정보로 정의하고 있다. 이 정의에서 공공이라는 개념과 관련된 요소를 제거할 때, 이 법은 데이터를 구성하는 개념 요소를 광 또는 전자적 방식으로 처리된 자료 또는 정보로 보고, 데이터베이스, 전자화된 파일을 데이터의 유형으로 보고 있다는 점을 알 수 있다. 여기서 말하는 데이터는 반드시 디지털 데이터에 한정되지는 않는다. 이 법은 또한 제24조에서 공공기관의 장에게 공공데이터를 효율적으로 이용할 수 있도록 기계 판독이 가능한 형태로 정비하기 위하여 노력할 의무를 부과하고, 제2조 제3호에서 기계 판독이 가능한 형태라는 용어를 정의6)하고 있는데, 기계 판독이 가능한 형태의 데이터는 디지털 데이터를 가리킨다.7) 이에 대하여 국가정보화기본법 제3조 제2호는 정보를 특정 목적을 위하여 광(光) 또는 전자적 방식으로 처리되어 부호, 문자, 음성, 음향 및 영상 등으로 표현된 모든 종류의 자료 또는 지식으로 정의한다.

얼핏 보면 법에 정의된 데이터와 정보 사이에 특별한 개념상의 차이가 없는 것 같지만, 데이터와 정보는 같은 대상을 두고 계층을 달리하는 개념이다. 직관적으로 볼 때, 데이터는 주로 자료의 표현 형태 그 자체도 가리키는 반면에, 정보는 그 자료가 의미하는 지식 또는 가치를 가리킨다고 볼 수 있다. 예컨대, 소설책에 담겨 있는 문서는 데이터라고 볼 수 있지만, 그 문서가 소설의 스토리를 가리킨다고 볼 때 비로소 정보가 된다. 권리 보호의 대상이 되는 것은 수집된 데이터 그 자체가 아니라 데이터에 내포된 의미로서의 정보라는 점에서, 이러한 구별은 쉽지 않은 작업이지만 데이터의 경쟁상 중요성을 고려한 권리 행사에 대한 경쟁법적 접근에 시사점을 준다.8)

우리 법상 데이터에 관한 권리는 데이터가 개인정보의 성격을 갖는 경우와 그렇지 않은 경우에 따라 다르게 정해져 있다. 개인정보의 성격을 갖는 데이터는 데이터에 내포된 의미로서의 정보가 식별되거나 식별될 수 있는 개인과 관련된 정보인 경우를 말한다.9) 개인정보 보호법은 제2조 제1호에서 개인정보를 "살아 있는 개인에 관한 정보로서 성명, 주민등록번호 및 영상 등을 통하여 개인을 알

---

6) "기계 판독이 가능한 형태"란 소프트웨어로 데이터의 개별내용 또는 내부구조를 확인하거나 수정, 변환, 추출 등 가공할 수 있는 상태를 말한다.

7) Drexl, Josef, Designing Competitive Markets for Industrial Data — Between Propertisation and Access —, *Max Planck Institute for Innovation & Competition Research Paper* No. 16–13, October 31, 2016. p.12. Available at SSRN: https://ssrn.com/abstract=2862975 or http://dx.doi.org/10.2139/ssrn.2862975.

8) Drexl, Op. cit., p.13.

9) 유럽연합의 일반데이터보호규칙(Regulation (EU) 2016/679 of the European Parliament and of the Council of 27 April 2016 on the protection of natural persons with regard to the processing of personal data on the free movement of such data, and repealing Directive 95/46/EC, General Data Protection Regulation, [2016] OJ L 119/1, 이하 'GDPR') 제4조 제1항은 개인 데이터(personal data)를 다음과 같이 정의한다. "personal data means any information relating to an identified or identifiable natural person ('data subject')".

아볼 수 있는 정보(해당 정보만으로는 특정 개인을 알아볼 수 없더라도 다른 정보와 쉽게 결합하여 알아볼 수 있는 것을 포함한다)"를 말하는 것으로 정의하여, 기본적으로 같은 입장을 취한다. 개인정보의 성격을 갖는 데이터의 경우 개인정보 보호법제에 의하여 정보주체에게 데이터 수집 및 이용에 대한 동의의 권한 등 인격권인 개인정보자기결정권에 기초한 권리가 인정된다. 데이터가 개인정보의 성격을 갖지 않는 경우에도 일정한 요건을 충족하면 저작권이나 영업비밀로서의 권리가 인정될 수 있다. 예컨대, 저작권법은 데이터베이스에 관하여, 소재를 체계적으로 배열 또는 구성한 편집물로서 개별적으로 그 소재에 접근하거나 그 소재를 검색할 수 있도록 한 것을 말한다고 정의하고(제2조 제19호), 데이터베이스제작자의 일정한 권리를 보호한다(제93조 제1항). 이때의 데이터에 관한 권리는 재산권에 해당한다.

이처럼 현행법상 데이터는 개인정보로서의 성격을 갖지 않더라도 일정한 경우 재산권의 대상이 될 수 있지만, 재산권이 성립하는 요건이나 범위는 재산권의 대상이 되는 다른 경우에 비해 분명하지 않다. 반면에 데이터가 개인정보의 성격을 갖는 경우 인격권의 대상으로 중시될 뿐 재산권의 대상으로서의 가능성은 고려되고 있지 않다. 그렇다면 여기서 다음과 같은 문제가 제기될 수 있다. 데이터에 대하여 재산권을 인정할 필요가 있는가, 재산권을 인정할 때 어떤 성격의 재산권을 인정할 것인가, 재산권을 법적으로 정립할 필요가 있는가, 그리고 재산권 인정과 관련된 이러한 문제들은 개인정보의 성격을 갖는 데이터에도 마찬가지로 적용되는가?

재산권은 일반적으로 소유권을 중심으로 정립된다. 소유권은 법률이 범위 내에서 그 소유물을 사용, 수익, 처분할 권리를 말하는 재산권으로서(민법 제211조), 그 대상이 되는 재산에 대한 배타적 지배를 인정하는 권리이다. 대표적인 것이 민법상 소유권의 대상이 되는 부동산이나 물건[10]이다. 민법상 재산법은 소유권을 중심으로 하여 재산권의 귀속과 행사, 이전과 관련된 일반적인 법률관계를 조정하고 재산권을 보호하는 법적인 수단을 제공한다. 이에 대하여 데이터는 비경합성과 비배제성을 갖는 무형의 재산이므로, 자연적인 상태에서는 소유권의 대

---

10) 물건은 유체물 및 전기 기타 관리할 수 있는 자연력으로 정의되어 있다(민법 제98조). 따라서 경제적 가치는 있으나 민법상 물건의 개념에 포함되지 않는 것, 예컨대 데이터나 정보의 경우에는 이에 대한 재산권 제도를 설정하기 위해서는 별도의 입법이 필요하다.

상이 되기 위한 배타적 지배가능성, 특정성, 독립성의 요건을 인정하기 어렵다. 따라서 데이터에 대한 소유권이 인정된다면, 그 형태로는 민법상 인정되는 권리가 아니라 지식재산권과 유사한 권리가 상정될 수 있다. 지식재산법은 비경합성과 비배제성을 갖는 무형의 재산에 대하여 인위적으로 그 보호의 목적, 범위와 기간을 제도화한 별도의 법체계를 정립하여 배타적 지배권을 인정하는데, 이는 정보와 관련된 영역을 다루는 재산법11)이라고 할 수 있다.

그러나 데이터에 대하여 저작권이나 영업비밀과 같이 지식재산법에서 인정되는 재산권 외에 새로운 권리를 법적으로 창설할 필요가 과연 있는지는 신중하게 검토할 필요가 있다. 법경제학의 관점에서 볼 때, 재산권을 확립할 필요가 있는 경우는 확실한 재산권의 부재로 인해 거래가 이루어지지 않거나 시장이 형성되지 않는 경우로서, 이때는 재산권을 재규정하고 관련된 적절한 시장을 창출함으로써 문제에 대처할 필요가 있다.12) 새로운 권리를 인정할 경우 이는 특정한 정당화를 필요로 하는 시장에 대한 정부규제의 형태가 될 수 있다. 데이터 소유권은 소유자가 데이터를 상업화하는 것을 가능하게 해주는 것이기 때문에, 그 정당화는 경제적인 것이 될 필요가 있다.13) 그러나 데이터 거래와 이를 통해 창출되는 시장의 현실은 반드시 재산권의 부재와 연결되지는 않는다. 현실의 거래에서는 데이터에 관하여 데이터 통제권과 데이터 접근·이용권이 사실상 형성되어 있다. 데이터 통제권은 데이터에 대한 소유권이 없더라도 법적 또는 기술적 방식에 의하여 자신이 보유한 데이터에 대한 접근을 통제할 수 있게 됨으로써 갖는 사실상의 권리이다. 이는 사실상 지배라는 점에서 점유권으로 인식 가능하다. 또한 데이터 접근·이용권은 데이터 통제권을 전제로 이를 배타적으로 접근, 이용하거나 제3자에게 그 접근, 이용을 허락할 수 있는 권리이다. 이는 저작물에 대한 실시자(licensee)의 권리와 유사하다.

---

11) 로버트 쿠터·토마스 올렌 저, 한순구 역, 『법경제학』(제5판), 경문사, 2009, 139면 이하.
12) 이 점을 가장 먼저 인식하고 체계화한 사람은 로널드 코스(Ronald H. Coase)이다. 코스는 거래가 이루어지지 않거나 시장이 형성되지 않는 원인을 외부효과(externalities) 발생의 문제에서 찾고, 이 문제는 어떤 의미에서는 확실한 재산권의 부재에 따른 문제인 만큼 재산권을 재규정하고 관련된 적절한 시장을 창출함으로써 해결될 수 있다고 설명한다. Coase, Ronald H., *"The Problem of Social Cost"*, *The Firm, the Market and the Law*, Chicago University Press, 1990; 최병선, "코오스: 시장의 진실과 세상의 이치", 김한원·정진역 편, 『자유주의: 시장과 정치』, 부키, 2006, 311−360면.
13) Drexl, Designing Competitive Markets for Industrial Data − Between Propertisation and Access −, p.7.

　법적 접근을 우선하지 않고 경제적 접근에 충실할 경우, 데이터와 관련된 거래의 활성화와 시장의 창출이 재산권의 법적 확립이 없더라도 이미 이루어지고 있다고 판단된다면, 굳이 법적 근거를 갖는 데이터 소유권을 정립할 필요가 없게 된다. 무형의 재산에 대하여 법적인 소유권을 인정하고 두텁게 보호할 경우 오히려 그 재산에 대한 접근과 이용이 제한되어 거래 활성화에 역행하는 부작용이 발생할 수도 있다. 지식재산권의 경우에도 원래 탁월한 기여를 한 창작, 발명을 통한 혁신 유인을 보호하기 위한 것인데, 점차 혁신적 성격이 낮은 재산에 대해서도 지식재산권이 인정되면서 지식재산권이 시장력(market power)을 확보하는 수단으로 변질되는 사례가 발생하고 있다. 따라서 데이터에 관하여 개인정보 보호법이나 지식재산법과 같은 특별법에 의하여 규율되는 영역 외의 다른 영역에서 재산권에 속하는 나머지 권리가 현실적으로 존재한다면, 그 배분은 계약적 협상의 영역에 맡기고 법에 의하여 정부가 개입하지 않는 것도 하나의 정책적 선택이 될 수 있다.

　문제는 경제적 가치가 있는 데이터 중 중요한 부분이 개인정보에 해당함에도 개인정보 보호법제가 계약적 협상에 의한 데이터 거래의 활성화나 시장의 창출에 걸림돌이 되지 않는가 하는 점이다. 개인정보 보호법제는 개인정보를 인격권의 관점에서 접근하여 정보주체의 개인정보에 대한 동의권한을 강력하게 인정하는데, 이는 정보주체가 정보를 자신에게 유보할 인센티브를 부여하여 재산권의 대상이 되는 데이터의 수집, 이용에 관한 거래를 통한 경쟁적 시장의 창출을 억제하는 측면이 있다. 이러한 문제는 결국 개인정보에 관하여 정보주체의 재산권적 측면을 조명하여 개인정보의 거래를 활성화할 인센티브를 부여할 제도적 설계의 필요성을 제기한다. 다만 이 글에서는 정보주체와 사업자 간의 개인정보를 포함한 데이터 수집, 이용에 관한 거래보다는 사업자와 사업자 간의 데이터 접근에 관한 거래에 초점을 맞추어 논의를 진행하므로, 이 문제에 대하여는 문제제기에 그치기로 한다.

2. 데이터 소유권 방식에 대한 경쟁법 원칙에 기초한 평가

　데이터 주도 경제를 활성화하기 위해서는 산업적 데이터를 창출하는 인센티브를 부여하고 데이터의 거래를 촉진할 필요성이 있다. 우리나라 개인정보 보호법제는 개인정보에 관한 개인의 자유와 권리를 보호하는 데 초점이 맞추어져 있기 때문에,[14] 데이터 거래의 촉진이라는 관점에서의 정책 목표가 설정되어 있지 않다. 그에 비하여 유럽연합의 일반데이터보호규칙 제1조는 개인 데이터의 처리에 관한 자연인의 보호뿐만 아니라 개인 데이터의 유통을 병렬적인 정책 목표로 제시하고 있다.[15]

데이터 소유권에 관한 논의는 데이터의 거래 촉진이라는 정책 목표를 달성하기 위한 수단의 하나로서 이루어질 수 있다. 이는 특히 현행법상 인격권적인 측면에서만 다루어지는 개인정보에 관한 권리에 시사점을 갖는다. 개인정보자기결정권을 헌법적 기본권 중에서도 인격권적 성격만을 갖고 있는 권리로 인식할 경우 재산권이나 다른 경제적 기본권에 비하여 개인정보에 관한 권리를 우선하게 되어 개인정보를 기반으로 하는 거래의 활성화나 시장의 창출은 기대할 수 없게 된다. 그러나 개인정보를 재산권적 측면에서 보면 현행법상 개인정보라는 개념에 포괄될 수 있는 다양한 형태의 정보를 그 보호의 필요성이나 활용과의 균형이라는 관점에서 달리 취급해야 할 여러 유형으로 분류할 수 있다. 예컨대, 개념상 개인정보에 해당한다고 하더라도 그 자체로는 개인 식별성이 없고 식별가능성만 있을 뿐이며 일정한 기술적 보호조치가 이루어져 결합에 의한 식별가능성이 제거 또는 상당히 감소될 수 있어 그러한 상태로 유통되고 분석, 가공되는 것이 정보주체에게 경제적 편익을 가져오는 유형의 개인정보도 상정할 수 있다. 따라서 단순히 개인정보라는 이유만으로 그 수집 및 처리, 이용 등의 단계에서 획일적으로 취급하지 않고, 개인정보의 유형에 따라 실제적으로 달리 취급될 수 있도록 제도적 안전장치를 분명하게 마련할 필요가 있다.

---

14) 개인정보 보호법 제1조(목적) 이 법은 개인정보의 처리 및 보호에 관한 사항을 정함으로써 개인의 자유와 권리를 보호하고, 나아가 개인의 존엄과 가치를 구현함을 목적으로 한다.
　　정보통신망법 제1조(목적) 이 법은 … 정보통신서비스를 이용하는 자의 개인정보를 보호…하여 국민생활의 향상과 공공복리의 증진에 이바지함을 목적으로 한다.

15) GDPR 제1조 제1항 This Regulation lays down rules relating to the protection of natural persons with regard to the processing of personal data and rules relating to the free movement of personal data.
　　이와 관련하여 GDPR 전문 제4항은 개인 데이터 보호와 다른 기본권과의 균형에 대하여 다음과 같이 설명하고 있다. The processing of personal data should be designed to serve mankind. The right to the protection of personal data is not an absolute right; it must be considered in rela-tion to its function in society and be balanced against other fundamental rights, in accordance with the principle of proportionality. 이러한 외국 입법례를 참조하여 개인정보 보호법의 목적 조항의 개정 필요성을 주장하는 견해로는 이대희, "개인정보보호 규제 개선방안", 개인정보보호위원회 지능정보화사회 대응 개인정보보호 세미나 발표자료, 2017. 12.

그러나 개인정보의 성격을 갖는 데이터를 포함하여 데이터가 재산권적인 성격을 갖는다고 하여 이에 대하여 일반적인 의미에서의 소유권을 법적으로 정립하는 것이 경쟁법 원칙을 고려할 때 과연 바람직한 것인지는 별도로 검토할 필요가 있다. 앞서 본 것처럼 데이터의 성격에 비추어볼 때 그에 관한 소유권을 법적으로 정립할 경우 민법상 권리보다는 지식재산법상 권리에 유사한 방식으로 정립될 수 있는데, 이는 오히려 거래의 활성화와 경쟁적 시장의 창출을 억제하고 새로운 시장에서의 경쟁을 왜곡할 가능성이 있다. 이론적으로는 데이터가 기업 간의 경쟁을 왜곡할 가능성을 고려하여 경쟁당국 또는 규제자의 개입이 요구되는지 여부에 관하여 견해가 나뉜다.16) 이러한 견해의 배경에는 데이터 시장이 활동적이고 많은 대체가능한 데이터 원천을 제공하고 있다는 시각이 있는 반면에, 많은 데이터가 거래가능하지 않다는 시각도 있다. 전자의 시각에서는 일부 데이터는 거래가능하지 않지만, 이러한 점이 경쟁자가 이들 데이터를 이용한 하방의 서비스 시장으로 진입하는 것을 제한하지는 않는다고 본다. 그에 비하여 후자의 시각에서는 소비자 데이터에 대한 대안이 되는 원천은 있지만, 산업적(비개인적인) 데이터에 대하여는 대안을 찾기 어렵다고 본다.

이는 단순히 이론적인 논의로 판단할 수 있는 사안이 아니라, 시장 상황에 비추어 데이터 보유가 단순한 데이터와 관련된 경쟁상 우위(data-related competitive advantage)의 원천이 될 가능성이 있다고 볼 것인지, 아니면 그러한 경쟁상 우위가 통상적으로 경쟁자를 배제할 수 있는 데이터 기반 시장력(data-driven market power)의 원천이 될 우려를 초래한다고 볼 것인지에 대한 실증적인 평가의 문제이다. 또한 이 문제에 대하여 어떤 정책적 판단이 내려지는가에 따라 데이터 소

---

16) 이 쟁점에 관한 여러 의견을 소개한 문헌으로는 Duch-Brown, Nestor, Bertin Martens and Frank Mueller-Langer, "The economics of ownership, access and trade in digital data", *Digital Economy Working Paper* 2017-01, JRC Technical Reports, 2017. p.20 이하. 이 보고서에 소개된 의견의 출처는 다음과 같다. Lambrecht, A. and C. Tucker, Can big data protect a firm from competition?, *mimeo*, 2015, Tucker D. R. and H. B. Wellford, Big mistakes regarding big data, Antitrust Source, *American Bar Association*, 2014, Graef, I., Mandating portability and interoperability in online social networks: Regulatory and competition law issues in the European Union, *Telecommunications Policy*, 39(6), 2015, pp.502-514, Stucke, M. and M. Grunes, Debunking the myth over big data and antitrust, *Antitrust Chronicle*, 5, 2015, Ezrachi, Ariel and Stucke, Maurice E., Online Platforms and the EU Digital Single Market, *University of Tennessee Legal Studies Research Paper* No. 283, 2015. Available at SSRN: https://ssrn.com/abstract=2677267 or http://dx.doi.org/10.2139/ssrn.2677267, Sokol, D. and R. Comersford, Does antitrust have a role to play in regulating big data?, *mimeo*, 2016.

유권을 법적으로 정립할 필요가 있는지 여부에 대한 결론이 바로 도출되는 것도 아니다. 데이터 시장이 활동적이라고 보는 견해에 의하면 데이터 소유권 개념에 대한 명확한 법적 정립이 없더라도 계약에 의해 데이터 접근·이용 관계가 형성될 가능성이 높다고 보기 때문에, 데이터 소유권의 법적 정립 필요성에 부정적이다.[17] 다른 한편, 많은 데이터가 거래가능하지 않다는 견해에 의하더라도 데이터 거래를 활성화하기 위한 데이터 소유권의 법적 정립 방안이 반드시 긍정적이지는 않다. 이 견해에서는 데이터 우위를 가진 사업자가 자신이 보유한 데이터셋에 대한 접근과 공유를 제한할 강한 인센티브를 갖는다고 설명한다.[18] 결국 이 견해에 의하더라도 데이터에 대하여 전통적인 의미에서의 소유권을 법적으로 정립한다고 하여 데이터에 대한 접근성이 높아진다는 보장이 없다.

따라서 시장에서의 경쟁에 미치는 영향과 관련이 있는 경쟁법 원칙을 고려할 때, 데이터 소유권을 법적으로 정립하는 방식은 데이터에 대한 거래 촉진이라는 정책 목표에 적합한 수단이 될 것인지 불명확하다. 그보다는 데이터에 대한 사실상 재산권을 보유한 자와 그 데이터를 필요로 하는 자 사이의 자발적인 협상을 통하여 시장에서의 거래 규칙이 정립되도록 하는 것이 자연스런 방향이다. 이는 일반적인 데이터의 영역에서는 지식재산의 영역과 달리 재산권의 법적 정립이 없이도 계약법에 의한 규율로 충분할 수 있다는 것을 의미한다. 법적인 재산권이 제도적으로 제공할 수 있는 것은 침해행위에 대한 구제수단인데, 데이터의 영역에서는 기술적인 보호조치를 포함한 기술적인 수단에 의하여 접근이 효과적으로 통제될 수 있기 때문에 그러한 구제수단도 반드시 필요로 하지 않는다. 이와 관련하여 혹자는 재산권의 법적 정립 없이 계약법에 의하여 재산권 정립을 통하여 달성하려는 거래 촉진의 목적을 달성한 사례로서 스포츠중계방송권의 사례를 들기도 한다.[19]

다만 계약법에 의해서만 권리관계를 규율하려고 할 경우에는 법적인 공백이

---

17) Drexl, Josef, Reto M. Hilty, Luc Desaunettes, Franziska Greiner, Daria Kim, Heiko Richter, Gintarė Surblytė and Klaus Wiedemann, Data Ownership and Access to Data, Position Statement of the Max Planck Institute for Innovation and Competition of 16 August 2016 on the Current European Debate, *Max Planck Institute for Innovation and Competition Research Paper* No. 16－10, 2016, pp.2－3.
18) Stucke, Maurice E. & Allen P. Grunes, *Big Data and Competition Policy*, Oxford University Press, 2016, p.40.
19) Drexl, Op. cit., p.29－30.

생길 수 있다.[20] 예컨대, 데이터 소유자는 데이터 이용자와 사이에 제3자에 대한 유통이나 제3자에 의한 재사용을 금지하는 것을 내용으로 하는 계약을 체결할 수 있다. 그러나 그 계약은 그 계약의 당사자가 아닌 제3자에게는 집행력이 미치지 않을 수 있다. 바꾸어 말하면, 일단 데이터가 공개된 경우, 데이터 소유자는 그의 권리를 집행할 법적 수단을 갖지 못하게 된다. 따라서 데이터가 공개된 경우 데이터 소유자의 권리를 재산권적인 측면에서 보호할 수 있는 구제수단의 도입이 검토될 수 있다. 그러한 구제수단은 반드시 배타적인 지배에 따른 침해배제의 수단일 필요는 없다. 법이 확정된 재산권을 보호하는 방식에도 법경제학적인 관점에서는 물권적 보호의 규칙(property rule), 책임의 규칙(liability rule) 또는 양도불가능의 규칙(inalienability rule)과 같이 다양한 구제수단을 선택할 수 있기 때문이다.[21] 개인정보 중에서도 그 자체로 사생활의 비밀과 자유에 대한 제한 효과가 직접적이지 않은, 이른바 중립적인 성질의 개인정보인 경우 원칙적으로 수집, 이용을 허용하고 정보주체가 그 처리 과정에 대한 정보에 언제나 접근할 수 있게 하는 방식으로 보호가 가능하다.

현행 개인정보 보호법제에서는 개인정보에 관하여 인격권적인 성격을 갖는 권리만을 정보주체에게 인정하고 있기 때문에, 재산권을 포함한 그 외의 나머지 권리의 귀속 관계는 분명하지 않다. 따라서 정보주체라고 하더라도 자신의 개인정보에 대한 재산권을 갖는다는 법적인 근거를 갖고 있는 것은 아니다. 법경제학적으로 볼 때, 그 권리의 가치에 비하여 거래비용이 상대적으로 낮은 상태에 있다면, 재산권이 처음에 누구에게 배분되든지 자원배분의 효율성에는 영향이 없다. 실제로는 재산권의 원천이 되는 데이터를 수집하여 그에 가장 높은 가치를 부가한 자가 적법하게 수집된 개인정보를 포함하여 그 데이터의 사실상 소유자가 될 것이다.[22] 다만 계약법은 데이터 보유자가 다른 사람과의 데이터 공유를 통해 경제적 이익을 얻을 수 있는 유인이 있고 계약 당사자의 협상력이 동등하게 강한 경우에만 작동할 수 있으므로,[23] 이러한 전제가 성립하지 못하는 상황, 특히 데이터 시장실패의 상황에서는 경쟁법 원칙의 적용이 필요해질 수 있다.

20) Duch-Brown et al., "The economics of ownership, access and trade in digital data", p.15.
21) 재산권의 확립과 보호에 관한 법경제학적 설명은 박세일, 『(개정판)법경제학』, 박영사, 2004, 김일중, 『법경제학연구-핵심이론과 사례분석-』, 한국법제연구원, 2008 참조.
22) Duch-Brown et al., "The economics of ownership, access and trade in digital data", p.24.
23) Drexl, Op. cit., p.41.

Ⅲ. 데이터 시장실패의 가능성 식별과 경쟁법 원칙의 적용

1. 잠재적인 데이터 시장실패의 유형

데이터 소유권을 재산법적으로 정립하지 않고도 계약법의 영역에서 데이터 소유권의 효율적인 배분이 이루어진다고 볼 때, 그 다음으로 제기되는 질문은 그 권리의 효율적인 배분을 방지하는 잠재적인 시장실패가 존재하는가 하는 점이다. 그런 시장실패가 존재한다면, 재산권을 재정의하거나 재분배하는 법적, 규제적 개입을 통해 그 문제가 해결될 수 있을 것인가 하는 질문이 뒤따라온다.

잠재적인 데이터 시장실패의 유형은 다음과 같은 네 가지로 살펴볼 수 있다. (1) 외부성, (2) 데이터 권리 보유자들 간의 전략적 행동과 협상력의 불균형, (3) 데이터 거래에서의 높은 거래비용, (4) 규모의 경제와 범위의 경제로 인한 네트워크 효과이다. 첫째와 둘째 문제는 데이터 수집, 이용에 관한 거래와 관련성이 더 높은 것이라면, 셋째와 넷째 문제는 데이터 접근에 관한 거래와 관련성이 더 높은 것이다.

첫째, 데이터의 특성으로 인한 외부성의 문제는 지식재산에서 발생하는 문제와 유사한 것으로 가정할 수 있다. 데이터 생산에는 비용이 들고 데이터 수집, 저장과 분석을 위한 투자를 촉진하기 위해서는 경제적인 인센티브가 요구된다. 데이터는 본질적으로 비배제적(non-excludable)이고 비경합적(non-rivalrous)이다. 비배제적인 재산의 경우 법에 의하여 배제적이 되지 않으면 공공재의 성격을 갖게 된다. 그로 인하여 무임승차자의 문제가 발생하여 사인의 생산을 위한 투자의 유인이 사라진다. 그러나 데이터가 비배제적인지 여부에 대하여는 논란의 여지가 있다.[24] 데이터 주도의 사업 모델에서는 동일한 기능의 데이터라도 누가 먼저 이에 접근하여 처리하는가에 따라 경쟁상 의미가 달라질 수 있기 때문이다. 또한 데이터는 상업적으로 수익성 있는 교환의 부산물이거나 기술적 조치에 의해 보호되어 거래당사자에게 드러나지 않는다. 데이터가 직접적으로 거래되는 경우에도 그 가치는 반복되는 상호작용과 관련된 실시간 공급에 머물러 있어 무임승차의 여지를 거의 주지 않는다.[25] 그런 점에서 데이터의 특성으로 인한 외부성의 문제에 대처할 필요성은 크지 않은 것으로 보인다.

---

24) Stucke & Grunes, "Debunking the myth over big data and antitrust", p.45.
25) Duch-Brown et al., "The economics of ownership, access and trade in digital data", pp.25-26.

둘째, 데이터 권리 보유자들 간의 전략적 행동과 협상력의 불균형의 문제는 데이터 권리의 파편화로 인한 반공유재(anti-commons) 상황에서 발생한다. anti-commons는 우리 법상 총유를 뜻하는 commons의 반대로 분할된 사유의 경우를 말한다. 반공유재 상황에서는 공유재의 비극과 정반대의 일이 일어난다. 공유되어야 할 재산이 분할적으로 사유되어 소유자들 간의 전략적 행동으로 인하여 사회에 유용한 자원의 활용을 방해하는 것이다. 공유재의 비극은 자원의 과도한 사용이 문제가 되는 반면, 반공유재의 비극은 자원의 과소 이용으로 인한 사회적 문제를 초래하게 된다. 예컨대, 저작물의 경우 동일한 저작물에 대하여 저작권자와 저작인접권자가 중첩적으로 존재하여 이들 모두를 탐색하고 협상하기 위한 거래비용이 많이 들게 된다. 데이터의 경우에도 데이터 소유권이 파편화되면 데이터셋의 통합(aggregation)에 의한 범위의 경제가 실현되지 못하는 문제가 생긴다. 예컨대, 호텔이나 음식점의 리뷰 점수나 서비스 평점과 같은 데이터가 그런 사례이다.[26) 그러나 이런 경우에도 법적 개입이 아니라 당사자 간 협상에 의한 해결의 여지는 있다. 이것이 양면시장형 사업 모델을 개발한 디지털 플랫폼의 성공 요인이다. 이들은 높은 거래비용에도 불구하고 다수의 당사자들 사이의 상호작용을 가능하게 하여 데이터 통합과 데이터에서의 범위의 경제를 촉진시킨다.[27)

셋째, 데이터 거래에서의 높은 거래비용의 문제는 상업적 가치가 있는 데이터셋 보유자와 이를 이용하고자 하는 제3자 사이에 데이터 접근 거래가 잘 일어나지 않는 시장실패의 문제이다. 이러한 문제는 주로 광고에 이용되는 개인 데이터 거래에 대한 시장을 전제로 한다. 데이터 시장이 역동적이고 많은 대체가능한 데이터 원천이 제공되고 있다면 이 문제가 크지 않겠지만, 현실적으로 상업적 가치가 있는 복잡한 데이터셋은 잘 거래가 되지 않고 사실상의 소유권에 의하여 접근이 제한되어 있는 상황이라고 볼 징후가 적지 않다. 디지털 경제에서 데이터는 새로운 상품 공정에 이용되는 중간재로서 기존 상품시장에의 참여뿐만 아니라 새로운 상품시장의 창출에 중요한 요소이다. 사업자가 데이터 소유자가 생산하는 주된 상품과 직접적으로 경쟁하지 않는 새로운 상품의 투입재로 데이터를 필요로 하는 경우에 그 데이터에 대한 접근을 허용해주는 것이 사회적 효용 증대에 도움이 된다. 그러나 데이터 소유자가 그 데이터에 대한 접근을 허용하지 않

---

26) Duch-Brown et al., "The economics of ownership, access and trade in digital data", p.31.
27) Duch-Brown et al., "The economics of ownership, access and trade in digital data", p.32.

는다면, 그 데이터를 필요로 하는 사업자가 이를 찾기가 어렵다. 이처럼 데이터의 가치와 데이터 분석기술에 관한 정보비대칭이 이러한 시장실패의 잠재적인 원천이 되기도 한다. 또한 데이터 구매자가 적절히 가치를 평가하지 못하기 때문에 데이터 접근에 관한 계약적 협상이 실패하기도 한다. 이러한 문제를 일부 해결해주는 것이 데이터 브로커와 같은 데이터 유통사업자의 등장이다. 미국에서는 많은 다른 원천으로부터 정보를 축적하여 이를 사업자와 정부에 판매하는 데이터 브로커가 오래 전부터 출현하여 시장이 형성되었다. 그런데 데이터 브로커 시장에서는 그 역학관계로 인하여 프라이버시를 촉진하려는 시장의 인센티브가 부족하여 프라이버시 보호와 관련된 문제가 발생하였다.[28] 특히 미국에서는 소비자로부터 수집된 원 데이터와 데이터 브로커의 고객에게 판매되는 데이터 요소 사이에 데이터 브로커의 다수의 계층이 존재하여 소비자의 개인정보 추적이 어렵게 되는 문제가 있었다. 따라서 데이터 거래비용을 줄이기 위한 방편으로 데이터 거래시장의 모델을 설계하더라도 그로 인한 사회적 효용 증대와 개인정보 침해 우려 사이의 상충관계를 잘 고려할 필요가 있다.

넷째, 규모의 경제와 범위의 경제로 인한 네트워크 효과의 문제는 온라인 플랫폼 사업자의 데이터를 이용한 사업 모델의 진화에 따라 새롭게 대두되는 문제이다. 온라인 플랫폼 사업자는 대체로 양면시장형 사업 모델을 갖고 있다. 양면시장형 사업 모델에 대한 전통적인 경제학적인 이해는, 양면시장의 요소인 중요한 교차 그룹(cross-group)의 존재와 플랫폼에 참여하는 둘 또는 그 이상의 고객 그룹 사이의 간접적 네트워크 효과에 초점을 맞추는 방식[29]으로부터, 플랫폼이 설정한 가격구조가 비중립적인지 여부에 초점을 맞추는 방식[30]으로, 그리고 플랫폼이 둘 또는 그 이상의 구별되는 측면 사이의 직접적 상호작용(direct interaction)을 가능하게 한다는 점과 각 측면이 플랫폼과 제휴되어(affiliated) 있다는 점에 주목하

---

28) Hoofnagle, Chris Jay, *Federal Trade Commission: Privacy and Policy*, Cambridge University Press, 2016. 이 문제를 다룬 미국 연방거래위원회(FTC)의 보고서로 Federal Trade Commission, Data brokers: A call for transparency and accountability, FTC, Washington, DC, 2014가 있다.

29) Rochet, Jean-Charles and Jean Tirole, "Platform Competition in Two-Sided Markets", *Journal of the European Economic Association* 1, no. 4, 2003, Caillaud, Bernard and Bruno Jullien, "Chicken & Egg: Competition among Intermediation Service Providers", *Rand Journal of Economics*, Vol. 34. No. 2., 2003.

30) Rochet, Jean-Charles and Jean Tirole, "Two-Sided Markets: A Progress Report," *Rand Journal of Economics*, 37(3), 2006. 이에 대한 비판은 Rysman, M., "The Economics of Two-Sided Markets," *Journal of Economic Perspectives*, 23, 2009.

는 방식31)으로 발전하였다.32) 그런데 이런 전통적인 경제학적인 이해에는 온라
인 플랫폼 사업자의 데이터 수집과 이용의 역할이 명시적으로 고려되고 있지 않
다.33) 이에 대하여 최근의 양면시장에 대한 사고는 데이터 쟁점에 초점을 맞추는
방향으로 발전하고 있다. 순수한 형태의 온라인 플랫폼은 상품이나 콘텐츠를 생
산하지 않지만, 콘텐츠 공급자와 이용자 간의 매칭을 촉진함으로써 수익을 창출
하는데, 이러한 중개는 데이터에 의하여 주도된다. 온라인 플랫폼은 많은 이용자
들에 걸쳐 데이터를 통합할 수 있기 때문에, 플랫폼의 어느 한 측면에서 자신의
행동만을 관찰할 수 있는 이용자들보다 시장을 조망할 수 있는 우위에 있다. 이
는 데이터 통합으로 인하여 온라인 플랫폼이 갖는 범위의 경제 또는 규모의 경
제의 혜택이다. 온라인 플랫폼은 데이터 보유자들의 전략적 행동과 협상력의 불
균형으로 인한 시장실패의 문제를 해결하여 거래비용과 정보비용을 획기적으로
감소시켰다는 점에서 데이터 주도의 혁신가로 평가받는다.34) 반면에 데이터 주
도로 형성되는 네트워크 효과는 독과점 요인을 야기하는 새로운 유형의 경쟁 침
해 우려가 있는 이른바 데이터 주도 네트워크 효과(data-driven network effects)로
의심의 눈초리를 받기도 한다.35)

2. 데이터 시장실패의 가능성 식별

데이터 시장실패는 데이터 수집, 이용에 관한 거래와 관련된 것과 데이터 접
근에 관한 거래에 관련된 것으로 나눌 수 있는데, 특히 온라인 플랫폼의 데이터
주도 혁신으로 인하여 데이터 수집, 이용에 관한 거래와 관련된 데이터 시장실패
의 가능성은 상당히 감소하였다. 문제는 데이터 주도 혁신의 당사자인 대규모 온
라인 플랫폼 사업자가 데이터 통합을 통해 데이터 기반 경쟁우위를 갖게 된 것
이 독과점 요인이라는 관점에서 새로운 유형의 데이터 시장실패의 가능성을 야

---

31) Hagiu, Andrei and Julian Wright, "Multi-sided platforms", *Technical Report* 12-024, Harvard
    Business School, 2011, available at http://hbswk.hbs.edu/item/6681.html, Hagiu, Andrei and
    Julian Wright, "Multi-sided platforms", *Working Paper* 15-037, Harvard Business School, 2015,
    available at http://www.hbs.edu/faculty/Publication%20Files/15-037_cb5afe51-6150-4be9-ace
    2-39c6a8ace6d4.pdf.
32) 홍대식, "플랫폼 경제에 대한 경쟁법의 적용", 「법경제학연구」 제13권 제1호 (2016).
33) Duch-Brown et al., "The economics of ownership, access and trade in digital data", p.41.
34) OECD, Data-driven innovation: Big data for growth and well-being, OECD, Paris, 2015.
35) 대표적인 논의로서 Stucke & Grunes, "Debunking the myth over big data and antitrust", Ch.10
    이하.

기하는 것이 아닌가 하는 점이다. 따라서 여기서는 앞서 본 데이터 시장실패의 요인 가운데 이른바 데이터 기반 네트워크 효과에 초점을 맞추어 그 가능성을 식별하기 위한 이론적인 기반에 대하여 검토한다. 이는 주로 경쟁법적인 이론에 기초한 것이다.

경쟁법에서 하나의 사업자의 단독행위를 실제적 경쟁사업자를 시장에서 배제하거나 잠재적 경쟁사업자의 시장진입을 억제하는 행위로 평가하기 위한 분석틀을 도식화하면, (1) 시장력 또는 시장지배력의 정도를 평가하는 단계와 (2) 행위로 인한 봉쇄의 정도를 평가하는 단계로 나눌 수 있다. 기존의 경쟁법적인 이론을 적용하더라도 그 대상이 기존의 상품 및 상품시장과 다른 데이터 및 데이터 시장이라는 점에서 이론 적용의 근거가 되는 사항 또는 요소는 새롭게 개발될 필요가 있다. 이는 시장력과 시장지배력를 평가하는 단계에서는 데이터 또는 빅데이터에 대한 통제가 중요한 역할을 하여야 한다는 것을 의미한다. 또한 행위로 인한 봉쇄의 정도를 평가하는 전통적인 경쟁침해이론(Theories of Harm)의 적용에서도 데이터 관련성 또는 빅데이터 관련성을 식별할 필요가 있다. 유럽연합의 경우 Google/DoubleClick 사건[36]과 Facebook/WhatsApp 사건[37]과 같은 기업결합 사건에서 온라인 광고시장에서의 기업결합의 효과를 평가하는 데 데이터 집중의 관점에서 이용자 데이터에 대한 통제를 고려한 것이 초기의 사례이다.

데이터가 기존에 인식되지 않았던 시장력 또는 시장지배력의 원천이 된다는 이론은 데이터 기반 네트워크 효과를 식별하는 데서 출발한다. 이 이론에 의하면, 데이터는 전통적인 네트워크 효과인 직접적인 네트워크 효과에 더하여 그 보유자에게 데이터의 범위나 시행착오(trial-and-error) 또는 실행에 의한 학습(learning by doing), 데이터의 규모, 파급(spill-over)의 네트워크 효과를 더 제공하고, 이러한 4가지의 네트워크 효과가 결합하여 시장지배적인 온라인 기업이 자신의 독점력을 불법적으로 유지하기 위한 반경쟁적인 행위를 행할 여지를 더 많이 갖는다고 주장한다.[38] 한편 행위로 인한 봉쇄의 정도를 평가하는 전통적인 경쟁침해이론에 기초한 분석은 행위로 인한 데이터 기반 네트워크 효과에 초점을 맞추어 데이터 우위를 가진 기업의 행위가 시장실패의 가능성을 초래한다는 논리

---

36) Commission Decision of 11 March 2008, Case No COMP/M.4731, Google/DoublicClick.
37) Commission Decision of 3 October 2014, Case No COMP/M.7217, Facebook/WhatsApp.
38) 대표적인 논의로서 Stucke & Grunes, "Debunking the myth over big data and antitrust", p.204.

를 구성하는 데 이용된다. 이러한 이론으로는 반경쟁적인 봉쇄이론, 시장지배력 전이이론과 시장진입장벽이론 등이 있다.

반경쟁적인 봉쇄(anticompetitive foreclosure) 이론은 배제남용 유형의 시장지배적 지위 남용행위 또는 수직적 기업결합행위의 경쟁제한적 효과를 평가하기 위하여 많이 사용되는 이론이다. 경쟁제한적 효과의 발생을 초래할 수 있을 정도로 상당한 봉쇄가 발생할 수 있다는 점이 증명된다면, 봉쇄 자체가 경쟁제한적 효과 발생이 우려된다는 점에 대한 유력한 근거가 될 수 있다. 그러나 봉쇄의 정도가 그에 미치지 못하는 경우 봉쇄가 경쟁제한적 효과를 초래하는 메커니즘에 대한 경쟁침해이론이 필요하다. 봉쇄는 구매선 봉쇄 또는 생산요소 봉쇄(input foreclosure)[39]와 판매선 봉쇄(customer foreclosure)로 구분된다.

반경쟁적인 봉쇄이론을 데이터 접근 거래에 적용하기 위해서는 데이터에 대한 접근 거절 또는 제한이 반경쟁적인 봉쇄를 야기하는 상황을 식별할 필요가 있다. 전형적인 상황은 접근을 구하는 사업자가 데이터 소유자가 생산하는 주된 상품과 직접적으로 경쟁하지 않는 새로운 상품의 투입재로 데이터를 필요로 하는데 데이터 소유자가 그 접근을 허용하지 않는 상황이다. 우리나라는 물론 유럽연합에서도 이러한 상황에 경쟁법을 적용한 사례를 발견하기 어렵다. 다만 유럽연합의 판례 중에는 데이터 접근 문제에 유추적용될 수 있는 법리가 개발된 사례가 있는데, 그러한 사례로서 정보와 관련된 사건인 Magill 사건,[40] IMS Health 사건[41]과 Microsoft 사건[42]을 들 수 있다.

이들 사건에서는 모두 저작권에 의하여 보호되는 정보의 보유자가 그 정보에 대한 접근 부여를 거절한 행위가 문제되었다. Magill 사건과 IMS Health 사건에서는 정보에 대한 접근 거절이 남용행위를 구성하기 위해서는 예외적인 상황

---

39) 생산요소(inputs)는 일반적인 용어로 사용된 것으로서, 여기에는 서비스, 기반시설에 대한 접근, 지식재산권에 대한 접근이 포함될 수 있다. 유럽연합의 '비수평결합 심사지침'(Guidelines on the assessment of non-horizontal mergers under the Council Regulation on the control of concentrations between undertakings), 주 24.

40) Judgment in *RTE and ITV v Commission* ('*Magill*'), C-241/91 P and C-242/91 P, ECLI:EU:C: 1995:98, [1995] ECR I-743. 이 사건에서는 TV 프로그램 순서에 포함된 정보가 문제되었다.

41) Judgment in *IMS Health*, C-218/01, ECLI:EU:C:2004:257, [2004] ECR I-5039. 이 사건에서는 약품 판매와 처방 데이터를 벽돌식 구조로 구성한 데이터베이스에 포함된 정보가 문제되었다.

42) Judgment in *Microsoft v Commission*, T-201/04, ECLI:EU:T:2007:289, [2007] ECR II-3601. 이 사건에서는 윈도우 프로그램에 포함된 상호운용성 정보가 문제되었다.

(exceptional circumstances)이 인정되어야 한다고 보고 그러한 상황인지 여부를 판단하기 위한 새로운 상품 심사(new product test) 기준이 도입되었다. 이 기준은 4가지 누적적인 요건으로 구성되어 있다. 그 요건은 (1) 접근 거절이 관련된 상품 또는 서비스가 하방시장에서의 상품 생산에 필수불가결할 것, (2) 접근 거절이 2차적 시장에서의 유효경쟁을 배제할 것, (3) 접근 거절이 소비자 수요가 있는 새로운 상품의 출현을 방지할 것, (4) 접근 거절에 대한 객관적인 이유가 없을 것이다. Microsoft 사건에서도 새로운 상품 요건을 언급하였으나, 여기서는 출현이 방지된 새로운 시장을 특정하지 않고 이 요건은 기술적 발전의 제한을 포함하는 것으로 해석되어야 한다고 판단하여 기존의 기준을 유연하게 넓힌 것으로 이해될 수 있다.[43]

이러한 법리를 응용하여, 지식재산권과 같은 법적인 소유권으로 보호되지 않고 사실상 소유권이 인정되는 데이터에 유추해볼 때, 다음과 같은 몇 가지 문제가 해결되어야 한다. 이는 (1) 데이터가 공개적으로 구할 수 있지만 어떤 사업자의 데이터셋 내에 디지털 형태로 발견될 수 있는 정보와 관련되어 있는 경우 이를 필수불가결한 것으로 볼 수 있는지, (2) 2차적 시장에서의 유효경쟁 배제의 요건은 시장지배적 사업자가 2차적 시장에서도 경쟁자로 활동하는 것을 전제로 하고 있는데, 데이터 보유자가 그런 경우에 해당하지 않을 경우에도 이 요건이 적용될 수 있는지, (3) 새로운 상품의 출현 방지라는 요건이 데이터에 대한 접근 부여 거절의 경우에도 적용될 수 있는지, (4) 잠재적 정당화 요건과 관련하여 데이터 접근 부여 거절의 경우에 효율성 항변으로 고려될 수 있는 것이 있는지, 있다면 어떤 종류의 것인지의 문제이다.[44]

시장지배력 전이이론은 사업자가 1차적 시장에서 갖고 있는 시장지배력이 2차적 시장에서 갖고 있는 시장지배력 또는 경쟁상 우위에 영향을 미쳤다고 볼 경우 그 사업자가 1차적 시장에서 갖고 있는 시장지배력이 2차적 시장에 전이되는 효과가 발생하였거나 발생할 우려가 있다고 보는 이론이다. 이 이론은 원래 미국에서 등장했으나, 미국에서는 Trinko 판결[45]로 극복되었다고 평가된다. 그에

---

43) Fatur, Andrej, EU *Competition Law and the Information and Communication Technology Network Industries: Economic versus Legal Concepts in Pursuit of (Consumer) Welfare*, Hart Publishing, 2012, p.191.
44) Drexl, Op. cit., pp.48－53.
45) Verizon Communications v Law Offices of Curtis V. Trinko, LLP, 540 U.S. 398 (2004).

비해서 유럽연합에서는 시장지배적 전이로서의 남용행위를 확립된, 독립된 유형의 남용행위로 인정하고 있다.[46] 또한 미국에 비하여 시장지배적 지위를 갖지 않는 2차적 시장에서의 경쟁제한성 인정 기준이 완화될 뿐만 아니라 시장지배적 지위와 남용행위 간의 관계를 느슨하게 인정하여 이론의 적용범위가 확대되는 경향이 있다.[47] 시장지배력 전이이론은 반경쟁적인 봉쇄이론에 의하여 경쟁제한적 효과를 증명하기 어려운 경우에 보완적인 이론으로 동원될 수 있는데, 일부에서는 이 이론을 기업결합을 통한 보다 다양한 데이터 축적이 시장지배력 전이의 유인과 능력을 증대한다거나 데이터 기반 우위를 가진 시장지배적 사업자는 그러한 데이터 우위를 다른 시장으로 전이할 수 있다는 설명의 근거로 주장하기도 한다.[48]

시장진입장벽이론은 진입장벽을 시장력의 정도와 지속성을 결정하는 중요한 요소로 인식하고 그에 근거하여 경쟁제한적 효과를 평가하는 이론이다. 사업자에게 시장력이 있다고 인정되더라도 진입장벽이 낮으면 그 시장력을 행사할 가능성이 낮으므로 경쟁제한적 효과가 발생할 우려가 낮고, 진입장벽이 높으면 그 반대의 추정이 가능하다. 진입장벽으로 흔히 인식되는 것은 구조적 진입장벽, 전략적 진입장벽, 절대적 진입장벽으로 구분되기도 한다.[49] 구조적 진입장벽은 생산의 구조와 비용과 같은 기본적인 산업 조건에서 발생하는 것으로서, 규모와 범위의 경제, 시장에서 확고히 자리잡기 위해 필요한 기술이나 장비를 포함한다. 전략적 진입장벽은 기존 기업이 신규 또는 소규모 경쟁자가 정착하지 못하도록 그에 대한 우위를 의도적으로 형성 또는 증대하는 경우에 발생하는 것으로서, 브랜드와 명성, 경험, 선발자 우위, 가격책정 전략과 네트워크 효과의 존재를 포함

---

46) 최근에 나온 유럽위원회의 Google Search(Shopping) 사건의 결정에서도 이 점이 확인되었다. European Commission, CASE AT.39740 Google Search (Shopping), 27/06/2017, para 649. "First, it is not novel to find that conduct consisting in the use of a dominant position on one market to extend that dominant position to one or more adjacent markets can constitute an abuse (see recital (334)). Such a form of conduct constitutes a well established, independent, form of abuse falling outside the scope of competition on the merits."

47) Kareff, Scott M., "Tetra Pak International SA v. Commission(Tetra Pak II): The European Approach to Monopoly Leveraging", *Law & Policy in International Business* 549, 571, 1997.

48) Stucke & Grunes, "Debunking the myth over big data and antitrust", p.136, 291.

49) Niels, Gunnar, Helen Jenkins, and James Kavanagh, *Economics for Competition Lawyers*, 2nd Ed., Oxford University Press, 2016, pp.107-109, Competition & Markets Authority (CMA), The Commercial Use of Consumer Data, Report on the CMA's call for information, CMA38, 2015, p.85.

한다. 절대적 진입장벽은 법적인 장벽과 지식재산권에 대한 우대적 접근과 같은 기술적 우위를 포함한다. 데이터 시장에 대해서도 데이터 기반 우위를 이러한 진입장벽으로 설명하는 이론이 등장하고 있다.[50]

데이터 시장실패의 가능성을 식별하기 위한 다양한 이론은 아직은 기존의 이론을 데이터 경제에 변형 또는 수정하기 위한 시도이다. 이는 데이터에 대한 통제가 잠재적인 경쟁의 문제로 고려될 수 있다는 문제의식을 갖도록 하는 역할을 한다. 또한 이는 데이터 주도 경제에 특유한 경쟁침해이론이 발전될 수 있는 계기가 되기도 한다. 그러나 데이터 경제의 새로운 상황에서는 기존 이론을 그대로 적용하기보다는 분석 대상인 행위를 포착한 후 행위가 야기하는 효과에 대한 증거 기반의(evidence-based) 사례별(case-by-case) 분석을 행할 필요가 있다.

Ⅳ. 데이터 시장실패에 대한 대처와 경쟁법 원칙의 적용

1. 데이터 시장실패에 대처하는 방식

데이터 시장실패가 존재한다면, 그로 인한 문제에 어떤 방식으로 대처해야 할 것인가? 데이터에 대하여 법적인 소유권을 정립하려는 데이터 소유권에 대한 논의도 현재의 재산권 보호체계로는 데이터 시장실패에 대처하기 어려우므로 이러한 새로운 소유권의 정립이 대안이 될 수 있을 것이라는 인식에서 출발하였다. 데이터 소유권을 인정하는 것에 대한 경제적 정당화 논리는 다음과 같이 정리될 수 있다.[51]

첫째, 데이터 소유권은 데이터의 창출과 수집에 대한 인센티브를 제공해준다는 논리이다. 데이터의 창출과 수집은 사회적 혜택을 가져다주는 새롭고 혁신적인 사업모델 출현의 기반이 된다. 그러나 그 목적을 위하여 데이터 소유권이 요구되는지 여부는 미지수이다. 그러한 공식적인 권리가 없더라도 사업자들이 데이터를 창출하고 수집하려는 인센티브는 이미 시장에 존재하고, 특히 개인 데이터의 수집이 기반이 되는 사업 모델의 성공의 핵심인 인터넷 플랫폼 운영자의 사업 모델에 관해서는 추가적인 인센티브가 필요하지 않기 때문이다.

---

50) Rubinfeld, Daniel L. and Michal S Gal, "Access Barriers to Big Data", 59 *Arizona Law Review* 339, 2017.
51) Drexl, Op. cit., p.30 이하.

둘째, 데이터 소유권은 데이터의 상업화에 대한 인센티브를 제공해준다는 논리이다. 기술혁신은 그것이 시장에 이르러야 비로소 사회에 기여한다. 지식재산권의 경우 최초의 개발자 또는 창작자에게 이를 부여할 경우 계약법과 배타적 라이선스에 기초한 라이선싱 시스템을 통해 이러한 인센티브가 제공된다. 그러나 데이터 경제에서 데이터 소유권은 데이터의 상업화를 위한 추가적인 인센티브를 창출한다고 보기 어렵다. 데이터 보유자는 경쟁자가 데이터의 상업화에 대한 투자에 무임승차할 것을 우려할 필요가 없기 때문이다. 데이터 브로커에 관해서는 상황이 다를 수 있지만, 브로커는 타인에게 이전되는 데이터셋의 통제에 관하여 사실상의 배타성에 의존할 수도 있다.

셋째, 데이터 소유권은 거래를 안정화하는 수단이 된다는 논리이다. 재산권은 거래를 안정화함으로써 촉진할 수 있다. 데이터 소유권의 인정은 범용상품으로서의 데이터 거래를 촉진하는 수단으로 발전된다. 이 주장은 사실상의 배타성이 있는 경우에도 소유권이 없다면 데이터가 일단 공개된 후 제3자에 의한 권한 없는 이용에 대한 직접적인 구제수단이 없다는 점을 든다. 그러나 실시간 데이터의 이용가능성이 핵심인 환경에서 사업 모델이 원하지 않는 무임승차에 의하여 침해되는 위험의 정도가 높지 않다는 점을 고려하면, 데이터 소유권이 거래를 안정화한다는 주장은 그리 설득력이 있지 않다.

넷째, 데이터 소유권은 법적 확실성을 준다는 논리이다. 그러나 새로운 소유권은 언제나 추가적인 분쟁과 소송을 일으킨다. 동시에 재산권의 분배가 그렇게 분명한 것도 아니다. 개별 데이터가 다른 데이터셋에 끊임없이 통합되고 배치되는 환경에서 데이터 소유권은 오히려 투명성을 감소시키고 의도하지 않은 권리 침해의 위험을 증대시킬 가능성이 더 많다.

다섯째, 데이터 소유권은 접근을 증대시키는 수단이 된다는 논리이다. 소유권을 인정하되 계약적 제한에 의하여 배제할 수 없는 강제적인 예외와 제한을 포함하면 제약이 없는 계약의 자유 원칙에 근거한 일반 계약법에 의존하는 것보다 접근에 대한 더 나은 보장을 제공할 수 있다. 그러나 여기에는 대안이 있다. 접근은 계약적 제한에 우선하는 접근에 대한 특별 입법에 의해서도 보장될 수 있다. 공공데이터법에서도 공공기관이 보유한 정보에 대한 접근성을 높이기 위한 규정을 두고 있다. 이를 위해서 데이터 소유권을 미리 인정할 필요는 없다.

이처럼 데이터 시장실패에 대처하기 위하여 데이터 소유권을 인정할 필요가 있다는 논리는 설득력이 부족하거나 유일한 대안이 되는 것은 아니다. 오히려 이를 인정할 경우 그로 인한 혜택보다는 데이터를 둘러싼 이해관계자 사이에 새로운 분쟁을 야기할 가능성도 있다. 따라서 원칙적으로 계약법에 기초하면서, 데이터 접근 거래의 당사자 사이에 이해관계 조정이 어려운 경우에 그 조정을 촉진하기 위한 신의칙에 기한 협상 규칙을 정립하는 것이 보다 시장의 현실에 부합한 대안이 될 수 있다. 이러한 규칙은 사적인 조정에 의해 정립될 수 있지만, 사적인 조정이 정립되기 어려운 조정실패(coordination failure)의 상황이라고 인정될 경우 접근 규제를 도입할 필요가 발생하게 되는데, 이때 그 규제 도입의 근거와 방식은 무엇인지에 대한 논의가 필요하다.

2. 경쟁법 원칙 적용의 유효성과 한계

계약법의 원칙에 의할 때 데이터에 대한 사실상 통제의 권한을 보유한 자가 그에 대한 접근을 거절하는 것은 그 자체로 문제가 되지 않는다. 데이터에 대한 배타적 통제를 가진 사업자가 다른 사업자에 대한 경쟁상 우위를 갖게 되는 경우 이는 데이터 기반 사업 모델에 투자하는 데 필요한 인센티브를 창출하기 때문이다. 따라서 데이터에 대한 접근과 그에 대한 정당한 통제 사이에 균형을 맞추는 일은 매우 어려운 작업이다.[52]

데이터 접근을 거절하거나 제한하는 행위에 대하여 접근 규제를 도입하는 근거로 경쟁법 원칙이 적용될 수 있다. 앞서 본 것처럼 기존의 경쟁침해이론을 응용하여 데이터 접근 거절 또는 제한행위의 경쟁제한적 행위를 식별한 후, 그에 대한 시정조치로서 접근 거절 또는 제한을 금지하는 방식을 취할 수 있다. 경쟁법은 모든 산업 분야에 적용될 수 있는 일반법이므로, 디지털 혁명이 현재 일어나고 있는 경제 분야에도 원칙적으로 적용될 수 있는 장점이 있다.

그러나 데이터 경제에 관한 경쟁법 집행은 일정한 한계를 지닌다. 먼저 실체법적인 기준에 관하여 경쟁법은 여러 가지 잠재적인 시장실패의 요인 가운데 오직 데이터 기반 네트워크 효과에 의하여 초래되는 시장실패에만 대응할 수 있다. 예컨대, 데이터셋에서 상관관계를 검색함으로써 데이터 마이닝 기술과 관련되는 빅데이터 분석 기술(big data analytics) 영역에서는 데이터의 가치에 관한 정보 비

---

52) Drexl, Op. cit., p.41.

대칭으로 인해 데이터 접근에 대한 협상이 실패하는 일이 발생하는데,[53] 이는 경쟁법적인 문제가 아닐 수 있다. 또한 경쟁에 대한 침해가 인식되는 경우에만 경쟁법에 의한 개입이 정당화된다. 제도적인 관점에서 경쟁법 적용으로 확인된 경쟁제한적 행위를 사후적으로 금지하는 조치를 취할 수는 있지만, 계속적인 감시를 필요로 하는 행태적 조치의 형태로 적극적인 행위준칙을 부과함으로써 사전적으로 시장을 규제할 수는 없는 한계가 있다.[54]

　이처럼 경쟁법은 데이터 접근을 촉진하기 위한 충분한 구제수단을 제공하지는 못한다. 다만 경쟁법적 사고는 데이터 접근을 촉진하기 위한 추가적인 적극적이고 친경쟁적인 체계를 발전시키는 데 도구로 사용될 수 있다.[55] 이는 경쟁법이 데이터 보유자의 행위에 대한 사후적인 경쟁 침해 여부 평가 기준만이 아니라 경쟁 침해에 대한 분명한 증거가 부족하더라도 다른 공익적 목적에 의하여 데이터 접근 규칙을 설계할 경우 그 규칙의 내용을 형성하는 원리 또는 기반이 될 수 있다는 것을 의미한다. 또한 경쟁법과 정책은 데이터 접근 규칙이 지나친 개입이 되지 않도록 방지하는 역할도 할 수 있다.

V. 맺는 말

　데이터 경제는 데이터의 수집과 이용과 관련된 거래, 그리고 데이터 접근에 대한 거래가 활성화되어 데이터를 기반으로 한 지능정보서비스가 창출되고 이를 통한 시장이 형성, 발전함으로써 구축된다. 데이터에 개인정보가 포함된 경우 개인정보보호를 위한 규제가 적용되므로 그 규제가 데이터 경제의 활성화에 미치는 영향이 어떠한지에 대하여는 별도의 논의가 필요하다. 다만 개인정보보호 맥락의 규제를 별도로 하고, 다른 이유에 의해서는 데이터의 자유로운 이동이 필요하다는 정책적 입장에 서게 될 때, 데이터의 수집, 이용 또는 접근을 활성화하기

---

53) Drexl, Op. cit., p.44. 이러한 현상을 '정보 역설'(information paradox)라고 부른다. 범용상품으로서의 데이터에 관한 계약적 협상은 구매자가 정보가 데이터로부터 추출될 수 있는지를 알지 못한 상태에서 데이터의 가치를 평가할 수 없기 때문에 실패하기 쉽다. 그러나 데이터가 정보 문제를 해결하려는 잠재적 구매자에게 접근 가능하게 된다면, 그 구매자는 더 이상 접근에 대한 대가를 지급하려고 하지 않게 된다.

54) Ibid.

55) Ibid.

위한 정책적 수단의 하나로서 데이터 소유권 논의가 제기된다. 그러나 원칙적으로 데이터 경제에서 데이터를 창출하고 상업화하기 위한 인센티브를 제공하기 위해 데이터 소유권을 정립할 필요성은 별로 인정되지 않는다.

문제는 데이터 접근에 대한 별도의 규제를 도입할 필요가 있는지, 그 규제 도입의 근거와 방식은 무엇인지 하는 것이다. 이에 관하여 이론적으로 잘 정립된 분석 틀을 제공해주는 것은 경쟁법이다. 그러나 경쟁법은 실체법적으로 상업적으로 의미 있는 데이터에 대한 사실상 통제를 갖는 보유자의 접근 거절 또는 제한행위가 경쟁침해를 구성할 수 있다는 이론적 분석과 충분한 증거를 필요로 한다. 또한 제도적인 관점에서 경쟁법적인 구제수단이 갖는 한계도 존재한다.

대안은 계약법적인 수단에 의하여 데이터를 둘러싼 이해관계인 사이의 사적 조정기제가 잘 작동되도록 제도적으로 뒷받침함으로써 신의칙에 기한 협상 규칙이 정립되도록 하는 것이다. 이러한 협상 규칙이 시장에서 자율적으로 정립되지 않는 경우 가능한 규제 형태는 기존의 법적 제도와 별도로 존재하는(stand—alone) 접근 체계를 도입하는 것이다. 다만 이러한 접근체계를 도입할 경우에 그 내용과 한계를 정하는 원리로서 경쟁법과 정책이 중요한 역할을 할 수 있다.

구체적으로 신의칙에 의한 협상 규칙이 어떤 형태를 띠게 될 것인지를 알려주는 모델로는 표준필수특허(standard essential patents, 'SEPs')의 라이선스 거절에 대한 사건인 유럽최고법원의 Huawei 판결[56]에서 제시한 법리와 이를 응용한 한국 공정위의 퀄컴 II 결정[57]에서의 시정조치 사례를 들 수 있다. 일반적으로 데이터를 표준필수특허와 동등하게 볼 수는 없겠지만, 데이터와 빅데이터 분석에 관해서도 표준화와 이를 통한 상호운용성(interoperability)에 관한 논의가 활발해지고 구체적인 실행방안이 마련되어 그에 포함되는 데이터 보유자가 공정하고, 합리적이며 차별적이지 않은 조건의 데이터 라이선스를 제공하는 FRAND 확약을 하는 단계로 발전할 경우, 이러한 사례가 보다 실제적인 규범이 될 수 있을 것이다. 그 전에라도 표준필수특허 관련 사건에서 제시된 협상 규칙은 사적 조정기제를 촉진하는 연성법적 수단을 설계하는 데 유용한 참조 사례가 될 수 있다.

---

56) Judgment in *Huawei*, Case C—170/3, ECLI:EU:C:2015:477.
57) 공정위 2017. 1. 20.자 제2017—025호 의결(2015시감2118).

참고문헌

[국내문헌]

과학기술정보통신부, 행정안전부, 금융위원회, 방송통신위원회 보도자료, "데이터를 가장 안전하게 잘 쓰는 나라를 만들겠습니다-데이터 경제 활성화 규제혁신 현장 방문 행사 실시-", 2018. 8. 30.

국정기획자문위원회, 문재인정부 국정운영 5개년 계획, 2017. 7.

김일중, 『법경제학연구-핵심이론과 사례분석-』, 한국법제연구원, 2008.

로버트 쿠터·토마스 울렌 저, 한순구 역, 『법경제학』(제5판), 경문사, 2009.

박세일, 『(개정판)법경제학』, 박영사, 2004.

이대희, "개인정보보호 규제 개선방안", 개인정보보호위원회 지능정보화사회 대응 개인정보보호 세미나 발표자료 (2017. 12).

최병선, "코오스: 시장의 진실과 세상의 이치", 김한원·정진역 편, 『자유주의: 시장과 정치』, 부키, 2006.

홍대식, "플랫폼 경제에 대한 경쟁법의 적용", 「법경제학연구」 제13권 제1호 (2016).

[국외문헌]

Coase, Ronald H., *"The Problem of Social Cost", The Firm, the Market and the Law*, Chicago University Press, 1990.

Competition & Markets Authority (CMA), The Commercial Use of Consumer Data, Report on the CMA's call for information, CMA38, 2015.

Drexl, Josef, Designing Competitive Markets for Industrial Data — Between Propertisation and Access —, *Max Planck Institute for Innovation & Competition Research Paper* No. 16-13, October 31, 2016, available at SSRN: https://ssrn.com/abstract =2862975 or http://dx.doi.org/10.2139/ssrn.2862975.

Drexl, Josef, Reto M. Hilty, Luc Desaunettes, Franziska Greiner, Daria Kim, Heiko Richter, Gintarė Surblytė and Klaus Wiedemann, Data Ownership and Access to Data, Position Statement of the Max Planck Institute for Innovation and Competition of 16 August 2016 on the Current European Debate, *Max Planck Institute for Innovation and Competition Research Paper* No. 16-10, 2016.

Duch-Brown, Nestor, Bertin Martens and Frank Mueller-Langer, "The economics of ownership, access and trade in digital data", *Digital Economy Working Paper* 2017 -01, JRC Technical Reports, 2017.

European Commission, Communication of the Commission to the European Parliament, the Council, the European Economic and Social Committee and the Committee of the Regions, A Digital Single Market Strategy for Europe, COM (2015) 192 *final*, 6 May 2015.

European Commission, Communication of the Commission to the European Parliament, the Council, the European Economic and Social Committee and the Committee of the Regions, Building a European Data Economy, COM(2017) 9 *final*, 10 January 2017.

European Commission, 'A Digital Single Market for Europe: Commission sets out 16 initiatives to make it happen', Press Release, 6 May 2015, available at: http://europa.eu/rapid/press-release_IP-15-4919_en.htm.

European Data Protection Supervisor (EDPS), Privacy and Competitiveness in the Age of Big Data: The Interplay between Data Protection, Competition Law and Consumer Protection in the Digital Economy, March 2014.

Fatur, Andrej, *EU Competition Law and the Information and Communication Technology Network Industries: Economic versus Legal Concepts in Pursuit of (Consumer) Welfare*, Hart Publishing, 2012.

Federal Trade Commission, Data brokers: A call for transparency and accountability, FTC, Washington, DC, 2014.

Harbour, Pamela Jones & Tara Isa Koslov, "Section 2 in a Web 2.0 World: An Expanded Vision of Relevant Product Markets", 76 *Antitrust Law Journal* 769, 773, 2010.

Hoofnagle, Chris Jay, *Federal Trade Commission: Privacy and Policy*, Cambridge University Press, 2016.

Kareff, Scott M., "Tetra Pak International SA v. Commission (Tetra Pak II): The European Approach to Monopoly Leveraging", *Law & Policy in International Business*, 549, 1997.

Niels, Gunnar, Helen Jenkins, and James Kavanagh, *Economics for Competition Lawyers*, 2nd Ed., Oxford University Press, 2016.

OECD, Data-driven innovation: Big data for growth and well-being, OECD, Paris, 2015.

Rubinfeld, Daniel L. and Michal S Gal, "Access Barriers to Big Data", 59 *Arizona Law Review* 339, 2017.

Stucke, Maurice E. & Allen P. Grunes, *Big Data and Competition Policy*, Oxford University Press, 2016.

Tucker, Darren S. and Hill B. Wellford, "Big Mistakes Regarding Big Data", *The Antitrust Source*, December 2014, available at: www.antitrustsource.com.

경쟁 정책의 관점에서 바라본 데이터 오너십의 문제

임 용(서울대학교 법학전문대학원 교수)

I. 도 입

최근 2019년 2월 독일에서는 페이스북(Facebook)이 자신의 소셜 네트워크 서비스 사용자들에 관한 정보를 자사의 다른 서비스는 물론이고 경우에 따라서는 제3자의 서비스를 통해서도 수집하고 통합하는 것을 가능토록 한 서비스 정책이 법에 저촉된다는 경쟁당국의 결정이 내려졌다.[1] 그리고 얼마 뒤에 중국에서는 틱톡(TikTok)으로 유명한 바이트댄스(Bytedance)가 자신의 소셜 미디어 앱 사용자들에게 친구 추천을 할 때 텐센트(Tencent)의 메시징 플랫폼인 위챗(WeChat) 사용자들의 프로필 사진과 닉네임을 텐센트의 허락 없이 사용하는 것을 금지하는 법원의 가처분이 나왔다.[2]

비슷한 시기에 각기 다른 대륙에서 내려진 위 두 결정은 데이터에 대한 접근(access) 또는 통제(control) 권한이 누구에게 있고 그 한계가 무엇인지에 관한 법적 규명이 어느덧 글로벌 이슈가 되었음을 보여주고 있다. 데이터가 디지털 경제의 혈류로 불리워질 정도로 기업의 관점에서 중요한 영업 자산 또는 투입 요소로 자리잡은 현 시점에서 위 이슈에 대한 판단은 시장의 경쟁에도 직접적인 영향을 미칠 수밖에 없다. 데이터 오너십(data ownership)을 둘러싼 논의가 경쟁정책 분야에서도 관심을 끄는 이유도 여기에 있다.

이 글에서는 데이터, 그 중에서도 디지털화된 개인정보에 대해 오너십을 부여하는 것이 경쟁 정책과 경쟁법의 집행에 어떠한 함의가 있는지 검토해 보고자 한다.

---

[1] 독일 연방카르텔청(Bundeskartellamt), 2019. 2. 7.자 보도자료.

[2] Lauren Morris, *Tencent wins Chinese injunction against social media operator*, Global Data Review, 2019. 3. 27.자 기사.

Ⅱ. 경쟁법의 정책적 목표 - 데이터 거버넌스의 관점에서

데이터 오너십을 본격적으로 논하기에 앞서 데이터와 관련한 경쟁법의 정책적 목표에 대해 잠깐 살펴보자.

경쟁법은 일반적으로 능률에 기반하지 않은 독과점의 인위적인 형성 및 강화를 방지하고 경쟁을 저해하는 행위를 규제함으로써 혁신을 촉진하고 소비자의 후생을 증진시키는 것을 목적으로 한다고 이해되고 있다. 법은 이처럼 경쟁을 시장 메커니즘의 정상적인 작동을 위해 반드시 필요한 전제 조건으로 인식하고 있다.

그런데 보다 구체적으로 디지털 경제의 근간이라고도 일컬어지는 데이터와 관련하여 경쟁법이 시정하고자 하는 시장의 오작동은 무엇일까? 이 질문에 답하기 위해서는 데이터 거버넌스의 관점에서 우리가 이상적으로 생각하는 시장의 모습에 대해 먼저 살펴 볼 필요가 있다.

오늘날 빅데이터 기술의 비약적인 발전에 힘입어 우리는 데이터로부터 전에는 발견하지 못했던 보다 깊고 다양한 가치(value)를 추출할 수 있게 되었다. 그리고 데이터의 비경합성(non-rivalrousness) 덕분에 그러한 추출이 둘 이상의 주체에 의해 동시다발적이고도 반복적으로 일어날 수 있다.[3] 이러한 데이터의 잠재적 가치와 추출 가능성을 고려하면 일응 그 누구라도 데이터에 접근하고 이를 이용함으로써 사회가 향유할 데이터의 가치를 극대화하는 것이 이상적이라 할 수 있다.[4] 그리고 이러한 가치의 추출과 향유에 필요한 충분하고도 원활한 데이터의 생성과 공급이 이루어지고 있어야 할 것이다.

한편 데이터로부터의 가치 창출의 이면에는 다양한 사회적 비용이 발생할 수 있다는 점도 분명해졌다. 프라이버시 침해나 취약계층에 대한 차별이 그 대표적인 예다. 그래서 이상적으로는 시장의 참여자들이 이러한 사회적 비용을 가능한 한 내부화하여 그로 인한 폐해를 최소화하거나 적어도 데이터로 인한 편익이 그러한 비용을 상회하는 수준에서 데이터의 수집과 활용이 이루어지고 있을 것이다.

참고로 데이터로부터의 가치 창출의 극대화와 사회적 비용의 최소화라는 두

---

3) 이런 관점에서 데이터를 일종의 "인프라 자원(infrastructure resource)"으로 취급할 수 있다는 견해도 있다(Org. for Econ. Co-operation and Dev., Data-Driven Innovation: Big Data for Growth and Well-Being (2015) (이하 "Data-Driven Innovation"), 179-183면 참조).

4) Data-Driven Innovation, 180면.

개의 이상은 무관하지 않다. 데이터의 가치 창출 과정에서 데이터 소스(source)에 해당하는 주체들이 부담하게 될 비용이 과도할 경우 유용한 데이터의 생성 자체에 지장이 생길 수 있기 때문이다. 예를 들어 만일 사용자들이 데이터의 수집과 활용으로 인한 프라이버시 침해가 우려된 나머지 관련 제품이나 서비스의 사용 자체를 중단한다면 그러한 사용에 따른 데이터가 아예 생성되지 않을 것이다. 데이터의 활용 등으로 인한 사회적 비용이 경우에 따라서는 사회적으로 가용한 데이터의 양과 품질에 부정적 영향을 미칠 수 있는 것이다.[5]

이렇듯 사회의 관점에서는 유용한 데이터가 원활하게 생성, 유통 및 활용되는 것과 동시에 그로 인한 비용(부의 외부효과 포함)은 최소화되는 것이 바람직할 것이다. 당연히 데이터의 생성과 활용에 관한 다양한 법령과 규제들도 이러한 목표에 이바지하는 방향으로 만들어져야 할 것이다.[6] 그런데, 앞서 언급한 페이스북 사건에서 보듯 최근 경쟁법은 데이터의 수집과 활용의 가능 범위를 획정하는 또하나의 규제 도구로 사용되는 등 사회의 데이터 거버넌스(data governance) 시스템의 일부로 편입되고 있는 중이다. 그렇기 때문에 데이터가 문제되는 사안에서 경쟁법을 집행함에 있어 위와 같은 데이터 거버넌스의 정책적 목표를 고려하는 것이 타당하다.

그러나 이 경우에도 유의할 점이 있다. 경쟁법이 데이터 거버넌스 시스템의 일부라고 해서 경쟁법이 데이터와 관련하여 발생할 수 있는 모든 사회적 우려를 해결할 수도 없거니와 그 목적으로 섣불리 동원되어서도 안 될 것이다. 즉, 경쟁법의 만능화의 함정에 빠져서는 안 된다.[7] 경쟁법은 우선 '시장'의 오작동에 대한 우려에서 만들어진 법이고, 그러한 오작동 중에서도 '경쟁의 제한'을 통해 발생하는 오작동을 문제 삼는 법이다.[8] 소위 4차 산업혁명으로 일컬어지는 사회경

---

5) Tim Cooper & Ryan LaSalle, *Guarding and growing personal data value* (Accenture Institute for High Performance, 2016), 4면.
6) 이상적으로는 데이터의 생성과 활용 자체를 규제 목적이나 대상으로 하지 않더라도 실질적으로 그에 영향을 줄 수 있는 모든 법령들이 위와 같은 데이터 거버넌스의 목표에 부합하도록 입안되고 집행되어야 할 것이다. 다만, 이는 관련 전문성의 구비를 포함하여 상당한 행정적 부담을 수반할 수 있는 관계로 적어도 당분간은 데이터의 활용 등에 직접적이고도 상당한 영향을 주는 규제의 경우에 이를 요구하는 것이 현실적일 것이다.
7) 임용, 「4차 산업혁명과 공정거래법의 과제」, 국회도서관(2018년 6월호), 29-30면.
8) 경쟁법의 기본적인 규제법리는 물론이고 이를 실행할 집행시스템과 집행기관의 디자인도 이처럼 경쟁의 저해를 통한 시장의 오작동을 해결하는 데 특화되어 발전해 왔다고 할 수 있다.

제 체제의 전환기를 거치고 있는 오늘날 사람들은 급속한 기술 발전에 대한 기대만큼이나 다가올 미지의 세계에 대한 두려움도 함께 가지고 있다. 이런 상황에서 데이터의 수집이나 사용에서 파생되는 것처럼 보이는 사회적 우려나 위협요소가 나타났을 때 현행 규제가 못 미더울 수 있고 집행기관의 대응도 성에 차지 않을 수 있다. 그래서 마침 시장력을 갖춘 사업자가 관련되어 있다면 응당 경쟁법이 적용되어야 한다고 생각할 수 있다. 그러나 문제되는 우려가 경쟁의 저해로 인한 시장의 오작동에 해당하는지를 따지지 않고 만연히 경쟁법을 동원하면 자칫 전문성을 결여한 기관이 집행에 관여하게 됨으로써 과잉 또는 과소 규제로 인한 사회적 비용은 물론이고 규제 법제간의 상충까지 초래될 수 있다.

결국 데이터 거버넌스의 관점에서 데이터와 관련한 경쟁법의 구체적 목표는 다음과 같이 정리할 수 있을 것이다. 시장의 경쟁을 제한함으로써 데이터의 효율적인 생성, 유통 및 활용을 저해하고 그 결과 소비자의 후생을 감소시키는 기업의 행위나 기업간의 결합을 예방해야 할 것이다. 이 때 경쟁의 촉진을 통한 효율성의 증대가 동시에 의도치 않은 외부효과와 같은 다른 사회적 비용을 촉발시킬 우려가 있다면 구체적인 개입 방법이나 조치를 정할 때 그러한 우려를 최소화하기 위해 노력하고, 예외적으로나마 개입을 자제하는 것도 고려할 필요가 있을 것이다. 반면 데이터의 활용 등으로 인한 사회적 비용이나 우려가 경쟁의 제한을 통해 직접적으로 발생하는 것이라면 그러한 제한을 시정함으로써 소비자의 이익을 보호해야 할 것이다.

아래에서는 앞서 언급한 위챗과 페이스북 사건을 소재로 하여 데이터에 관한 경쟁법의 정책적 목표를 달성함에 있어 데이터 오너십의 부여가 어떤 의미를 가지는지 살펴보도록 하겠다.

Ⅲ. 데이터 오너십과 경쟁자의 배제: 위챗 사건

위챗 사용자들의 프로필 정보를 둘러싸고 벌어지고 있는 텐센트와 바이트댄스 간의 분쟁은 온라인 메시징 서비스(텐센트)와 영상이나 사진을 공유하는 소셜 미디어 서비스(바이트댄스)라는 서로 다른 사업을 영위하는 사업자간의 다툼으로 보일 수 있다. 그러나 온라인상의 의사 전달 및 교류 방식이 문자에서 사진이나 (짧은) 영상으로 다변화되면서 두 사업자는 실질적으로 온라인 소셜 앱 분야에서 서

로 경쟁하는 관계에 있다고 보는 것이 정확하다.[9]

　현재 위챗은 단연 중국 최대의 온라인 메세징 서비스다. 텐센트에 따르면 2018년말 기준으로 위챗의 일일 실사용자(daily active user) 숫자가 10억명을 넘겼고,[10] 2018년에 중국 인터넷 사용자 중 79%가 위챗을 사용하는 것으로 조사되기도 했다.[11] 중국 소셜 미디어 사용자의 대부분이 위챗을 사용하고 있는 것이다. 상황이 이러하다 보니 바이트댄스가 자사의 소셜 미디어 서비스상에서 영상 공유의 상대방이나 친구 추천 대상으로 위챗 사용자의 명단(닉네임과 사진 등)을 활용하려고 했던 것은 그다지 놀라운 일이 아니다. 그리고 텐센트는 바이트댄스의 이러한 활용을 막으려고 한 것이다.

　본 사건에서 텐센트의 접근 차단 시도가 중국 경쟁법을 위반한 것이라는 주장이 제기되었는지 분명치 않다.[12] 그런데 논의의 목적상 바이트댄스가 위챗의 시장에서의 압도적 사용률에 비추어 볼 때 텐센트의 이러한 시도는 중국 내 소셜 미디어 사업을 영위하기 위한 필수적인 요소에 대한 바이트댄스의 접근을 막는 반경쟁적인 거래거절(refusal to deal)에 해당한다고 주장하고 있고,[13] 텐센트는 그에 맞서 자신이 해당 데이터에 대한 오너십(소유권)이 있으므로 차단에 문제가 없다고 항변하고 있다고 가정해 보자.[14]

　결론적으로 해당 사용자 데이터에 관한 텐센트의 소유권 보유 여부는 경쟁법상의 분석에 결정적인 영향을 미치지 않는다. 우선 텐센트가 문제되는 요소(데이터)를 실질적으로 통제하고 있고 그에 대한 접근을 차단한 것이라면 해당 요소에 대한 소유권이 인정되지 않는다고 하여 거래거절이 성립하지 않는 것은 아니다.[15]

---

9) 텐센트도 비디오 "메시징" 앱으로 지칭되는 바이트댄스의 두오샨의 출시에 맞서 위챗에 동영상 공유 기능을 추가했고(Josh Horwitz, *China's ByteDance launches video chat app, moves in on Tencent's turf*, Reuters, 2019. 1. 15.자 기사), 미국의 메시징 앱 사업자인 스냅(Snap)도 최근 바이트댄스의 소셜 미디어 앱을 경쟁자로 공시하였다(SNAP INC., Annual Report (FY2018), 2019. 2. 5.).

10) Cyrus Lee, *Daily active users for WeChat exceeds 1 billion*, ZDNet, 2019. 1. 9.자 기사.

11) We Are Social & Hootsuite, Digital in 2019 China, 30면.

12) 바이트댄스는 별도의 사안(QQ 소셜 플랫폼에서의 바이트댄스 뉴스 콘텐츠 링크 차단)에서 텐센트의 행위가 중국의 반독점법에 저촉된다는 이유로 소를 제기한 바 있다(Celia Chen, *ByteDance hits back at Tencent with lawsuit for anti-competitive behavior*, South China Morning Post, 2018. 6. 4.자 기사).

13) 우리나라의 경우 독점규제 및 공정거래에 관한 법률(이하 "공정거래법") 하에서는 제3조의2 제1항 제3호 또는 4호를 근거로 이러한 주장이 가능하다.

14) 실제로 바이트댄스는 텐센트가 위챗 사용자 데이터에 대한 소유권을 주장하고 있다는 공지를 두오샨 사용자들에게 보낸 것으로 보도되었다(Bonnie Zhang, *Bytedance Apps Prohibited from Sharing WeChat User Info*, Pandadaily, 2019. 3. 20.자 기사).

마찬가지로 텐센트가 해당 요소에 대해 소유권을 가지고 있다고 하여 그 자체로 거래거절의 성립이 방해되는 것도 아니다.16) 여기서 판단의 핵심은 (i) 텐센트가 위챗 사용자들의 프로필을 만든 후 이를 활용하겠다는 바이트댄스의 요구를 들어주어야 한다면, 그럼에도 불구하고 텐센트가 당초 리스크를 부담해가며 프로필의 생성과 관리에 필요한 노력과 투자를 단행했을지 여부, 그리고 (ii) 바이트댄스가 위챗 사용자들의 프로필 정보를 대체할 수 있는 다른 데이터를 생성하여 자체 명단을 만든 후 텐센트와 유효하게 경쟁하는 것이 불가능한지 여부에 있다.17) 이는 활용 가치가 높은 요소의 창조에 필요한 투자 유인의 보호와 해당 요소를 활용하는 후속 경쟁의 보장간의 형량의 문제로서, 거래거절 사안에 통상적으로 행해지는 분석이다.18) 다시 말하면 문제되는 요소가 데이터라는 점과 해당 데이터에 대한 소유권이 거절하는 당사자에게 있다는 사실은 분석의 결론에 결정적인 영향을 미치지 않는다.19)

---

15) 우리나라 시장지배적 지위 남용행위 심사기준(공정거래위원회 고시 제2015－15호)도 사업자가 문제되고 있는 요소를 독점적으로 통제하고 있으면 충분한 것으로 기재하고 있다(동 기준 IV.3.다. (1)(나) 참조).

16) 다만, 이와 별도로 사업자가 수집 또는 생성한 데이터에 대해 오너십을 인정하면 해당 데이터에 대한 시장 내 유통 및 활용이 상대적으로 제약을 받게 되고, 그와 같이 제약을 받는 데이터가 경쟁상의 우위를 가져다 줄 정도로 유의미할 경우에는 데이터에 대한 오너십을 보유하고 있는 사업자에게 시장력이 발생하거나 강화될 우려가 있다고 생각할 수도 있다(Terasa Scassa, *Data Ownership*, CIGI Papers (No. 187), 2018. 9월, 2면). 그런데, 현재도 기업들은 기술적인 조치 등을 통해 사실상(*de facto*)의 통제권을 행사하는 경우가 일반적이어서(Josef Drexl et. al., *Position Statement of the Max Plank Institute for Innovation and Competition of 26 April 2017 on European Commission's "Public consultation on Building the European Data Economy"*, Research Paper No. 17－08, 13항), 이해관계자들의 소유권을 인정하지 않아야 시장이 보다 경쟁적일 것이라고 단정짓기는 어렵다.

17) 독자들은 본 사건이 경쟁자에 대한 필수요소의 거래거절이 문제가 되었던 포스코의 열연코일 공급거절 사건(대법원 2007. 11. 22. 선고 2002두8626 전원합의체 판결)과 그 기본적인 분석틀에 있어 유사한 점이 많다는 점을 발견할 수 있을 것이다.

18) 권오승 · 서정, 「독점규제법 － 이론과 실무」, 제3판(2018), 157－158면.

19) 물론 데이터의 생성 과정 및 비용 등과 관련된 구체적인 사정은 분석 과정에서 고려되어야 할 것이다. 예를 들어 위챗의 사용자들의 닉네임과 사진을 포함한 프로필의 생성에 상당한 비용이 들기는 하나 필요한 노력과 투자를 하면 대체 명단을 만드는 것이 불가능하지 않음에도 불구하고, 경쟁자들이 손쉽고 값싸게 위챗 사용자의 명단을 활용할 수 있는 관계로 그러한 프로필 생성에 필요한 투자를 하지 않으면서 위챗 데이터에만 의존한다면, 이는 향후 사회적으로 가치가 높은 요소의 창조 유인을 저해하는 것이어서 텐센트의 거래거절이 정당화될 여지가 높아질 것이다. 반대로 텐센트가 이미 경쟁자들에게 위 데이터를 활용하도록 허용해오다가 유독 바이트댄스에 대해서만 접근을 차단하고 있다면, 그러한 차단을 정당화할 만한 특별한 사유가 인정되지 않는 한(예를 들어 바이트댄스의 앱들이 데이터 보안에 특별히 취약하다는 등의 사정), 텐센트의 거래거절이 부당하다는 판단을 받을 가능성이 높아질 것이다. 이미 경쟁사들에게 데이터의 활용을 허용하고 있다는 사실은, 사회적으로는 물론이고 텐센트의 입장에서도 해당 요소에 대한 접근을 허용하는 것이 효

텐센트의 행위는 데이터의 (바이트댄스로의) 유통과 활용을 막는 것이라 할 수 있는데, 해당 데이터의 성질상 그러한 차단이 바이트댄스 등으로부터의 경쟁을 실질적으로 봉쇄할 우려가 있고, 경쟁자들에게 해당 데이터에의 접근을 허용하더라도 그것이 데이터의 생성 자체를 기대하기 어렵도록 만드는 것이 아니라면, 경쟁법이 텐센트의 행위로 인한 시장의 오작동(데이터의 활용 장애)을 시정하기 위해 개입할 필요가 있을 것이다.

오히려 문제는 개입에 따른 시정조치에 있다. 해당 데이터에 대한 텐센트의 오너십이 인정된다고 하여 바이트댄스에 대한 데이터의 이전 또는 접근을 허용하도록 하면 적어도 텐센트 외의 제3자에게 자신의 데이터가 제공되는 것을 원치 않는 위챗 사용자들의 프라이버시가 침해되는 효과가 발생할 수 있다. 개인정보보호 법제가 원칙적으로 데이터 이전과 활용에 개인의 동의를 요구함으로써 개인에게 일정한 범위의 통제권을 부여하고 있다고도 볼 수 있는데, 이러한 통제권을 무력화하지 않기 위해 시정조치를 명하면서 사용자 전부에게 동의를 받도록 요구하는 것은 비현실적이다. 결국 조치에 따른 비용(본건의 경우 프라이버시 침해)을 최소화하면서 기술적으로 실현 가능한 방안을 모색할 필요가 있는데, 본 사건에서는 예를 들어 바이트댄스의 유저 인터페이스에서 바이트댄스의 앱과 위챗을 함께 다운받아 사용하고 있는 사용자들의 프로필만 보이도록 하되 이에 해당하는 사용자라 하더라도 이를 원치 않을 경우 제외(opt-out)될 수 있도록 기술적으로 옵션을 제공하는 방안을 생각해 볼 수 있을 것이다.

Ⅳ. 데이터 오너십과 소비자의 착취: 페이스북 사건

독일 경쟁당국이 페이스북 사건에서 구체적으로 문제 삼은 것은 독일에 거주하는 페이스북의 사용자들이 페이스북의 소셜 네트워크 서비스를 이용할 때는 물론이고 인스타그램(Instagram)과 같은 페이스북의 다른 서비스를 이용할 때 또는 "좋아요" 버튼과 같은 페이스북의 플러그인 등을 활용하는 다른 사업자들의 사이트 등을 방문할 때 각각 생성되는 사용자 데이터를 페이스북이 함께 수집하고 통합한 행위다. 페이스북의 소셜 네트워크 서비스에 접속하기 위해 사용자들

율적임을 보여주고 있고, 이러한 접근을 허용하더라도 텐센트의 초기 투자 유인이 저해되지 않았을 것이라는 유력한 증거가 되기 때문이다.

이 동의해야 하는 서비스 정책에는 위와 같은 데이터 수집과 통합 사실이 적시
되어 있었다. 그러나 독일 경쟁당국은 페이스북이 독일의 소셜 네트워크 서비스
시장에서 차지하는 시장점유율이 일일 실사용자 기준으로 95%에 이르는 만큼,
페이스북이 설령 서비스 정책에 위 내용을 포함시키고 가입 단계에서 그에 관한
동의를 받았다 하더라도, 이는 사용자들의 "자발적인 동의(voluntary consent)"를
받은 것으로 인정할 수 없다고 했다. 소셜 네트워크 서비스를 이용하고 싶은 독
일 거주 사용자들은 사실상 페이스북을 이용할 수밖에 없는 처지에 놓여져 있었
으므로 페이스북이 제시한 조건에 무조건 동의할 수밖에 없었다는 논리다.[20]

특기할 만한 사항은 먼저 독일 경쟁당국이 페이스북의 행위를 시장지배적 지
위에 있는 사업자에 의한 배제남용(경쟁의 배제)가 아닌 소비자(사용자)에 대한
착취남용으로 의율했다는 점이다.[21] 즉, 독점 사업자가 그 독점력에 기초하여
경쟁가격을 상회하는 수준의 가격을 책정함으로써 울며 겨자 먹기로 상향된 가
격에 물건을 살 수 밖에 없는 소비자들을 착취한 것과 유사하게, 페이스북이 사
용자의 자발적 동의 없이 다른 서비스의 이용에 관한 데이터까지 수집하고 통합
한 것은 헌법상의 기본권에 기초해 있는 사용자의 개인정보자기결정권을 잠탈
하는 데이터 수집 및 활용으로서 착취남용에 해당된다고 본 것이다.[22] 둘째, 데
이터의 수집과 통합이 구체적으로 남용행위를 구성하는지 여부를 따짐에 있어
유럽의 General Data Protection Regulation(이하 "GDPR") 등의 개인정보보호 규
제의 준수 여부를 주요한 판단기준으로 삼았다는 점이다. 페이스북이 GDPR 을
준수하지 않을 수 있었던 것은 시장지배적 지위에 있었기 때문이고, GDPR 에
위배하여 사용자의 데이터를 경쟁자와 비교하여 더 광범위하게 수집 및 통합함
으로써 그러한 지위가 더 공고해질 수 있었다는 것이다.[23] 페이스북 사건은 전세
계적으로 경쟁당국이 개인정보보호 규제의 준수 여부를 경쟁법 위반의 주요 판
단기준으로 삼은 최초의 선례라 할 수 있다.[24]

---

20) 독일 연방카르텔청, *Case Summary: Facebook, Exploitative business terms pursuant to Section 19(1) GWB for inadequate data processing*, 2019. 2. 15., 10–11면.
21) 위 글, 7면.
22) 위 글, 8면.
23) 위 글, 11면.
24) Giovanni Buttarelli, *This is not an article on data protection and competition law*, CPI Antitrust Chronicle, 2019. 2월, 2면.

그런데, 사용자들이 독점가격의 부과로 인해 분명한 경제적 손실을 입는 가격 남용의 경우와 달리 본 사건에서 사용자들이 과연 경제적 의미에서의 착취를 당한 것인지 의문이 들 수 있다. 페이스북이 사용자들로부터 추가로 수집한 데이터는 일상적인 생활을 영위하면서 부수(생성)되는 일종의 데이터 매연(data emission)인 경우가 대부분이고, 현재로서는 사용자들이 자신의 데이터를 적극적으로 거래하여 그로부터 경제적 이익을 획득할 수 있는 가능성은 적어 보이는 것이 사실이다. 혹자는 페이스북이 그와 같이 데이터를 통합한 후 더 세밀하고 정확한 사용자들의 프로필을 이용하여 자신의 광고 플랫폼의 가격을 상승시킬 수 있을 것이고, 그러한 광고 비용의 상승은 결과적으로 소비자들에게 더 높은 재화의 가격으로 전가될 우려가 있다고 주장할 수 있다. 만일 문제 삼으려고 하는 우려가 이러하다면 막연한 이론적 가능성으로는 부족하고 그에 대한 실증적인 검토가 있어야 하는데, 독일 경쟁당국이 그러한 분석을 한 것으로 보이지 않는다. 또 혹자는 이와 달리 데이터의 과도한 수집 자체가 프라이버시의 침해를 의미하고, 이는 곧 페이스북이 제공하는 소셜 네트워크 서비스의 품질 저하를 의미하므로 소비자들이 해를 입은 것이라고 주장할 지 모르겠다. 그런데 프라이버시의 수준에 관한 선호는 개인별로 다양하고, 사용자들이 우려하는 프라이버시 침해는 통상 데이터의 분석 단계에서 이루어지는 경우가 많아 수집하는 데이터의 양과 질이 증가했다고 하여 프라이버시가 침해되었다고 바로 단정하기 어렵다.[25]

그렇다면 경쟁법상 페이스북 사용자들의 이익을 보호하기 위해 그들의 데이터 매연에 대한 오너십을 인정할 필요가 있을까? 데이터에 대한 사용자들의 소유권을 인정하면 페이스북이 사용자들의 동의 없이 더 광범위하게 데이터를 수집하는 것이 그들의 소유권을 침해하는 것이 되므로 착취남용의 성립이 이론적으로 보다 명확하고, 따라서 경쟁법의 적절한 집행이 더 용이할 것이라 생각할 수 있다. 그런데 여기서 몇 가지 생각해 볼 점들이 있다. 우선 데이터의 경제적 가치에 대한 일반인들의 인식이 높아지면서 자신의 데이터로부터 발생하는 경제적 이득에 참여하려는 욕구가 높아져 가고 있고,[26] 실제로 시장에서 그러한 참여 기회가 조금씩이나마 증가하고 있다.[27] 개인정보보호의 수준이 높아지면서 본인의

25) James C. Cooper, *Privacy and Antitrust: Underpants Gnomes, The First Amendment, and Subjectivity*, 20 Geo. Mason L. Rev. (2013), 1135-1138면.
26) Cooper & LaSalle, 위 글, 14면.

데이터에 대한 사용자들의 통제 가능 수준 또한 높아지고 있어 이러한 추세는 계속될 것으로 예상된다. 더구나 소비자의 입장에서 어떤 재화의 경제적 가치를 당장 현실화할 능력이 없다고 하여 사업자에 대한 재화의 제공이나 그 취득이 경쟁법적으로 무의미해 지는 것도 아니다. 따라서, 이론적으로 데이터에 대한 사용자들의 소유권을 인정해야만이 사업자의 데이터 수집 행위를 착취남용으로 규제할 수 있는 것은 아니라 할 것이다.

다만, 독일 경쟁당국처럼 개인정보보호 규제의 준수 여부를 경쟁법상 착취남용의 일차적인 판단기준으로 삼는 것에 대해서는 의문이다. 우선 현재의 개인정보보호 규제는 프라이버시의 강화 목적으로 정보의 수집과 활용에 있어 엄격한 요건을 일률적으로 부과하고 그 준수를 요구하고 있다. 이러한 획일적 규제 방식은 데이터의 보호 수준에 관한 개개인의 다양한 선호와 조화되기 어려울 뿐만 아니라, 데이터의 경제적 가치 실현에 참여할 의도로 데이터를 '거래'하고자 개인들의 늘어나는 욕구와도 배치되는 측면이 있다. 경쟁법은 앞서 살펴본 바와 같이 시장 메커니즘의 정상적인 작동을 보장함으로써 데이터 거버넌스의 정책적 목표의 달성에 기여하도록 하는 것이 맞는데, 그러한 역할에 잘 부합하지 않는 판단기준을 굳이 채택할 필요가 있는지 의문이다.[28]

독일 경쟁당국은 본 사건에서 시장지배적 지위 남용규제를 개인정보보호 규제의 집행도구로 사실상 동원했다고 볼 수 있다. 이는 시장지배적 지위에 있는 기업에 대해서는 개인정보보호 규제와 경쟁법상의 규제가 중첩적으로 적용되면서 프라이버시 관련 집행 수준이 강화된 것을 의미하는데, 규제의 중첩적 적용에 따른 누적적 효과(이는 기존의 규제 효과의 단순 합 이상일 수 있다)와 그 수준의 적정 여부에 대한 깊은 고민이 선행되었는지 의문이다. 나아가 문제되는 행위로 인해 소비자 이익의 저해가 인정되는 경우라 할지라도 경쟁법상으로는 그 행위로 인한 효익이 폐해를 상회할 경우에는 행위가 적법하게 되는데, 이러한 유연성을 예

---

27) 우리나라의 예로 운전자가 네비게이션 앱에서 수집하는 운행 정보의 활용에 동의할 경우 자동차 보험사들이 보험료 할인을 제공하는 경우를 들 수 있다(매일경제, "삼성화재도 티맵으로 안전운전하면 보험료 할인…불붙은 할인경쟁", 2018. 11. 28.자 기사). 외국의 예로는 Allison Schiff, *Location Panel company Placed Is Racking Up The Partnerships*, Ad Exchanger, 2015. 4. 21. 참조.
28) 시장지배적 지위의 남용규제는 그 성질상 시장지배력이 있는 사업자에 대해 선별적으로 이루어지는 것이 보통이어서 사회 전반에 일률적인 집행을 전제로 하는 개인정보보호 규제와는 그 규제 대상과 방식에 차이가 있다.

정하고 있지 않은 개인정보보호 규제의 집행 수단으로 경쟁법을 활용하는 것이 개인정보보호 규제의 관점에서도 타당한지 의문이다.

　　보다 근본적으로 본 사건에서 독일 경쟁당국의 논리를 확장하면 결과적으로 시장지배력이 있는 사업자의 경우 여하한의 규제 위반이 곧 경쟁법 위반을 구성할 수 있어 경쟁법의 만능화의 함정에 빠질 염려가 있다. 독일 경쟁당국의 논리는 결국 페이스북이 그 시장지배력에 힘입어 시장에서의 별다른 손실 없이 개인정보보호 규제를 만연히 위반했다는 것과 다름이 없는데, 다른 규제 위반의 경우에도 이러한 논리를 얼마든지 적용할 수 있기 때문이다.

　　그렇다면 본 사건과 같은 경우에 데이터에 관한 경쟁법의 목표에 부합되도록 착취남용 규제가 적용될 수 있는 방법은 없을까? 사업자가 사용자들의 데이터 수집과 활용의 수준과 범위를 늘린 결과 사용자들이 그에 따른 경제적 또는 비경제적인 불이익을 우려한 나머지 사업자의 서비스 또는 관련 상품의 사용을 중단하거나 자제하고, 그 결과 사회적으로 유용한 데이터의 양과 품질이 감소되는 결과가 초래된다면, 이는 데이터 거버넌스의 관점에서 시장의 오작동에 해당하고 이를 근거로 경쟁법의 적용 여부를 검토해 볼 수 있을 것이다.29) 이 때 중요한 것은 경쟁법의 저촉 여부가 반드시 개인정보보호 규제의 준수 여부에 따라 결정되지도 않을뿐더러 그럴 필요도 없다는 점이다.

V. 결　론

　　데이터에 관한 오너십을 인정할 경우 사업자 또는 일반 사용자들이 데이터에 관한 자신의 권리 행사에 보다 적극적이게 되어 데이터의 유통이 더 활발해지고 프라이버시 침해와 같은 사회적 폐단의 해결에 도움이 될 것이라는 기대가 있을 수 있으나, 앞서 살펴본 바와 같이 적어도 경쟁법의 집행에 있어서는 데이터에 대한 오너십을 인정하면 경쟁의 보호라는 경쟁법의 목적 달성에 도움이 될지는 의문이다. 경쟁법이 데이터 거버넌스 시스템의 일부로 편입되고 있는 현 시점에서 오히려 중요한 것은, 데이터와 관련한 경쟁법의 역할과 정책적 목표를 분명히 인식하고 그에 부합하는 방향으로 집행이 되도록 노력하는 것이라 하겠다.

---

29) 만일 사업자의 데이터 정책이 실질적으로 관련시장에서의 진입장벽을 높이는 효과가 있다면 이 또한 데이터의 생성과 활용 등을 저해할 우려가 있으므로 경쟁법의 검토 대상이 될 수 있을 것이다.

참고문헌

[국내문헌]

권오승·서정, 「독점규제법 — 이론과 실무」, 제3판(2018).

임용, 「4차 산업혁명과 공정거래법의 과제」, 국회도서관(2018년 6월호).

[국외문헌]

독일 연방카르텔청, *Case Summary: Facebook, Exploitative business terms pursuant to Section 19(1) GWB for inadequate data processing*, 2019. 2. 15.

Org. for Econ. Co—operation and Dev., Data—Driven Innovation: Big Data for Growth and Well—Being (2015).

Tim Cooper & Ryan LaSalle, *Guarding and growing personal data value* (Accenture Institute for High Performance, 2016).

Terasa Scassa, *Data Ownership*, CIGI Papers (No. 187), 2018. 9월.

Josef Drexl et. al., *Position Statement of the Max Plank Institute for Innovation and Competition of 26 April 2017 on European Commission's "Public consultation on Building the European Data Economy"*, Research Paper No. 17—08.

Giovanni Buttarelli, *This is not an article on data protection and competition law*, CPI Antitrust Chronicle, 2019. 2월.

James C. Cooper, *Privacy and Antitrust: Underpants Gnomes, The First Amendment, and Subjectivity*, 20 Geo. Mason L. Rev. (2013).

Allison Schiff, *Location Panel company Placed Is Racking Up The Partnerships*, Ad Exchanger, 2015. 4. 21.

공공데이터의 이용과 통계 및 학술연구 목적의
데이터 처리 – 데이터의 안전한 이용의 관점에서

전응준(유미 법무법인 변호사)

I. 서   론

open이라는 단어는 현재 대세적 흐름인 개방형 혁신(open innovation)을 설명할 수 있는 가장 핵심적인 단어라고 할 수 있다. 기업이 가진 내부 자원을 외부에 공개하면서 혁신을 위해 필요한 기술과 아이디어를 기업 외부에서 가져오는 방식인 개방형 혁신에서 중요한 것은 바로 openness이다. Open Definition 프로젝트에 따르면, open은 누구나 어떠한 목적에서든 자유롭게 접근, 사용, 수정, 공유할 수 있을 때 성립한다.[1] 이러한 open의 개념은 오픈소스 소프트웨어의 정의에서 사용된 자유(free, libre)와 같은 의미이다. 데이터의 영역에서도 open data라는 개념이 있다. open data는 출처표시와 동일조건 변경허락의 조건하에서 모든 사람이 자유롭게 사용 및 재사용할 수 있고 재배포할 수 있는 데이터를 의미한다.[2] 공공데이터(open government data)는 open data 중에서 정부 등 공공기관이 생성한 데이터를 말하는 것이다. 공공부분은 엄청난 규모의 데이터를 생산하고 있다. 이러한 공공데이터를 누구나 이용할 수 있도록 함으로써 공공기관의 투명성(transparency)과 책임성(accountability)을 강화시킬 수 있다. 또한 공공데이터 이용은 새로운 사업의 기회(new business opportunity)를 창출하고 시민참여(citizen engagement)를 촉진하는 결과를 내기도 한다.

2013.7.30. 제정된 공공데이터의 제공 및 이용활성화에 관한 법률(이하 "공공데이터법")은 위와 같은 목적을 위하여 공공데이터 정책 수립, 공공데이터 등록 및 제공절차, 공공데이터의 품질관리 및 표준화 등 공공데이터에 대한 전반적인 거

---

[1] http://opendefinition.org/ 참조.
[2] http://opendatahandbook.org/guide/en/what–is–open–data/ 참조.

– 217 –

버넌스를 다루는 법률이다. 다만, 국민의 알권리와 행정의 투명화를 목적으로 하는 공공기관의 정보공개에 관한 법률(이하 "정보공개법")도 공공데이터법과 거의 동일하게 공공데이터를 이용목적의 제한없이 이용자에게 제공하는 역할을 수행하고 있다는 점도 유념할 만한 사항이다. 입법취지의 선의성에도 불구하고, 공공기관이 공공데이터를 이용자에게 제공하고 이용자가 공공데이터를 다양한 목적 특히 영리적 목적에 이용하는 과정에서 불가피하게 타인의 개인정보, 영업비밀, 저작권 등이 문제되는 상황이 발생한다. 이러한 문제로 인하여 일부에서는 공공데이터 제공을 비판적으로 바라보고 있고 공공기관은 민감성 데이터를 여하한 이유로도 제공하지 않으려는 태도를 보이곤 한다. 본고에서는 공공데이터의 이용에서 발생하는 여러 이해관계의 충돌에 대해 어떠한 방법으로 이익균형을 도모할 수 있는지 살펴보고 이를 위한 공공데이터법의 개선사항을 고찰하여 보고자 한다.

공공데이터법, 정보공개법은 원칙적으로 개인정보를 이용·제공의 대상에서 제외하고 있으나 현실적으로는 개인정보성이 강한 데이터에 대한 수요가 상당하다.3) 굳이 개인을 추적하려는 목적이 아닌 경우에도 데이터 속성 자체가 특정 개인과 연결되는 때에는 현행 개인정보 보호법상 개인정보로 판단될 가능성이 높기 때문에 이러한 개인정보성 데이터를 모두 공공데이터의 이용·제공의 대상에서 제외한다면 데이터 이용자가 관심을 가질 만한 공공데이터는 그리 많지 않게 될 것이다. 개인정보 보호법의 영역에서 논의되고 있는 익명화, 가명화 등의 안전성 확보조치의 개념을 공공데이터법에서도 채용하여 공공데이터의 이용·제공

---

3) 공공데이터법은 정보공개법 제9조 제6호 "해당 정보에 포함되어 있는 성명·주민등록번호 등 개인에 관한 사항으로서 공개될 경우 사생활의 비밀 또는 자유를 침해할 우려가 있다고 인정되는 정보"를 제공대상 데이터에서 제외하고 있다. 위 사생활비밀침해 '정보'의 의미에 대해 대체로 개인정보 보호법상 '개인정보'와 동일하다고 보고 있지만, 대법원 2012. 6. 18. 선고 2011두2361판결(전원합의체)에서 위 '정보'의 범위에 대해 다수의견과 별개의견(소수의견)이 대립된 바 있다. 결론에 있어서 불기소 처분 중 피의자 신문조서 등에 기재된 피의자 진술내용(인적사항 제외)도 정보공개법상 비공개정보(사생활비밀침해정보)에 해당한다고 보는 것에는 견해가 일치하였으나 별개의견은 위 '정보'의 의미와 범위에 대해 이는 구 정보공개법 제7조 제1항 제6호 본문 소정의 "당해 정보에 포함되어 있는 이름·주민등록번호 등에 의하여 특정인을 식별할 수 있는 개인에 관한 정보"와 동일하다고 본 반면, 다수의견은 '개인식별정보'뿐만 아니라 그 외에 정보의 내용을 구체적으로 살펴 '개인에 관한 사항의 공개로 개인의 내밀한 내용의 비밀 등이 알려지게 되고, 그 결과 인격적·정신적 내면생활에 지장을 초래하거나 자유로운 사생활을 영위할 수 없게 될 위험성이 있는 정보'도 포함된다고 보아 별개의견보다 그 범위를 넓게 파악하고 있다. 이러한 다수의견이 개인정보 보호법상의 '개인정보'의 개념과 동일한지 여부는 더 논의를 해야 한다.

의 대상을 실질적으로 확대하는 것이 바람직하다고 생각된다. 이를 위해 본고는 개인정보 보호법 제18조 제2항 제4호에서 규정한 '통계작성 및 학술연구 목적'의 의미와 범위, 비식별 데이터의 개념, 민감정보인 공중보건 및 의료데이터의 양립 가능한 범위내의 이용을 위한 개인정보 보호법의 개선사항 등에 대해 논하기로 한다.

II. 공공데이터에 대한 접근과 이용

1. 공공데이터 이용의 근거와 취지

공공데이터법은 명시적으로 국민의 공공데이터에 대한 이용권을 보장한다고 선언하고 있다(제1조). 그에 따라 공공기관은 누구든지 공공데이터를 편리하게 이용할 수 있도록 노력하여야 하며, 이용권의 보편적 확대를 위하여 필요한 조치를 취하여야 한다(제3조 제1항). 이러한 '이용권'이 국민의 실체적 권리인지에 관하여 다툼이 있을 수 있으나, 국민 누구든지 공공기관에 대하여 공공데이터 제공을 요청할 수 있으며 공공기관이 이에 불응하면 소를 제기할 수 있다고 보면 공공데이터에 대한 이용권은 법률에서 정한 실체적 권리라고 생각된다.[4] 공공데이터에 대한 접근은 정보공개법에 의해서도 가능하나 공공데이터법은 더 나아가 공공데이터의 적극적인 이용을 규정하였다. 또한 정보공개법도 제공된 정보에 대한 다양한 형태의 이용을 금지하지 않는다. 법원도 정보공개법이 정보공개청구권의 행사와 관련하여 정보의 사용 목적이나 정보에 접근하려는 이유에 관한 어떠한 제한을 두고 있지 않다고 판시하고 있다.[5] 공공데이터법과 정보공개법은 데이터 접근, 제공의 측면에서 거의 동일한 기능을 수행한다고 할 수 있다. 다만 정보공개법은 국민의 알권리에 기초하여 행정의 투명성을 추구하는 법률이므로 공공데

---

4) 공공데이터법 제33조 제2항은 "분쟁조정위원회는 신청된 조정사건에 대한 처리절차를 진행하던 중에 한 쪽 당사자가 소를 제기하면 그 조정의 처리를 중지하고 이를 당사자에게 알려야 한다."고 규정하여, 데이터제공거부에 대해 소가 제기될 수 있음을 예정하고 있다. 다만, 정보공개법과 달리, 공공데이터법은 국가기관 이외의 공공기관의 제공거부결정에 대해 행정심판, 행정소송을 제기할 수 있는 방법을 구체적으로 정하고 있지는 않다.

5) 정보공개법의 목적, 규정 내용 및 취지에 비추어 보면, 정보공개청구의 목적에 특별한 제한이 있다고 할 수 없으므로, 오로지 피고를 괴롭힐 목적으로 정보공개를 구하고 있다는 등의 특별한 사정이 없는 한, 정보공개의 청구가 권리남용에 해당한다고 볼 수 없다(대법원 2010. 12. 23. 선고 2008두13392 판결, 대법원 2014. 12. 24. 선고 2014두9349 판결 등).

이터법과 달리 데이터의 사전공개, 이용절차, 품질관리 등을 구체적으로 기술하기 어렵다는 차이가 있다. 정보공개법이 공공기관의 데이터에 접근할 수 있는 권리를 규정한 것에서 더 나아가 데이터를 적극적으로 이용할 수 있는 권능을 부여하고 데이터 공개·이용을 위한 구체적 절차, 공공데이터 목록 공표, 품질관리, 표준화 등을 규정한 것이 공공데이터법이라고 볼 수 있다. 그러므로 공공데이터를 이용할 수 있는 권리적 근거는 국민의 알권리에 기초한 정보공개법에서도 찾을 수 있다.

누구든지 공공데이터에 접근하고 이를 이용할 수 있는 상황을 정당화할 수 있는 정책적 근거는 무엇인가? 공공데이터는 공공기관이 법령 등에서 정하는 목적을 위하여 생성 또는 취득하여 관리하는 정보를 말하므로, 공공데이터 작성에 공공자금이 투입되었다는 사정이 국민 일반의 공공데이터에 대한 접근 및 이용을 허락하는 적극적인 요인이라고 할 수 있다. 또한 OECD에서 추진하는 Open Government Data(OGD) 정책과 같이, 정부 등이 보유하고 있는 데이터를 공개함으로써 정부의 투명성, 책임성을 강화하고 민간사업의 기회와 혁신을 창출하고자 하는 정책적 목적도 정당화 사유가 될 것이다.6) 그러나 정부 등의 공공기관은 데이터를 자체적으로 생성하기도 하지만 기업, 개인들의 정보를 강제적으로 취득하여 관리하는 경우도 상당하다. 공공데이터에는 정보주체의 개인정보, 기업의 영업비밀, 타인의 저작권 등이 혼재되어 있으므로 이를 온전히 정부의 자산이라고 보기 어렵다. 정부 등 공공기관의 고유자산이라고 볼 수 없는 것에 대해 마치 공공기관이 소유자인 것처럼 이용자에게 이용허락을 할 수는 없다. 공공기관이 내부활동에 관하여 자체적으로 생성한 정보 내지 순수한 사물에 관한 정보(예컨대, 기관 내부의 지출내역, 버스운행데이터, 기상데이터 등) 등은 특별한 제한없이 공개하여 이용할 수 있게 하여도 큰 문제가 없지만 차량등록번호, 복지급여내역, 제품성분 등 타인의 속성, 기업정보 등에 관련한 정보는 제한없이 공개하는 경우 이해관계자의 반발이 예상된다. 이러한 점을 고려하여 공공데이터법은 정보공개법에서 정한 비공개정보(사생활침해 정보, 영업비밀 등 8가지 정보), 이용허락을 받지 않은 저작권 등이 포함된 정보를 아예 제공대상 데이터에서 제외하여, 공공데이터의 제공이 타인의 권리를 침해하지 않도록 하고(제17조 제1항), 그 범

---

6) Open Data 중의 하나인 Open Government Data는 우리 법률상의 공공데이터의 개념에 거의 정확히 대응한다. http://www.oecd.org/gov/digital-government/open-government-data.htm 참고.

위내에서 데이터 이용자가 자유롭게 나아가 영리적으로도 공공데이터를 활용할 수 있도록 하였다.[7] 즉 제공대상 공공데이터에 사생활침해 정보 등이 존재하지 않으므로 이러한 데이터의 사용을 적극적으로 권장한다는 취지이다.

그러나 이러한 시도만으로 공공데이터의 제공에서 발생하는 위험을 완벽히 제거할 수 있다고 보기는 어렵다. 왜냐하면 타인 관련 내용이 제거된 공공데이터라고 하더라도 다른 데이터의 결합, 연결에 의해 해당 개인이 식별되거나 기업의 영업비밀이 노출될 수 있는 가능성을 완전히 배제할 수는 없기 때문이다. 현재 공공데이터분쟁조정사건으로 올라오는 어려운 사안들은 대부분 개인정보 침해, 영업비밀 침해 가능성 등이 현실적으로 문제되는 것들이다. 결국 공공데이터 이용을 정당화하기 위해서는 비례의 원칙에 근거하여 프라이버시 침해, 영업비밀 침해 등 보다 우월한 사적, 공적인 가치가 존재한다고 인정되어야 한다.[8] 그리고 비교형량된 이익들 간의 크기 차이에 비례하여 허용되는 공공데이터의 범위도 탄력적으로 결정되어야 한다고 생각된다. 희생되는 법익에 비하여 공공데이터 이용의 이익이 현저히 우월하지 않다면 데이터 이용은 허용하더라도 그 이용의 범위를 제한할 필요가 있을 것이다(이 경우 이용요건 준수, 제3자 제공 금지, 비식별조치 등 안전성 확보 조치 이행 등의 적절한 내용의 부관을 부가해야 한다). 비례의 원칙이라는 관점으로 보면, 정보공개법은 해당 정보에 정보주체 기타 제3자의 권리가 포함되어 있는 경우라고 하더라도 법익균형성을 충족하면 정보 공개를 허용하는 예외적 규정을 두고 있다(정보공개법 제9조 제1항, 제6호, 제7호). 오히려, 공공데이터법은 제공대상 데이터에 타인의 개인정보 등이 없다는 이론적 전제 하에 구체

---

7) 공공데이터법 제17조(제공대상 공공데이터의 범위) ① 공공기관의 장은 해당 공공기관이 보유·관리하는 공공데이터를 국민에게 제공하여야 한다. 다만, 다음 각 호의 어느 하나에 해당하는 정보를 포함하고 있는 경우에는 그러하지 아니한다.
　1. 「공공기관의 정보공개에 관한 법률」 제9조에 따른 비공개대상정보
　2. 「저작권법」 및 그 밖의 다른 법령에서 보호하고 있는 제3자의 권리가 포함된 것으로 해당 법령에 따른 정당한 이용허락을 받지 아니한 정보
8) 대법원 2006. 12. 7. 선고 2004두9180 판결 [정보공개거부처분취소].
　"정보공개법 제7조 제1항 제6호 (다)목에 의하면, 특정인을 식별할 수 있는 개인에 관한 정보라 하더라도 공익을 위하여 필요하다고 인정되는 정보에 해당하는 경우에는 그 공개를 거부할 수 없다고 규정되어 있고, 기록에 의하면 원고가 공익 목적에 의한 이 사건 정보의 공개를 계속 주장하여 왔음을 알 수 있으므로, 원심 판시와 같이 비록 이 사건 공개청구대상정보에 개인에 관한 정보가 포함되어 있다 하여도, 원심으로서는 나아가 그 정보의 비공개에 의하여 보호되는 개인의 사생활 보호 등의 이익과 공개에 의하여 보호되는 국정운영의 투명성 확보 등의 공익을 심리하여 그 비교·교량에 의하여 이 사건 공개거부처분의 당부를 판단하였어야 할 것이다."

적인 상황에서 발생할 수도 있는 제3자 권리 침해 요소에 대해서는 섬세한 고려를 하고 있지 않다. 향후 공공데이터법이 개정된다면 이러한 현실적인 침해 가능성을 인정하여, 비례의 원칙에 따른 법익균형성을 확보하고 제공되는 데이터의 성격에 따라 이용범위를 탄력적으로 제한할 수 있는 규정을 두는 것이 바람직하다고 생각된다. 이에 대한 구체적인 방안에 대해서는 II. 3 에서 후술하기로 한다.

2. 공공데이터의 이용목적 범위와 영리적 이용

공공데이터법상 공공데이터의 이용목적에는 원칙적으로 제한이 없다. 다른 법률에 특별한 규정이 있거나 공공데이터법 제28조 제1항 각 호의 경우를 제외하고 공공데이터를 제공받은 자는 이를 영리적으로도 이용할 수 있다(제3조 제4항).[9] 다만, 법 제28조의 규정은 후발적인 사유로 공공데이터의 제공을 중단할 수 있는 규정이다. 영리적 이용이 사후적으로 제한되는 사유를 간략하게 정리하면 ① 공공데이터 이용요건을 위반하는 경우 ② 제3자의 권리를 '현저하게' 침해하는 경우 ③ 범죄 등 불법행위에 악용하는 경우 ④ 기타 공공데이터제공분쟁조정위원회가 정하는 경우가 이에 해당한다.[10] 전술한 바와 같이 공공데이터법은 개인정보, 영업비밀 등 타인의 권리를 침해할 소지가 있는 정보는 제공대상에서 제외하고 있으나 데이터의 결합·연결, 남용적 이용 등으로 인하여 타인의 권리를 침해할 가능성이 이론적으로 완전히 배제되었다고 할 수는 없다. 그럼에도 불구하고 공공데이터법이 원칙적으로 공공데이터를 영리적으로 내지 사익적으로 이용할 수 있다고 하는 것은 이익형량의 관점에서 공공데이터의 활용을 더 높은 가치로 보고 있는 것이라고 할 수 있고, 나아가 제3자의 권리를 '현저하게' 침해하는 경우에만 영리적 이용을 제한할 수 있다고 하여 동등 가치의 비교형량이라면 공공

---

9) 제28조(공공데이터의 제공중단) ① 공공기관의 장은 다음 각 호의 어느 하나에 해당하는 경우 공공데이터의 제공을 중단할 수 있다.
  1. 이용자가 제19조에 따라 공표된 공공데이터의 이용요건을 위반하여 공공기관 본래의 업무수행에 상당한 지장을 초래할 우려가 있는 경우
  2. 공공데이터의 이용이 제3자의 권리를 현저하게 침해하는 경우
  3. 공공데이터를 범죄 등의 불법행위에 악용하는 경우
  4. 그 밖에 공공데이터의 관리 및 이용에 적합하지 아니한 경우로서 제29조에 따른 공공데이터제공분쟁조정위원회가 정하는 경우
10) 현재까지 공공데이터제공분쟁조정위원회가 공공데이터의 관리 및 이용에 적합하지 않은 사유를 특별히 정한 것은 없다.

데이터의 활용을 더 우선적으로 고려하겠다는 입법적 태도를 취하는 것으로 볼 수 있다.

현행법상 공공데이터법과 정보공개법은 거의 같은 기능을 수행한다. 법체계적으로 공공데이터법이 제공을 거부할 수 있는 정보로서 정보공개법상의 비공개정보를 그대로 수용하기 때문에 공공데이터를 제공받고자 하는 자는 공공데이터법과 정보공개법 중 어느 하나를 선택하여 데이터 제공청구를 하더라도 법률적으로는 동일한 결과를 얻을 수 있다. 이념적인 관점에서 정보공개법은 국민의 알권리를 보장하고 행정의 투명성 확보를 추구하는 반면, 공공데이터법은 국민경제 발전이라는 목적하에 공공데이터의 이용권을 보장한다는 점이 상이하기는 하나, 데이터의 접근 및 이용이라는 실질적인 관점에서 보면 양 법의 결과는 거의 동일하다.[11) 그런데 대법원은 일관되게 "정보공개법의 목적, 규정 내용 및 취지에 비추어 보면 정보공개청구의 목적에 특별한 제한이 있다고 할 수 없으므로, 국민의 정보공개청구는 정보공개법 제9조에 정한 비공개 대상 정보에 해당하지 아니하는 한 원칙적으로 폭넓게 허용되어야 한다"는 취지로 판시하고 있다(대법원 2010. 12. 23. 선고 2008두13392 판결, 대법원 2014. 12. 24. 선고 2014두9349 판결 등).[12) 또한 1997. 11. 11. 제정된 정보공개법 시행규칙 별지 제1호 서식인 정보공개청구서에는 사용목적란이 별도로 있어 청구인이 ① 학술연구 ② 사업관련 ③ 행정감시 ④ 쟁송관련 ⑤ 재산관련 ⑥ 기타의 6개 항목 중에서 선택하여 정보공개를 청구하도록 되어 있었으나, 2004. 7. 29. 동 시행규칙 전부개정시 사용목적 기재

---

11) 정부 공공데이터 관리지침(행자부 고시 2016-42호)은 공공데이터법상의 '공공데이터'와 정보공개법상의 '정보'를 구분하여, 전자는 기업 등의 비즈니스 활용 또는 창출을 위한 산업적 활용 차원 성격의 자료 또는 정보로, 후자는 국민의 알권리 보장, 국정운영의 투명성 보장 차원 성격의 자료 또는 정보로 보고 각각 적용법률을 달리 보고 있으나(15면), 법률적으로 '공공데이터'와 '정보'는 실질적으로 동일하다고 생각된다. 위 관리지침은 기관장 업무추진비, 출장내역서 등은 개방 공공데이터로 보기 어렵고 정보공개법상의 '정보'에 해당한다고 보고 있으나(5면) 의문이다.

12) 예외적으로, 해당 정보를 취득 또는 활용할 의사가 전혀 없이 정보공개 제도를 이용하여 사회통념상 용인될 수 없는 부당한 이득을 얻으려 하거나, 오로지 공공기관의 담당공무원을 괴롭힐 목적으로 정보공개청구를 하는 경우처럼 권리의 남용에 해당하는 것이 명백한 경우에는 정보공개청구권의 행사를 허용하지 아니한다는 것이 대법원의 입장이다(대법원 2014. 12. 24. 선고 2014두9349 판결). 위 판결은 청구인이 이 사건 정보의 접근을 목적으로 정보공개를 청구한 것이 아니라, 청구가 거부되면 그 거부처분의 취소를 구하는 소송에서 승소한 뒤 소송비용 확정절차를 통해 자신이 그 소송에서 실제 지출한 소송비용보다 다액을 소송비용으로 지급받아 금전적 이득을 취하거나, 수감 중 변론기일에 출정하여 강제노역을 회피하는 것 등을 목적으로 정보공개를 청구하였다고 볼 수 있는 사안을 대상으로 한 것이다.

란이 폐지된 바 있다. 이러한 점을 고려하면 정보공개법 역시 원칙적으로 데이터의 영리적, 상업적 이용을 허용한다고 할 수 있다.

그러나 데이터의 영리적 이용에 의하여 타인의 권리가 침해될 수 있는 경우에는 전술한 바와 같이 충돌하는 이익들의 비교형량에 의해 데이터의 이용범위가 결정되어야 할 것이다. 공공데이터법 제3조 제4항은 다른 법률의 특별한 규정 또는 법 제28조 제1항 각 호의 경우를 제외하고는 공공데이터의 영리적 이용을 금지 또는 제한할 수 없다고 규정하고 있으나, 위 규정은 공공데이터에 대한 기본원칙에 불과하므로 위 규정을 직접적으로 원용하여 공공데이터 이용을 제한하기는 어렵다. 위 규정에 의하면 법 제28조 제1항만이 공공데이터 이용을 제한할 수 있는 규정인데, 이는 공공데이터가 일단 제공된 후 후발적인 사유로 공공데이터 제공을 중단할 수 있다는 것에 불과하고 공공데이터를 제공할 당시 이용자의 신뢰성(자격), 이용목적, 이용계획 등을 종합적으로 고려하여 개별 이용자 별로 이용요건을 설정하여 이용방법과 이용범위를 제한할 수 있다는 것은 아니다.[13] 후술하겠거니와 현행 공공데이터법은 공공데이터를 공공데이터 포털 등에 파일데이터 내지 오픈API 형태로 일괄하여 제공하는 방식을 취하고 있고 그에 따라 공공기관이 공공데이터 당시 설정할 수 있는 이용요건도 단순하고 정형화된 라이선스 약관의 형식을 띨 수밖에 없다. 이와 같은 공공데이터 제공 방식, 이용허락 방식을 취하게 되면 공공기관은 이용자 별로 탄력적인 데이터 이용정책을 구사할 수 없게 되므로 민원이 없을 것으로 보이는 극히 문제가 없는 데이터만을 공공데이터 포털에 제공하게 될 가능성이 높아진다. 예컨대 공공데이터법의 취지에 맞추어 영리적 이용을 허락하더라도 데이터의 민감성을 고려하여 이용방법을 제한하거나 분석장소 제한, 개인재식별, 제3자 제공 등을 금지하는 특수조건적인 이용요건을 설정할 수 있도록, 데이터에 따라서는 그 목록만 공공데이터 포털 등에 올리고 데이터 이용신청을 심의하여 이용신청을 불허하거나 이용신청을 허락하면서 특수조건적인 이용조건을 부가할 수 있는 공공데이터 제공방식을 도입할 필요가 있다고 생각된다(데이터목록만 공개하고 데이터이용신청을 받는 방식은 이미 건강보험심사평가원이 보건의료빅데이터를 제공하는 절차로 채택한 방식이다. 이러한 방식을 공공데이터법에 추가적으로 도입하자는 것이다).

---

13) 공공데이터의 '제공 중단'의 의미에 대해서도 생각해 볼 점이 있다. 현재 시스템상 공공데이터는 파일데이터나 오픈API 방식으로 제공되므로 제공중단의 실익이 거의 없다.

3. 공공데이터 이용을 둘러싼 여러 이해관계의 조정 방안

(1) 이익균형성의 원칙과 안전조치

공공데이터법은 정보공개법상의 비공개정보 8가지를 제공대상 데이터에서 제외하고 있다(제17조 제1항). 이들 비공개정보는 크게 보아 공익적인 이유에 기하여 비공개를 해야 할 필요가 있는 6가지 유형의 정보와 제3자의 이익(사익)을 보호하기 위해 비공개를 해야 할 필요가 있는 2가지 유형의 정보로 대별할 수 있다.[14][15] 대체로 공익적인 사유에 기한 비공개정보의 경우는 관련 공익적인 사유가 데이터 이용자의 이익보다 현저히 우월한 경우에 해당하고, 제3자의 이익(사생활보호, 영업비밀)을 보호하기 위하여 데이터를 비공개하는 경우는 관련 제3자의 이익과 데이터 이용자의 이익을 구체적인 상황에서 비교형량할 필요가 있는 경우라고 생각된다. 해당 법규정도 공익 보호적인 비공개사유에는 예외적인 공개 허용 규정을 두고 있지 않으나, 사익 보호적인 비공개사유에는 관련 사익과 다른 이익을 비교형량하여 일정한 경우 공개를 허용하는 예외 규정을 두고 있다.[16] 이와 같이 비교형량에 의하여 이익균형성을 추구하는 방식은 공공데이터 이용과 관련한 여러 이해관계인들의 이익을 조절하기 위한 원칙적인 방법일 것이다. 구체적인 상황에 부합하는 적절한 이익균형의 타협점은, 공공데이터를 이용하게 할 필요성이 인정되나 개인식별가능성 등 제3자의 권리를 침해할 여지가 있는 경우 이러한 침해가능성을 최소화하기 위해 데이터 이용에 관하여 일정

---

14) 공익적인 사유로 비공개하는 정보 : ① 법률 등에 따라 비공개사항으로 정한 정보, ② 국가안전보장 등에 관한 사항으로서 국가의 중대한 이익을 현저히 해할 우려가 있는 정보, ③ 국민의 생명, 재산 등의 보호에 현저한 지장을 초래할 우려가 있는 정보, ④ 진행 중인 재판 관련 정보 및 범죄 수사 등에 관한 사항으로서 그 직무수행을 현저히 곤란하게 하거나 형사피고인의 공정한 재판을 받을 권리를 침해하는 정보, ⑤ 감사 등의 사항이나 의사결정 과정 등에 있는 사항으로서 업무의 공정한 수행 등에 현저한 지장을 초래하는 정보, ⑥ 부동산 투기 등으로 특정인에게 이익 또는 불이익을 줄 우려가 있는 정보(공공데이터법 제17조 제1항, 정보공개법 제9조 제1항 내지 제5항, 제8항)
15) 사익 보호를 이유로 비공개하는 정보 : ① 성명, 주민등록번호 등 개인에 관한 사항으로서 사생활의 비밀을 침해할 우려가 있는 정보, ② 법인 등의 경영상, 영업상 비밀에 관한 사항으로서 법인 등의 정당한 이익을 현저히 해할 우려가 있는 정보(공공데이터법 제17조 제1항, 정보공개법 제6항, 제7항)
16) 정보공개법 제9조 제1항 제6호 가목 내지 마목, 제7호 가목, 나목. 판례도 공개청구대상정보에 개인에 관한 정보가 포함되어 있다고 하더라도 그 정보의 비공개에 의하여 보호되는 개인의 사생활 보호 등의 이익과 공개에 의하여 보호되는 국정운영의 투명성 확보 등의 공익을 심리하여 비교교량해야 한다고 판시하고 있다(대법원 2006. 12. 7. 선고 2004두9180판결).

한 제한을 두는 것이라고 생각된다. 즉 공공데이터에 대한 접근과 그 이용에 관련하여 개인정보 침해, 영업비밀 유출, 저작권 침해 등의 문제가 발생할 수 있다고 보아, 구체적인 상황에 기초하여 적절한 이익균형을 취할 수 있도록 여러 형태의 안전조치(safeguard) 내지 제한조치를 부과하는 것이다. 이러한 제한조치로는 문제상황에 부합하는 탄력적인 데이터 이용계약의 체결, 데이터 이용 목적 및 이용자의 공개, 데이터 이용의 장소적 제한, 데이터 이용의 산출물에 대한 일정 범위의 공개, 데이터를 가명정보로 변환하는 등의 데이터 비식별조치, 개인 재식별 금지, 데이터의 제3자 제공 금지 등을 들 수 있고 나아가 공공데이터 거버넌스 원칙을 설정하여 데이터의 모든 생명주기와 보호에서부터 이용의 전 과정에 적용되는 원칙, 법제도, 가이드라인 등을 정비하는 것이 근본적인 안전조치가 될 것이다.

이와 관련하여 현행 공공데이터법은 공공기관이 공공데이터를 공표하면서 데이터 이용요건을 둘 수 있도록 하고 있다(제19조 제3항). 이용자가 이러한 데이터 이용요건을 위반하는 경우 공공기관은 해당 공공데이터의 제공을 중단할 수 있으므로(제28조 제1항 제1호), 데이터 이용자의 이익과 해당 데이터에 대한 여러 이해관계인의 이익을 조정하기 위해 공공기관은 적절한 범위에서 데이터 이용요건을 설정하는 것을 고려할 수 있다. 다만, 현행 공공데이터법은 원칙적으로 공공데이터를 공공데이터포털(www.data.go.kr)에서 오픈API나 파일데이터로 공개하도록 하고 있고(제19조 제4항), 이에 대한 이용요건(이용허락범위)으로 CC(Creative Commons) 라이선스 내용을 응용하여 저작자(출처)표시 − 영리적 또는 비영리적 이용허락 선택 − 원 데이터 변경 금지 또는 동일조건 변경허락 선택을 할 수 있도록 하였다(시행규칙 별지 제4호 서식).[17] 그러나 현행 법령에서 예정하고 있는 데이터 이용요건은 간단하고 정형화된 방법으로 영리적 이용을 금지하거나 제공된 데이터를 변경하지 못하도록 하는 것에 그치는 것이므로(정형화된 라이선스 약관에 해당) 전술한 바의 구체적이고 다양한 상황에서 여러 이해관계인의 이익을 균형

---

17) 공공데이터를 공공데이터 포털에 올릴 때 아래에서 제시된 이용허락범위 중에서 선택을 한다.

⑤ 이용허락 범위	저작자표시 [ ]	저작자표시−비영리 [ ]
	저작자표시−변경금지 [ ]	저작자표시−비영리−변경금지 [ ]
	저작자표시−동일조건 변경허락 [ ]	저작자표시−비영리−동일조건 변경허락 [ ]
	사유 : (	)

적으로 조정할 수 있는 수단이 되기에는 부족하다. 공공데이터 자체를 오픈API 나 파일데이터로 공개하는 방식을 취하면 구체적인 상황에서 개별적인 이용자에 게 특수한 데이터 이용요건을 부담시키는 것이 불가능하다. 누구든지 데이터를 다운로드할 수 있으므로 불특정다수에게 공개되는 것을 막을 수 없고 개별적인 의무조항을 설정할 수도 없기 때문이다. 민감한 데이터의 경우에는 제공되는 공 공데이터 목록만을 인터넷 등에 공개하고 데이터 이용자에 따라 공공데이터의 이용요건을 개별적으로 설정할 수 있도록 하는 방식이 필요하다고 생각된다. 데 이터 이용요건 내지 이용계약의 설정에 대해서는 절을 바꾸어 논하기로 한다.

(2) 공공데이터의 성격에 따른 개별적인 데이터 이용계약의 체결

공공데이터법은 공공데이터포털 등에 공공데이터 목록과 공공데이터를 파일 데이터나 오픈API방식으로 전체 공개하여 누구든지 공공데이터에 접근할 수 있 도록 하는 것을 원칙으로 하고, 공공기관으로 하여금 이용자에게 비독점·비차별 적인 정형화된 이용조건을 제시하도록 하고 있다. 이러한 태도는 공공데이터 기 본원칙 중의 하나인 "공공기관은 공공데이터에 관한 국민의 접근과 이용에 있어 서 평등의 원칙을 보장하여야 한다"는 것과 어느 정도 부합되는 측면이 있어 보 인다. 그러나 앞서 말한 바와 같이, 이와 같은 일률적인 공개방식을 취하게 되면 데이터의 성격, 데이터 이용목적, 이용자의 신뢰성 등을 고려하여 개별적인 데이 터 이용요건을 부담시키는 것이 원천적으로 불가능해진다. 또한 공공기관은 데 이터를 일률적으로 인터넷에 공개하는 것이 부담스러운 나머지 여러 사유를 들 어 데이터 접근을 아예 불허하는 경향을 취할 가능성이 높다. 공공데이터를 특정 인에게 차별적·독점적으로 이용하게 할 목적이 아니라는 전제에서, 신뢰할 수 있는 이용자가 사회적 이익에 부합하는 목적을 위해 데이터제공신청을 하는 경 우라면 가사 데이터의 성격이 민감하고 위험발생의 가능성이 있다고 하더라도 적절한 내용의 이용요건을 부과하여 여러 이익들간의 균형성을 도모할 수 있다 고 생각된다. 공공데이터법이 예정하고 있는 '공표된 공공데이터의 이용요건'은 약관으로 된 라이선스인 반면 이러한 이용요건은 구체적인 상황에서 체결되는 양 당사자간의 데이터 이용계약에 해당할 것이다.[18]

[18) '공표된 공공데이터의 이용요건'이라는 표현은 제19조 제2항, 제3항, 제28조 제1항 제1호에서 사 용되고 있다.

예컨대 공공데이터제공분쟁사례 [사건번호 2018−2] '소방청 화재발생지 상세주소 데이터 사건'을 살펴보자. 신청인은 기자로서 데이터 분석 및 언론보도를 위해 소방청을 상대로 화재발생지 데이터(2007.1 ~ 2018.3) 특히 그중에서 화재발생지 상세주소(세부지번, 아파트 동호수 포함)와 화재개요의 제공을 신청하였다. 현재 화재발생지 주소는 상세주소를 제외하고 공개되고 있으며, 화재개요는 화재조사관이 특정 화재사고에 관한 내용을 자유롭게 기술하는 것으로서, 화재일시 · 발화지점 · 최초목격자 진술, 현장조사 시 특이점 등이 포함되며 통상적으로 최소 2~3줄 최대 A4 반페이지 분량으로 작성되고 목격자 이름, 나이, 전화번호, 발화대상 관계자 등의 인적 사항이 기재되는 경우가 많다. 소방청은 화재발생지 상세주소와 화재개요에 개인정보가 있다는 이유를 들어 데이터제공을 거절하였다. 공공데이터제공분쟁조정위원회는 아래와 같이 조정결정을 하고 양 당사자가 이를 수락하여 사건이 종결되었다.

---

1. 피신청인은 이 사건 데이터를 다음과 같이 신청인에게 제공한다.

　가. 화재발생지 상세주소 데이터와 관련하여

　　(1) 현재 피신청인이 제공 중인 주소데이터에 공동주택의 '건물명(예:OO 아파트) 및 동 데이터(예:101동)'를 추가하여 제공한다.

　　(2) 공동주택의 호수 및 단독주택의 지번 주소의 경우 일련번호로 치환하여 제공하며 치환비용은 신청인이 부담한다.

　나. 화재개요 데이터와 관련하여 신청인이 지정하는 1,000 ~ 2,000건의 데이터를 대상으로 사람의 이름, 주민번호, 주소, 전화번호 등 개인을 식별할 수 있는 데이터를 삭제하여 제공하고 삭제 등 가공비용은 신청인이 부담한다.

　다. 신청인에게 부과하는 비용은 「공공데이터의 제공 및 이용 활성화에 관한 법률」 제35조 제1항에 따른 필요최소한의 비용을 초과할 수 없다.

2. 신청인은 다음과 같은 이용조건에 따라 제공받은 데이터를 이용할 수 있다.

　가. 신청인은 언론보도를 위한 데이터 분석을 목적으로 하여 데이터를 이용할 수 있으나 개인을 식별하거나 개별 화재지를 언론에 공표하는 행위를 해서는 안 된다.

　나. 신청인은 제공받은 데이터를 제3자에게 유출해서는 안 된다.

　다. 신청인의 의무 불이행으로 인해 발생하는 민 · 형사상 책임은 신청인이 부담한다.

3. 피신청인은 위와 같은 제공 및 이용조건에 동의한다는 신청인의 의사를 확인한 후 데이터를 제공할 수 있다.

위 조정결정 1.가.(2), 1.나. 는 일종의 비식별화 내지 개인정보의 기술적 분리를 하여 공공데이터를 제공하라는 의미이고, 위 조정결정 제2항은 기자의 언론목적을 고려하여 데이터제공을 허용하되 개인재식별, 개별 화재지의 제3자 유출 행위를 금지하는 특수한 이용요건을 부담시킨 것에 해당한다. 위 조정사건은 만약 데이터 이용신청인이 기자가 아니고 언론목적이 불투명하였다면 화재발생에 관련된 개인 사생활의 비밀이 침해될 가능성을 배제할 수 없다는 이유로 공공데이터제공이 거부될 수 있는 사안이었다고 생각된다. 데이터 이용요건에 구체적·개별적인 규범적인 의무를 추가함으로써 적절한 이익균형을 도모할 수 있었다고 보인다. 이러한 구체적·개별적 이용요건 부과는 당사자간의 분쟁조정절차에서는 어렵지 않게 채택할 수 있으나, 공공데이터 파일을 인터넷 등에 공개하는 방식을 취하는 경우에는 구체적·개별적 이용요건을 부과하는 것이 실제적으로 불가능하다. 민감정보의 성격을 띠는 공공데이터는 그 목록만 인터넷에 공개하고 데이터 이용신청을 심의하여 개별 이용자 단위로 적절한 내용의 데이터 이용요건 내지 이용계약을 체결하는 방식을 고려할 필요가 있다고 생각된다. 이에 대해서 감사원 지적사항은 평등과 공개의 원칙상 공공데이터제공신청을 통해 데이터를 제공하는 경우 다른 이용자들도 해당 데이터를 활용할 수 있도록 동일한 조건으로 공공데이터 포털(인터넷)에 반영할 것을 요구하고 있으나, 이는 모든 공공데이터를 공공데이터 포털에 업로드하는 경우만을 상정한 것이므로 위와 같은 개별적 심의방식이 공공데이터 이용에 대한 평등과 공개의 원칙을 위반한 것은 아니라고 할 것이다.

공공기관이 공공데이터의 이용 조건을 설정하는 것에 대해 몇 가지 더 고찰해야 할 점이 있다. 이용조건의 설정은 행정법의 관점에서 보면 부관 특히 부담 내지 철회권의 유보에 해당하므로 공공기관이 행정청인 경우 공공데이터의 제공, 이용허락행위에 행정법상의 부관을 설정할 수 있는지 여부가 문제될 수 있다. 판례는 기속행위 내지 기속적 재량행위에 대해서는 법령상 특별한 근거가 있어야 부관을 붙일 수 있고(대법원 1993. 7. 27. 선고 92누13998 판결, 대법원 1995. 6. 13. 선고 94다56883 판결), 수익적 행정처분에 대해서는 법령에 특별한 근거규정이 없다고 하더라도 부관으로서 부담을 붙일 수 있다고 판시한 바 있다(대법원 2009. 2. 12. 선고 2005다65500 판결). 공공데이터 이용권을 수익적 행정처분에 가깝다고 보면 부관형식의 이용요건의 설정도 가능하다고 생각된다. 그러나 바람직하기로는 공공데이터법상 공공데이터 제공시 공공기관이 이용자에 대해 특별한 의무부담, 조건 등을 설정할 수 있는 근거규정을 마련하여야 할 것이다. 또한 정보공개법은 데이터의 제3자 제공시 특별히 이용요건을 설정할 수 있다는 규정을 전혀 구비하고 있지 않다는 것도 문제이다. 현행 법률 체계상 공공데이터는 공공데이터법 외에 정보공개법에 의해 제공될 수 있으므로, 설령 공공데이터법에 개별적인 이용요건 설정에 대한 법적인 근거가 마련되어도 동일한 내용의 청구가 정보공개법에 기해 이루어진다면 이용행위에 대하여 특별한 조건을 부가하기 어렵다는 한계가 있다.

(3) 체계적인 데이터 거버넌스의 확립

데이터 거버넌스는 데이터의 수집, 이용, 제공, 연계 등 전 생명주기에 걸쳐 적용되는 원칙, 법제도, 가이드라인 등의 체계를 말한다.[19] 데이터 거버넌스의 개념은 주로 프라이버시 보호를 목적으로 설계되지만 체계적인 데이터 거버넌스의 구축은 공공제도에 대한 신뢰, 연구결과의 품질 향상 등 사회적 이익에도 이바지하므로 개인의 프라이버시 보호에 한정하여 사고할 것은 아니다. 공공데이터법은 비록 제공대상 데이터에서 사생활비밀침해정보(개인정보성 정보)를 제외하고 있으나, 법률상 공공데이터의 정의 자체에는 개인정보도 포함되어 있고 제공대상 데이터가 개인정보를 담고 있는지에 대하여 일종의 회색영역으로 있는 것으로 보고 판단해야 하는 경우도 있으므로, 공공데이터법도 이러한 데이터 거버넌스의 관점에서 점검해 볼 필요가 있다.

공공데이터 영역에서 우리가 참고할 만한 비교법적인 데이터 거버넌스 모델로는 경제협력개발기구(OECD) Health Data Governance(2015)를 들 수 있다. OECD는 2015년 보고서에서 통계 또는 연구 목적으로 보건의료 데이터를 이용하면서도 환자의 프라이버시를 보호하기 위한 데이터 거버넌스 메커니즘을 제안하였다.[20] OECD 데이터 거버넌스 메커니즘의 핵심 8가지 원칙은 다음과 같다.[21] OECD 데이터 거버넌스 메커니즘은 보건의료시스템의 향상을 위한 의료데이터의 처리에 관한 것이지만 의료데이터는 현재 데이터 과학, 데이터 경제에서 핵심

---

19) 정보인권연구소, "데이터 연계·결합 지원제도 도입방안 연구", 개인정보보호위원회 (2017. 12.), 요약문 3면.

20) OECD, "Health Data Governace : Privacy, Monitoring and Research", 2015.

21) OECD, "Health Data Governace : Privacy, Monitoring and Research", 2015, 24면.

적인 역할을 하는 분야이므로, 우리의 공공데이터 거버넌스에도 충분히 참고할
만하다고 생각된다.

데이터 거버넌스 메커니즘의 8가지 원칙

1. 건강정보 시스템은 보건의료의 품질 및 보건의료시스템의 성능에 대한 모니터링과
향상, 그리고 더 나은 보건의료와 그 산출물을 위한 연구 혁신을 지원해야 한다.
2. 공공의료, 연구, 통계적 목적의 데이터 처리 및 데이터의 2차적 이용은 개인정보 보
호 관련 법률에서 정한 안전조치를 지키는 조건으로 허용된다.
3. 개인 건강데이터의 수집 및 처리에 관련된 사항은 일반 공중과 협의되어야 하며 일
반 공중에게 알려져야 한다.
4. 연구 및 통계 목적의 건강 데이터의 처리를 위한 인증 및 승인 절차가 구현되어야
한다.
5. 프로젝트 승인 절차는 공정하고 투명해야 하고, 의사결정은 독립적이고 다학제적인
프로젝트 심의기구의 지원을 받아야 한다.
6. 데이터 비식별화에 관한 모범관행이 환자의 데이터 프라이버시를 보호하기 위해 적
용되어야 한다.
7. 데이터 보안과 관리에 관한 모범관행이 개인재식별 및 법률·계약의 위반 위험을 감
소시키기 위해 적용되어야 한다.
8. 새로운 데이터 소스와 기술이 도입됨에 따라 거버넌스 메커니즘은 사회적 이익을 극
대화하고 사회적 위험을 최소화하기 위해 국제적인 수준에서 정기적으로 검토되어야
한다.

OECD는 위와 같은 요소들이 보건의료 정보기반을 구축하기 위한 국내 입법
에 포함되어야 한다고 보고 있다. 개인 건강정보의 처리를 포함하는 연구를 승인
하는 것에 대한 균형잡힌 의사결정을 지원하기 위해 법률적으로 데이터 거버넌
스 프레임워크를 수립해야 한다는 것이다.[22] 이와 같은 법제화를 위한 주요 고려
사항으로서 OECD는 다음을 제시하고 있다.[23]

---

22) 정보인권연구소, "데이터 연계·결합 지원제도 도입방안 연구", 개인정보보호위원회 (2017. 12.),
24면.
23) OECD, "Health Data Governance : Privacy, Monitoring and Research", 2015, 98면.

공공의료, 연구, 통계적 목적의 데이터 처리 및 데이터의 2차적 이용은 개인정보 보호 관련 법률에서 정한 안전조치를 지키는 조건으로 허용된다. 관련 법제는 다음과 같은 내용을 포함하여야 한다.

a) OECD 프라이버시 프레임워크(2013)에 명시된 프라이버시 보호 기본원칙을 반영해야 한다.

b) 모든 데이터 소스, 모든 데이터 보유기관, 모든 데이터 프로세서(processor)를 다루어야 한다.

c) 독립적이고 다학제적인 프로젝트 승인 기구를 포함하는, 공정하고 투명한 프로젝트 승인 절차를 요구해야 한다.

d) 위 승인절차에 따라 공공의료, 공익적인 연구 및 통계를 위한 개인 건강정보의 이용이 허용되어야 한다.

e) 동의에 의하거나 동의 예외 또는 특별 권한에 의하는 것에 관계없이, 추가적으로 승인된 통계 및 연구 프로젝트를 위한 데이터 처리는 허용되어야 한다. 정부 통계, 연구는 원칙적으로 데이터의 추가적 이용에 대한 정당한 목적으로 간주되어야 한다.

f) 장래 승인된 연구와 통계 목적으로 이용된 데이터셋에서 환자가 자신의 개인정보가 포함되는 것을 거부할 권리(옵트아웃)를 갖는 경우, 간략하게 환자의 선택사항을 표현하고 유지할 수 있는 기술을 포함하여 환자가 자신의 권리를 행사할 수 있는 실질적 수단이 있어야 한다.

g) 개인 건강데이터셋이 승인된 이용목적을 위하여 연결될 수 있어야 한다(레코드 연결).

h) 승인된 데이터 연결 프로젝트나 정부 통계를 위해 연결 가능한 데이터를 공공기관 간에 공유하는 것이 허용되어야 한다.

i) 공공기관과 신뢰할 수 있는 제3의 기관(TTP)는 장래 승인된 데이터 연결 프로젝트나 정부통계를 가능하게 하는 데이터 재식별 키를 안전하게 보관할 수 있어야 한다.

j) 사회의 모든 부분의 신청자가 연구 및 통계 프로젝트를 위한 비식별화된 개인 단위 건강정보에 접근하고 이를 공유할 수 있어야 한다. 다만 프라이버시 및 보안을 위한 안전조치와 재식별화 방지조치를 규정한 승인절차가 준수되어야 한다.

k) 외국인 신청자도 연구 및 통계 프로젝트를 위한 비식별화된 개인 단위 건강정보에 접근하고 이를 공유할 수 있어야 한다. 다만 해당 국가의 입법 시스템이 국내 개인정보 보호기준을 적절하게 충족하여야 하고, 프라이버시 및 보안을 위한 안전조치와 재식별화 방지조치를 규정한 승인절차가 준수되어야 한다.

l) 개인 건강정보 처리에 대한 승인신청과 승인결정은 일반 공중에게 공개되어야 한다.

위와 같은 OECD의 데이터 거버넌스 메커니즘은 2017. 1. 17. OECD 이사회 권고안에 의해 각 회원국에게 권고된 바 있다. 이와 같이 데이터 거버넌스를 체계화해야 한다는 관점에서 우리의 공공데이터법을 검토하여 보면, 다음의 몇 가지 개선사항을 생각할 수 있다.

첫 번째, 데이터 거버넌스 메커니즘에서 제일 우선시되는 것은 개인의 프라이버시 보호이다. 현재 우리나라의 법체계는 개인정보 보호법만이 데이터(및 개인정보)의 보호에 관한 규정을 가지고 있고 공공데이터법, 정보공개법, 전자정부법, 데이터기반행정활성화법(안)은 독자적인 개인정보 보호 규정을 두지 않거나 개인정보 보호법 조항을 단순 준용하는 것에 그치고 있다.[24] 공공데이터 관련 개별 법률마다 문제되는 상황에 부합하는 구체적인 데이터 및 개인정보 보호 규정을 두어야 할 것으로 생각된다. 전술한 바와 같이 공공데이터법, 정보공개법은 개인정보를 제공대상 데이터에서 제외하였다는 전제 하에 데이터의 기술적 분리 외에는 특별한 개인정보 보호 규정을 전혀 두고 있지 않은데, 실무적으로 보면 제공대상 데이터의 개인정보 해당 여부가 매우 불분명한 경우가 많으므로 이러한 데이터를 공개하더라도 개인정보 침해의 문제가 최소화될 수 있도록 위 각 법률에 개인정보 보호 관점의 데이터 안전조치 규정을 둘 필요가 있다고 판단된다. 이러한 데이터 안전조치로서 주요하게 고려되는 것은 공공데이터의 가명화, 비식별화 처리이다. 공공데이터의 제공여부를 판단할 때 해당 데이터가 개인정보와 비개인정보 사이의 회색 영역에 있다고 보이는 경우 이를 가명화 내지 비식별화 처리하고 그 외 개인정보 보호를 위한 특수조건을 붙여서 데이터를 제공할 수 있도록 하는 것이 실천적으로 유용하다고 생각된다. 만약 개인정보 보호법이 가명정보의 특례 등을 규정한다면 공공데이터법도 이와 동일한 취지의 규정을 도입할 필요가 있다. 한편 가명정보의 특례 규정은 통계작성, 학술연구 목적 등에 한정하여 적용되는 것이므로, 이러한 범위 내에서 공공데이터의 영리적 이용 허용 원칙은 일정 부분 후퇴하여야 한다.[25]

---

24) 공공데이터법과 정보공개법은 개인정보 보호에 관한 규정이 없고, 전자정부법은 행정정보 공동이용에 관하여 개인정보 보호법 규정을 일부 원용하고 있으며 데이터기반행정활성화법(안)은 데이터에 개인정보가 포함된 경우 해당 부분의 수집·제공 및 이용 등에 관하여 개인정보 보호법에 따른다는 포괄적인 규정을 두고 있다.

25) 영리적 목적을 위해 정보주체의 동의없이 가명정보를 처리할 수 있는지에 대해 다툼이 있으므로, 개인정보 보호법의 개정내용에 따라 공공데이터의 영리적 이용의 범위가 결정될 것이다.

두 번째, 민감성이 강한 데이터의 경우에는 현재와 같이 공공데이터 포털에 일괄적으로 제공하는 방식을 지양하고, 연구목적, 연구계획, 연구자의 신뢰성(자격) 등을 심의하여 개별적 신청단위로 공공데이터를 제공할 수 있는 절차를 법률적으로 공식화하는 것이 필요하다. 또한 이러한 심의절차를 진행하기 위해 공공데이터 제공기관과 조직적으로 독립된 연구프로젝트 승인기구를 설치하는 것도 필수적이다. 개별적인 이용신청 단위로 공공데이터가 제공되므로, 정형화된 약관 형식의 라이선스가 아니라 이용자의 구체적인 상황을 고려한 특수조건적인 데이터 이용요건을 부가하거나 데이터 이용계약을 체결할 수 있도록 관련 절차가 구비되어야 할 것이다. 이러한 방식은 사실 건강보험심사평가원 등이 의료공공데이터를 제공하면서 이미 채택하고 있는 것이다. 이에 대한 법률적 근거가 다소 미비하므로 법률적으로 보완할 필요가 있다고 생각된다.

세 번째, 공공데이터의 이용 과정 및 결과를 일반 공중이 인지할 수 있도록 하여 공공데이터의 이용에 대한 투명성을 제고하여야 한다. 현재의 방식 즉 공공데이터 포털에서 파일데이터를 다운로드하는 방식에서는 절차 투명성에 관하여 특별한 문제는 없다. 그러나 이용목적, 이용계획, 이용자의 자격 등을 심의하여 공공데이터를 제공하는 방식에서는 제공된 데이터 목록 및 개요, 연구계획의 내용, 이용자 이름 및 소속 등이 일반 공중에게 공개되어야 한다. 이와 같은 투명성 제고 노력이 빅데이터 분석에 대한 대중의 신뢰를 확보할 수 있는 거의 유일한 방법이라고 생각된다. 관련하여, 일본 개인정보 보호법은 가명정보 수준에 해당하는 익명가공정보를 작성하거나 제3자에게 제공할 때에는 해당 익명가공정보에 포함되는 개인에 관한 정보의 항목, 그 제공방법을 사전에 인터넷 등을 이용하여 공표해야 하고 이메일, 서면 등을 이용하여 해당 제3자에게 그 정보가 익명가공정보임을 명시해야 한다고 규정한다.[26) 이러한 일본법의 태도 역시 대중의 신뢰를 얻기 위한 투명성 확보 노력이라고 보인다. 영국의 care.data 사업이 2016년 중단된 것을 보면, 의료빅데이터 사업을 진행하기 위해 대중의 신뢰를 확보하는 것이 얼마나 어려운 것인지 알 수 있다. 영국의 개인정보 감독기구(Information Commissioner's Office; ICO)는 이 문제를 언급하며 빅데이터 처리의 투명성 부족이 대중적 신뢰 부족으로 이어져 공공데이터 공유에도 장벽이 될 수 있다고 지적하

---

26) 일본 개인정보 보호법 제36조 제3항 및 제4항, 제37조, 같은 법 규칙 제21조 내지 제23조.

였다.[27] 관련하여, 현재 건강보험심사평가원 보건의료빅데이터개방시스템에서는 2018.10.17. 자 현재 768건 과제 중 5건만이 공개로 신청되었는데, 분석과제의 개요, 결과보고서의 내용, 정보제공된 환자들의 범위 등을 알 수 없기 때문에 투명성 확보 관점에서 의문이 든다.

Ⅲ. 통계 및 학술연구 목적의 데이터 처리

1. 문제되는 상황

공공데이터의 이용·제공을 다루는 공공데이터법, 정보공개법은 원칙적으로 개인정보를 이용·제공의 대상에서 제외하고 있다. 그러나 현실에서 나타나는 공공데이터 분쟁 사례의 상당 부분은 개인정보성이 강한 데이터에 관한 사안들이다. 공공데이터제공분쟁조정위원회 자료에 따르면, 2014년부터 2017년 동안의 조정신청사건 총 96건 중 타인 저작권 관련 25건(26%), 개인정보 관련 13건(14%), 타법상 비밀·비공개정보 관련 11건(11%), 영업비밀 관련 5건(5%) 순으로 분쟁조정신청이 이루어졌다.[28] 정보공개청구 통계를 보면, 2017년 정보공개 청구건수 중 약 4%에 해당하는 25,131건에 대해 비공개 결정이 있었는데, 비공개 결정의 주된 사유로 개인의 사생활 비밀 침해 우려 정보(26%), 법령상 비밀 또는 비공개정보(25%), 공정한 업무수행에 지장을 주는 정보(20%)가 열거되고 있다.[29]

위 통계 현황을 볼 때 공공데이터의 활용에 있어서 개인정보 보호의 문제가 상당히 크다는 사실을 알 수 있다. 특히 다른 데이터와 달리 개인정보의 개념은 단독의 개인식별정보 외에도 그 자체로는 개인정보로 보기 어렵지만 시간과 상황에 따라 개인식별을 가능하게 할 수 있는 정보도 그 범위로 하고 있다. 그에 따라 특정 데이터를 개인정보가 아니라고 단정하여 공공데이터로서 활용할 수 있다고 판단하는 것이 매우 어려운 상황이다. 개인정보 보호의 관점에서 이 문제는 두 가지 방향으로 풀 수 있다. 하나는 개인정보의 개념을 넓게 해석하여 잠재적으로 개인정보 해당성이 문제될 수 있는 대상은 모두 개인정보로 보아 공

---

27) 정보인권연구소, "데이터 연계·결합 지원제도 도입방안 연구", 개인정보보호위원회 (2017. 12.), 4면.
28) 공공데이터제공분쟁조정위원회, 2016–2017 공공데이터제공 분쟁조정 사례집, 2017. 12., 19면.
29) 행정안전부, 2017 정보공개 연차보고서, 2018. 8., 28면.

공데이터 활용 대상에서 제거하는 것이다. 이러한 입장은 어찌 보면 유동적 개념으로 설계된 개인정보의 개념에 부합한다고 볼 수 있고 보수적 관점에서 개인정보 해당성을 판단하게 되면 자연스럽게 귀결될 수 있는 결론이기도 하다. 현재 IMEI 사건, 전화번호 뒷자리 사건 등의 개인정보 침해 사건에서 법원이 취한 태도라고 할 수 있다.[30] 다른 하나의 접근방식은 개인정보를 안전하게 처리한다는 관점에서 개인정보성이 염려되는 공공데이터에 대해 익명화, 가명화 등의 적절한 안전성 확보조치(appropriate safeguards)를 취한 후 일정 범위에서 활용하는 것이다. 전자의 방식은 정보주체의 권리를 보호한다는 측면에서는 이론적 우월성이 있으나 개인정보와 비개인정보 사이의 회색지대에 놓여 있는 데이터의 활용성을 매우 저하시킬 수밖에 없으며 당연히 공공데이터의 활용범위를 축소시키는 결과를 가져온다. 이러한 점을 고려한다면 후자의 접근방식은 개인정보를 보호하면서 공공데이터를 일정 범위에서 활용할 수 있는 장점이 있다. 이러한 접근방식은 문제되는 데이터를 개인정보 보호법의 영역에 두면서도 상황에 맞는 기술적, 조직적 안전성 확보조치를 채택한다는 것을 전제로 데이터 활용의 방법을 모색하는 것이라고 할 수 있다. 이것은 바로 유럽연합(EU)의 1995년 개인정보보호 지침(Directive 95/46/EC), 현재의 일반개인정보보호규정(General Data Protection Regulation; Regulation 2016/679, 이하 "GDPR")의 입장이기도 하다.

2. 개인정보 보호법 제18조 제2항 제4호의 해석

(1) 쟁점

우리나라 개인정보 보호법 제18조 제2항 제4호는 "통계작성 및 학술연구 등의 목적을 위하여 필요한 경우로서 특정 개인을 알아볼 수 없는 형태로 개인정보를 제공하는 경우" 개인정보를 목적 외의 용도로 이용하거나 제3자에게 제공할 수 있다고 규정한다. 특별한 입법자료는 없으나 위 조항은 유럽연합(EU)의 1995년 개인정보보호 지침(Directive 95/46/EC) 제6조 1(b) 후문에서 시사를 받은 것으로 추측된다. 유럽연합(EU) 지침의 해당 조항은 "데이터의 역사적, 통계적, 학술적 목적을 위한 추가적 처리는 회원국이 적절한 보호조치(appropriate safeguards)를 취하는 한 [최초 수집시 이용목적과] 양립되지 않는 것으로 보지 않는다"라고 규

---

30) 서울중앙지법 2011. 2. 23. 선고 2010고단5343판결(IMEI 사건), 대전지법 논산지원 2013. 8. 9.선고 2013고단17(전화번호 뒷자리 사건).

정되어 있다.31) 나아가 현재 시행되고 있는 일반개인정보보호규정(GDPR) 제5조 1(b)도 같은 맥락에서 "제89조 제1항에 따라 공익적 기록보존 목적, 학술적 또는 역사적 연구 목적, 통계적 목적의 추가적 처리는 최초의 [수집] 목적과 양립하지 않는 것으로 보지 않는다"라고 규정한다.32) 이러한 유럽연합법의 태도는 데이터 처리가 특정 개인에 대한 조치나 판단에 사용되지 않을 것을 전제로 일정한 목적에 대해서는 목적 제한 원칙을 완화하여 목적 외의 추가적 처리를 허용한 것이다.33) 최근 개정된 Convention 108+도 정보주체의 기본적 자유와 권리에 대하여 인식가능할 수준의 위험을 제기하지 않는 한 학술연구 목적, 통계적 목적을 위해서 추가적 처리가 가능하다고 기술하고 있다.34) 그렇다면 우리나라 개인정보 보호법 및 유럽연합의 일반개인정보보호규정이 추가적 처리를 허용하고 있는 일정한 목적, 즉 '통계작성, 학술연구 등의 목적'이 어느 범위까지인지 구체적으로 살펴볼 필요가 있다. 특히 이 문제는 상업적 내지 영리 목적의 통계작성, 학술연구에 대해서도 데이터의 추가적 처리가 가능한지 여부가 핵심쟁점이 되고 있다. 나아가 우리 개인정보 보호법 조항의 '특정 개인을 알아볼 수 없는 형태의 개인정보'가 무엇을 의미하는지도 문제된다.

---

31) Further processing of data for historical, statistical or scientific purposes shall not be considered as incompatible provided that Member States provide appropriate safeguards. 본문의 []부분은 필자가 추가한 것임.

32) further processing for archiving purposes in the public interest, scientific or historical research purposes or statistical purposes shall, in accordance with Article 89(1), not be considered to be incompatible with the initial purposes. 본문의 [] 부분은 필자가 추가한 것임.

33) WP29, 「Opinion 03/2013 on Purpose Limitation」, Adopted on 2 April, 2013, 28면 "As noted in recital 29, the purpose of the safeguards is typically to 'rule out' that the data will be used to support measures or decisions regarding any particular individual. The term 'rule out' suggests that the safeguards should indeed be strong enough to exclude or at least minimise any risks to the data subjects"

34) Explanatory Report to the Protocol amending the Convention for the Protection of Individuals with regard to Automatic Processing of Personal Data, paragraph 97. "The second paragraph leaves open the possibility of restricting the provisions set out in Articles 8 and 9 with regard to certain data processing carried out for archiving purposes in the public interest, scientific or historical research purposes, or statistical purposes which pose no recognisable risk of infringement to the rights and fundamental freedoms of data subjects. For instance, this could be the case with the use of data for statistical work, in the public and private fields alike, in so far as this data is published in aggregate form and provided that appropriate data protection safeguards are in place".

(2) '통계작성 및 학술연구' 목적의 범위

통계적 처리는 본래적으로 특정 개인에 대한 분석이 아니라 다수로 구성된 데이터셋에 관한 집단적, 경향적 분석에 사용된다. 이러한 의미에서 통계 처리의 결과는 개인정보가 아니라 총계적 정보(aggregate data)이며 특정 개인에 대한 조치나 판단에 사용되는 것이 아니라고 할 수 있다.[35] 우리나라에서는 통계작성의 목적에 상업적 성격의 통계 작성도 포함되는지 문제되고 있다. 통계적 처리의 총계적 성격에 비추어 볼 때, 가명화조치, 개인에 대한 재식별 금지 조치 등의 기술적, 조직적 안전성 확보조치를 취하여야 한다는 전제라면 상업적 성격의 통계 작성도 위 조항에서 말하는 '통계 작성'에 포함되어도 무방하다고 생각된다. 유럽연합(EU) 제29조 개인정보보호 작업반(WP29)의 의견도 '통계 목적'은 상업적 목적(웹사이트의 분석도구, 시장조사를 목적으로 하는 빅데이터 응용프로그램 등)에서 공적인 이익(교통사고로 인한 사상자 수를 판단하기 위하여 병원이 수집한 데이터를 통계적으로 분석한 정보)까지 넓은 범위의 데이터 처리활동을 포함한다고 보고 있고[36], 유럽 개인정보 보호법 핸드북에서도 통계적 목적의 사례로서 고객의 동의 등의 추가적인 법적 근거 없이도 고객들의 구매행태를 파악하기 위해 고객에 관한 고객관계관리(CRM) 데이터들을 통계적으로 추가 처리할 수 있다는 예를 들고 있다.[37]

'학술연구'의 목적 범위를 산업적 내지 영리적 목적의 연구까지 포함할 것인지에 대해서는 더욱 치열한 논쟁이 벌어지고 있다.[38] 학술연구결과를 기업활동의

---

35) GDPR, recital 162 "The statistical purpose implies that the result of processing for statistical purposes is not personal data, but aggregate data, and that this result or the personal data are not used in support of measures or decisions regarding any particular natural person."

36) WP29, 「Opinion 03/2013 on Purpose Limitation」, Adopted on 2 April, 2013, 29면. 'Statistical purposes' in particular, cover a wide range of processing activities, from commercial purposes (e.g. analytical tools of websites or big data applications aimed at market research) to public interest (e.g. statistical information produced from data collected by hospitals to determine the number of people injured as a result of road accidents).

37) FRA, Handbook on European data protection law, 2018 edition, 125면. The Sunshine company has collected and stored Customer Relations Management (CRM) data about its customers. Further use of these data by the Sunshine company for a statistical analysis of the buying behaviour of its customers is permissible, as statistics are a compatible purpose. No additional legal basis, such as consent of the data subjects, is needed. However, for the further processing of the personal data for statistical purposes, the Sunshine company must put in place appropriate safeguards for the rights and freedoms of the data subject. The technical and organisational measures that Sunshine must implement may include pseudonymisation.

맥락에서 상품개선이나 마케팅에 활용하는 것, 다른 예로는 병원이나 제약회사가 민감정보인 환자들의 의료정보를 분석·연구하여 진료 내지 신약 개발에 사용하는 것이 허용되는가의 문제이다. 이에 대해서는 유럽연합(EU) 내의 논의를 고려하는 것이 유익할 것이다. 다만, 이 문제는 '통계작성' 목적의 쟁점과는 달리 국내의 특수한 역사적, 정치적 경험을 고려하여 이해관계자들의 다양한 의견을 수렴하여야 하는 문제이므로 외국의 이론적 논의를 그대로 수용할 것은 아니라고 생각된다.

　유럽연합에서의 논의도 유럽인권협약, 유럽연합기본권헌장, 유럽연합기능조약 등 자신들의 특수한 역사적 경험을 바탕으로 전개되고 있는 것이므로, 정치적 내지 기업적 목적의 인권(개인정보) 침해를 빈번하게 경험한 우리로서는 위 문제에 대하여 역사적 특수성에 기초하여 사회적 합의를 추구해야 할 것으로 생각된다. 우선 '학술연구'의 범위를 비영리적, 공익적 목적으로 한정해야 한다는 견해가 발견된다. '학술연구'라는 외연을 갖추더라도 그 실질이 기업의 영리적 목적을 추구하는 것이라면 추가적 처리가 허용되어서는 아니되고, 정보주체의 동의 등의 적법 요건없이 개인정보를 처리할 수 있는 경우는 공공의 이익에 부합하는 공익적 목적에 한정되어야 한다는 것이다. 외국 입법례를 보아도 개인데이터를 영리적 목적의 활동에까지 추가 처리하는 경우는 없다고 한다. 위 주장은 정보주체의 권리를 일방적으로 희생하면서까지 일부 이익집단의 영리 활동을 허용하는 것은 원칙적으로 비례의 원칙에 위반된다고 보고 있다. 반면 '학술연구'의 범위를 상대적으로 넓고 유연하게 해석하는 견해도 있다. 유럽연합(EU) 일반개인정보보호규정(GDPR)은, 학술연구(scientific research)의 목적은 넓게 해석되어야 하고 민간이 후원한 연구(privately funded research)도 포함된다고 기술하고 있다.[39] 위 일반개인정보보호규정(GDPR)이 학술연구의 목적을 넓게 해석해야 한다고 본 배경에는, 유럽연합기능조약(Treaty on the Functioning of the European Union; TFEU; 로마조약; EEC 조약)의 목적을 달성하기 위해 연구자, 과학적 지식, 기술을 자유롭게 순환시키는 방식에 의하여 유럽연합의 과학적 및 기술적 기반을 강화하여야 한다는

---

38) 2018년 4월에 있었던 4차산업혁명위원회의 '제3차 규제, 제도혁신 해커톤'에서는 '학술연구'의 목적에 '산업적 연구' 목적이 포함되는지 논의되었는데, '산업적 연구'는 그 의미가 모호하므로 영리 목적 연구, 상업적 목적의 연구로 이해하는 것이 바람직하다고 생각된다.
39) GDPR recital 159.

정책적 판단이 있다.[40] 나아가 영국 개인정보 감독기구(Information Commissioner's Office)는 자국 개인정보 보호법의 '학술연구'는 통계적 또는 역사적 연구 외에도 시장 조사, 상업적 연구를 포함한다고 설명하고 있다.[41] 독일 구 연방개인정보 보호법 제28조 제2항 제3호도 유럽연합 1995년 지침과 같은 취지에서 연구기관이 학술연구를 수행하는 것이 필요한 경우 데이터의 추가적 처리를 허용하나, 비례의 원칙을 적용하여 연구수행의 학술적 이익이 정보주체의 이익보다 '현저히(erheblich)' 커야 한다고 규정하고 있다.[42] 이러한 유럽연합, 영국의 입장은 전술한 바와 같이 기술적, 조직적 조치 등의 안전조치가 확보되어 데이터의 추가적 처리가 특정 개인에게 특별한 위험을 초래하지 않는 상황을 전제로 하고 있음을 유의하여야 한다.

'학술연구' 목적의 범위에 기업의 영리적 목적을 포함시키는 것이 바람직한지 여부는 판단하기 매우 어려운 문제이다. 우리나라의 역사적, 정치적 경험에 비추어 볼 때, 기업의 연구소, 제약회사가 '학술연구'의 명목으로 일반 시민의 개인정보를 동의없이 대량으로 수집하여 그 연구결과를 기업의 제품개선, 마케팅 활동, 신약개발에 사용하였다고 하면 비록 연구과정에서 익명화, 가명화 등 안전조치를 취하였다고 하더라도 사회적 비난을 면하기 어려울 것으로 생각된다. 사견으로는, '학술연구'의 목적에 영리적 목적, 산업적 목적이 포함되는지 여부를 일률적으로 판단하는 것은 적절하지 않다고 본다. 암호화, 가명화 조치 등 기술적, 조

---

40) GDPR recital 159은 다음과 같이 TFEU 제179조 제1항을 인용하고 있다. "it should take into account the Union's objective under Article 179(1) TFEU of achieving a European Research Area." TFEU 제179조 제1항은 다음과 같다. "The Union shall have the objective of strengthening its scientific and technological bases by achieving a European research area in which researchers, scientific knowledge and technology circulate freely, and encouraging it to become more competitive, including in its industry, while promoting all the research activities deemed necessary by virtue of other Chapters of the Treaties."

41) Information Commissioner's Office(ICO), 「Anonymisation: Managing Data Protection Risk Code of Practice」, 2012, 45면. "The DPA (Data Protection Act) makes it clear that 'research purposes' include statistical or historical research, but other forms of research, for example market, social, commercial or opinion research, could benefit from the exemption."

42) 독일 연방개인정보보호법은 GDPR의 시행에 맞추어 2017년 개정되었으나 위 내용은 신구법이 거의 동일하다. 독일의 학설·판례는 연구가 독립적이고, 구체적이며 중요한 일반이익과 밀접한 관련을 맺고 있어야 위 요건이 충족되는 것으로 보고 있다고 한다. '연구의 독립성'에 관해서는 재정지원은 무방하나 법적, 조직적으로 외부로부터 독립되어 있고, 그 영향을 차단할 수 있어야 한다는 견해가 통설이라고 한다. 이동진, '개인정보 보호법 제18조 제2항 제4호, 비식별화, 비재산적 손해 – 이른바 약학정보원 사건을 계기로', 「정보법학」 제21권 제3호, 한국정보법학회, 2017, 258면.

직적 안전조치가 실행된다는 전제 아래 '학술연구' 목적의 범위를 유연하게 해석할 수 있는 가능성이 있다는 것 정도가 합의될 수 있는 결론이라고 생각된다. 연구기관의 일방적인 사익만을 추구하는 연구를 여기에 포함시키는 것은 불가하겠지만, '학술연구'의 목적을 다소 탄력적으로 해석하고 그 대신 적절한 수준의 의무를 부과하는 방식으로 이익의 균형을 맞추는 방식을 고려할 수 있다고 본다. 정보주체의 동의권 등이 헌법상의 기본권인 개인정보자기결정권으로 파악되더라도 이 역시 헌법상의 원칙인 비례의 원칙에 따라 제한될 수 있기 때문이다. 즉 사례별(case by case) 관점에서 만약 '학술연구'를 넓게 보아 일정한 영리적 목적이 포함된 학술연구를 허용할 필요성이 인정된다면 비례의 원칙에 따라 해당 연구의 결과를 제3자에게도 공개하거나 제3자가 이용할 수 있도록 하는 의무를 부과하는 방법을 선택할 수 있다고 생각된다(이 경우 해당 연구기관에게 우선권을 줄 수는 있을 것이다). 안전조치에 의해 정보주체에게 의미있는 수준의 위험이 발생하지 않도록 관리한다면 남는 문제는 정보주체의 데이터를 활용하여 얻은 경제적 이익을 사회적으로 적절히 배분하는 것이기 때문이다. 그리고, 독립적이고 전문적인 심의위원회(가령 생명과학윤리위원회)가 이러한 성격의 학술연구를 허용할 것인지 심의 · 의결하도록 하고 그 외 데이터 이용계약에 의해 개인재식별 금지, 제3자 유통 금지 등의 추가적인 안전성 확보조치를 취해야 할 것이다. 당연히 암호화, 가명화 등의 기술적, 조직적 안전성 확보조치는 연구의 전 과정에서 유지되어야 한다. 또한 영국의 care.data 프로그램, 우리나라의 IMS헬스 사례에서 보듯이 의료보건데이터의 광범위한 사용은 의사와 환자의 강한 반발을 유발하고 있으므로 이들의 이의제기권을 보장하기 위해서는 가명화 등의 안전조치 하의 데이터를 추가 처리하는 경우라도 처리되는 정보의 항목, 처리 목적 등을 인터넷 등에 공개하여 관련 정보주체들이 데이터 추가 처리 사실을 알 수 있도록 하는 것이 바람직하다고 생각된다. 관련하여, 일본 개인정보보호법은 익명가공정보를 작성하거나 제3자에게 제공할 때에는 해당 익명가공정보에 포함되는 개인에 관한 정보의 항목, 그 제공방법을 사전에 인터넷 등을 이용하여 공표해야 하고 이메일, 서면 등을 이용하여 해당 제3자에게 그 정보가 익명가공정보임을 명시해야 한다고 규정한다(제36조 제3항 및 제4항, 제37조, 규칙 제21조 내지 제23조). 참고할 수 있는 입법례라고 생각된다(익명가공정보를 활용하는 목적에 특별한 제한이 없는 것도 특기할 만하다).

위 사견을 정리하면 다음과 같다. 데이터의 추가적 처리가 가능한 '학술연구'의 범위에 영리적, 산업적 연구가 포함되는지 여부는 이를 원천적으로 부정하는 것이 아니라 사례별로 비례의 원칙에 따라 해결한다. 그 전제는 데이터의 추가 처리에 의해서 정보주체에게 특별한 위험이 초래되지 않도록 일련의 안전조치를 취해야 한다는 것이다. 필요한 경우 독립적이고 전문적인 심의위원회가 연구목적과 내용을 심의하여 데이터의 추가 처리 가부, 안전조치의 수준, 최종 연구결과의 공개 여부 등을 의결한다. 가명화 정도의 안전조치를 취한 경우에는 정보주체의 인식가능성을 확보하기 위하여 처리되는 데이터의 항목, 과제 이름, 연구기관 이름, 예정 연구기간 등을 인터넷 등에 공표하도록 한다. 연구기관과 데이터 이용계약을 체결하여 개인재식별 금지, 마이크로데이터의 외부 유통 금지 및 폐기 등의 규범적 통제를 한다. 이러한 단계, 조치의 설정은 전반적인 데이터 거버넌스를 확립한다는 관점에서 이루어져야 한다.

(3) '비식별 형태의 개인정보'의 의미

우리 개인정보 보호법 제18조 제2항 제4호는 '특정 개인을 알아볼 수 없는 형태로 개인정보를 제공하는 것'을 일정 목적 하에서 허용하여 주는 구조를 취하고 있다. 여기서 문제되는 것은 '특정 개인을 알아볼 수 없는 형태의 개인정보'가 무엇을 의미하는가이다. 이는 개인비식별 형태의 개인정보라고 약칭할 수 있을 것이고 결국 일정 수준의 비식별화 조치를 거친 정보라고 해석된다. 위 규정은 비식별화 조치의 관점에서 두 가지의 해석이 가능하다. 첫 번째 견해는 '특정 개인을 알아볼 수 없는 형태'의 정보를 익명화 정보로 이해한다. 즉 익명화 정보의 경우에 통계작성 등을 위해 목적 외 처리가 가능하다는 것이다. 두 번째 견해는, 해당 정보를 익명화 정보로 이해하면 굳이 위 조항이 있을 필요가 없기 때문에 익명화 정보 보다는 식별가능성이 잔존하는 예컨대 가명정보 정도를 의미한다고 보는 것이다. 정부 개인정보보호법 해설서는 "제공하는 사람은 특정 개인을 알아볼 수 있어도 제공받는 사람은 합리적인 노력을 기울여도 특정 개인을 알아볼 수 없도록 가공되었다면 '특정 개인을 알아볼 수 없는 형태로 개인정보'를 제공하는 것에 해당한다. 제공하는 사람의 입장에서는 식별가능성이 있기 때문에 여전히 개인정보에 해당한다"라고 설명하고 있는데, 같은 맥락의 견해라고 생각된다.[43] 이 견해를 따

---

43) 행정자치부, 개인정보보호 법령 및 지침·고시 해설, 2016. 12., 104면.

르면 위 조항의 '특정 개인을 알아볼 수 없는 형태'의 정보도 일단 개인정보이기 때문에 제3자 제공 금지의 예외 대상이 되며(법문 표현도 '개인정보를 제공'한다고 함) 가명정보와 같이 일정한 안전확보조치를 취한 정보는 통계작성 등의 목적으로 정보주체의 동의 등이 없이도 활용할 수 있다고 해석된다. 개인적 견해로는 두 번째 견해에 찬동한다. 익명화 정보는 개인정보가 아니기 때문에 어떠한 목적에도 활용할 수 있는데 첫 번째 견해에 따르면 오히려 익명화 정보의 활용범위가 축소되는 모순이 발생한다.

   그러나 두 번째 견해와 같이 해석하더라도 현재의 규정체계만을 보면 개인정보 침해를 염려하는 일반 시민의 우려를 불식시키기는 어렵다. 현행 우리나라 법률은 위 조항에서 말하는 '특정 개인을 알아볼 수 없는 형태'의 정보에 대한 안전확보조치에 관해 전혀 언급이 없기 때문이다. 이러한 유형의 정보(예컨대 가명정보)에 대해 개인정보보호법 제29조(안전조치의무)를 적용하는 것을 생각해 볼 수 있다. 그러나 위 제29조는 어떠한 암호화조치도 취해지지 않은 일반적인 형태의 개인정보에 대한 안전성 확보조치이므로 가명정보의 유형에 해당하는 정보에 대해 위 조항을 적용하는 것은 적절하지 않다고 보인다. 이에 대해서는 유럽연합(EU), 일본과 같은 입법적 조치가 필요하다. 개인정보보호법 제18조 제2항 제4호에서 말하는 '특정 개인을 알아볼 수 없는 형태'의 개인정보가 무엇을 말하는지, 이에 대해서는 어떠한 수준의 안전확보조치가 취해져야 하는지 불분명하기 때문에 위 규정을 적극적으로 활용하기가 어려운 실정이다. 현재 상황이라면 실제 적용례가 없어서 사문화될 가능성이 높다. 시행령 등의 위임입법을 통하여 허용되는 목적 범위를 명확히 하고 해당 정보의 식별수준, 식별키 분리 보관 등의 안전성 확보조치 등을 적절히 보완하는 입법작업이 필요하다고 보인다.

   한편, 위 조항의 해석에 관하여, 최근 하급심 법원에서 의미있는 판단이 있었다(서울중앙지법 2017. 9. 11. 선고 2014가합508066, 538302 판결; IMS헬스 사건). 위 판결의 주요 쟁점은 가명처리 수준의 단순한 양방향 암호화와 일반적으로 신뢰할 수 있다고 평가되는 SHA-512 방식의 일방향 해쉬함수에 의하여 개인정보가 암호화되었을 때 이를 '개인정보'가 아니라고 할 수 있는지 여부였고, 그 과정에서 개인정보보호법 제18조 제2항 제4호 '특정 개인을 알아볼 수 없는 형태의 정보'에 '개인정보가 아닌 정보'가 포함되는지도 판단되었다(손해발생도 주요 쟁점이었으나 본고에서는 생략함).

먼저 위 판결은 '적절한 비식별화 조치'의 기준에 대하여 일종의 맥락적 접근법 내지 데이터 환경적 접근법을 취하면서 다음과 같이 설시하였다. "적절한 비식별화 조치가 이루어진 것인지 여부는 원본 데이터의 특성, 비식별화된 정보가 사용된 특정한 맥락이나 상황, 비식별화 조치에 활용된 기법·세부기술의 수준·비식별화된 정보를 제공받은 자의 이용목적 및 방법, 이용기간, 전문지식이나 기술력·경제력에 따른 재식별화 능력, 비식별화된 정보를 제공받은 자가 재식별화로 얻을 수 있는 이익의 유무, 비식별화된 정보를 제공받은 자의 개인정보 보호 수준, 비식별화된 정보와 외부 정보 사이의 결합 가능성, 비식별화된 정보를 제공한 자와 제공받은 자의 관계, 비식별화된 정보에 대한 접근권한 관리 및 접근 통제 등을 종합적으로 고려하여 판단해야 할 것이다". 이러한 접근법은 정보의 고유 속성만을 고려하여 개인정보인지 여부를 판단할 수 없다는 점을 전제로 하고 있다. 이러한 기준에 의하여 위 판결은 ① 13자리의 주민등록번호 중 홀수 자리와 짝수 자리를 각각 다른 암호화규칙에 따라 영문으로 치환한 후 양끝 2자리에 임의의 영문자를 추가로 입력하는 방식의 양방향 암호화 방법에 의해서는 해당 주민등록번호로 재식별될 가능성이 현저하여 여전히 개인정보에 해당한다고 보았고(복호화 함수를 별도로 보관하고 있는 점도 고려되었다), ② 주민등록번호 내지 성명, 생년월일, 성별을 SHA−512 해쉬함수에 의하여 일방향 해쉬한 값에 대해서는, 비록 일방향 해쉬값과 전술한 가명처리한 정도의 양방향 암호화값을 대응 기재한 매칭테이블이 작성되어 있기는 하지만, 피고에게 매칭테이블을 이용하여 암호화된 정보를 재식별화할 경제적 유인이 없었던 것으로 보이고 실제로도 복호화 시도가 없었던 점등에 비추어 이를 개인정보로 보지 않았다. 위 판단은 SHA−512 해쉬함수의 기능을 크게 신뢰한 것이다. 다만, SHA−512 해쉬함수는 충분히 신뢰할 수 있는 해쉬방법이기는 하나 현재 기술적 논의를 고려한다면 단순히 고도의 해쉬함수를 사용한다고 하여 안전하다거나 재식별되지 않는다고 단언할 것은 아니고 이 사건의 구체적인 상황에서 재식별방지를 위해 SALT 기법이나 HMAC(Hash−based Message Authentication Code) 기법 등의 추가적인 보완요소가 필요했는지 더 검토할 필요가 있다고 생각된다.[44] 또한 피고가 매칭테이블을

---

[44] SALT 기법은 일방향 해쉬에 의해 요약문(다이제스트)를 만들 때마다 임의로(random) 바이트 단위의 문자열을 추가하여 요약문을 만드는 방식이다. 요약문에 대한 원본 메시지를 찾기 어렵게 하여 레인보우 테이블에 의한 공격을 방어할 수 있는 장점이 있고 최근의 암호기술에서 권장되는 방

보유하고 있었다는 점에서도 이를 이용한 재식별의 위험이 합리적인 수준에서 배제될 수 있는지 검토되어야 할 것으로 생각된다.

나아가 위 판결은 위 SHA-512 일방향 해쉬함수에 의하여 가명화된 정보를 피고에게 제공한 행위는 통계작성을 위하여 주민등록번호 등을 적절한 비식별 조치를 통해 특정 개인을 알아볼 수 없는 상태로 제공한 것이므로 정보주체나 제3자의 이익을 부당하게 침해할 우려가 없는 한 개인정보보호법 제18조 제2항 제4호에 따라 허용된다고 판시하였다. 이러한 판단은 전술한 첫 번째 견해에 가까운 것으로서 비식별화되어 개인정보보호법상의 개인정보가 아닌 것으로 판단한 정보에 대해 다시 개인정보보호법의 규정을 적용하였다는 점에서 논란의 여지가 있다.[45]

3. 비식별 데이터에 대한 개념 설정

전술한 바와 같이 우리나라에서는 아직 비식별화 데이터, 익명화 데이터, 가명화 데이터 등의 개념 정의가 불분명한 면이 있다고 생각된다. 데이터 비식별화는 주로 학술, 통계, 마케팅 등의 영역에서 대량의 데이터를 안전하게 활용하기 위해 취해져야 하는 기술적, 조직적 조치이다. 일반적으로, 상업적 목적의 데이터 분석이라 하더라도 특정 개인의 내밀한 신원정보까지 추적할 필요는 없으므로, 암호화 기술, 통계적 방법 등을 통하여 데이터베이스의 개별 레코드의 소유자를 알아 볼 수 없도록 비식별화 조치를 취한 후 데이터를 총계적으로 분석하는 것으로도 데이터 분석의 목적을 달성할 수 있다. 다만, 비식별화 조치를 취한 데이터 집합에 원본 데이터 집합의 특징, 분포형태 등이 그대로 유지되는 것이 바람직하고, 비식별화 과정에서 상실되는 정보를 최소화할 필요가 있다.

데이터에 대한 비식별화 조치를 취한다고 하여 해당 데이터가 재식별될 가능성이 전혀 없다고 말할 수는 없다. 위험관리 목적에서 보더라도, 특수한 배경지식과 상당한 자원을 가지고 있는 공격자가 있을 수 있고 그가 재식별표지가 될 수 있는 준식별자 내지 희귀한 속성을 탐지하여 이를 특정 개인과 연결할지 모른다는 이론적, 추상적 가능성을 완전히 배제하여서는 안 될 것이다. 미국 일리

식이다. 이에 대한 쉬운 설명은 https://d2.naver.com/helloworld/318732 를 참조.

45) 이동진, '개인정보 보호법 제18조 제2항 제4호, 비식별화, 비재산적 손해 – 이른바 약학정보원 사건을 계기로', 「정보법학」 제21권 제3호, 2017, 264면.

노이주 정보공개 사건에서 Latanya Sweeney가 행한 작업이 이에 해당한다. AOL 사건, Netflix 사건, 주지사 Weld 사건 등 재식별 맥락에서 반복적으로 언급되는 주요 사건들을 보면, 비식별화 데이터에 대한 재식별의 가능성은 존재하지만 이러한 가능성이 현실화하여 재식별이 이루어지는 경우는 일상적이지는 않으며 비식별화에서 중요한 작업은 데이터 연결을 가능하게 해 주는 준식별자, 민감속성 등에 관한 관리라는 점을 알 수 있다.46)

이에 대하여 데이터가 (재)식별되지 않도록 하기 위해 비식별화는 반드시 익명화(anonymization) 단계에 이르러야 한다든가 익명화가 아닌 비식별화는 의미가 없다고 보는 견해가 있을 수 있다. 익명화된 데이터는 더 이상 개인정보가 아니므로 개인정보보호법의 적용을 받지 않게 된다. 그러한 점에서 익명화단계에 이를 정도로 데이터를 비식별화하여야 한다는 주장은 충분히 수긍할 수 있다. 그러나 익명화라는 개념은 이념적으로는 존재할 수 있으나 어떠한 기술적, 조직적 조치를 취하면 (재)식별 가능성이 없을 것이라고 적극적으로 규정하기는 매우 어려운 개념이다. 어떠한 상황에서도 데이터가 재식별되지 않는 엄격한 의미의 익명화 데이터는 현실에서 존재하지 않거나 특별한 가치가 없는 데이터에 불과할 가능성이 높다. 유럽연합(EU) 일반개인정보보호규정(GDPR)을 보더라도 익명화라는 단어는 사용하지만 익명화에 대한 요건을 정의하지는 않으며 독일 구 연방 개인정보보호법은 익명화 개념을 정의하고 있기는 하지만 이는 합리적인 범위 내의 시간, 비용, 노력을 들인다는 전제하에서 정보주체를 식별할 수 없도록 데이터를 변형하는 것을 의미한다는 것이어서 어느 정도의 기술적 조치 등을 취해야 개인을 식별할 수 없는 익명화가 된다고 정의하는 것은 아니다(제3조 제6항). 우리 법도 같은 맥락에서 익명조치를 권고할 뿐이지 익명조치의 요건을 적극적으로 규정하지는 않는다(제3조 제7항).

익명화라는 개념이 현실에서 달성되기 어렵고 그 증명도 어려운 것이라면 익명화 정도는 아니더라도 현실적으로 비교적 안전한 수준의 비식별 데이터를 인정하고 적절한 안전장치를 구비하는 것을 전제로 이러한 데이터를 유용하게 사용하는 방안을 고려하게 된다. 비교법적 검토를 해 본다면, 앞서 논한 바와 같이, 유럽연합(EU) 일반개인정보보호규정(GDPR)이 도입한 가명처리, 일본 개정 개인

---

46) 고학수, 최경진, "개인정보의 비식별화 처리가 개인정보보호에 미치는 영향에 관한 연구", 개인정보보호위원회 (2015. 12.), 40~41면.

정보보호법이 도입한 익명가공정보의 개념이 이와 같은 시도에 해당한다고 볼 수 있다. 유럽연합(EU) 일반개인정보보호규정(GDPR)은 가명처리 등의 적절한 안전장치를 구비하는 경우, 최초 수집 목적과 양립가능하거나(compatible) 공익을 위한 기록보존, 학술연구, 역사연구, 통계적 목적인 경우 목적 외 처리를 인정한다(제6조 제4항 e, 제5조 제1항 b, 제89조 제1항). 위 조항의 취지는 비록 가명정보가 개인정보에 해당하여 개인정보보호법의 체계 내에 있기는 하지만 최초 수집 목적과 양립할 수 있거나 학술연구, 역사연구, 통계 등의 목적을 위해서는 최초 수집 목적을 벗어나는 데이터 처리를 인정하겠다는 것이다. 나아가 위 규정은 위 학술연구를 위한 데이터 처리의 범위에 민간이 후원/투자한 연구(privately funded research)도 포함하고 있으며(recital 159), 위 통계 목적의 의미에 대해서도 통계적 조사에 필요하거나 통계적 결과를 얻기 위해 요구되는 모든 형태의 데이터 수집, 처리를 의미한다고 넓게 규정하고 있다(recital 162).[47] 그러므로 위 규정에 따르면, 가명정보의 형태를 활용하여 최초 수집 목적을 벗어나는 학술연구 내지 통계 목적의 데이터 처리를 하는 것은 단순히 비영리적 목적에 국한되지 않고 사안에 따라 영리적, 상업적 목적의 활동도 포함될 수 있을 것으로 보인다. 앞서 상세히 논한 바와 같이 이러한 활동을 허용하기 위해서는 데이터 거버넌스 차원의 세심한 설계가 필요할 것이다. 이러한 생각의 기저에는, 통계적 목적을 위한 데이터 처리의 결과는 개인정보가 아닌 총계적인 데이터(aggregated data)에 해당하고 위 결과는 특정 개인에 대한 조치나 결정에 사용되지 않는다는 인식이 있다.[48]

일본의 개정 개인정보보호법은 데이터 비식별화에 대해 더 적극적인 태도를 취한다. 위 개정법은 익명가공정보를 개념을 도입하였는데, 이는 법령에서 정한 조치를 취하여 '특정 개인을 식별할 수 없도록 개인정보를 가공하여 얻어지는 개인에 관한 정보'를 의미한다(제2조 제9항). 여기서 익명가공정보는 개인정보보호위원회 규칙으로 정한 기준에 따라 가공되어야 한다(제36조 제1항). 개인정보취급사업자는 익명가공정보 작성시 삭제된 데이터나 가공방법에 대한 정보가 유출되는 것을 방지하기 위해 안전관리조치를 취하여야 하고(제36조 제2항), 재식별하기 위

---

47) GDPR recital 162 : Statistical purposes mean any operation of collection and the processing of personal data necessary for statistical surveys or for the production of statistical results.

48) GDPR recital 162 : The statistical purpose implies that the result of processing for statistical purposes is not personal data, but aggregate data, and that this result or the personal data are not used in support of measures or decisions regarding any particular natural person.

해 해당 익명가공정보를 다른 정보와 대조하지 않아야 할 의무를 부담한다(제36조 제5항)[49]. 그러나 익명가공정보 자체에 대해서는 안전관리조치를 취하도록 노력하여야 하는 것에 그치고 의무적으로 안전관리조치를 취해야 하는 것은 아니다(제36조 제6항, 제39조). 다만 가이드라인에서 해당 안전관리조치는 개인정보의 경우와 동일하게 취급할 필요가 없지만 이들 조치의 예를 참고할 수 있다고 권고하고 있다. 그리고 익명가공정보를 작성하거나 제3자에게 제공할 때에는 해당 익명가공정보에 포함되는 개인에 관한 정보의 항목, 그 제공방법을 사전에 인터넷 등을 이용하여 공표해야 하고 이메일, 서면 등을 이용하여 해당 제3자에게 그 정보가 익명가공정보임을 명시해야 한다(제36조 제3항 및 제4항, 제37조, 규칙 제21조 내지 제23조). 이상의 내용 외에 익명가공정보가 개인정보의 차원에서 규율되는 것은 없다. 즉 익명가공정보는 개인정보와 같이 정보주체의 동의, 이익형량의 원칙 등에 의해 규율되는 것이 아니다.

원칙적으로, 개인정보보호법률 체계에서 개인을 식별할 수 없는 이념적 형태의 익명화 정보는 개인정보가 아니므로 개인정보보호법에서 규율할 필요가 없다.[50] 일본 개인정보보호법에서 정한 익명가공정보가 이념적으로 완전한 익명화 정보라고 한다면 구태여 법률에서 익명가공정보에 대한 규율을 정할 필요가 없었을 것이다. 그런데 익명가공정보의 가공 기준을 정한 일본 개인정보보호위원회 규칙 제19조를 보면, 일본법이 설계한 익명가공정보가 어떠한 경우에도 재식별이 불가능한 정보는 아니라는 것을 알 수 있다. 위 기준이 정한 기준은 ① 특정 개인을 식별할 수 있는 기술(記述)을 전부 또는 일부 삭제/대체하여 특정 개인을 식별할 수 없도록 가공하고 ② 마이넘버(우리나라 주민등록번호와 유사) 등의 개인식별부호는 전부 삭제하고 ③ 정보를 상호 연결하는 부호(연결 ID 등)를 삭제하고 ④ 특정 개인이 식별될 여지가 있는 특이한 기술(記述)을 삭제하고 ⑤ 그 외 개인정보 데이터베이스 등의 성질을 고려한 적절한 조치를 취하라는 것이다. 위 규칙과 가이드라인에서 제시한 익명가공정보 가공방법의 예는 우리나라 비식별 가이드라인에서 든 데이터 삭제, 총계처리, 일반화 등의 비식별화 조치와 동일하다.[51]

---

49) 익명가공정보취급자에 대해서는 제38조 적용.
50) EU GDPR도 같은 취지이다. The principle of data protection should therefore not apply to anonymous information (recital 26).
51) 일본 가이드라인은 데이터 삭제, 일반화, 미세집합, 데이터 교환, 노이즈 부가, 유의데이터 생성 등의 예를 제시하면서 이는 익명가공정보의 일반적인 가공방법 예를 나열한 것이므로 '이외의 방

오히려 일본 개인정보보호법령 및 가이드라인은 k – 익명화 방법 등의 내용을 기술하지 않고 있다. 앞서 설명한 바와 같이 데이터베이스의 특성을 고려하여 개인정보가 재식별되지 않도록 적절한 조치를 취할 것을 규정할 뿐이다. 결론적으로 일본법의 태도는 일반적으로 인정되는 비식별화 기술에 의해 데이터를 적절히 가공하여 해당 데이터에 접근하는 자가 특정 개인의 정보임을 알 수 없게 하고, 이러한 익명가공정보에 대해 재식별금지, 가공방법의 안전관리조치 확보, 익명가 공정보의 개인속성항목의 대외적 공표, 제3자에게 익명가공정보 명시 등의 기술적, 조직적 의무를 부가하여 재식별의 위험을 최소화하려는 전략을 취하는 것으로 생각된다. 구체적 상황에서 적절한 비식별화 기술을 사용하여 비식별화를 하더라도 이를 이론적 차원에서 완벽하게 재식별될 수 없는 것이라고 말할 수 없으므로, 여기에 몇 가지의 규범적 조치를 더하여 재식별 위험성을 통제하려는 것으로 이해된다.

이상과 같이 유럽연합(EU), 일본의 입법 내용을 살펴보면, 우리나라의 경우에도 비식별화 정보에 대한 법률적 근거를 확보하는 것을 검토할 필요가 있다고 생각한다.[52] 일본은 적극적으로 비식별 데이터의 활용을 인정하였고 유럽연합(EU)는 적절한 암호화 수준에 의한 가명정보 등에 한하여 목적 외 처리를 인정하고 있다. 이에 반하여 우리나라에서는 식별데이터와 비식별데이터의 선을 명확히 긋고 이론적으로 또는 잠재적으로 재식별 위험이 있는 데이터는 익명화 데이터가 아니므로 개인정보 보호를 위해 원칙적으로 정보주체의 동의를 얻어야 한다는 의견이 강하다. 그러나 특정 데이터를 통해 개인을 식별할 수 있는지 문제는 일률적으로 말할 수 없다. 특정한 배경지식이나 많은 자원을 가진 제3자가 존재하고 그가 향후 기술의 발전에 의해 특정 개인을 연결할 수 있는 준식별자, 속성을 새롭게 발견할 수도 있다는 점을 염두에 두어야 하기 때문이다. 개인정보 보호에 대하여 위험 통제적인 관점에서 비식별화 조치를 검토할 필요가 있다고 생각된다. 비식별화의 실질적인 목적은 재식별의 위험을 완벽하게 제거하는 것이 아니라 이를 최소화하고 지속적으로 관리하는 것에 있다고 보아야 할 것이다.[53]

법을 사용하여 적절하게 가공하는 것을 금지하는 것이 아니라고 설명하고 있다.

52) 현재 가명정보의 처리에 관한 특례 등을 규정한 의원입법안이 국회에 제출되어 있는 상태이다.

53) 고학수, 최경진, "개인정보의 비식별화 처리가 개인정보보호에 미치는 영향에 관한 연구", 개인정 보보호위원회 (2015. 12), 41면.

이와 관련된 맥락에서, 2018. 10. 16. 규제자유특구 및 지역특화발전특구에 관한 규제특례법(약칭: 지역특구법)이 전면 개정되어 비식별화 조치가 최초로 입법되었다. 위 법 제115조는 "규제자유특구 내 혁신사업 또는 전략산업과 관련된 자율주행자동차 전자장비의 인터넷 주소를 이용하여 자동수집장치 등에 의해 개인정보 및 위치정보를 수집하고 수집한 개인정보에 대하여 데이터 값 삭제, 총계처리, 범주화, 데이터 마스킹 등을 통하여 개인정보의 일부 또는 전부를 삭제하거나 대체함으로써 특정 개인을 식별할 수 없도록 하는 조치(이하 "비식별화"라 한다)를 한 경우에는 「위치정보의 보호 및 이용 등에 관한 법률」 및 「정보통신망 이용촉진 및 정보보호 등에 관한 법률」을 적용하지 아니한다"라고 규정한다. 즉 가명화 수준의 비식별화 조치를 거친 정보에 대해서는 위치정보법과 정보통신망법상의 개인정보 관련 규정의 적용을 배제한다는 것이다.[54] 위 법을 살펴보면, 제115조, 제118조에서 규정한 데이터처리 허용 조항 외에 데이터 보호 관점에서 요구되는 키 분리 보관, 비식별화 알고리듬에 대한 안전조치, 비식별화 데이터 항목의 공표, 데이터의 성격과 내용에 따른 데이터 처리 방식의 분류, 신뢰받는 제3자(Trusted Third Party; TTP) 활용 등 비식별화정보 안전성 확보조치에 대해서는 거의 언급을 하고 있지 않다. 데이터 거버넌스 확립을 위하여 법률에 데이터 처리 허용 조항만을 둘 것이 아니라 이에 수반되는 기술적, 조직적 관리 조치 등을 동등한 수준에서 규정하는 것이 바람직하다고 생각한다.

4. 데이터 처리에 관한 추가적 법적 근거의 확보

앞서 논한 바와 같이, 공익적 목적의 기록보존, 학술연구, 통계 목적 등의 일정한 목적에 관하여 추가적인 데이터 처리가 가능하다고 할 때 이에 더하여 데이터 처리의 법적인 근거를 별도로 충족해야 하는지 문제될 수 있다. 이를 유럽연합(EU) 일반개인정보보호규정(GDPR) 관점에서 보면, 제5조와 제6조를 중첩적인 관계로 보아 목적 제한 원칙 등의 제5조를 충족하더라도 더 나아가 데이터 처리의 법적 근거를 요구하는 제6조를 추가적으로 충족하여야 하는지의 문제가 된

---

54) 그 외 제118조에서 비식별화 관련 규정을 두고 있다. 특히 제4항은 비식별화의 수준 및 방법 등 필요한 사항은 과학기술정보통신부장관과 방송통신위원회가 협의하여 정하는 바에 따른다고 정한다고 규정한다. 비식별화의 수준 및 방법 등은 적어도 위임입법의 형식을 취하는 것이 바람직하다고 본다.

다. 다만, 우리 개인정보보호법 제18조 제2항 제4호는 통계작성 등의 목적을 위하여 비식별 형태의 개인정보를 정보주체의 동의없이 제공할 수 있다는 형식으로, 즉 목적 제한 원칙을 충족하면 데이터 처리의 법적 근거를 자동적으로 충족하도록 규정되어 있으므로 지금 입법내용에서는 위 의문이 크게 문제되지 않는다. 현재 가명정보의 처리에 관한 특례를 두어 통계작성 등의 일정 목적 범위 내에서 정보주체의 동의없이 가명정보를 처리할 수 있도록 하는 입법논의가 진행되고 있는데, 만약 우리 개인정보 보호법이 유럽연합(EU) 일반개인정보보호규정(GDPR)이 취한 형식과 같이 목적 제한 원칙 규정(GDPR 제5조)과 데이터 처리의 법적 근거(GDPR 제6조)를 논리적으로 구분하는 입법형식을 취하게 된다면, 위 문제를 본격적으로 검토할 필요가 있다.

데이터 수집시 처리 목적을 특정해야 하고 그 목적 외 처리를 불허하는 '목적 제한 원칙(purpose limit principle)'과 데이터를 적법하게 처리하기 위해서는 정보주체의 동의, 법률의 근거, 이익형량 등이 있어야 한다는 '데이터 처리의 법적 근거 요건(legitimate basis for processing)'은 논리적으로 구분된다. 이는 유럽연합(EU) 일반개인정보보호규정(GDPR), 우리 개인정보 보호법 모두 동일하다. 다만, 입법형식상 우리 법은 그 구분이 느슨한 반면 유럽연합(EU) 개인정보보호법은 양자를 엄격히 구분해서 입법했다고 볼 수 있다. 유럽연합(EU) WP29도 구 개인정보보호 지침(Directive 95/46/EC)의 제6조, 제7조(현 GDPR상 제5조, 제6조)를 서로 독립적인 규정으로 보고 있다.[55] 이러한 논리에 따라, "안전조치의 구비를 전제로 통계, 학술연구 등의 목적을 위해 데이터를 처리하는 것은 적법하다"고 간주한 유럽연합(EU) 일반개인정보보호규정(GDPR) 초안 제6조 제2항은 결국 최종안에서 삭제되었다.[56] 통계, 학술연구 등의 목적을 위해 데이터를 추가 처리하는 경우에도 컨트롤러(data controller)는 별도의 법적 처리 근거를 확보해야 한다는 취지이다. 이와 같은 법리, 입법경위를 고려하면, 유럽연합(EU) 일반개인정보보호규정(GDPR)상 안전조치의 구비를 전제로 통계, 학술연구 등의 목적이 최초 수집 목

---

55) WP29, 「Opinion 03/2013 on Purpose Limitation」, Adopted on 2 April, 2013, 12면. Purpose specification under Article 6 and the requirement to have a legal ground under Article 7 are thus two separate and cumulative requirements.

56) 삭제된 조문내용은 다음과 같다. Processing of personal data which is necessary for the purposes of historical, statistical or scientific research shall be lawful subject to the conditions and safeguards referred to in Article 83.

적과 양립가능한 목적으로 간주되더라도(제5조 1 b) 그러한 데이터 처리는 별도의 법적 정당성(legitimate interest)을 가져야 한다(제6조). 이 부분에서 고려되는 조항은 바로 데이터 컨트롤러 내지 제3자의 정당한 이익이 정보주체의 제 권리보다 우월한 경우 데이터 처리를 허용하는 제6조 1 (f)이다. 1995년 지침 하에서도 "통계 목적 처리, 학술연구(시장 조사 포함) 내지 역사연구 목적 처리는 충분한 안전조치를 취한다면 정당한 이익이 될 수 있다"고 해석되어 왔다.[57] 많은 경우 통계 목적 처리 등은 데이터 처리의 법적인 정당성을 부여할 것으로 생각된다. 그러나 위 조항에 관한 실제 사례가 늘어난다면 사안에 따라서 데이터 추가 처리에 관한 데이터 컨트롤러 내지 제3자의 정당한 이익이 정보주체의 기본적 권리보다 우월하다고 단정하기 어려운 사례가 발생할 수도 있다. 특히 독일 연방 개인정보보호법처럼 데이터 컨트롤러의 이익이 정보주체의 이익보다 '현저하게(erheblich)' 우월할 것을 요구한다면 더욱 그러하다.[58] 이 부분은 우리가 향후 입법을 할 때 세심하게 고려해야 할 것 중에 하나라고 생각된다.

5. 공중보건·의료데이터(민감정보)의 경우

우리 개인정보보호법은 건강정보 등 정보주체의 사생활을 현저히 침해할 우려가 있는 개인정보를 민감정보로 분류하고 이러한 민감정보는 정보주체의 동의 또는 법령의 구체적인 처리 근거가 있는 경우에 한하여 데이터 처리를 할 수 있도록 규정하고 있다(제23조). 다만, 예외적으로 대통령령이 정하는 민감정보인 유전정보와 범죄경력자료는 제18조 제2항 제5호부터 제9호에 따라 데이터처리를 할 수 있다(시행령 제18조).[59][60] 이에 따르면 공중보건·의료데이터는 건강정보

---

57) WP29, 「Opinion 06/2014 on the notion of legitimate interest of the data controller」, Adopted on 9 April, 2014, 25면.
58) 독일 연방 개인정보보호법 제27조 제1항.
59) 개인정보보호법 시행령 제18조(민간정보의 범위) 법 제23조제1항 각 호 외의 부분 본문에서 "대통령령으로 정하는 정보"란 다음 각 호의 어느 하나에 해당하는 정보를 말한다. 다만, 공공기관이 법 제18조 제2항 제5호부터 제9호까지의 규정에 따라 다음 각 호의 어느 하나에 해당하는 정보를 처리하는 경우의 해당 정보는 제외한다.
   1. 유전자검사 등의 결과로 얻어진 유전정보
   2. 「형의 실효 등에 관한 법률」 제2조제5호에 따른 범죄경력자료에 해당하는 정보
60) 정부 개인정보보호법 해설서도 같은 해석을 하고 있다(138면). 위 시행령 제18조에는 세 가지 문제점이 있다고 생각한다. 첫 번째, 법 제18조 제2항 적용에 있어서 법률에서 직접 민감정보로 인정한 건강정보 등과 시행령에서 민감정보로 정한 유전정보, 범죄경력자료 사이의 차이를 둔 합리적인 이유를 찾기 어렵다. 두 번째, 위 시행령은 민감정보 처리에 대해 법 제18조 제2항 제3호(긴

등의 민감정보에 해당하여 정보주체의 동의를 받거나 다른 법령에 구체적인 처리 허용 근거가 있을 때에 한하여 데이터 처리가 가능하고, 제18조 제2항 각 호의 사유의 적용을 받아 데이터 처리를 할 수는 없다고 해석된다.[61] 따라서 현행 법제에서는 정보주체의 급박한 생명의 이익을 위한 경우 내지 통계작성의 목적을 위하여 특정 개인을 알아볼 수 없는 형태로 개인정보를 제공하는 경우 등이라고 하더라도 의료법 등 다른 법률에 특별한 규정이 있어야만 건강정보 등 민감정보를 제3자에게 제공할 수 있다.

그러나 공중보건·의료데이터는 통계, 학술연구 목적으로 활용하고자 하는 대표적인 데이터이므로, 이를 처리할 수 있도록 우리 개인정보 보호법을 개선할 필요가 있다고 생각된다. 향후 가명정보처리에 대한 특례 조항을 만들 때에도 해당 조항이 민감정보에 관한 규정인 제23조의 특칙이 될 수 있도록 설계되어야 한다. 물론 공중보건·의료데이터는 정보주체의 권리가 침해되지 않도록 매우 소중히 다루어야 할 정보이므로, 이에 관하여 학술연구 등의 목적을 신중히 심사하여야 하고 데이터 이용자에 대한 관리도 철저해야 할 것이다. 관련하여 유럽연합(EU) 일반개인정보보호규정(GDPR)은 공중보건, 의료, 사회복지 영역에서 학술연구 등의 목적으로 민감정보가 처리될 수 있으나 이에 대해서 정보주체에 대한 높은 수준의 보호가 요구되고 정보주체와 사회 전반의 이익이 달성되는 범위 내에서 데이터 처리가 가능하다고 보았다.[62] 공중보건·의료데이터 등의 민감정보를 처리하기 위해서는 앞서 논한 데이터 거버넌스의 관점에서 정밀한 설계가 필요하다고 생각된다.

급상황) 및 제4호(통계, 학술연구 목적)의 적용을 배제하였는데, 데이터 처리의 정책적 필요성의 관점에서 의문이 있다. 세 번째, 모법 제23조가 대통령령으로 위임한 범위는 민감정보의 대상을 정하는 것에 그치는 것인데 해당 시행령은 상위 법률인 법 제18조 제2항의 적용 범위까지 한정하고 있다. "공공기관이 법 제18조 제2항 제5호부터 제9호까지의 규정에 따라 다음 각 호의 어느 하나에 해당하는 정보를 처리하는 경우의 해당 정보는 제외한다"는 시행령 내용은 법률에서 규정되어야 옳다고 생각된다. 이러한 문제점은 고유식별정보에 대한 규정인 시행령 제19조(고유식별정보의 범위)에서도 동일하게 발견된다.

61) 정부 개인정보보호법 해설서는 다음과 같이 해석한다(139면). "제23조는 개인정보 처리에 관하여 특별한 규정이므로 제15조, 제17조 및 제18조 등 개인정보 처리에 관한 규정에 우선하여 적용된다. 따라서 민감정보의 경우에는 제23조 제1항 각호에서 정하는 예외 사유가 존재하는 경우에 한하여 처리할 수 있다."

62) GDPR recital 53, 159.

Ⅳ. 결   론

공공데이터의 이용은 정보공개청구와 동전의 양면 관계에 있다. 공공데이터법과 정보공개법은 데이터의 접근과 이용에 있어 거의 동일한 결과를 가져다준다. 특히 공공데이터법은 원칙적으로 공공데이터의 영리적 이용을 허용한다는 점에서 특색이 있다. 정보공개법 자체가 정보공개청구의 목적을 제한하고 있지 않기 때문에 공공데이터 이용의 목적을 제한하는 것이 이론적으로 용이하지도 않다. 그러나 특히 공공데이터를 영리적 목적으로 사용하는 과정에서 타인의 개인정보, 영업비밀, 저작권 등이 침해될 수 있는 상황이 발생할 수 있으므로, 공공데이터법은 이러한 여러 이해관계를 균형적으로 조정할 수 있는 독립적인 수단을 가지고 있어야 한다. 이를 위해서 공공데이터법은 이념적으로는 개인정보 보호법과 연계된 체계적인 데이터 거버넌스 메커니즘을 구비하여야 하고, 구체적으로는 민감한 데이터의 경우 데이터의 성격, 이용계획의 내용, 이용자의 신뢰성 등을 심의하여 개별 이용자 단위로 공공데이터를 제공하는 방식을 법률적으로 도입하고, 이를 위해 공공기관이 이용자와 데이터 이용계약을 체결하거나 이용자에 대해 특수조건적인 이용요건을 부가할 수 있는 법률적 장치를 마련할 필요가 있다. 또한 데이터 거버넌스의 핵심은 프라이버시 보호에 있으므로 데이터 비식별화 조치, 개인재식별화 방지, 공공데이터 이용과정에서 투명성 제고 방안 등이 아울러 확보되어야 할 것이다.

공공데이터법, 정보공개법은 공공데이터 내지 정보의 개념정의에서는 모든 형태의 데이터를 포함하고 있지만 데이터의 이용·제공의 대상에서는 원칙적으로 개인정보성 데이터를 제외하고 있다. 이와 같은 전제에서 공공데이터법, 정보공개법은 개인정보 보호의 문제에 대해서는 아무런 언급을 하고 있지 않다. 그러나 공공데이터 분쟁의 상당 부분은 개인정보성이 강한 데이터에 관한 사안들이다. 공공데이터법은 공공데이터의 원활한 이용을 위하여 개인정보 보호의 쟁점사항을 일정 부분 내부로 흡수할 필요가 있다. 개인정보를 안전하게 처리한다는 관점에서 개인정보성이 염려되는 공공데이터에 대해 익명화, 가명화 등의 적절한 안전성 확보조치(appropriate safeguards)를 취한 후 일정 범위에서 활용하는 것이 바람직하다고 생각된다. 이를 위해 개인정보 보호법 제18조 제2항 제4호에서 말하는 '통계작성 및 학술연구 등의 목적'이 공공데이터의 영리적·상업적 이용에까지 미치는지 살펴볼 필요가 있다. 다만 이 문제는 기본적으로 국내의 역사적, 정치적 경험을 고려하여 판단되어야 할 문제이므로 외국의 이론적 논의를 그대로 수용할 것은 아니다. 또한 '통계작성 및 학술연구 목적의 데이터 이용'은 가명정보 내지 비식별정보에 대해 적용되는 것이므로 이들 개념에 대한 분명한 이해가 요구된다. 마지막으로, 공공데이터 중 사회적 의미가 큰 데이터로는 민감정보인 의료데이터를 꼽을 수 있는데, 현행 개인정보 보호법 체계상 다른 .법률의 규정이 있거나 정보주체의 동의가 있는 경우에 한하여 의료데이터를 처리할 수 있으므로 공공데이터 이용의 관점에서 일부 개선의 여지가 있다. 가명정보처리에 대한 특례 규정이 도입된다고 하더라도 해당 규정이 민감정보에 관한 규정인 개인정보 보호법 제23조의 특칙이 되도록 설계되어야 한다.

참고문헌

[국내문헌]

고학수·최경진, "개인정보의 비식별화 처리가 개인정보보호에 미치는 영향에 관한 연구", 개인정보보호위원회 (2015. 12.)

김경열·권헌영, "공공데이터 활용을 위한 개인정보보호 제도의 개선 과제", 경제규제와 법 제7권 제2호, 서울대학교 공익산업법센터, 2014.

이동진, "개인정보 보호법 제18조 제2항 제4호, 비식별화, 비재산적 손해 - 이른바 약학정보원 사건을 계기로", 「정보법학」 제21권 제3호, 한국정보법학회, 2017.

정보인권연구소, "데이터 연계·결합 지원제도 도입방안 연구", 개인정보보호위원회 (2017. 12.).

[국외문헌]

FRA, Handbook on European data protection law, 2018 edition.

Information Commissioner's Office (ICO), "Anonymisation: Managing Data Protection Risk Code of Practice", 2012.

OECD, "Health Data Governance : Privacy, Monitoring and Research", 2015.

WP29, "Opinion 03/2013 on Purpose Limitation", Adopted on 2 April, 2013.

WP29, "Opinion 06/2014 on the notion of legitimate interest of the data controller", Adopted on 9 April, 2014.

정보소유권으로서의 개인정보자기결정권과 그 대안으로서의 '정보사회주의'

박경신(고려대학교 법학전문대학원 교수)

I. 서   론

　프라이버시에 대해서는 세계적으로 2가지 흐름이 있다. 광의의 프라이버시는 독일식의 인격권(personality right)처럼 개인에 관한 모든 정보를 보호대상으로 삼는 것을 원칙으로 하되 타인에 의한 정보이용 및 공유의 필요성이 인정되면 비로소 그와 같은 정보이용 및 공유를 허용하는 방식이며, 소통이 더욱더 제3자를 통해 이루어지고 이에 따라 감시의 위험이 높아지는 디지털시대에 들어서서 더욱 힘을 얻어가며 세계 각국에서 개인정보보호법으로 구체화 되고 있다. 협의의 프라이버시는 미국식으로 프라이버시를 개인이 은밀하게 보호해왔던 정보나 영역에 대한 침입을 막는 규범으로 한정하여 생각하는 방식이다.[1) 정보이용 및 정보공유의 자유는 다름 아닌 표현의 자유이며 공동체에게 정보이용 및 정보공유의 사적 공적 필요성을 입증해야만 정보이용 및 공유를 허용하는 규범은 표현의 자유가 추구하는 다원주의적 이상에 어긋난다는 우려에 따라 주로 의료정보, 신용정보 등 은밀하다고 여겨지는 분야에만 적용되는 분야별 개인정보보호법으로 발전되어 왔다.

　우리는 보통 이 두 가지 흐름이 서로 상충되는 것이며 표현의 자유와 프라이버시 사이의 중용에 대한 합의는 어려운 것으로 생각해왔다. 이 글에서는 그와 같은 중용의 한 방법으로서 정보의 사유화를 넘어선 '정보사회주의'의 가능성을

---

1) Warren & Brandeis, "The Right to Privacy", 4 *Harvard Law Review* 193 (1890)가 처음 개념화한 프라이버시가 어떻게 판례상 발전해왔는가를 검토한 Prosser는 '개인적인 영역에의 침입(intrusion into seclusion)'과 '은밀한 정보의 공표(public disclosure of private facts)'외의 나머지 판례법리들은 Warren/Brandeis의 고려대상이 아니었다고 주장한다. Prosser, "Privacy", 48 *California Law Review* 383 (1960).

살펴보고자 한다.

Ⅱ. 개인정보자기결정권과 표현의 자유 및 알 권리의 충돌

개인정보보호법(이하, "법")의 핵심은 개인정보의 대상이 되는 자를 '정보주체'라고 정의하고 정보주체는 자신의 개인정보를 검색하기 용이한 구조로 집합시킨 형태('개인정보파일')로 업무용으로 처리하는 개인정보처리자의 행위를 제한할 수 있는 권한을 가지게 된다는 점이다. 그러나 누구나 자신에 대한 정보라는 이유만으로 그 정보의 유통이나 이용을 통제할 수 있다면 그 정보를 인지하거나 공유하고자 하는 자의 표현의 자유나 알 권리는 포기되어야 한다.

특히 온라인상의 표현이나 정보인지는 대부분 정보매개자(information intermediary)들을 통해 매개되기 때문에 개인정보보호법의 적용 요건인 '개인정보파일', '개인정보처리자'를 충족하게 되어 개인정보보호법이 그대로 적용되므로 더욱 심각하다. 모든 표현과 모든 정보인지행위는 정보의 처리이고 그 표현이나 인지가 타인에 대한 것일 경우 필연적으로 개인정보의 처리가 되는데 정보주체는 화자나 인식자를 통제할 수 있다는 의미가 된다.

물론 현행 개인정보보호법에는 이미 '개인정보처리자의 정당한 이익을 달성하기 위하여 필요한 경우로서 명백하게 정보주체의 권리보다 우선하는 경우. 이 경우 개인정보처리자의 정당한 이익과 상당한 관련이 있고 합리적인 범위를 초과하지 아니하는 경우에 한한다(법 제15조제1항제6호)'라는 예외가 존재한다. 그러나 이 예외는 문언상 개인정보처리자가 '명백하게 정보주체의 권리에 우선하는 정당한 이익'이 존재함을 입증해야 성립된다. 모든 표현과 정보취득이 원칙적으로 정보주체의 허락을 받아야 한다는 명령은 표현의 자유와 정보의 자유를 심대하게 위축한다.

개인정보보호법이 가진 위 문제는 협의의 프라이버시 – 우리 헌법에서 대응 조항을 찾아보자면 '사생활의 비밀과 자유'에 해당하는 법익 – 의 보호를 목적으로 한다고 하는 반면2) 공개와 비공개를 가리지 않고 정보주체에게 자신에 관한 모든 정보에 대한 통제권을 부여하면서 시작된 것이다.

---

2) 각국의 개인정보보호규범들의 입법목적에 대한 분석으로는 박경신, "사생활의 비밀의 절차적 보호규범으로서의 개인정보보호법리", 「공법연구」 제40집 제1호 (2011).

우리 헌법의 '사생활의 비밀과 자유'나 여러 개인정보보호법들의 보호법익이 협의의 프라이버시가 아니라고 생각할 수도 있다. 즉 아래 설명할 웨스틴이 처음 적시한대로 자신에 대한 정보의 유통은 그 정보의 기 공개 여부에 관계없이 사생활에 위축효과를 미치게 되며 그 '자유'를 보호하는 것도 보호법익에 포함되어 있을 것이기 때문이다. 우리 헌법이 '사생활의 비밀'이라고 규정하지 않고 '사생활의 비밀과 자유'라고 특정한 것도 그런 생각을 가능하게 한다. 그러나 그렇더라도 정보유통을 통한 위축효과는 적어도 공개가 제한된 정보가 추가 공개될 때 발생하는 것이지 이미 일반적으로 공개되어 누구나 알고 있는 정보의 추가유통이 위축효과를 발생시키지는 않을 것이기 때문에 '비공개－공개'의 스펙트럼에서 공개방향의 움직임을 제한하기 위한 것을 목적으로 한다는 면에서 협의의 프라이버시로 본다.

그렇다면 개인정보보호법은, 입법목표는 협의의 프라이버시를 향하고 있으면서 법조항 자체는 광의의 프라이버시를 지향하면서 협의의 프라이버시로 보호되지 않는 정보까지도 규제대상으로 정하고 있다는 특성을 가지고 있다.

물론 이와 같은 구조는 협의의 프라이버시를 선제적으로 그리고 적극적으로 보호하기 위해 은밀성 여부가 불분명한 정보까지 모두 원칙적으로 보호대상으로 둔다는 의미를 가질 수도 있다. 그러나 그런 의도라면 원칙에 대한 예외가 명료하게 구성되어 위에서 말했던 표현의 자유와 알 권리의 침해를 피할 수 있어야 한다. 아래에서는 개인정보자기결정권의 실제 발전연혁이 협의의 프라이버시와 무관한 것이 아니라 매우 밀접한 관련을 가지고 있으며 이 발전연혁에 충실하게 개인정보보호법의 적용범위를 구획한다면 표현의 자유/알 권리(이하, 정보공유권)와의 중용도 가능함을 보여주고자 한다.

Ⅲ. 개인정보보호법의 특성과 '정보소유권론'

1. 개인정보자기결정권의 소유권적 성격

개인정보처리자에게 부과되는 의무를 살펴보면 개인정보보호법은 개인정보를 그 정보주체의 소유물로 보고 있는 듯하다. 개인에 대한 정보를 수집할 때 그 개인으로부터 동의를 얻어야 한다거나 이를 수집목적에 따라서만 사용해야 한다거나 하는 개인정보보호법 상의 의무들은 정보주체가 물건들을 소유하듯이 자신에 대한 정보를 소유한다고 보는 시각과 합치한다.[3] 즉 타인의 물건을 빌리려면 그 물건의 소유자에게 동의를 얻어야 하고 빌리는 목적을 말하고 그 목적에 부합하게 물건을 사용해야 하며 그렇게 하지 못할 경우 물건의 소유자는 그 물건을 반환받을 수 있다는 등의 규범은 개인정보보호법 상의 개인정보처리자의 의무에 좋은 유비를 제시한다. 즉 내가 타인의 개인정보를 수집하는 것은 그의 자동차를 빌려온 것과 마찬가지이다. 자동차를 빌릴 때 합의한 목적 외로 이용하거나 – 병원에 가족 내 환자를 이동하기 위해 빌린다고 한 후 교외로 소풍을 떠나는 데에 이용하는 경우 – 합의되지 않은 제3자에게 재임대해줄 때는 자동차 소유자의 동의를 얻어야 할 것이다(동의권). 자동차 소유자가 원한다면 자동차가 잘 있는지 확인을 시켜줄 수 있어야 할 것이다(열람권). 또 자동차를 온전히 잘 보관해야 할 의무가 있어 자동차에 결함이 발생하거나 할 경우 이를 수리할 의무가 있다(삭제 및 정정권). 또 자동차를 빌리기로 한 기간이 끝나기 전에라도 소유자가 원한다면 임대료를 삭감하는 한이 있더라도 자동차는 우선 반환되어야 한다(동의취소권).

2. 소유권적 개인정보자기결정권의 시초 – 정보감시(data surveillance)에 대한 방지책[4]

(1) 정보감시의 방지책 필요

그렇다면 이와 같은 '소유권'적 성격을 보이는 개인정보자기결정권은 어디에서부터 시작되었을까? 정보주체가 자신에 대한 정보에 대해 '소유권적' 통제권을 가져야 한다는 주장은 1967년 알란 웨스틴(Alan Westin)의 〈Privacy and Freedom〉이라는 책을 통해 처음 시작되었다.[5] 이 책은 책의 제목 "프라이버시와 자유"에서 알 수 있듯이 처음으로 권력에 의한 사회적 통제 즉 정보보유자가 정보주체에 대해 자신도 모르는 규모와 내용의 정보를 가지고 있을 수 있다는 위협만으

---

3) 개인정보에 대해 정보주체가 가진 권리를 재산권으로 다루어야 한다는 견해는 Lawrence Lessig, *Code*, 160–163면.
4) 이 장의 내용의 일부는 다음 논문에 게재된 것을 요약하고 강화하여 논의의 흐름을 유지하기 위해 여기에 전재한 것이다. 박경신, "독일개인정보보호법", 「강원법학」 제49권 (2016), 103–135면; "“구글 스페인" 유럽사법재판소 판결 평석 – 개인정보자기결정권의 유래를 중심으로", 세계헌법연구, 2014년, pp.29–65.
5) Alan Westin, *Privacy and Freedom*, New York: Atheneum, 1967.

로 정보주체의 활동 및 자유를 위축시킬 수 있다는 점을 널리 알린 것이었다. 웨스틴의 연구결과는 영미계에서는 미국, 영국 등 각국의 정부들의 연구를 촉발시켰고 소위 공정한 정보처리의 원리(fair information practice principles)이라는 이름으로 각국의 법으로 또는 정책으로 퍼져나갔다. 대륙법계에서는 개인정보자기결정권을 새로운 기본권으로 천명한 1983년 서독연방헌법재판소의 인구조사결정6)으로 계승되었다. 이는 오늘날의 개인정보자기결정권의 세계적 흐름에 이르게 되었다. 당시 독일연방헌법재판소는 인구조사법이 인구조사를 통하여 개인의 습관, 출근 교통수단, 부업 내역, 학력 등 매우 자세한 정보를 국민들에게 요청하도록 하고 이 정보를 원활한 지방행정을 목적으로 지방정부들과 공유할 수 있도록 한 것에 대하여 위헌결정을 내렸다. 개인에 대하여 국가가 수집한 많은 정보들을 조합하여 개인의 "인격" 전체를 구성해낼 가능성을 그 개인이 통제할 수 있어야 한다고 하며 이를 '정보자기결정권'이라고 명명하였다. 그 이유는 정보의 그와 같은 축적이 개인의 행동의 자유에 위축효과를 미치기 때문이다. 바로 16년전 웨스틴의 발견이었다. 그 후 '정보자기결정권'은 발전을 거듭하여 지금에 이르게 되었다.

위 책 <Privacy and Freedom>에서 웨스틴은 전화 등의 통신기기가 발전한 사회에서의 프라이버시 침해를 고발하며 이에 대한 해법을 제시하였는데 책은 크게 나누어 (1) 감청 (2) 심문 (3) 정보의 대량수집 및 처리에서 발생할 수 있는 프라이버시 침해를 다루었다. 여기서 그는 (3)의 맥락에서 발생하는 프라이버시 침해를 예방하기 위해서는 '각 개인이 자신에 대한 모든 정보를 통제할 필요가 있다'고 주장하였다. 그 이유는 개인이 자발적으로 타인에게 공개하는 정보라고 할지라도 공개의 조건이 제대로 지켜지지 않아 원래 합의한 목적을 넘어서서 이용되거나 원래 합의한 공개의 범위를 넘어서는 사람에게 정보가 공개되는 것은, 자신이 전혀 공개를 원치않는 정보가 외부에 공개되는 것과 똑같은 프라이버시 침해라고 볼 수 있다고 보았기 때문이다. 이와 같이 정보공개의 조건이 지켜지지 않아서 '자신에 대한 정보의 원치않는 공개"가 이루어진 상황을 웨스틴은 "정보

---

6) 독일연방헌법재판소, 15.12.1983 – 1BvR 209/83; 1BvR 269/83; 1BvR 362/83; 1BvR 420/83; 1BvR 440/83; 1BvR 484/83BVerfGE 65, page 1 ff. 독일의 개인정보보호규제의 발전과정에 대해서는 http://www.iitr.us/publications/13–privacy–laws–in–germany–developments–over–three–decades.html

감시(data surveillance)"라고 불렀다. 이와 같은 정보감시 즉 의사에 반하는 자기자신에 대한 정보공개는 피감시자를 위축시켜 사생활의 자유도 제약하는 피해까지 발생시킨다고 하였다.

　다시 말해서 정보감시란, 사람이 살아가면서 자신에 대한 여러 정보를 정부기관이나 업체에 제공할 때, 이 정보가 자신도 모르게 원래의 제공목적과 달리 이용되거나 원래 수집기관이나 업체 밖으로 유출되어 이용되거나 다른 정보들과 합해지는 것을 말한다. 이렇게 될 경우 정보보유자나 처리자들은 정보제공자에 대해 직접 제공받은 정보 이상의 그 무엇을 알게 될 것이다. '감시'란 물론 도청, 압수수색, 미행과 같이 개인이 자발적으로 제공하지 않은 정보를 타인이 취득하는 것을 말하지만, 개인이 자발적으로 타인에게 제공한 정보가 축적되는 것만으로도 '감시'와 비슷한 결과가 나타나는 현상을 웨스틴은 '정보감시'라고 부른 것이다.

　정보감시가 이루어지지 않으려면 개인정보를 수집할 때 정보제공자가 정보제공의 조건으로 제시한 정보의 이용목적과 제3자 제공범위를 준수해야 한다. 이렇게 되면 자신이 제공한 정보의 축적과 이용은 자신이 동의한 범위 내에서만 이루어지게 되므로 원치 않는 '감시'는 사라지게 된다. 이를 준수하지 않으면 정보제공의 조건을 위반한 것이므로 타인에 의한 원하지 않는 정보취득이 이루어진 것이므로 "감시"가 된다.

(2) 계약법으로는 불충분하다

　그런데 많은 경우 정보제공자는 정보의 이용목적과 제3자 제공범위를 구체적으로 정보제공의 조건으로 제시하지 못하여 정보수집자가 준수해야 할 정보제공의 조건이 없거나 불분명한 경우가 많이 있다. 즉 정보제공 시의 약속을 지키도록 하는 접근방식 즉 계약법적(contractual) 접근법이 적용조차 될 수 없는 사례들이 존재한다. 특히 힘없는 개인들이 거대한 기업이나 정부에게 재화나 서비스 수령을 위해 자신의 개인정보를 제공할 때 정보제공의 조건을 협상하거나 그 조건을 나중에 집행할 힘이나 지식이 없는 경우가 허다하다.

　바로 이러한 이유로 웨스틴은 물권법적(property-based) 접근법을 선택한 것으로 보인다. 즉 정보주체에 대한 정보를 원칙상(as a default) 그의 소유물로 간주할 경우 정보제공의 조건에 대한 정확한 협상 없이 정보가 제공되었다손 치더라도 정보수집자는 그 정보를 마음대로 할 수 없다는 규범이 성립된다. 정보제공자가 아무런 정보제공의 조건을 제시하지 않았다고 할지라도 정보수집자는 정보제공자(정보주체)에게 정보의 이용목적과 제3자 제공범위를 알려줄 적극적인 의무를 가지게 된다. 쉽게 말해 정보주체는 자신에 대한 정보를 소유한 것으로 인정받게 되면 자신의 의사에 대해 더욱 강하게 존중받게 된다.

길을 지나가다 물건을 발견했다고 하자. 남의 물건으로 보이는 경우, 우리는 소유자와의 아무런 약속 없이도 그 물건을 함부로 다루어서는 안 된다고 생각하게 될 것이다. 이와 같은 디폴트룰이 없다면 우리는 타인에 대한 정보를 우연히 또는 아무런 조건 없이 취득하게 되는 경우 정보주체의 '감시로부터 자유로울 권리'를 존중하지 않게 될 것이다.

물권법적 접근은 정보가 제3자에게 양도된 후에도 빛을 발한다. 계약법에만 의존하게 되면, 정보주체로부터 정보를 취득하면서 정보제공의 조건으로서 특정 목적과 특정 공개범위에 합의한 정보처리자는 그 조건에 구속되지만 그 정보처리자로부터 정보를 넘겨받은 제3자는 정보주체와 직접 합의를 한 바가 없기 때문에 그 조건에 구속되지 않는다. 하지만 개인정보를 정보주체의 '소유물'로 본다면 — 자동차를 차주의 소유물로 보듯이 — 정보주체는 정보제공의 조건에 대해 자신과 직접 합의를 한 바 없는 제3자에 대해서도 우선하여 정보의 이용에 대한 권리를 행사할 수 있게 된다.

(3) 소결 : 정보소유권론의 함의

정보감시를 계약으로 방지하지 않고 소유권으로 방지한다는 것은 개인정보와 정보주체와의 관계가 해당 정보의 내용, 발생연혁, 추후 처리상황 등과 무관하게 설정됨을 의미한다. 그와 같은 정보의 특성에 관계없이 소유를 가정해야만 위에서 말한 '정보감시로부터의 자유'라는 권리의 강화가 이루어질 것이기 때문이다. 해당 정보의 다양한 특성에 따라 소유권이 인정되기도 하고 인정되지 않기도 한다면 자신에 대한 정보의 추후 이용 및 유통에 대해 조건을 협상하기 어려운 개인을 보호한다는 취지가 탈각될 것이다. 바로 이 때문에 현대의 개인정보보호법의 핵심인 정보소유권론적 정보보호법리는 원래 협의의 프라이버시를 목적으로 하면서도 그 내용은 광의의 프라이버시를 따르게 된 것이다.

3. 정보소유권의 상대성

우리는 여기서 '정보주체가 자신에 대한 정보를 소유한다'는 명제는 그 자체로 참이라기보다는 '정보주체가 자신에 대한 정보를 소유한 것처럼 통제권을 가져야만 정보주체의 프라이버시[7]가 효율적으로 보호된다'라는 좀 더 복잡한 명제를 은유적이고 표현한 것임을 상기할 필요가 있다.

개인정보를 실제로 정보주체의 소유물로 보기에는 상당한 논리적인 어려움이 뒤따른다. 예를 들어 필자가 평소에 알던 정보주체X에 대해 "X는 정치적으로 보수적이다"라는 평소 감상을 내 노트북에 적어두고 있다고 하자. 그 정보를 정보주체는 정작 접해본 적이 없는데 어떻게 소유권적 통제권을 행사할 수 있겠는가? 또는 X에 대해서 필자가 꿈을 꿨다거나 점을 쳐봤다거나 기타 비과학적인 방법으로 "X가 정치적으로 보수적이다"라는 확신을 갖게 되었다고 하자. 과연 이 확신에 대해서 X가 통제권을 행사한다는 기획은 현실적인가?

이에 대한 반론으로 혹자는 '위 가상상황에서는 X로부터 정보를 "수집"한 것이 아니라서 원래부터 개인정보보호법이 적용되지 않아 정보소유권론 자체에는 문제가 없다'주장할 수 있다. 그러나 평소 감상을 적은 경우라도 'X는 정치적 보수'라는 생각의 토대가 된 정보는 X로부터 수집한 것이므로 개인정보자기결정권이 적용된다. 꿈이나 점의 경우에도 이미 개인정보보호법에 따르면 정보주체가 아닌 다른 소스로부터 정보를 수집하는 경우까지 규제하고 있으므로 역시 개인정보자기결정권이 적용되고 있다고 보아야 한다. 즉 위의 가상상황 모두에서도 정보소유권론은 X가 'X는 정치적 보수'라는 정보를 '소유'하고 있다고 볼 것을 요구한다. 하지만 이 당위는 실제로 X는 위 정보와 아무런 물리적 접촉이 없었다는 사실과 격렬하게 충돌한다.

또 개인정보자기결정권은 그 문구에 담긴 원대한 희망과는 달리 실제로는 주관적인 공권이라기보다는 개인정보처리자가 정보주체에 대해 가지는 의무를 통해 실현된다. 즉 정보처리자 – 예를 들어 우리 법 상으로는 '개인정보파일을 업무상 운용하는 자'(여기서 '개인정보파일'은 검색이 용이하게 개인정보를 집합화한 것을

---

7) 물론 여기서 개인정보자기결정권의 입법목적으로서의 '프라이버시'는 (1) 고전적인 '은밀한 영역에의 감시로부터 자유로울 권리' 즉 협의의 프라이버시를 의미하는 것이지 (2) '자기에 관한 모든 정보를 통제할 권리'를 의미하는 것은 아니다. 후자라면 동어반복이 될 것이기 때문이다.

의미한다) — 가 아닌 이상 타인의 개인정보를 수집 및 이용함에 있어서 아무런 제약이 없다. 보통 기본권은 개인과 외부세계 사이에서 외부세계 전체에 대해 주장할 수 있는 즉 외부세계 전체에 의무를 부과할 수 있는 규범을 의미한다. 예를 들어 사람이 죽음을 당한다면 살인자의 신분에 관계없이 우리는 똑같이 생명권이 침해된 것으로 본다. 그런데 개인정보자기결정권은 개인정보처리자의 행위가 개입되어 있지 않다면 전혀 침해가 발생하지 않는다. 그렇기 때문에 정보소유권론을 문자 그대로 수긍해서는 안되는 것이다.

4. '정보소유권론'이 적용되지 않는 정보의 존재

지금까지의 논의를 정리하자면, '정보감시로부터의 자유'를 확립하기 위해 추후 정보의 사용범위와 제공처 등의 '정보제공의 조건'의 준수를 요구한다는 기획의 약점은 상당수 개인들이 기업이나 정부에게 정보제공을 하면서 정보제공의 조건 협상 자체를 하지 않게 되는 경우가 많다는 것이다. 이 약점을 보완하기 위해 정보를 정보주체가 소유한 것으로 보아 정보감시를 방지하자는 소위 '정보소유권론'이 등장하게 되었고 이에 따라 정보자기결정권이 요구하는 다양한 정보수령자의 의무가 발생하게 되었다.

<u>그러나 이와 같은 '권리의 강화' 즉 '정보감시로부터의 자유'라는 권리의 강화는 정보수령자가 아직 가지고 있지 않은 정보를 정보수령자에게 제공할 경우에만 상상 가능하다.</u> 추후 정보의 사용처와 제3자제공 범위를 정함으로써 정보감시를 방지하는 것이 정보자기결정권의 목표인데 이미 정보수령자가 해당 정보를 가지고 있어 정보주체가 해당 정보에 대한 통제력을 상실한 경우에는 제반 이용조건을 부과한다는 것이 불가능하기 때문이다. 하지만 그렇다고 해서 정보수령자가 정보주체에 대한 정보를 현재 보유하고 있다는 이유만으로 정보소유권론에 기초한 정보자기결정권의 적용을 배제하는 것은 정보소유권론을 통한 권리의 개선의 취지를 너무 편협하게 적용하게 되는 것이다. 왜냐하면 어차피 정보소유권론은 힘없는 개인들이 조건을 걸지 않고 정보를 이미 제3자에게 제공했을 경우를 대비하기 위한 것이고 그렇다면 단순히 정보의 현재 위치에 따라 권리의 강화 여부가 결정되어서는 아니 될 것이기 때문이다.

그러나 공개가 1~2개 기업이나 기관에게만 이루어진 것이 아니라 이들을 포함하는 사회 일반에게 이루어진 경우는 어떨까? 예를 들어 필자가 본인이 대학

교수라는 정보를 대학교 홈페이지를 통해 스스로 또는 대학과의 협의를 통해 제
공하여 사회 일반 누구나 취득할 수 있도록 한 경우에는 판단을 달리 해야 한다.
이 경우에는 사회의 일원이 자신이 수령한 정보를 제3자에게 제공한다고 하여
발생하는 정보감시가 존재하지 않는다. 그리고 이렇게 무한의 제3자에게 제공할
수 있는 정보라면 그 사용처 역시 제한을 둔다는 것을 상상하기 어렵다. 정보소
유권론으로 강화할 대상인 정보감시로부터의 자유 자체가 애시당초 존재하지 않
는다. 더 거시적으로 말하자면 이미 일반적으로 공개된 정보 즉 정보유통이 최대
한 많은 사람들이 접근할 수 있도록 이루어진 상황에서는 정보소유권론으로 방
지하고자 했던 정보감시가 발생할 수 없다.

또는 법적으로 사회의 일원으로 살아가기 위해서는 반드시 지켜야 하는 법의
작용으로 공개되어야 하는 정보의 경우 역시 판단을 달리 해야 한다. 공개가 법
에 의해 강제된 상황에서는 정보소유권론을 적용하여 강화할 권리 자체가 — 또
는 정보소유권론을 통해 방지해야 할 정보감시의 위험이 — 존재하지 않기 때문
이다.

이 논의의 시초가 되었던 웨스틴이 적시한 프라이버시와 자유 사이의 관계를
여기에 적용해보더라도 타인이 자신에 대해 정보를 가지고 있다고 해서 느끼는
위축감은 그 정보가 일반적으로 공개되어 있는 정보라면 정보를 새로운 사람이
입수한다고 해서 '추가적인' 위축감을 느낄 이유가 없다. 일반적으로 공개된 정보
에는 '정보소유권론'적 정보보호원리가 적용되어서는 안 되는 이유이다.

Ⅳ. 정보사회주의

1. 상   상

우리는 여기서 '정보사회주의' 즉 일정한 개인정보는 처음부터 사회의 구성을
위해 공유해야 한다는 원리를 상상해볼 수 있다. 그리고 그와 같은 정보에 대해
서는 디폴트가 공유이고 보호가 예외가 되는 사회를 상상해볼 수 있다.

실제 개인정보의 생성과정을 보면 '모든 개인정보는 자신으로부터 비롯된다'
는 전제에 심각한 오류가 있다. 이를테면 토마토는 무엇인가? 토마토의 정체성
은 다른 것과의 차이에서 현출된다. 토마토 혼자 존재할 수 없고 '토마토성'이라
는 객관적 실재가 있는 것도 아니다.[8] 사람의 정체성 역시 그 사람을 둘러싼 관

계와 관계를 생성하고 유지하는 언어로 이루어져 있다. 내가 교수로 강의하는 것은 나 혼자 할 수 있는 게 아니다. 나를 교수로 보고 들어주는 학생들이 있어야 가능하다. 내가 변호사로 활동하려면 내가 대리할 의뢰인이 필요하다. 내가 한국인이 된 것은 한국인이라는 어떤 특질이 내 안에 있어서가 아니다. 특정 지역에 사는 사람들이 서로 동질감을 느끼며 집단을 형성해 한국인이라고 부르기 시작해서 그리된 것이다.

여기서 관계란 사람 사이의 관계이다. 내가 그 사람과 특정 관계에 있다는 것은 내 개인정보이지만 그 관계에 있는 다른 사람의 개인정보이기도 하다. 그렇다면 우리는 태어나면서 사회를 살아가면서 계속해서 정보를 공유한 상태로 살아가게 된다. 우리는 정보를 그렇게 공유하는 것이 자연 상태다. 우리는 비밀리에 태어날 수도 비밀리에 살아갈 수도 없다. 내가 누군가를 때리면 폭행의 피해자가 생기고 피해자의 가족이 알게 되고 경찰이 알게 된다. '내가 상대를 폭행했다'는 정보를 숨기고 싶어도 상대는 그것을 알리고 싶을 수 있다.

즉, 사람의 정체성과 이를 구성하는 개인정보는 다른 사람 및 사물과의 관계를 전제로 하고 그 관계의 유지를 위해서는 정보의 공유는 전제되어야 한다. 이들 정보에 좁혀서 생각해보자면 프라이버시는 인격의 자연 상태가 아니라 정보 공유의 디폴트 상태에서 자신을 숨길 자유 또는 디폴트상태에 빠지지 않도록 특정 정보를 공유에서 배제할 자유를 말한다. 즉 자신에 대한 정보를 차단할 자유이다.

그렇다면 어떤 정보는 우리 문명을 이루는 모든 관계들의 유지를 위해 공유되는 것이 자연상태이고 그 정보를 자신의 인격권 보호를 위해 공유상태에서 배제하는 것이 불가능한 정보가 있다. 즉 사람이 살아가면서 다양한 경로를 통해 자신에 대한 정보를 일반적으로 공개하거나 그와 같은 공개를 묵시적으로 허락하게 된다. 예를 들어 필자가 매년 강의를 통해 최소한 강의에 참가하는 학생들에게 필자가 교수라는 사실을 공개할 수밖에 없었고 이와 같은 학생들의 숫자는 상당히 누적되어 왔다. 이와 같은 개인정보의 공개는 필자가 '교수'라는 정체성을 유지하기 위해 필수불가결한 것이었으며 이와 같은 정보는 필자가 별다른 조치 — 학생들마다 수강 시에 강의자의 정체에 대해 비밀유지각서를 쓰도록 한다거

---

8) 소쉬르의 구조주의 언어학 이론과 밀접한 관계가 있는 주장이다.

나 − 를 취하지 않는 한 학생들은 자유롭게 이 정보를 타인들과 공유할 수 있다고 보는 것이 옳다. 즉 모든 정보가 그렇지는 않더라도 디폴트는 언제나 공유상태인 일부 정보가 있을 수밖에 없고 우리는 이것이 바로 "일반적으로 공개된 정보"임을 알 수 있다.

정보 공유의 자유, 즉 모든 정보 공유는 정보의 전달로 이루어지고 정보의 전달은 표현이므로 프라이버시는 타인의 표현의 자유에 대한 반대항이다. 자신이 화자로서 내뱉은 말을 자신이 '소유'한다고 할 수 없음을 생각해보면 − 저작권이 존재하지만 저작권은 아이디어 즉 내용을 보호하지 않는다 − 왜 자신에 대한 정보를 자신이 소유한다고 할 수 없는지 알 수 있다. 즉 표현의 자유를 소유권으로 입론할 수 없는 것만큼이나 프라이버시를 소유권으로 입론하는 것에는 논리적 한계가 따를 수밖에 없다. 프라이버시를 정보소유권으로 입론하는 것에 대해서 반대하는 것이 아니라 그렇게 하는 경우에는 정보감시로부터의 자유를 강화하기 위한 목적에 한정되어야 하고 이미 일반적으로 공개된 정보 즉 더 이상의 자신의 의사에 반하는 정보유통이 존재하기 어려운 정보에 대해서는 정보소유권론의 적용이 제한되는 것이 옳다는 것이다. 실체적인 이익형량이 있을 경우에만 자유로운 이용을 허용하는 것은 표현의 자유와 알 권리를 불필요하게 위축하는 것이다.

정리하자면, 개인정보는 반드시 개인으로부터 유래하는 것도 아니다. 정보 자체는 개인과 타인 사이의 관계에서 의미를 얻는다. 그런 관계대상과의 정보공유를 통해 각 개인은 자신의 정체성을 완성해나간다. 개인정보는 공유가 디폴트값인 경우가 상당히 많이 있다. 물론 그와 같이 개인의 정체성 유지를 위해 필요한 만큼의 제한적인 공유를 넘어서는 의사에 반하는 공유나 이용을 막고자 하는 것이 정보감시이고 정보감시로부터의 자유를 강화하기 위해 정보소유권론이 필요한 것은 옳다. 그러나 개인은 사회 전체와의 관계설정을 위해 사회 전체와 정보를 공유하기도 하고 또는 법에 의해 내 정보를 공유해야만 하기도 한다. 이와 같이 '일반적으로 공개된 정보'는 공유가 디폴트이고 사유(私有)가 예외로 인정되어야 하며 고로 소유권론적 개인정보자기결정권을 적용하지 않는 것이 옳다.

필자는 정보가 인간의 관계에서 비롯되는 한 공유되어야 한다는 입장을 "정보사회주의"라고 명명하고자 한다. 그렇게 인간의 관계에서 비롯되는 정보 중의 하나가 일반적으로 공개된 정보라고 하겠다. 사회주의는 경제활동의 근간이 되는 재화를 공동소유한다는 것이다. 정보도 위에서 살펴보았듯이 정치문화활동의 근간이 되며 공유되어야만 정치와 문화가 기능할 수 있다. 물론 사회주의와의 비교는 순전히 기능적인 은유일 뿐 이념적인 은유는 아니다. 사회주의는 자본주의의 모순을 완화하고자 하는 경향에서 시작되었지만 정보사회주의는 정보독점의 모순을 완화하고자 하는 경향 보다는 굳이 따지자면 공유지의 비극[9]을 완화하고자 하는 경향에서 비롯된 것이다. 일반적으로 공개된 정보 외에도 정보사회주의의 이념에 부합하는 개인정보들이 존재할 것으로 보이나[10] 이는 추후 연구에 맡긴다. 여기서는 '일반적으로 공개된 정보'에 대해서만 논하기로 한다.

2. 기존 판례와의 조화

여기서 '일반적으로 공개된 정보'란 사생활의 '비밀'이 아닌 정보 전체를 말하는 것은 아니다. 아래 그림에서 '제한적으로 공개된 정보' 역시 위에서 설명했듯이 정보소유권론적 정보보호가 필요하다. 아직 추가 공개를 통해 발생할 수 있는 정보감시의 위험이 남아 있기 때문이다.

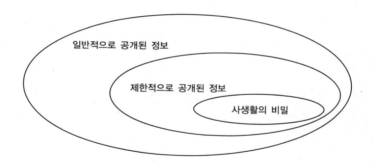

이에 비해 우리나라 헌법재판소는 "개인정보자기결정권의 보호대상이 되는 개인정보는 … 반드시 개인의 내밀한 영역이나 사사(私事)의 영역에 속하는 정보에 국한되지 않고 공적 생활에서 형성되었거나 이미 공개된 개인정보까지 포함한다"[11]고 하여 표면적으로는 일반적으로 공개된 정보에도 개인정보보호법이 적용

---

9) Jane R. Bambauer, "Tragedy of the Data Commons", 25 *Harvard Journal of Law and Technology* 1 (2011).
10) Bambauer는 익명화된 정보를 언급한다.
11) 헌재 2005. 5. 26. 99헌마513등.

된다고 판시한 듯하다. 그러나 개인정보자기결정권의 원류가 된 독일의 인구조사결정[12]도 일반적으로 공개된 정보에 대해서는 적용되지 않음을 알 수 있다. 당시 서독 헌법재판소는 '개인이 자기결정권에 근거하여 계획이나 결정을 내릴 자유는, 그 개인이 자신에 대한 어떤 사회영역에서의 정보가 알려져 있는지를 충분히 확정할 수 없고 자신의 방해세력들이 무엇을 알고 있는지를 어느 정도 측정할 수 없다면, 심대하게 제약될 수밖에 없다. 개인들이 자신들에 대해 누가 무엇을 언제 알게 되는지를 인지할 수 없는 사회질서와 이러한 무지를 가능케 하는 법질서는 정보자기결정권과 부합하지 않는다.'고 하였는데 일반적으로 공개된 정보의 경우 "정보가 알려져 있는지를 충분히 확정할 수 없고 자신의 방해세력들이 … 알고 있는지를 어느 정도 측정할 수 없"지는 않을 것이기 때문이다. 실제로 인구조사결정에서 다루어진 인구조사 자체도 실제로 내밀한 사생활을 다루지는 않았지만 일반적으로 공개된 정보를 수집하는 것도 아니었다 — 그럴 것이라면 인구조사를 할 필요가 없었을 것이다.

물론 "정보의 민감성은 정보의 내밀성에만 의존하지 않는다. 인격권에 대한 규칙 제정을 목적으로 정보의 중요성을 확립하기 위해서는 정보가 이용되는 맥락을 알아야 한다. 어떤 목적으로 정보제공이 요구되는지 그 정보가 이용되고 합치될 가능성들은 무엇이 존재하는지 등이 확립되어야, 자기정보결정권을 제약하는 것이 허용될지가 결정될 수 있다"는 독일연방헌법재판소의 판시가 우리나라 헌법재판소에 '이미 공개된 정보도 포함된다'는 판시를 추동한 것으로 보인다. 하지만 "정보의 내밀성에 의존하지 않는다"는 판시는 즉 '내밀성'의 정도가 중요하지 않다는 뜻이 아니다. 독일연방헌법재판소는 인구조사가 하루에 밥을 몇 번 먹는지 등과 같이 사소하고 일반적인 것을 묻더라도 "정보가 합치되고 이용될 가능성"에 의해 그 민감성과 중요성이 결정됨을 천명하려고 한 것인데 여기서 내밀성을 배제한 것은 아니다.

또 이 판시의 전제는 자기정보결정권은 모든 정보에 적용될 것이 아니라 "민감한 정보" 또는 "중요한 정보"에만 적용되어야 한다는 것이다. 그렇다면 어떻게 형량을 하더라도 이미 일반적으로 공개되어 있고 정보주체가 그러한 공개사실을 아는 정보의 경우 연방헌재가 위에서 정보축적의 해악으로 지적한 '위축효과'의

---

12) 독일연방헌법재판소, 15.12.1983 — 1BvR 209/83; 1BvR 269/83; 1BvR 362/83; 1BvR 420/83; 1BvR 440/83; 1BvR 484/83BVerfGE 65, page 1 ff.

측면에 있어서 "민감한 정보"나 "중요한 정보"라고 규정하기 어려울 것이다. 그렇다면 자기정보결정권의 적용범위는 "사사의 영역"에 속하는 정보로 국한되지는 않더라도 최소한의 민감성이나 중요성이 있는 정보여야 하며, 최소한 '일반적으로 공개된 정보'는 아닌 것에 한정하여 정보자기결정권이 적용되는 것이 합당하다고 보여진다.

3. 해외 입법례

현행 개인정보보호규제들을 잘 살펴보면 실제로 이미 "일반적으로 공개된 정보"에 대해서는 개인정보보호규제를 적용하지 않는 나라들이 많다. 호주[13], 캐나다[14], 싱가포르[15]와 대만[16], 벨기에[17], 대만 등에서는 아예 명시적으로 '일반적으로 공개된 정보'에 대해서는 개인정보보호법의 적용을 배제하고 있으며 독일[18]도 2017년에 법개정을 하기 전까지 비슷한 예외를 두고 있었다.[19] 1980년 OECD 가이드라인을 업데이트하려는 시도인 2004년 APEC Framework도 '일반적으로 공개된 정보'에 대한 정보주체의 선택권을 제한할 수 있다고 하였다.[20] 2000년에도 EU와 미국은, 1995년 EU디렉티브(Data Protection Directive)가 미국정보처리자의 EU인들의 개인정보처리가 저해되는 것을 막기 위해 세이프하버(Safe Harbor)

---

13) http://www.alrc.gov.au/publications/2.%20Privacy%20Regulation%20in%20Australia/state−and−territory−regulation−privacy

14) 캐나다 개인정보보호및전자문서법(Personal Information Protection and Electronic Documents Act (S.C. 2000, c. 5)) 제7조 http://laws.justice.gc.ca/eng/acts/P−8.6/page−3.html#h−6 "일반에게 공개된 정보(publicly available information)을 정의하는 명령 http://laws.justice.gc.ca/eng/regulations/SOR−2001−7/page−1.html

15) Singapore Personal Data Protection Act 2012 (No. 26 of 2012) https://sso.agc.gov.sg/Acts−Supp/26−2012/Published/20121203?DocDate=20121203.

16) Taiwan Personal Data Protection Act http://law.moj.gov.tw/Eng/LawClass/LawAll.aspx?PCode=I0050021. Subparagraph 7, Paragraph 1, Article 19.

17) Loi du 8 decembre 1992, art. 3, § 2.

18) BDSG, Last amended by Art. 1 G v. 25.02.2015 I 162. 더 자세한 내용은 박경신, 독일개인정보보호법, 「강원법학」 제49권, 103−135면 (2016).

19) 위 법이 실제 사건에 적용되어 중등학교 교사들의 평판을 학생들이 올리도록 한 플랫폼에 대해 교사, 강의명, 학교명 등은 개인정보보호법에 저촉되지 않는다고 spickmich판결에 대한 소개는 Claudia Kodde, "Germany's 'Right to be forgotten' − between the freedom of expression and the right to informational self−determination", International Review of Law, Computers & Technology, 30:1−2, 17−31, 2016.

20) http://www.apec.org/Groups/Committee−on−Trade−and−Investment/~/media/Files/Groups/ECSG/05_ecsg_privacyframewk.ashx.

협정을 체결한 바 있는데 '일반적으로 공개된 정보'는 EU디렉티브 적용대상이 아니라고 합의한 바 있다.[21] 1980년 OECD가이드라인이 '프라이버시 침해 위험이 없는 정보'에는 적용되지 아니한다고 명시한 것은 위에서 살펴본 바와 같으며 '일반적으로 공개된 정보'가 여기에 포함될 것으로 보인다. 우리 대법원도 "직접 또는 제3자를 통하여 이미 공개한 개인정보는 그 공개 당시 정보주체가 자신의 개인정보에 대한 수집이나 제3자 제공 등의 처리에 대하여 일정한 범위 내에서 동의를 하였다고 할 것이다"라고 하였다.[22]

V. 결 론

개인정보보호법제가 정보주체에게 부여하는 '소유권'적 자기정보통제권은 협상력이나 집행력이 떨어지는 개인이 정부나 기업들에게 정보를 제공하고 서비스를 받는 정보거래에서 정보제공의 조건이 원활하게 준수되도록 하기 위한 해법이었다. 즉 정보주체가 모르는 제3자에게 정보를 제공한다거나 정보주체가 몰랐던 목적으로 정보를 이용하여 정보주체가 공개를 원치않았던 정보까지 유추하게 되는 행위 즉 정보감시(data surveillance)를 방지하기 위해서는 정보제공의 조건을 단순히 약속으로서 이행하려 할 것이 아니라 정보주체를 자신에 대한 정보의 소유자로서 승격시켜 정보주체의 의사가 더욱 존중받도록 하기 위한 것이다. 이와 같은 원리에 근거하자면 '소유권'적 자기정보결정권은 위와 같은 정보거래가 이루어지는 상황에만 적용되어야 하며 일반적으로 공개된 정보에는 적용되지 않는 것이 옳다. 이미 일반적으로 공개된 정보는 정보를 수령하는 정부나 기업뿐만 아니라 사회 전체가 이미 접근권을 가지고 있기 때문에 소유권에 대한 유비를 통해 보호해야 할 법익(감시로부터의 자유)이 존재하지 않기 때문이다.

자기정보결정권을, 공개의 정도에 관계없이 모든 개인정보를 디폴트로 우선 보호하고 형량을 통해서 '일반적으로 공개된 정보'를 배제한다는 주장도 옳지 않다. 개인정보는 반드시 개인으로부터 유래하는 것도 아니다. 정보 자체는 개인과 타인 사이의 관계에서 의미를 얻는다. 그런 관계대상과의 정보공유를 통해 각 개인은 자신의 정체성을 완성해나간다. 개인정보는 공유가 디폴트값인 경우가 대

---

21) http://export.gov/safeharbor/eu/eg_main_018387.asp.
22) 대법원 2016. 8. 17. 선고 2014다235080 부당이득금반환 (카) 파기환송(일부).

부분이다. 물론 그와 같이 개인의 정체성 유지를 위해 필요한 만큼의 제한적인 공유를 넘어서는 의사에 반하는 공유나 이용을 막고자 하는 것이 정보감시이고 정보감시로부터의 자유를 강화하기 위해 정보소유권론이 필요한 것은 옳다. 그러나 개인은 사회 전체와의 관계설정을 위해 사회 전체와 정보를 공유하기도 하고 또는 법에 의해 내 정보를 공유해야만 하기도 한다. '일반적으로 공개된 정보'는 사안별 이익형량을 통해 개별적으로 자유로운 정보이용 및 유통이 허용될 것이 아니라 그와 같은 카테고리 전체에 대해 자유롭게 허용되는 것이 옳다. 단어의 의미가 다른 단어와의 관계 속에서만 성립될 수 있듯이 한 사람의 정체성 역시 다른 사람들과의 관계 속에서만 성립된다. 학생들 모르게 교수가 있을 수 없고 의뢰인 모르게 변호사가 있을 수 없다. 그런 관계 속에서는 그 관계를 형성하는 정보의 공유는 예외가 아니라 원칙이 되어야 한다. 그렇다면 사회 전체의 구성원들의 상호관계를 가능케 하는 정보공유는 자유롭게 허용되어야 한다는 것 바로 이것이 '정보사회주의'이다.

참고문헌

[국내문헌]

김일환·김민호, "민간영역에서 개인정보의 처리와 이용에 관한 비교법적 고찰 − 독일연방정보보호법을 중심으로", 「토지공법연구」 제46집 (2009).

박경신, "사생활의 비밀의 절차적 보호규범으로서의 개인정보보호법리", 「공법연구」 제40집 제1호 (2011).

박경신, "독일개인정보보호법", 「강원법학」 제49권, 103−135 (2016).

오병철, "적법하게 공개된 개인정보의 보호와 활용", 「경희법학」 제52권 제4호 (2017).

이민영, "개인정보보호법의 쟁점분석 및 제정방향", 「정보통신정책」 제17권 제29호 (2005).

[외국문헌]

Alan Westin, *Privacy and Freedom*, New York: Atheneum, 1967.

Claudia Kodde, "Germany's 'Right to be forgotten' − between the freedom of expression and the right to informational self−determination", *International Review of Law, Computers & Technology*, 30: 1−2, 17−31, 2016.

Graham Greenleaf, "Private sector uses of 'public domain' personal data in Asia: What's public may still be private" 127 *Privacy Laws & Business International Report*, pp. 13−15, 2014.

James R. Maxeiner, "Freedom of Information and the EU Data Protection Directive", 48 *Federal Communications Law Journal* 93 (1995).

Jane R. Bambauer, "Tragedy of the Data Commons", 25 *Harvard Journal of Law* and Technology 1 (2011).

Paul M. Schwartz, "Beyond Lessig's Code for Internet Privacy: Cyberspace Filters, Privacy−Control, and Fair Information Practices", 2000 *Wisconsin Law Review* 743 (2000).

Prosser, "Privacy", 48 *California Law Review* 383 (1960).

Warren & Brandeis, "The Right to Privacy", 4 *Harvard Law Review* 193 (1890).

제 4 부

데이터에 관한 권리 기반 접근의 영역별 고찰

• 금융분야 본인신용정보관리업(마이데이터 산업) 도입방안에 관한 소고__이 준 희 277
• 내 유전정보는 내 마음대로 사용해도 되는가?__이 원 복 291
• 신재생 분산전원 시스템에서 스마트미터링과 데이터 소유권__허 성 욱 311

금융분야 본인신용정보관리업(마이데이터 산업) 도입방안에 관한 소고

이준희(변호사)

I. 들어가며

금융위원회는 지난 2018년 7월 18일, "소비자 중심의 금융혁신을 위한 금융분야 마이데이터 산업 도입방안"(이하 "마이데이터 도입방안")을 발표하였다. 이 방안의 구체적인 내용은 금융위원회 홈페이지[1]에 공개된 보도자료를 통하여 살펴볼 수 있는데, 주된 내용은 "본인신용정보관리업"을 허가제 형태의 신규 금융산업으로 도입하여 고유업무로서의 본인 신용정보 통합조회서비스를 영위하도록 하되, 다양한 겸영업무 및 부수업무를 허용하여 혁신성장의 촉진과 금융소비자 권익보호라는 두 마리 토끼를 잡겠다는 것이다. 이는 금융위원회가 2018년 3월 19일 발표한 "금융분야 데이터활용 및 정보보호 종합방안"에서 밝힌 세부과제 중 하나인 "본인신용정보관리업 도입"의 세부과제로 마련된 것이다.

이와 같은 금융위원회의 마이데이터 도입방안은 기본적으로 유럽연합(EU)의 지급결제서비스지침(Payment Services Directive)의 개정지침(2015. 6. 발표되어 2018. 1. 13. 시행된 것으로서 통상 "PSD2"라 부른다)에서 도입된 계좌정보 서비스(Account Information Service) 제도를 참고하여 설계된 것으로 이해된다. 그러나 마이데이터 산업의 도입 취지, 구체적으로 설계된 업무범위 등 세부 내용이 EU의 PSD2의 그것과 반드시 일치하는 것으로 보이지는 않으며, 정보주체의 정보에 대한 권리의 해석과 설계 관점에서도 향후 보다 심도 있는 연구가 필요할 것으로 생각된다.

이러한 마이데이터 도입방안의 후속조치로서 신용정보의 이용 및 보호에 관한

---

[1] 금융위원회 보도자료 "「금융분야 마이데이터 산업 도입방안」 발표", 2018. 7. 18. (출처: 금융위원회 홈페이지 (http://fsc.go.kr/info/ntc_news_view.jsp?bbsid=BBS0030&page=1&sch1=&sword=&r_url=&menu=7210100&no=32579")

법률("신용정보법") 일부개정법률안이 2018. 11. 15. 의원입법의 형식으로 발의되었으며,2) 금융위원회 또한 이러한 개정법률안의 주요 내용을 포함한 보도자료("데이터 경제 활성화를 위한 신용정보산업 선진화 방안 – 신용조회업에서 금융분야 핵심 데이터 산업으로 –")3)를 배포하였다.

이하에서는 우선 EU의 PSD2의 주요 내용을 간략히 살펴보고, 마이데이터 도입방안의 주요 내용 및 신용정보법 개정안과 신용정보산업 선진화방안 보도자료의 주요 내용을 비교하여 검토하며, 관련하여 향후 논의가 필요한 쟁점에 대하여 간략히 문제를 제기하여 보기로 한다.

Ⅱ. 유럽연합의 개정 지급결제서비스지침(PSD2)의 주요 내용

개정 전의 지급결제서비스지침(PSD1)은 2007년 제정되었다. 이는 유럽연합 전체 지역에서의 지급영역의 통합을 추구하였고 다양한 지급결제서비스에 대한 규제에 비교적 효과적으로 대응해 온 것으로 평가되고 있다. 그런데, PSD1의 시행 이후 전자지급결제의 기술적 복잡성, 결제 볼륨의 증가, 새로운 지급결제서비스 유형의 등장으로 인하여 전자지급결제의 보안 리스크가 증가하게 되었고(PSD2 전문(Introduction) (5)항 및 (7)항), 새로운 유형의 서비스에 대한 PSD1의 규제 공백이 발생하게 되어 소비자 보호, 보안 및 책임, 서비스간 경쟁 및 소비자 데이터 보호 관점에서 이들을 규제 범위 내로 포섭할 필요성이 커지게 되었다. 이에 따라 기존 및 신규 지급결제서비스제공자(Payment Service Provider; "PSP")가 명확하고 조화로운 규제 틀 안에서 서비스를 제공할 수 있도록 하고(PSD2 전문 (33)항), 각 PSP의 공정한 경쟁의 확보를 위하여 일정한 결제시스템의 참가자가 인가 또는 등록된 PSP에 대하여 자신의 서비스에 대한 접근을 객관적, 비례적, 비차별적 방식으로 할 수 있도록 개정이 이루어졌다(PSD2 전문 (51)항). 즉, PSD2가 적용되는 EU 전반에 걸쳐 지급결제서비스 시장에서의 기존 및 신규 참가자에 대하여 동등한 운영조건이 보장되도록 하고, 더 넓은 시장에 도달하기 위한 새로운 지급수단을 이용할 수 있도록 하며, 높은 수준의 소비자 보호를 달성하기 위한 개정

---

2) 신용정보의 이용 및 보호에 관한 법률 일부개정법률안, 김병욱 의원 대표발의 (의안번호 제16636호), 이하 "신용정보법 개정안"이라 한다.
3) 이하 "신용정보산업 선진화방안 보도자료"라 칭한다.

이 이루어진 것이다.

이와 같은 취지 하에 새롭게 추가된 내용은 다음과 같다.

(1) 새로운 유형의 PSP로서, 지급개시서비스 제공자(Payment Initiation Service Provider; "PISP") 및 계좌정보서비스 제공자(Account Information Service Provider; "AISP")의 개념을 규정하였다. PISP가 제공하는 지급개시서비스는 판매자의 웹사이트와 구매자 등 지급인이 이용하는 계좌결제서비스제공자(Account Servicing Payment Service Provider; "ASPSP"[4]))의 온라인 뱅킹 플랫폼 사이에 소프트웨어적인 가교를 제공하여 신용이체(credit transfer)의 방식으로 인터넷 결제를 지시할 수 있도록 하는 서비스를 말한다(PSD2 전문 (27)항). AISP가 제공하는 계좌정보서비스는 서비스이용자가 하나 이상의 PSP에 대하여 보유하고 있는 하나 이상의 지급계좌(payment account)에 대한 통합온라인정보를 서비스이용자에게 제공함으로써 서비스이용자가 전반적인 재정상황을 파악할 수 있도록 하는 서비스이다(PSD2 전문 (28)항). 이러한 계좌정보서비스는 은행계좌, 신용카드, 국제송금, 주식보유 현황 등의 계좌를 통해 정보를 집적하고, 이용자에게 처음부터 끝까지 전체적으로 손쉬운 관리를 가능하게 한다.[5]

그림1. 고객과 은행간 거래에 대한 PISP와 AISP의 역할(PSD2 제36조)

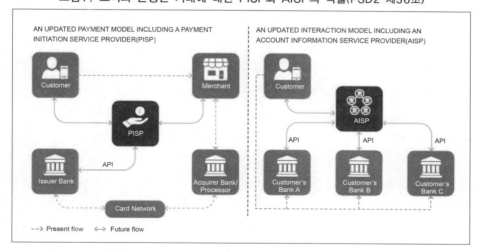

---

4) 구매자의 예금계좌가 개설된 은행이 대표적이다.
5) 김은경, "유럽연합에서의 핀테크 산업과 법의 적용 – 지급결제지침 개정이 핀테크 사업에 미치는 영향을 중심으로 –", 「강원법학」 제49호 (2016. 10), 625면.

PISP 및 AISP를 통칭하여 제3자지급결제서비스제공자(third party payment service provider; "TPP")라 한다.

(2) PSD2는 TPP 즉, PISP 및 AISP의 ASPSP에 대한 계좌접근권을 신설하였다. 금융기관(credit institution)은 TPP등 PSP에게 객관적이고 비차별적, 비례적 방법으로 그 계좌에 접근할 수 있도록 허용하여야 하며, 그 접근은 PSP가 서비스를 제공하기에 충분한 정도이어야 한다.

− PIS 이용자가 지급에 대하여 명시적으로 동의한 경우 ASPSP는 지급인이 PIS를 사용할 권리를 보장하기 위하여 (i) PSD2가 정하는 기술적 수준에 맞추어 PISP와 정보를 송수신하여야 하고, (ii) PISP로부터 지급지시를 받은 즉시 지급거래의 개시를 위하여 필요한 모든 정보에 대하여 PISP에게 접근권한을 부여하거나 해당 정보를 PISP에게 제공하여야 하며, (iii) PIS를 통하여 이루어진 거래와 지급이 PIS를 통하지 않고 이루어진 거래 사이에 시간, 우선순위, 수수료 등에 있어서 객관적인(합리적인) 사유가 없는 한 차별할 수 없다. 반면 PISP 또한 지급인의 자금 보유 불가, 안전한 채널을 통한 전송(개인보안인증에 대한 접근통제), 민감한 결제정보 저장금지 등의 여러 의무를 부담한다(PSD2 제66조).

− 지급인이 AIS를 사용하고자 하는 경우 ASPSP는 PSD2가 정하는 기술적 수준에 맞추어 AISP와 정보를 송수신하여야 하고, 객관적인 사유가 있는 경우를 제외하고는 AISP의 데이터 제공 요청을 차별적으로 처리할 수 없다. 반면 AISP 또한 PISP와 유사한 의무를 부담한다(PSD2 제67조).

− 이와 같은 계좌정보접근권과 관련하여 PSD2 제98조에서는 유럽은행감독기구(European Banking Authority)에 각 기관들 사이의 일반적이고 안전한 커뮤니케이션의 개방적 기준에 관한 규제적 기술기준 초안을 마련하도록 위임하였으며, 이에 따라 2018. 3. 13. 규제기술표준(Regulatory Technical Standards; "RTS")이 공표되었고 18개월 후인 2019. 9. 14. 시행 예정이다. RTS는 총 6장 38조로 구성되어 있는데, 강력한 고객인증 적용을 위한 보안조치, 예외거래, 개인보안인증자료의 기밀성 및 무결성 보호, 안전한 개방형 통신표준에 관한 규정을 두고 있다.[6]

(3) 한편, PSD2에서는 PISP 및 AISP와 같은 TPP에 대하여 일반적으로 적용되는 규제를 도입하였는데, 주로 인가를 위한 면책보험 가입요건(제5조), 자본금요

---

[6] 원문은 http://ec.europa.eu/finance/docs/level−2−measures/psd2−rts−2017−7782_en.pdf에서 확인할 수 있다.

건(제7조), 거래당사자 및 ASPSP에 대한 정보제공의무(제45.2조, 제46조 등)이다.

Ⅲ. 금융분야 마이데이터 산업 도입방안 및 신용정보법 개정안의 주요 내용

위에서 언급한 바와 같이, 금융위원회의 마이데이터 도입방안은 위에서 설명한 EU의 PSD2에서 도입된 AISP 제도를 국내에 도입하는 것이라고 평가할 수 있다. 다만, 금융위원회는 이와 같은 도입방안을 제시하게 된 배경 내지 취지와 관련하여 (1) 금융소비자의 개인정보 자기결정권 보장(데이터 활용의 편익 향유) (2) 맞춤형 정보/자문 서비스의 활성화를 통한 금융소비자 보호 (3) 금융산업 전반의 경쟁과 혁신, 핀테크/데이터 산업의 활성화라는 세 가지 이유를 들고 있다.[7] 이를 위한 구체적인 도입방안으로 제시하고 있는 것은 다음과 같다.

(1) 현행 신용조회업과 명확히 구분되는 형태의 자기신용정보 관리업을 도입하고, 본업으로서의 계좌조회 서비스 외에도 소비자의 신용관리, 자산관리 및 자기정보통제권 행사를 적극 지원할 수 있는 다양한 부수업무 및 겸영업무를 허용함. 다만, 건전한 산업생태계 조성을 위하여 허가제[8]를 도입하되, 자본금 요건, 금융권 출자의무 등 진입장벽은 최소화함.

(2) 안정적인 서비스 제공을 위한 제도적, 기술적 여건을 마련하기로 하며, 그러한 맥락에서 (i) 유럽연합 일반개인정보보호법("GDPR")에서 도입된 자기정보이동권(Right to Data Portability)을 신용정보법 체계에 맞추어 수용한 '개인신용정보이동권'을 도입하고 (ii) 기존의 핀테크 사업자들이 이용하던 스크레이핑 방식을 대신하여 표준 API 방식을 통한 금융회사－사업자간 정보제공을 강제하여 개인정보 오남용 가능성을 차단하며 (iii) 강력한 본인인증 절차, 사업자의 정보활용·관리실태에 대한 상시감독체계 구축 등을 통해 정보보호·보안에 만전을 기함.

한편, 신용정보법 개정안은 위와 같은 금융위원회의 마이데이터 산업 도입방안의 내용을 보다 구체화하였는데 그 주요 내용은 다음과 같다.

---

7) 금융위원회, "「금융분야 마이데이터 산업 도입방안」 발표"(주 1) 별첨 2. 제4면 이하.
8) 데이터 기반 핀테크 생태계의 조성, 금융상품의 제조·판매와 자문·추천 간의 이해상충, 대형사 정보독점 가능성 등을 종합적으로 고려하여 허가 여부를 결정할 것이라고 한다. 위 보도자료 12면 참조.

(1) 본인신용정보관리업을 "개인인 신용정보주체의 신용관리를 지원하기 위하여 대통령령으로 정하는 신용정보를 대통령령으로 정하는 방식으로 통합하여 그 신용정보주체에게 제공하는 행위를 영업으로 하는 것"으로 정의하고, 구체적인 신용정보의 범위와 처리, 제공방식을 시행령에 위임함(개정안 제2조 9의2호)

(2) 본인신용정보관리업을 허가제로 하되, 인력요건을 제외하고 자본금을 5억 원 이하로 정하는 등 진입장벽을 완화하여 규정(개정안 제6조 제1항 및 제2항)

(3) 겸영업무로서 투자자문업 또는 투자일임업 기타 시행령으로 정하는 업무를 허용(개정안 제11조)

(4) 본인에 대한 데이터분석 및 컨설팅 업무, 개인정보관리용 계좌 제공 업무, 개인정보 자기결정권의 대리행사 등을 부수업무로 허용(개정안 제11조의2)

(5) 임원의 자격요건에 관하여 금융회사의 지배구조에 관한 법률 제5조를 준용하고, 개인신용정보 전송요구의 강요 및 부당한 유도 등을 금지하는 행위규제를 도입하며, 이해상충 방지를 위한 내부관리규정을 마련하도록 함(개정안 제22조의9 및 제22조의10)

(6) 스크린 스크레이핑 방식의 정보수집 금지 및 정보제공의 안전성과 신뢰성이 보장되는 방식으로서 대통령령이 정하는 방식에 따른 전송의무 부과(개정안 제22조의10)

(7) 개인신용정보주체의 본인에 관한 개인정보의 전송요구권에 관한 규정을 신설하고 전송상대방에 "본인신용관리회사"를 명시(개정안 제33조의2 제1항 제2호)

(8) 신용정보주체의 개인신용정보 전송요구권의 행사에 따라 신용정보제공이용자등이 개인신용정보를 정기적으로 전송하는 경우 필요한 범위에서 최소한의 비용을 본인신용정보관리회사가 부담하도록 할 수 있도록 하고 그 산정기준에 대하여는 대통령령으로 정하도록 함(개정안 제22조의10)

Ⅳ. 시사점

위에서 살펴본 바와 같이, 금융위원회가 발표한 마이데이터 도입방안은 기본적으로 유럽 PSD2가 도입한 AISP 제도를 모범으로 수립한 방안이라고 볼 수 있다. 그런데, 구체적인 실행방안에 있어서는 두 제도 간에 차이점이 존재한다. 한편, 아직 유럽연합에서도 도입된지 얼마 되지 않아 제도의 운영 실무가 명확하게 정립되지 않은 "자기정보이동권"의 개념을 도입하겠다는 금융위원회의 입장에 대하여도 의문 내지 우려의 목소리가 없지 않다. 이 장에서는 향후 제도를 설계하고 운영함에 있어서 염두에 두어야 할 이슈 또는 참고하여야 할 사항을 몇 가지 언급하고자 한다.

(1) 유럽연합의 PSD2는 규제공백의 방지 및 새로운 유형의 지급결제서비스사업자에 대한 규제의 신설을 통하여 소비자 보호를 구현하고자 하는 취지를 가지고 있다. 다만, PSD2 자체에서는 GDPR이 신설한 자기정보이동권의 개념을 연계하여 제도를 설계한 것으로 보이지는 않는다. 즉, GDPR 제20조로 신설된 자기정보이동권은 개인정보주체의 보호(자기정보통제권의 강화 및 정보접근권의 보완)라는 관점에서 일반 개인정보보호 제도의 관점에서 설계된 것이며,[9] PSD2에서는 지급결제서비스 시스템의 구조적 개선을 통한 경쟁 촉진과 이를 통한 금융소비자의 금융접근성 등 권익보호라는 관점에서 접근하고 있는 것이다. 정보주체의 명시적인 동의 또는 요구에 따라 일정한 정보의 제3자에 대한 이전이 강제되고, 제3자는 해당 정보주체의 의사에 합치되는 범위 내에서 해당 정보를 처리할 수 있도록 한다는 점에서는 두 제도의 취지가 유사하다고 볼 수 있으나, 그 입법취지, 구체적인 적용범위나 사안별 해석이 반드시 일치한다고 보기는 어렵다.

그런데, 금융위원회의 마이데이터 도입방안 및 신용정보법 개정안에 의한 본인신용정보관리업은 이에 더하여 GDPR상의 자기정보이동권의 개념을 포섭한 별도의 개인신용정보 전송요구권 조항을 신설하고, 논리적으로 이와 연계된 방식으로 본인신용정보관리업 제도를 신설하여, 금융권역에 있어서 이러한 두 제도를 선제적으로 도입한 모델이라고 볼 수 있다.

우선, 이와 같은 자기정보이동권의 법리가 우리나라의 개인정보보호 관련 법령의 체계상 금융분야에 특화된 특별법적 성격을 가진 신용정보법에서 선제적으로 도입되는 것이 바람직한지에 대하여는 의문이 있다. 널리 알려진 바와 같이 우리나라의 개인정보 관련 규제법령으로서는 일반법인 개인정보보호법, 온라인 서비스에 관하여 적용되는 법령인 정보통신망의 이용촉진 및 정보보호에 관한 법률("정보통신망법"), 그리고 금융산업 부문에 중첩적 또는 배타적으로 적용되는

---

9) 상세 내용은 EU Article 29 Data Protection Working Party가 발간한 "Guidelines on the right to data portability" (2016. 12. 13. 발간, 2017. 4. 5. 개정)에서 살펴볼 수 있다. (http://ec.europa.eu/justice/data-protection/index_en.htm)

신용정보법이 존재하는 바, 자기정보이동권의 법리를 이러한 체계 하에서 어떤 방식으로 입법화하여 체계를 정립할지 여부는 이러한 관련 규제법령의 적용범위와 중복규제적인 성격, 권역별 특성과 일반적 적용가능성 등을 고려하여 종합적인 관점에서 큰 틀에서 논의될 필요가 있다. 금융회사와 금융소비자간의 정보통제권의 불균형의 시정 및 금융소비자에 대한 서비스의 고도화를 통한 소비자보호라는 총론적인 취지에는 공감하나, 자칫 제도의 섣부른 도입에 따라 각종 법익의 충돌이나 해석의 난점, 산업분야별 규제의 불균형 등 법적 불안정성을 초래할 가능성이 없지 않은 것이다. 특히 자기정보이동권은 그 기본적인 취지상 정보주체의 정보접근권을 실질적으로 보장하고 특정 플랫폼에 대한 종속성(lock-in effect)을 해소하는 것에 주안점이 있는 것으로 보이는데,[10] 이러한 개념을 원용하여 금융회사의 금융거래정보나 개인신용정보를 특정 핀테크 사업자에게 집적시키는 방안이 정책적인 측면에서 적절한지, 그 만큼의 금융서비스 혁신 및 신규 산업진흥과 비즈니스 창출의 효과가 있는지, 비금융 서비스 및 신용정보가 아닌 다른 개인정보나 민감정보와의 규제의 정합성은 어떻게 고려하여야 할지 면밀한 검토가 요망된다. 현재 발의된 신용정보법 개정안이 통과되는 경우 그 구체적인 적용과 집행 과정에서 다양한 해석상 이슈가 제기될 수 있을 것으로 보이고 향후 면밀한 학술적 그리고 실무적 검토가 필요할 것이며, 그 이전에 시행령의 입법과정에서도 이러한 점을 충분히 고려할 필요가 있을 것이다.

(2) 아울러, 데이터 소유권의 관점에서도 생각해볼 만한 점이 있다. 금융회사가 보유하는 정보는 크게 보면 세 가지로 나눌 수 있을 것이다. 우선, 금융소비자와의 금융거래와 관련하여 금융소비자로부터 수집한 정보(논의의 편의상 "수집정보"라 부른다)가 있고, 직접 수집한 것은 아니나 금융소비자와의 금융거래를 통하여 생성된 정보(논의의 편의상 "생성정보"라고 부르기로 한다)가 있다. 한편, 이와 같은 두 가지의 데이터를 기반으로 금융회사가 자체적인 분석을 통하여 생성, 활용하는 정보가 존재하는데, 이는 추론된 정보(inferred data) 또는 파생된 정보(derived data)라고 부를 수 있다.

이 중 수집정보는 금융소비자가 그 정보주체로서 정보통제권을 가지게 된다는 점에는 이론이 있을 수 없고, 그 경제적인 가치 또는 효익 또한 원칙적으로 금융

---

10) 이 제도가 결과적으로 사업자간 경쟁을 촉진하는 측면은 있으나 그것이 주된 목적은 아니다. 상기 "Guidelines on the right to data portability" 제4면 참조.

소비자에게 귀속되어야 할 것이다. 생성정보의 경우에도 원칙적으로는 동일하다고 볼 수 있으나, 그러한 금융거래의 당사자인 금융회사 또한 그러한 정보의 보유와 이용에 대하여 정당한 이익을 가진다고 보아야 하며, 이러한 점이 제도의 설계에서 고려되어야 한다. 나아가 추론된 정보 또는 파생된 정보는 비록 그 정보의 생성 원천이 금융소비자로부터 수집된 정보 또는 생성정보이긴 하나, 그 정보의 분석을 통한 생성 과정에서 금융회사의 막대한 노하우와 비용이 투입된 것이고, 일종의 금융회사의 자산 또는 영업비밀의 성격을 가진다고 볼 수 있다. 즉, 이러한 추론된 정보 또는 파생된 정보를 수집정보나 생성정보와 동일하게 취급하는 것은 형평성의 관점에서 볼 때 타당하지 않은 것이다.

GDPR 또한 이러한 관점에서, 추론된 정보 또는 파생된 정보는 자기정보이동권의 대상이 되지 않음을 명확히 하고 있다. 즉, 자기정보이동권의 대상이 되는 정보는 정보주체에 관한 개인정보 및 정보주체가 컨트롤러에게 제공한 정보에 한하며 컨트롤러가 이와 같은 정보를 입력정보로 사용하여 생성한 데이터는 포함되지 않는 것이다. 예를 들어 개인화 또는 추천 프로세스를 통하거나 범주화 또는 프로파일링을 통해 컨트롤러가 정보처리의 일환으로 생성한 모든 개인정보는 정보주체가 제공한 개인정보로부터 파생 혹은 추론된 개인정보이며, 해당 정보들은 자기정보이동권의 범위에 해당되지 않는다.[11]

마이데이터 도입방안에서도 이와 같은 관점에서, "개인정보를 기초로 금융기관 등이 추가적으로 생성·가공한 2차 정보 등은 제외"한다고 설명하면서, 그러한 "2차 정보 등"의 사례로 "CB사의 개인신용평점, 금융회사가 산정한 자체 개인신용평가(CSS) 결과" 등을 들고 있으며,[12] 기본적으로 이와 같은 문제의식 내지 방향은 타당하다고 생각된다. 그러나, 고객 개인에 대한 신용평점이나 자체 신용평가 결과 외에도 개별 금융회사가 고객과의 금융거래에서 생성되는 1차적인 거래정보에 기반하여 2차적으로 생성되는 정보는 매우 다양하고, 향후 데이터의 분석기법과 활용방식이 다양화되는 추세에 기반하여 더욱 외연이 확장될 것으로 예상되며, 그러한 정보가 자기정보이동권의 대상이 되는지 여부도 반드시 명확한 것은 아닐 것이다. 이러한 점을 고려하여 보다 구체적이고 명확한 기준설정이 요구된다고 볼 수 있다. 이러한 실제 제공의무의 대상이 되는 정보의 특정 내지

11) 상술한 "Guideline on the right to data portability" 제9면 이하.
12) 금융위원회, (주 1) 별첨 2. 제6면 이하.

기준의 수립과 관련하여서는 금융회사의 (노하우 및 투입 비용에 상응하는) 정당한 이익이 침해되지 않도록 정밀하게 설계할 필요가 있을 것이다.

상술한 신용정보법 개정안에서는 이러한 쟁점에 대하여 몇 가지의 규정을 두고 있다. 우선, 개정안 제2조 제9의2호에서는 본인신용정보관리회사가 수집할 수 있는 정보를 나열하고 있는데, 구체적으로는 그 범위를 시행령에 위임하고 있다. 한편, 개정안 제33조의2에서는 개인신용정보의 전송요구권의 대상이 되는 정보를 정하고 있는데, 구체적으로는 (i) 신용정보제공·이용자등(즉, 금융회사 등)이 신용정보주체로부터 수집한 정보 (ii) 신용정보주체가 신용정보제공·이용자등에게 제공한 정보 (iii) 신용정보주체와 신용정보제공·이용자등 간의 권리·의무관계에서 생성된 정보 중 하나로서 컴퓨터 등 정보처리장치로 처리된 신용정보이어야 하며, 신용정보제공·이용자등이 개인신용정보를 기초로 별도로 생성하거나 가공한 신용정보가 아닌 것으로 정하고 있다. 이러한 개정안의 규정은 위 마이데이터 도입방안에서 언급된 바와 맥락을 같이 한다고 볼 수 있는데, 그럼에도 불구하고 실제 개인과 금융회사 간의 권리, 의무관계에서 생성된 정보와 이를 기초로 별도로 생성하거나 가공한 신용정보를 명확히 구분하는 것이 실무적으로 용이하지는 않을 것으로 보인다. 추후 구체적인 사례에 따라 기준을 명확화할 수밖에 없겠으나 그러한 과정에서도 결국 신용정보주체의 정당한 정보통제권과 금융회사의 정당한 이익이 잘 형량되어야 할 것이다.

(3) 또한 마이데이터 도입방안의 구체적인 제도의 실행방안을 수립함에 있어서도 고려할 사항이 있는데, 이는 표준API를 기반으로 한 정보 제공 프로토콜의 개발/유지보수 비용 및 자기신용정보관리업자의 비용(정보사용료)에 관한 문제이다. GDPR의 자기정보이동권 제도에서는 이와 같은 자기정보이동권은 정보주체에게 부여되는 법적 권리이기 때문에 컨트롤러가 정보이전에 관한 비용을 정보주체에게 청구하는 것을 원칙적으로 금지하고 있다.[13] 그러나 이러한 규정을 자기정보이동권의 행사에 따른 프로세싱에 관하여 발생하는 비용의 (정보주체를 제외한) 관련 당사자 간의 분담을 일체 금지하고 정보를 제공하는 컨트롤러의 전적인 부담으로 귀속되어야 한다고까지 해석하기는 어려울 것이다. 오히려, 정보주체에게 직접 청구하는 것은 자기정보이동권의 행사를 제약하는 원인이 될 수 있

---

13) "Guideline on the right to data portability", 15면.

으므로 금지되는 것과는 별론으로 그 실비용을 수익자 부담의 원칙에 따라 제공자와 수령자 사이에 일정 비율로 분담하도록 하는 것은 그 타당성이 인정된다고 볼 것이다[14]. 이러한 관점에서도 구체적인 제도를 설계함에 있어서 형평의 원칙에 맞는 수익의 귀속과 비용의 분담이 이루어질 수 있도록 면밀한 검토가 필요하다고 본다.

위에서 살펴본 바와 같이 신용정보법 개정안에 대하여는 이에 대한 규정을 신설하고 있는바, 본인신용정보관리회사가 부담할 수 있는 비용은 "필요한 범위에서 최소한의 비용"에 제한한다는 점을 명확히 하고 있다. 추측건대, 개인신용정보의 전송요구권을 행사함에 있어서 자칫 신용정보제공·이용자(금융회사 등)가 개인고객과의 거래에서 생성된 정보를 기초로 과도한 이익을 수취하는 것을 금지하고자 하는 취지가 반영된 것으로 보이며, 또한 그 비용분담을 시장에 맡기는 경우 일반적으로 우월한 지위에 있는 금융회사가 지나치게 과도한 비용을 요구함으로써 정보주체의 개인신용정보 전송요구권의 행사에 지장이 초래되거나 본인신용정보관리업 자체가 활성화되지 못할 수 있다는 우려에 기인한 것으로 보인다. 이러한 정책적인 관점은 충분히 이해할 수 있으나, "필요 최소한"의 비용이라는 기준을 법에 명시할 필요까지 있는지에 대하여는 의문이 있다. 상술한 바와 같이 형평의 원칙에 맞는 수익의 귀속과 비용의 분담이라는 관점에서 볼 때 굳이 금융회사가 기존의 정보처리 및 분석 등 투자비용에 상응하는 정당한 대가를 수취하는 것 자체를 제한할 필요가 있는지 의문이 없지 아니하고, 실제 금융회사에 대하여 정보전송요구권에 응하여 정보를 전송할 의무가 법정되어 있는 이상 그 비용분담 기준을 탄력적으로 시행령에서 정하더라도 개인의 권리행사 자체에 현저히 지장이 초래될 가능성은 없지 않을까 생각된다. 오히려 중립적인 평가기관에 의한 손익분석과 비용분담기준의 결정 등 시장원리를 보완하는 결정 메카니즘을 시행령에서 규정하는 것이 바람직하지 않을까 생각된다.

(4) 상술한 신용정보법 개정안에서는 마이데이터 도입방안의 입장에 따라 본인신용정보관리회사의 스크린 스크레이핑 방식에 의한 개인신용정보의 수집을

---

14) 특히, 금융위원회가 의도하고 있는 자기신용정보관리업의 경우에는 금융회사와 사이에 정보가 상호 공유, 호환되는 모델이라기보다는 금융회사의 거래정보가 일방향으로 자기신용정보 관리업자에게 이전되는 모델에 가까운 것으로 보이는데, 이러한 경우에도 금융회사에게 일방적인 비용부담을 강제하는 것은 타당성이 인정되기 어렵다.

명확히 금지하면서 정보제공의 안전성과 신뢰성이 보장될 수 있는 방식으로만 이를 영위할 것을 정하고 있다. 그리고 구체적으로 금지되는 스크린 스크레이핑 방식 및 허용되는 정보의 전송방식은 시행령에서 규정할 것을 예정하고 있으며, 아마도 현재 일반적으로 영위되고 있는 공인인증서 등 접근매체의 스마트폰 저장장치 또는 클라우드 형태의 저장을 원칙적으로 금지하고 API 방식에 의한 전송의무를 강제하는 내용이 시행령에 반영될 것으로 예상된다. 구체적인 규제정책의 타당성은 향후 시행령의 내용에 따라 검토될 필요가 있으나, 이와 같은 금지되는 수집방식 자체를 법에서 정하는 것은 향후 기술변화에 대한 탄력적인 대응의 관점에서 문제가 없지 않다. 입법론적으로는 법에서는 안전성과 신뢰성이 확보되는 기준에 따라 전송할 의무만을 규정하고 그 구체적인 기준과 허용되는 방식은 시행령에 포괄적으로 위임하는 것이 바람직하다고 생각된다.[15]

V. 맺음말

개인의 금융거래정보와 신용도 정보는 매우 민감하다. 지난 2014년도의 카드3사 정보유출사고의 사례에서도 볼 수 있듯이 일반적으로 정보주체인 개인이 느끼는 개인의 금융거래내역의 비밀성은 개인의 프라이버시 영역 중 가장 핵심적인 영역의 하나라고 받아들여지고 있는 것이 사실이다. 한편, 이러한 금융거래정보나 신용정보, 신용평가의 결과인 신용등급과 같은 정보들은 해당 개인에 대한 적정한 금융거래조건을 정하는 기초가 될 뿐만 아니라 금융시장에 있어서의 정보의 비대칭성을 최소화함으로써 자원의 효율적인 분배의 가치를 달성하는 중요한 기능을 한다. 쉽게 말하면, 보다 정확한 신용도와 리스크의 분석 및 적용을 통하여 해당 고객에게는 가장 정확한 대손율 등 원가비용이 반영된 적정금리에 따른 여신을 공급할 수 있을 뿐만 아니라 예측하지 못한 손실을 방지하고 금융회사의 건전성을 관리함으로써 최적화된 신용의 분배라고 하는 공익적인 목적도 달성할 수 있게 되는 것이다. 신용정보의 수집과 관리, 취급과 신용평가라고 하는 가치사슬의 생태계에 관하여 현재 적용되고 있는 신용정보집중제도의 독점적 허가제와 폐쇄적 유통구조는 이러한 관점에서 출발한 것이며, 신용정보법의 제

---

15) 사실 GDPR 및 PSD2(Regulatory Technical Standards)에서도 API 방식의 사용을 강력히 권고하고는 있으나 스크린 스크레이핑 방식을 명시적으로 금지하고 있지는 않은 것으로 보인다.

정 이래 현재까지 20여년간 발전하여 왔다. 물론, 이와 같은 통제시스템 내지 정보 생태계는 우리나라만의 특유한 것은 아니고 금융제도가 선진화된 여러 국가에서 유사하게 채택하고 있는 시스템인바, 이는 그만큼 정보주체 개인의 신용도에 관한 정보과 금융거래내역에 관한 정보가 민감하고도 중요하다는 점에 기인하는 것이라 추단해 볼 수 있다.

한편, 세칭 제4차 산업혁명이라고 하는 흐름 속에서 빅데이터를 활용한 각종 산업의 육성과 고도화 및 이를 통한 소비자편익의 증진이라고 하는 명제가 최근 큰 화두가 되고 있다. 마이데이터 산업은 이러한 관점에서, 특히 금융분야를 일종의 테스트베드로 한 신사업의 육성 정책이라고 보는 것이 타당하다.

상술한 여러 가지 이론적 또는 실무적 문제점에도 불구하고, 실제 마이데이터 산업이 어떻게 시장에서 자리매김할지, 그리고 금융소비자의 권익보호가 어떻게 강화되고 금융서비스의 틀이 어떻게 바뀔지는 좀 더 지켜볼 필요가 있겠다.

다만, 실제 금융분야의 데이터 산업 진흥이라는 목적을 달성하기 위하여는 현재의 엄격한 허가제 구조 하에서의 새로운 인가단위 신설이나 행위규제/업무규제의 조정방식도 필요하겠지만, 근본적으로 어느 정도 합리적인 범위에서의 탈규제 정책, 즉 데이터 분석과 유통의 자유시장을 생성하고자 하는 노력도 필요하지 않을까 생각된다. 개개인 정보주체의 통제권은 명확하게 보장하고 정보보호 또한 철저하게 이행하도록 하되, 그러한 전제 하에서는 신용데이터의 분석 및 모델링, 알고리즘이 더 활발하게 고안되고 발전될 수 있도록 경쟁을 활성화하는 것이 더 바람직한 것은 아닐까? 2014년 개정 전 등록제로의 환원도 고려해볼 필요가 있을 것이다.

본고에서 검토한 금융위원회의 마이데이터 도입방안의 방향은 기본적으로 타당하다고 볼 수 있다. 다만, 이와 같은 도입방안이 단순히 핀테크 산업 진흥의 측면에서 본인신용정보관리업이라고 하는 새로운 인가단위의 규제산업을 창출하는 결과에 그치는 것 보다는 보다 자유로운 시장에서의 신용정보의 분석과 활용의 경쟁을 촉진하여 정보주체에 대한 적확한 조건의 금융서비스를 제공하고 기업의 부가가치도 창출할 수 있는 규제체계 변화의 시금석이 되었으면 하는 바람이다.

참고문헌

[국내문헌]

금융위원회 보도자료, "「금융분야 마이데이터 산업 도입방안」 발표", 2018. 7. 18. 금
    융위원회 홈페이지 (http://fsc.go.kr/info/ntc_news_view.jsp?bbsid＝BBS0030&page
    ＝1&sch1＝&sword＝&r_url＝&menu＝7210100&no＝32579").

김병욱 의원 대표발의, 신용정보의 이용 및 보호에 관한 법률 일부개정법률안, 의안번
    호 제16636호.

김은경, "유럽연합에서의 핀테크 산업과 법의 적용 — 지급결제지침 개정이 핀테크
    사업에 미치는 영향을 중심으로 —", 「강원법학」 제49호 625면 (2016. 10.).

[국외문헌]

Accenture, "Seizing the Seizing the Opportunities Unlocked by the EU's Revised
    Payment Services Directive PSD2: A Catalyst for New Growth Strategies in
    Payments and Digital Banking" (2017. 7.) https://www.accenture.com/t20170707
    T153413Z__w__/ca－fr/_acnmedia/PDF－15/PSD2－Seizing－Opportunities－EU－
    Payment－Services－Directive－(1)－(1).pdf

EU Article 29 Data Protection Working Party, "Guidelines on the right to data
    portability" (2016. 12. 13. 발간, 2017. 4. 5. 개정), (http://ec.europa.eu/justice/
    data－protection/index_en.htm)

내 유전정보는 내 마음대로 사용해도 되는가?*

이원복(이화여자대학교 법학전문대학원 교수)

Ⅰ. 들어가는 글

내가 건네주지 않았음에도 나의 이름과 나의 휴대전화 번호를 알고 있는 누군가로부터 피싱 전화를 받아본 경험이 없는 사람은 아마도 찾아보기 힘들 것이다. 개인정보 유출로 인한 전국민의 피로감은 "내 정보를 내 허락없이 사용하지 말라"는 강한 정보 소유의식으로 이어지고 있다. 물론 헌법적 권리로까지 승화된 개인정보 자기결정권적 시각에 입각해서 본다면 내 정보는 내가 소유하고 있으니[1] 누구든 내 허락없이 사용해서는 안 된다는 배타적인 사고가 그릇된 것이라고 할 수는 없다.

그런데 잠시 발상을 전환해서 생각해보자. 나의 정보라면 내가 소유하고 있으므로 내 마음껏 사용해도 되는 것일까? 얼핏 생각하면 안 될 이유가 없어 보인다. 내 정보를 내 허락을 받지 않은 다른 사람이 사용하는 것이 문제이지, 내 정보를 내가 내 마음대로 사용하는 것이 도대체 무슨 문제가 된다는 말인가? 그리고 대개의 경우에는 그런 생각에 별 문제가 없을 것으로 생각된다.

그러나 최근 유전체 염기서열 분석 기술의 비용 저하, 외국의 경우이지만 일반인을 직접 상대로 하는 유전자 검사 서비스의 활성화,[2] 인터넷을 통한 혈연찾기 사이트 등장 등으로 인하여 전에는 전혀 예상하지 못했던 현상들이 발생함에

---

* 이 글은 학술지에 실렸던 저자의 논문에 기초한 것임을 밝힌다.

1) 여기서는 논의의 편의를 위하여 "소유"라는 표현을 썼으나, 물론 개인정보는 민법상 소유권의 대상이 될 수는 없다. 개인정보 보호법령이 개인정보를 강력하게 보유하고 있으므로 마치 소유권이 부여된 것 같은 인상을 받을 따름이다.

2) 우리나라도 산업통상자원부 보도참고자료 (2019년 2월 11일자), "'혁신의 실험장' 규제 샌드박스 최초 승인"에 따르면 최초로 규제 샌드박스 승인을 받은 4개 기업 가운데 하나는 소비자 직접의뢰 유전체 분석 서비스를 사업내용으로 하고 있다.

따라, 적어도 유전정보 만큼은 아무리 나의 소유라고 하더라도 제한없이 자유롭게 타인과 공유하는데 아무런 문제가 없는 것인지 고민할 필요가 생겼다.

DNA는 같은 종(species) 사이에서는 대부분의 내용이 일치한다고 한다. 즉 총 60억 개의 염기로 이루어진 인간 DNA의 99.9%는 모든 사람에서 동일하고, 극히 일부인 나머지 0.1%에서만 사람마다 그 염기서열이 차이를 보인다고 한다. 그런데 염기서열이 특히 사람들 사이에서 편차가 있는 - 이를 유전학 용어로 다형성(polymorphism)이라고 부른다 - 부위가 있다면 이런 부위는 개인을 식별한다거나 혈연관계를 확인하는데 이용하기에 적합할 것이다.

대표적인 경우가 일정한 길이의 염기서열 중 단 하나의 염기만이 인류 대부분이 갖고 있는 염기와 다른 경우이다. 그 조상 가운데 누군가에서 해당 염기에 변이가 일어났기 때문이다. 이런 현상을 single nucleotide polymorphism(약해서 SNP)이라고 하며, 유전학 및 유전체학에서 질병과의 연관성, 계보파악 등의 목적으로 폭넓게 활용된다. 산술상 상염색체에 위치한 SNP가 가질 수 있는 경우의 수는 3가지이다.[3] 이런 전제하에 예를 들어 갑과 을이라는 두 사람의 DNA에서 상염색체에 있는 네 군데 SNP의 염기를 비교한다고 하자.[4] 이 두 사람의 SNP 4군데가 일치할 확률은 단순히 산술적으로만 계산하면 1/3 * 1/3 * 1/3 * 1/3 이다. 즉 81분의 1 정도라고 볼 수 있다. 두 사람 사이에서 대조를 하는 SNP 개수를 늘리면 늘릴수록 SNP 자리의 염기가 모두 동일할 확률은 점점 낮아질 것이다. 이런식으로 염기를 분석하는 SNP의 개수를 늘려나가면, 이론상으로는 30개 내지 80개의 SNP 염기서열만 분석한다고 하더라도 일란성 쌍생아가 아닌 이상 지구상에서 그 결과가 완전히 동일한 두 사람은 확률적으로 없다고 한다.[5]

짧게는 2개에서 길게는 13개의 일정한 염기서열이 여러 번 반복되는 short

---

3) DNA 특정 위치의 염기가 변이를 일으키는 SNP는 인류 대부분이 갖고 있는 염기(A)와 소수의 사람들이 갖고 있는 염기(a) 이렇게 2개의 경우의 수를 갖는다. 그런데 성염색체가 아닌 상염색체는 부모로부터 각각 하나씩을 물려받았으므로, DNA의 특정한 SNP가 가질 수 있는 경우의 수는 부모로부터 모두 A를 물려받은 경우, 부모로부터 모두 a를 물려받은 경우, 한쪽으로부터는 A 다른 한쪽으로부터는 a를 물려받은 경우, 이렇게 3가지가 된다.

4) 근래에는 SNP 좌위의 염기 서열을 직접 분석하는 기술이 발달했지만, 과거에는 SNP 서열을 직접 분석하는 것이 아니라 RFLP라는 방식으로 서열에 따라 제한효소 인식자리가 얼마나 같고 다른가를 비교하였다. 그러나 과거의 SNP 분석 방식을 취하는 경우에도 SNP의 편차가 개인을 구분하는 기능을 하는 원리는 동일하다.

5) Lin, Z., Owen, A.B. and Altman, R.B., "Genomic Research and Human Subject Privacy", *Science*, Vol. 305, No. 5681 (2004).

tandem repeat(약해서 STR)도 개인을 식별하거나 혈연관계를 확인하는데 매우 좋은 도구가 된다. STR 구간은 DNA의 여러 군데서 발견이 되고, 반복되는 횟수가 사람마다 변이가 크기 때문이다. 예를 들어 7번 염색체에 위치한 D7S820라는 STR은 "5' − TGTCATAGTTTAGAACGAACTAACG − 3"의 염기서열이 반복되는데, 우리나라 사람들의 경우 그 반복횟수가 적게는 5회에서 많게는 14회까지 발견된다고 한다.[6] 과거에는 SNP을 본인 식별 또는 계보 파악의 목적으로 많이 사용했지만, 근래에는 증폭하였을 때 길이의 차이를 확인하는 것이 용이하기에 STR을 더 많이 이용한다고 한다.

이런 점에서 일정한 분량 이상의 유전정보[7]는 비록 개인정보 보호법이 고유식별정보라고 정의한 주민등록번호, 여권번호, 운전면허번호, 외국인등록번호에 포함되지는 않지만, 동일한 내용의 정보가 두 사람 이상에게 귀속되지 않고 오직 한 사람에게만 귀속된다는 고유식별성을 갖고 있다는 점은 차이가 없다. 다만 개인정보 보호법이 특별히 보호하는 고유식별정보는 존재하는 모든 고유식별정보와 그 정보 주체를 1 : 1로 연결해주는 데이터베이스가 존재하므로 그 데이터베이스에 접근할 권한이 있는 자는 데이터베이스를 조회함으로써 임의의 고유식별정보로부터 그 정보 주체를 파악할 수 있는 반면, 유전정보는 강력범죄 전과자 등 국가가 강제적으로 유전정보를 데이터베이스화하여 유지하는 경우가 아니라면 임의의 유전정보로부터 그 정보주체를 바로 조회하여 파악할 수 있는 데이터베이스가 존재하지는 않는다는 점이 다르다.

대신 유전정보는 주민등록번호와 같은 고유식별정보조차 갖지 못한 속성을 갖고 있기도 하다.[8] 첫째는 그 내용이 정보 주체의 일생동안 변하지 않는다는 점이다. 지문이나 홍채가 본인의 일생동안 변하지 않는다는 점과 마찬가지이다. 지문이나 홍채의 경우 주민등록번호처럼 어떤 두 사람도 내용이 일치하지 않는

---

6) Yoo, S.Y., Cho, N.S., Park, M.J., Seong, K.M., Hwang, J.H., Song, S.B., Han, M.S., Lee, W.T. and Chung, K.W., "A Large Population Genetic Study of 15 Autosomal Short Tandem Repeat Loci for Establishment of Korean DNA Profile Database", *Molecules and Cells*, Vol. 32, No. 1 (2011).

7) DNA의 일부라고 하더라도 형질 발현에 관여하지 않는 구역의 염기서열 정보는 엄밀하게는 유전학적으로 유전정보라고 분류되지 않을 수도 있다. 그러나 이 글에서는 그러한 엄밀한 구분을 하지 않고 DNA에서 유래한 정보를 유전정보라고 부르기로 한다.

8) 이원복, "유전체 시대의 유전정보 보호와 공유를 위한 개인정보 보호법제의 고찰", 「법조」제67권 제3호 (2018).

다는 고유식별력을 갖고 있으면서 주민등록번호와는 달리 머릿속에 외울 필요도 없고 다른 사람이 이를 쉽게 사칭하여 사용할 수도 없으므로 소위 바이오 정보(biometrics)라는 형태로 강력하게 본인을 식별하는 정보로 사용되기도 한다. 오히려 주민등록번호와 달리 한 사람의 일생 동안 변경이 아예 불가능하여 본인이 아닌 사람에 의하여 오용될 경우 그 피해가 더 커질 수 있으므로, 고유식별력을 가진 바이오정보는 『정보통신망 이용촉진 및 정보보호 등에 관한 법률 시행령』 제9조의2 제1항이 이를 특별히 보호하고 있다. 이에 반하여 유전정보는 현재 기술로서는 지문이나 홍채처럼 본인식별에 즉각 사용할 수는 없으므로 아직 위 법에서 바이오정보로 분류하여 보호하고 있지는 아니하나, 적절한 시점에서 입법을 통하여 바이오정보의 하나로 편입해야 할 것이다.[9]

주민등록번호와 같은 고유식별정보조차 갖지 못한 유전정보의 두 번째 속성은 유전정보 자체로부터 본인의 신체적 특징을 어느 정도 예측하는 것이 가능하다는 점이다. 인체를 구성하는 조직이 유전자의 발현을 통해 생성되기 때문이다. 물론 한 인간의 모든 신체적 특징을 유전정보로부터 전부 예측할 수 있는 것은 아니다. 성별, 혈액형, 홍채의 색깔 같은 특징은 유전정보로부터 매우 높은 확률로 예측할 수 있지만, 여러 개의 유전자에 의하여 영향을 받을 뿐만 아니라 유전자 이외의 환경에 의하여도 영향을 받는 키와 같은 특징은 유전정보만 갖고는 예측하기가 쉽지 않다고 한다. 유전정보로부터 예측할 수 있는 신체적 특징 가운데 특히 문제가 될 수 있는 것은 질병일 것이다. 물론 질병의 경우에도 앞에서 든 예와 같이 유전자마다 발병확률이 조금씩 다르지만,[10] 아무튼 질병 유전자를 보유한다는 사실은 다른 사람에게 알리고 싶지 않은 민감한 사실일 수 있고 그로 인하여 사회적인 불이익을 받을 수도 있으므로 우리 개인정보 보호법은 유전정보를 민감정보로 분류하여 특별히 강한 보호를 하고 있다.[11]

끝으로 주민등록번호와 같은 고유식별정보와 구별되는 유전정보의 세 번째 속성은 혈연관계에 있는 자들의 유전정보는 상당 부분 내용이 일치한다는 점이다.

---

9) 일본의 경우 『개인정보 보호에 관한 법률 시행령』에서 "DNA를 구성하는 염기의 서열"을 개인식별부호의 하나로 취급하고 있다.

10) 혈우병 유전자처럼 발병확률이 거의 100%에 가까운 유전자가 있는가 하면, ATM 유방암 유전자처럼 발암 유전자이긴 하나 발병확률이 낮은 유전자도 있다. 이처럼 특정 질병 유전자를 보유한 사람에게 해당 질병이 발병하는 통계적 비율을 투과율(penetrance)이라고 한다.

11) 개인정보 보호법 제23조 제1항; 시행령 제18조.

이는 유전정보가 염색체를 통하여 부모에게서 자녀로 세습되기 때문에 생기는 속성이다. 앞에서 본 것처럼 우리 개인정보 보호법이 유전정보를 민감정보로 분류하여 두텁게 보호하는 배경에는 유전정보가 본인의 신체적 특징을 예측할 수 있게 해주는 점도 있지만, 친자관계라든가 혈연관계를 확인하는데 사용할 수 있다는 점도 작용한다고 보아야 할 것이다.

Ⅱ. 익명 정자 기증 시대의 종말

비배우자 인공수정(artificial insemination by donor)이란 남편에게 문제가 있는 불임 부부가 정자를 기증 받은 후, 기증받은 정자를 부인의 자궁에 주입하여 인공수정을 유도하는 의료기술이다.[12] 이때 정자를 기증하는 공여자는 의료기관에는 신분을 밝히겠지만 정자를 제공받는 부부에게는 본인의 신분이 알려지지 않기를 원하지 않는 경우가 많다. 그런데 일반인에게 직접 서비스를 제공하는 소위 DTC 유전자 검사 및 인터넷을 통한 혈연찾기 사이트가 활성화되면서 전혀 예상하지 못했던 상황이 발생하기 시작하였다.

DTC 유전자 분석에서의 DTC란 "direct－to－consumer", 즉, 기업이 의료인을 거치지 않고 일반 소비자에게 직접 서비스를 제공한다는 의미이다. 따라서 DTC 유전자 분석이란 일반 소비자에게 직접적인 마케팅을 통하여 유전자 분석 의뢰를 받고 그 결과를 소비자에게 직접 제공하는 서비스가 된다. 유전자 분석 비용이 기술의 발달로 급격하게 감소하면서, 미국에서는 일반인들이 관심을 가질 만한 유전자를 분석해주는 DTC 유전자 분석 기업들이 다수 등장하였다.[13] 언론을

---

12) 불임부부 가운데는 남편이 아니라 부인에게 문제가 있는 경우도 있고, 그런 부부는 난자를 기증 받아 인공수정을 해야 한다. 이하의 논의는 정자 기증과 난자 기증에 공히 적용되는 이야기이지만, 기술의 편의를 위하여 정자 기증의 경우 위주로 기술하기로 한다.

13) 우리나라는 종전에는 질병의 예방, 진단 및 치료와 관련한 유전자 검사를 비의료기관이 수행하고자 할 경우 의료기관의 의뢰를 받은 경우에만 실시할 수 있었으나, 2016년 6월 30일 『생명윤리 및 안전에 관한 법률』 제50조 제3항을 개정하여 의료기관이 아닌 유전자검사기관도 보건복지부장관이 필요하다고 인정하는 질병의 예방과 관련된 유전자검사를 의료기관의 의뢰가 없더라도 소비자의 의뢰를 받아 실시할 수 있게 되었다. 즉, 현재는 우리나라도 DTC 유전자 분석이 허용되고 있다. 다만 검사항목은 미국보다 훨씬 제한적이다. 보건복지부장관이 필요하다고 인정하는 유전자검사는 현재 가. FTO, MC4R, BDNF 유전자에 의한 체질량지수 유전자검사; 나. GCKR, DOCK7, ANGPTL3, BAZ1B, TBL2, MLXIPL, LOC105375745, TRIB1 유전자에 의한 중성지방농도 유전자검사; 다. CELSR2, SORT1, HMGCR, ABO, ABCA1, MYL2, LIPG, CETP 유전자에 의한 콜레스테롤 유

통해서도 잘 알려진 23andMe,[14] Ancestry.com,[15] My Heritage DNA 등이 그것이다. 이 회사들은 고객이 대개는 구강 상피세포를 면봉으로 채취하여 보내오면, 질병과 관련이 있는 유전자들을 분석하여 예컨대 심장병이나 치매에 걸릴 가능성이 평균보다 얼마나 높은지를 계산해 준다거나, 의뢰자가 어떤 인종적 특성을 갖고 있는지를 그래프와 함께 수치로 보여준다. 이들 DTC 유전자 분석 서비스 기업들이 분석하는 DNA 염기의 숫자는 약 60만 내지 70만 개라고 하므로, 인간 염색체에 있는 60억 개의 염기 가운데 지극히 일부에 해당한다.

그림 1. 23andMe의 인종 분석 결과

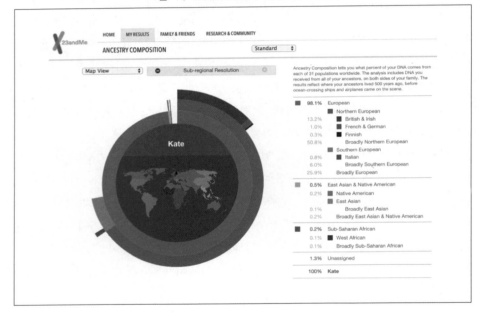

전자검사; 라. CDKN2A/B, G6PC2, GCK, GCKR, GLIS3, MTNR1B, DGKB－TMEM195, SLC30A8 유전자에 의한 혈당 유전자검사; 마. NPR3, ATP2B1, NT5C2, CSK, HECTD4, GUCY1A3, CYP17A1, FGF5 유전자에 의한 혈압 유전자검사; 바. OCA2, MC1R 유전자에 의한 색소침착 유전자검사; 사. chr20p11(rs1160312, rs2180439), IL2RA, HLA－DQB1 유전자에 의한 탈모 유전자검사; 아. EDAR 유전자에 의한 모발굵기 유전자검사; 자. AGER 유전자에 의한 피부노화 유전자검사; 차. MMP1 유전자에 의한 피부탄력 유전자검사; 카. SLC23A1(SVCT1) 유전자에 의한 비타민C농도 유전자검사; 타. AHR, CYP1A1－CYP1A2 유전자에 의한 카페인대사 유전자검사가 있다. (보건복지부고시 제2016－97호, 의료기관이 아닌 유전자검사기관이 직접 실시할 수 있는 유전자검사 항목에 관한 규정)

14) 23andMe는 창업자인 Anne Wojcicki가 Google 창업자인 Sergey Brin의 전부인이기도 하다.
15) AncestryDNA라는 이름으로 혈연 찾기 서비스를 제공한다.

DTC 유전자 분석 서비스 등을 통하여 자신의 유전자 분석 결과를 손에 쥔 소비자들은 이 60만 내지는 70만 개의 염기 서열 분석 결과를 파일로 다운로드 받아 다른 용도로 얼마든지 활용할 수 있다. 대표적으로 자신의 DNA 분석 결과를 업로드하여 혈연을 찾는 웹사이트를 이용하는 것이다. 그러한 웹사이트로 GEDmatch가 가장 널리 이용되고 있다.[16] GEDmatch는 이용자들이 자발적으로 자신의 유전정보를 업로드 한 후, 유전정보의 유사도에 근거하여 서로 혈연관계에 있을 가능성이 높은 다른 이용자를 확인할 수 있게 해주는 무료 웹사이트이다. 이 사이트는 앞에서 설명한 SNP를 비교하는 알고리즘을 사용한다고 한다. 자신과 혈연관계에 있는 사람을 찾기 위한 서비스이므로, 사용자는 자신의 이름(가명도 가능) 또는 이메일 주소와 같은 연락처를 같이 입력해야 한다. 2018년 현재 100만 명 가까운 사용자들이 이 GEDmatch 사이트를 이용하고 있다. 소비자로부터 검체를 수령하여 유전자를 분석해주는 DTC 유전자 분석 업체를 어디를 이용했든지 그 결과를 GEDmatch에 업로드할 수 있으므로, 이 GEDmatch는 보다 많은 사람들이 혈연관계를 확인할 수 있는 허브 역할을 하는 것이다.

그런데 DTC 유전자 분석과 혈연찾기 사이트가 활발하게 이용되면서 정자 기증으로 태어난 아이의 생부(biological father)가 밝혀지는 경우가 빈발하고 있다. 정자 기증으로 태어난 자식 본인이 DTC 유전자 검사 기관을 통하여 획득한 자신의 유전자 검사 결과를 갖고 혈연 찾기 사이트에 입력하여 생부를 찾아 나서는 것이다.

그 경우 정자를 제공한 공여자 본인이 직접 23andMe, AncestryDNA, GEDMatch 등의 온라인 사이트에 유전정보를 올리고 혈연 찾기에 참여하지 않더라도, 공여자의 가까운 가족이 유전정보를 올리게 되면 여전히 정자 공여자를 찾는데 성공할 수 있다. 예를 들어 본인의 생부는 유전정보 기반의 혈연찾기 웹사이트를 전혀 이용한 바 없지만, 생부의 어머니, 즉 정자제공으로 태어난 자식의 조모가 혈연찾기 웹사이트에 자신의 유전정보를 올려놓은 덕에 조모를 매개로 하여 간접적으로 생부를 찾는 것이다.[17]

혈연 찾기 사이트를 활용한 생부 찾기 현상은 더 이상 드물게 나타나는 현상이 아니다. 정자 기증으로 태어난 자식들의 생부 찾기에 관한 정보를 제공하는

16) http://www.gedmatch.com
17) https://www.cbc.ca/news/technology/sperm-donor-dna-testing-1.4500517.

www.wearedonorconceived.com과 같은 웹사이트가 등장하는가 하면, 같은 정자 제공자를 생부로 둔, 전혀 새로운 의미의 "이복 형제"들이 서로를 확인하는 www.donorsiblingregistry.com 같은 단체도 생겨났고, 실제 만남으로 이어지기도 한다.[18] 상황이 이렇게 되자, "익명의 정자 기증은 종말을 맞았다"라는 평을 내리는 학자들도 있다.[19]

그림 2. Ancestry.com의 DNA를 이용한 혈연찾기 서비스

Ⅲ. Golden State Killer 사건

2018년 미국에서 장기 미제 사건의 유력한 용의자가 체포되면서 언론의 스포트라이트를 받았다. 1974년부터 1986년 사이에 12건의 살인, 46건의 강간, 120건의 주거침입을 저지른 범인을 30년이 넘은 2018년 4월 24일에 체포한 것이다.

---

18) https://www.chicagotribune.com/lifestyles/health/ct-children-of-sperm-donors-20180913-story.html
19) Harper, J.C., Kennett, D. and Reisel, D., "The End of Donor Anonymity: How Genetic Testing is Likely to Drive Anonymous Gamete Donation Out of Business," *Human Reproduction*, Vol. 31, No. 6 (2016).

범죄가 일어난 지역이 캘리포니아인데 캘리포니아 주의 별명이 골든 스테이트 (Golden State)라서, 이 사건의 이름 모를 범인에게는 골든 스테이트 킬러(Golden State Killer)라는 별명이 붙여졌었다. 그런데 검거하고 보니 범인은 아이러니컬하게도 전직 경찰관인 73세의 Joseph DeAngelo였다. 이 사건은 장기 미제의 흉악 사건 진범이 붙잡혔다는 점에서 뿐만 아니라, 일반인들이 자신의 혈연을 찾기 위하여 유전정보를 업로드하는 웹사이트를 활용한 수사라는 점에서 화제가 되었다.[20]

범죄 현장에 남겨진 범인의 신체 조직 - 체액이라든가 머리카락 또는 혈흔 등 - 으로부터 DNA를 추출한 다음 진범을 찾아내는 수사 방법은 이미 잘 알려져 있는 것이다. 그런데 이 방법이 성공하기 위하여는 현장에 남겨진 DNA와 대조할 수 있는 데이터베이스가 존재해야 하고, 현장에 DNA를 남긴 범인의 DNA가 그 데이터베이스에 등재되어 있어야 한다. 대부분의 국가에는 살인범이나 강간범 등 강력범의 DNA를 강제로 채취하여 그 정보를 보관하는 데이터베이스가 존재한다.[21] 우리나라 역시 『DNA 신원확인정보의 이용 및 보호에 관한 법률』에 강력 범죄를 저지른 수형인 또는 구속 피의자로부터 DNA를 강제로 채취할 수 있는 근거를 두고 있다.

캘리포니아주 경찰도 Golden State Killer 사건 발생 초기에는 범죄현장에 남겨진 Golden State Killer의 DNA를 CODIS[22]라 불리는 범죄자 DNA 데이터베이스에 대조를 해 보았다. 그러나 아무도 일치하는 사람이 없었다. 그도 그럴 것이 DeAngelo는 범죄 (적발) 경력이 없어 범죄자 DNA 데이터베이스에 수록이 되지 않았으므로, 당시 수사 당국이 정부가 보유한 범죄자 DNA 데이터베이스에 조회를 해서 검색이 되지 않는 것은 당연한 일이었다. 많은 미제 사건들이 DNA 대조를 통해 해결되고 있지만, 그것은 범죄 현장에 DNA를 남긴 범인이 이미 기존에 강력사건을 저질러서 범죄자 DNA 데이터베이스에 등재되어 있을 경우의 이야기이고, 그렇지 않은 경우에는 지문 못지않게 본인 식별력이 높은 DNA라고 하더라도 별 효용이 없는 것이다.[23]

---

20) https://edition.cnn.com/2018/04/26/us/golden-state-killer-dna-report/index.html, 2018. 4. 27.
21) 이러한 포렌직 데이터베이스는 대체로 앞에서 설명한 STR 정보를 활용한다.
22) Combined DNA Index System의 약자이다.
23) 혹시 범죄자 DNA 데이터베이스에 Golden State Killer 본인의 정보가 아니라 그 친족의 정보가 수록되어 있었더라면 혈연관계에 있는 자들을 역추적하여 Golden State Killer을 검거했을 수는

　그로부터 세월이 30여년이 흐른 2018년 캘리포니아주 경찰은 전혀 다른 방법으로 DNA를 이용한 범인 파악의 돌파구를 찾았다. 앞에서 설명한 GEDmatch.com의 혈연관계 검색 서비스를 이용한다는 기발한 아이디어이다. 자신의 유전정보를 웹사이트에 업로드한 100만명에 가까운 이용자들 가운데는 Golden State Killer와 혈연관계에 있는 사람들도 있을 수 있으므로 GEDmatch.com의 이용자들 가운데 Golden State Killer와 유전정보가 많이 일치하는 사람들을 찾은 다음, 그들의 친인척 가계도를 재구성하고, 그 가운데 이 범죄를 저질렀을 가능성이 높은 사람들을 프로파일링한다는 계획이다. 이렇게 최종적으로 프로파일링 된 사람들만을 대상으로 DNA 검사를 해서 Golden State Killer 본인 여부를 확인하는 것이다.

　이론상으로는 우아하게 들리는 계획인데, 성공한다는 보장은 물론 없다. 일단 Golden State Killer와 혈연관계에 있는 누군가가 이 GEDmatch 사이트에 자신의

그림 3. GEDmatch.com의 혈연관계 검색 결과

Kit Nbr	Type	List	Select	Sex	Haplogroup Mt	Y	Details	Autosomal Total cM	largest cM	Gen	Details	X-DNA Total cM	largest cM	Name	Email
	F2	L		F	H6a1a3		A	92.1	19.2	3.6	X	15.1	9.2		
	F2	L		M	H6a1a3	R-M222	A	53	18.6	4	X	9.1	9.1		
	F2	L		F			A	31.2	26.1	4.4	X	0	0		
	F2	L		U			A	33.2	22.4	4.4	X	0	0		
	F2	L		F			A	30.3	17.6	4.4	X	0	0		
	F2	L		M	H52	I-P37	A	30.3	16.7	4.4	X	0	0		
	F2	L		U			A	28.4	22.9	4.5	X	0	0		
	F2	L		M	H1	I-M253	A	29.3	22.2	4.5	X	0	0		
	V4	L		U			A	27.3	17.7	4.5	X	0	0		
	F2	L		U			A	28.6	14.4	4.5	X	0	0		
	F2	L		M	v10a	I-M253	A	23.7	23.7	4.6	X	0	0		
	F2	L		M		Ra1a	A	23.7	16.8	4.6	X	0	0		
	F2	L		M			A	24.7	13.7	4.6	X	0	0		
	F2	L		F	H		A	25.3	12.9	4.6	X	0	0		
	F2	L		F			A	24.2	10.5	4.6	X	0	0		
	F2	L		F			A	20.5	20.5	4.7	X	0	0		
	F2	L		M	H	R-M269	A	22.7	16.3	4.7	X	0	0		
	F2	L		M		R1b	A	21.7	16.2	4.7	X	0	0		
	F2	L		F	H3ac		A	21.1	15.9	4.7	X	0	0		
	F2	L		U			A	20.6	15.6	4.7	X	0	0		
	F2	L		M			A	20.5	15.5	4.7	X	0	0		

있었을 것이고, 실제 그런 방식으로 범인을 검거한 사례들도 있다. 언론을 통해 가장 잘 알려진 사건은 1980년대에 여성만을 골라서 살해한 연쇄살인범 Grim Sleeper 사건이다. 이 사건은 장기 미제로 남아 있다가, 2010년 공교롭게도 진범의 아들이 범죄를 저질러 DNA 정보가 CODIS에 수록되는 바람에 과거 연쇄살인 사건의 진범이 이 아들과 혈연관계에 있는 것을 파악한 수사당국이 아버지를 검거하게 된 사건이다.

유전정보를 업로드 했었어야만 성공할 일말의 가능성이 있는 것이고, 진범과 혈연관계에 있는 사람을 찾는다고 하더라도 그 사람을 중심으로 먼 친척들까지 포함한 가계도를 만들기는 녹록치 않은 일이기도 하다. 실제로 캘리포니아주 경찰은 처음에는 헛다리를 짚었다고 한다. 진범은 백인의 2.3%에서만 발견이 되는 희귀한 유전자 돌연변이를 갖고 있는 점에 주목하여 오리건주의 양로원에 있는 73세 남성을 Golden State Killer 본인 아니면 친척인 것으로 추측했던 것이다. 캘리포니아주 경찰은 이런 사정을 들어 이 남성으로부터 DNA를 강제채취할 수 있는 법원의 영장까지 취득했으나, 불행하게도 이 오리건주 거주 남성의 DNA는 Golden State Killer의 DNA가 아니었다.

캘리포니아주 경찰이 유전정보에 기초하여 용의선상에 올린 또 다른 인물이 있었다. 그가 바로 DeAngelo였다. DeAngelo에 대하여는 법원의 영장을 얻지 않고 용의자가 버린 물건을 몰래 수집한 뒤 DNA를 추출한 것으로 알려졌다. DeAngelo의 DNA는 Golden State Killer의 DNA와 완벽하게 일치하였다.

범죄자 DNA 데이터베이스로부터 범인을 직접 찾아내는 것이 아니라, 일반인들이 유전정보를 올린 혈연찾기 사이트를 통하여 범인의 가까운 친척을 먼저 찾고, 그 가계도에서 범인을 찾아나가는 이 수사 방법은 심지어는 과학자들의 탄성을 자아낼 정도로 기발한 방법이었다. 그리고 범죄 현장에 범인의 DNA가 남아 있으나 기존 범죄자DNA 데이터베이스에서는 조회가 되지 않는 다른 장기 미제사건에서도 Golden State Killer 사건에서 영감을 얻어, GEDmatch.com을 이용한 동일한 방법으로 진범 찾기에 나섰다고 한다.[24] 실제로 Golden State Killer가

---

24) 이와 같이 유전정보 기반 혈연찾기 웹사이트를 이용한 수사 방법에 대하여 미국의 일부 법학자들은 피의자의 인권침해 문제를 제기하기도 한다. 아무리 GEDmatch가 일반에게 공개가 된 오픈 데이타베이스라고 하더라도 법원이 영장 없이 경찰이 진범의 DNA를 업로드하여 혈연관계에 있는 다른 이용자와 대조에 나선 것은 적법절차에 따른 수사(due process)를 명하는 미국헌법 수정 제4조 위반이 아니냐는 지적이 그것이다. 캘리포니아주 경찰은 Golden State Killer 사건에서 자신의 혈족을 찾고자 하는 보통 이용자로 가장하여 GEDmatch에 사용자 등록을 하고 DeAngelo의 DNA를 업로드한 것으로 알려져 있다. GEDmatch 웹사이트 "검색"이 수정 제4조의 적법절차 조항에 따라 영장을 필요로 하는 "수색"이 아니냐는 지적이다. 여기에 대하여는 범죄자가 현장에 남긴 DNA는 범죄자가 "포기"한 것이고 "포기"한 물건의 압수나 수색에 대하여는 영장이 요구되지 않는다는 판례법이 축적되어 있으므로, 이용자들이 자발적으로 GEDmatch에 업로드한 유전정보는 이용자들이 "포기"한 유전정보에 준하여 그 검색에 영장이 요구되지 않는 것으로 보아야 한다는 것이 지금까지의 대체적인 견해로 보인다. Berkman BE, Miller WK and Grady C, "Is It Ethical to Use Genealogy Data to Solve Crimes?," *Annals of Internal Medicine*, (2018). 게다가 만약 수사당국이 정식으로 진범의 DNA와 혈연관계에 있을 가능성이 가장 높은 이용자를 조회해줄 것

체포된 지 얼마 지나지 않아 역시 장기 미제로 남아 있던 당시 8세 여아 April Tinsley 납치 살해 사건의 진범이 동일한 방법으로 검거되는 등,[25] 범죄 현장에 DNA는 남아 있었지만 포렌직 데이터베이스에서 용의자가 조회가 되지 않았던 다른 사건에서도 이 혈연찾기 웹사이트를 이용한 수사가 성공을 거두고 있다고 한다.

IV. 자기 유전정보 이용의 제한

1. 나의 유전정보는 내가 마음대로 공개해도 되는가?

　나의 DNA에서 유래한 나의 유전정보는 나에게 고유한 정보이다. 쌍둥이 형제가 아닌 이상 내 유전정보는 이 세상에서 유일무이하다. 그런 나의 유전정보를 나 이외의 다른 사람이 소유할 수 있다는 것은 생각하기 어렵다. 내가 독점한다고 볼 수 있다.[26] 그런데 내가 독점하고 있으므로 나의 독점권 행사는 아무런 제약이 없이 무한한 것일까?

　오늘날 특히 우리 사회에서 개인정보 자기결정권은 "내 허락없이 내 정보를 사용하지마"라는 강한 자기 정보 독점권적 권능으로 해석되고 있다. 아마도 워낙 만연한 개인정보 유출에 대한 반작용으로 일반인들은 자신의 정보를 더욱 강하게 보호하고자 하는 심리가 생긴 것이 아닌가 한다. 그런데 '타인이 내 허락없이 내 정보를 함부로 사용해서는 안 된다'는 법리가 '나는 내 정보를 내 마음 내키는 대로 사용해도 된다'는 명제로 자연스럽게 귀결되는 것인지는 의문이다. 물론 일반적인 경우 내가 내 개인정보를 사용하는데 대한 특별한 제한을 둘 필요성은 없다. 그러나 그 개인정보가 특히 가까운 혈연관계에 있는 사람들끼리는 상당 부분을 공유하는 유전정보라면, 아무리 나의 정보라고 하더라도 내가 내 마음대로

　을 GEDmatch에 강제하는 영장을 법원에 요청했다면 법원이 영장을 발부했을 가능성도 상당하므로, 경찰이 GEDmatch를 진범과 혈연관계에 있는 사람을 찾는데 이용한 것이 수정 제4조 적법절차 위반이 될 여지가 있다는 지적은 지적을 위한 지적에 가깝다는 생각이 든다.

25) https://edition.cnn.com/2018/07/16/us/cold-case-april-tinsley-dna-trnd/index.html

26) 물론 어느 한 사람으로부터 추출한 유전정보라고 하더라도 이것이 그 한 사람의 독점물로 볼 수는 없고 인류가 공유하는 것이라는 주장도 있다. 그러나 이는 인간 유전자에 대한 인류의 지식이 깊이를 더하기 위하여는 보다 많고 다양한 유전정보가 수집되어야 하고, 그러려면 유전정보는 누구의 유전정보인지를 떠나서 그 사람의 독점물이 아니라 인류의 공유물이 되어야 한다는 취지이지, 한 개인의 유전정보가 그 사람의 고유한 정보가 아니라는 취지는 아니다.

사용하는 것이 법적 또는 윤리적으로 아무런 문제가 없는 것인지 고민해볼 필요
가 있다. 앞에서 예를 든 것처럼 자신의 가까운 혈족들이 자신의 유전정보를 혈
연찾기 웹사이트를 통하여 공유하는 바람에 정자 기증자의 익명성이 보장이 안
되는 상황을 생각하면, 충분히 문제의식을 가질 수 있다. 즉, 한편으로는 내 개인
정보이므로 내가 자유롭게 이용할 수 있어야 하면서, 동시에 그 내용의 상당 부
분은 내 혈족들과 동일한 내용으로 이루어져 있으므로 나의 유전정보 활용은 그
들에게도 충분히 이해를 미칠 수 있다. 이 상황을 어떻게 조율할 것인가? 필자는
우리 민법상의 상린관계에서 모티브를 얻고자 한다.

2. 민법상 상린관계

　우리 헌법 제23조 제1항은 "모든 국민의 재산권은 보장된다. 그 내용과 한계
는 법률로 정한다."고 하고 있고, 동조 제2항은 "재산권의 행사는 공공복리에 적
합하도록 하여야 한다."고함으로써, 소유권을 포함한 재산권은 무제한적인 절대
권이 아니고 법률로써 제한할 수 있음을 분명히 하고 있다. 그리고 흥미롭게도
우리 민법의 제2편 물권편의 제3장 소유권편을 보면 가장 먼저 등장하는 제1절
의 제목이 "소유권의 한계"로 명명되어 있다. 아울러 소유권의 내용을 규정한 민
법 제211조가 "소유자는 법률의 범위내에서 그 소유물을 사용, 수익, 처분할 권
리가 있다."고 함으로써 헌법 제23조 제1항의 취지를 소유권에 반영하여 소유권
의 내용은 법률 유보가 가능함을 명시하고 있는데, 소유권이 법률 유보로써 제한
될 수 있음이 단지 선언적인 표현에 그치지 않음은 뒤따르는 제216조 내지 제
244조에 위치한 상린관계(相隣關係) 규정들이 잘 보여준다.[27]

　상린관계는 인접한 부동산의 소유자들 사이에서는 소유권이 일부 제한될 수

---

27) 대표적인 상린관계 규정으로는 매연, 열기체, 액체, 음향, 진동 기타 이에 유사한 것으로 이웃 토
지의 사용을 방해하거나 이웃 거주자의 생활에 고통을 주지 아니하도록 적당한 조처를 할 의무
(제217조), 고지소유자는 이웃 저지에 자연히 흘러 내리는 이웃 저지에서 필요한 물을 자기의 정
당한 사용범위를 넘어서 이를 막지 못하는 자연유수의 승수의무 (제221조), 구거 기타 수류지의
소유자는 대안의 토지가 타인의 소유인 때에는 그 수로나 수류의 폭을 변경하지 못한다는 수류의
변경 금지 의무 (제229조), 인접지의 지반이 붕괴할 정도로 자기의 토지를 심굴하지 못한다는 토
지의 심굴금지의무 (제241조), 건물을 축조함에는 특별한 관습이 없으면 경계로부터 반미터 이상
의 거리를 두어야 하는 의무 (제242조), 경계로부터 2미터 이내의 거리에서 이웃 주택의 내부를
관망할 수 있는 창이나 마루를 설치하는 경우에는 적당한 차면시설을 하여야 하는 차면시설 의무
(제243조) 등이 있다.

있는 근거로 작용하는데, 부동산의 이용은 이웃 사이에 서로 영향을 주기 때문에 각자 소유한 부동산의 기능이 충분히 활용되려면 오히려 각자 소유권의 내용을 제한하고 이웃에게 협력할 의무를 부과함으로써 오히려 총량적인 관점에서 부동산의 활용도와 가치를 높이게 하고자 하는 의도를 가진 규정들이다. 이렇게 함으로써 일면 자신의 부동산 소유권이 제한되는 사람의 입장에서는 권리의 제한이지만, 그 덕분에 부동산 소유권의 활용도가 높아지는 이웃의 입장에서는 오히려 "소유권의 확장"의 의미를 갖는다.[28]

이러한 정신으로부터 "유전적 이웃" 사이의 상린관계를 설정해볼 수는 없을까?[29]

개인정보 자기결정권의 기본적인 권능은 자기정보 통제권, 즉 자기 정보를 언제 어떤 형식으로 제공을 할지 아니면 하지 않을지의 결정권이다. 이 개인정보 자기결정권의 성질을 가장 전면적인 지배권인 소유권처럼 강력한 것으로 보아야 할 것인지는 논란이 있을 수 있고, 유력한 견해에 따르면 개인정보는 타인이 개인을 식별할 수 있는 표지로서 이미 그 개념 자체에서 공유재산적 성격을 가지므로, 개인정보 자기결정권을 소유권적으로 파악하는 것은 곤란하다고 한다.[30] 충분히 일리 있는 견해이다. 그런데 이미 앞에서 본 바와 같이 소유권조차 법률에 의한 권리의 제한이 가능하고, 이미 민법은 인접한 부동산 소유자들의 소유권을 제한하는 규정을 두고 있으므로, 개인정보 자기결정권에 소유권에 준하는 배타성과 절대성이 인정된다고 가정하더라도 개념상 그 권리의 제한이 가능함은 물론이거니와, 만약 개인정보 자기결정권이 소유권에 준하는 절대성이 인정되지 않는다면 더더욱 그러할 것이다.

즉, 내가 유전정보를 공개하면 그가 직접 공개하지 않더라도 내가 공개하는 유전정보로부터 그의 정보가 간접적으로, 그리고 타의에 의하여 공개되는 결과에 이르는 나의 가까운 혈족은 마치 내가 나의 부동산을 내 마음대로 사용할 경우 바로 인접한 부동산의 소유자라는 이유로 불이익을 입을 수 있는 "이웃"과 흡

---

28) 박준서 편, 『주석 민법』(제4판), 2.물권법 제3장 소유권, 555−556면.
29) 물론 민법상 상린관계를 "유전적 이웃" 사이에 직접 준용하거나 유추적용할 수는 없으므로, 이러한 논의는 앞으로 유전정보의 이용에 관한 입법을 함에 있어 고려하거나 아니면 입법 유무를 불문하고 윤리적인 차원에서 고민할 문제가 될 것이다.
30) 권영준, "개인정보 자기결정권과 동의 제도에 대한 고찰", 「법학논총」 제36권 1호 (2016. 3), p. 688.

사하다. 그렇다면 인접한 부동산 소유자들의 이익을 보호하기 위하여 소유권을 제한하는 상린관계와 유사하게 "유전적 이웃"이 보유한 개인정보 자기통제권을 보호하기 위하여 나의 개인정보 자기통제권을 일부 제한하는 것은 결코 부당한 정책으로 보이지 않는다. 특히 그 개인정보 자기통제권을 제한하는 방식이 나의 의사에 반하여 누군가 나의 개인정보를 수집 또는 이용하는 것을 강제로 허용하는 것이 아니라, 역으로 내가 나의 개인정보를 공개하는 것을 억제하는 것이라면, 내 개인정보 자기통제권의 과도한 제한이라고 보기도 어려울 것이다.

그렇다면 구체적으로 자신의 유전정보를 공개하려는 정보주체가 "유전적 이웃"의 이익을 침해하지 않도록 구체적인 행동이나 절차를 취할 의무가 발생하는 요건은 무엇이며, 그 경우 어떤 행동을 취해야 하는가? 이에 대하여 필자는 여기서 제시하는 "유전적 이웃 사이의 상린관계"가 마치 민법상 상린관계 규정처럼 강행법규로 법제화되는 것을 염두에 둔 것이 아니라, 자신의 유전정보를 제3자에게 제공하려는 자가 지키면 바람직한 연성 규범(soft law) 내지는 가이드라인화되는 것을 염두에 두고 아래와 같은 제안을 하고자 한다.

어떤 경우 가까운 혈연에게 자신의 유전정보 이용 계획을 알려야 하는지는 나중에 보도록 하고, 먼저 어느 범위의 혈연에게 어떤 형태로 알려야 하는지를 생각해본다. 필자는 그 방식은 동의를 구할 필요까지는 없고 자신의 유전정보 제공 계획을 통지하면 족하다고 생각한다. 가까운 혈연의 동의를 받은 후에야 자신의 유전정보를 제공하는 것이 가까운 혈연의 유전정보에 대한 자기정보 통제권을 가장 확실하게 보장하는 방법이 될 수는 있겠지만, 여기서 제3자에게 제공하려는 정보는 혈족의 유전정보가 아닌 나의 유전정보고, 혈족은 내 유전정보와 중첩되는 범위내에서 그들의 유전정보에 대한 자기정보 통제권의 영향력 안에 드는 것이다. 따라서 이 상황에서 나 자신의 유전정보에 대한 자기정보 통제권을 무조건적으로 가까운 혈족들의 자기정보 통제권에 복속시킬 필요는 없다고 본다. 이런 상황에서 일단은 가까운 혈족들에게 내 유전정보 이용계획을 통지하도록 하는 것이 나의 자기정보 통제권과 가까운 혈족들의 자기정보 통제권을 조화롭게 모두 보호하는 수단이 된다고 본다. 이러한 통지를 받은 혈족 가운데 한 사람이 본인의 인격권이 침해 받을 상황에 놓여 있다면 - 예컨대 앞에서 든 사례와 같이 과거에 익명 정자 기증을 했다든가 하는 - 그 혈족은 필요한 조치를 취할 기회를 갖게 될 것이다.

이러한 통지는 어느 범위의 혈족에게 제공해야 하는가? 필자는 촌수로 3촌 이내의 혈족에게 통지할 것을 제안한다. 확률적으로 부모와 자식간 및 (쌍생아가 아닌) 형제간은 유전정보가 평균 50% 일치하고, 조부모와 손자간, 삼촌 조카간 및 이복형제간은 유전정보가 평균 25% 일치한다. 예컨대 유전정보가 평균 12.5% 일치하는 4촌처럼 이보다 낮은 범위에서 유전정보가 일치한다고 하여 그의 유전정보로부터 4촌을 역추적하는 것이 불가능한 것은 물론 아니지만, 우리 사회에서의 4촌간의 친소관계라든가 3촌보다 훨씬 늘어나는 4촌의 범위를 고려하면 3촌까지가 현실적으로 합리적인 통지 범위라고 생각한다. 다만 여기서의 3촌이란 DNA를 공유하는 혈족만을 의미하므로, 예컨대 고모와 같이 유전정보를 일부 공유하는 3촌이라면 통지 대상이지만 고모부와 같이 유전정보를 전혀 공유하지 않는다면 통지 대상은 아니라고 할 것이다. 부부도 유전정보를 공유하지 않으므로 통지 대상은 아니다.

그렇다면 어떤 경우 이러한 3촌 이내의 혈족에게 본인의 유전정보 제공 계획을 통지해야 하는가? 필자는 ① 제공하려는 유전정보, ② 함께 제공하려는 개인식별정보, ③ 데이터베이스 접근 권한이라는 3가지 요소를 종합해서 고려해야 한다고 생각한다. ① 제공하려는 유전정보는 그것이 SNP가 되었든 아니면 STR이 되었든지 간에, 많은 다형성 좌위를 포함하고 있으면 있을수록 통지가 필요할 것이다. 다음으로 ② 함께 제공하려는 개인식별정보는 성명과 주소와 같이 본인을 바로 역추적할 수 있는 경우는 물론이거니와, 이메일 주소처럼 본인에게 연락을 취할 수 있는 경우에는 특별한 사정이 없는 이상 통지가 필요한 것으로 한다. 따라서 혈족찾기 사이트처럼 참가자의 연락처 제공을 필수로 하는 경우라면 통지의 필요성은 매우 높다고 할 것이다. 끝으로 ③ 데이터베이스 접근 권한은 앞에서 소개한 GEDmatch 라든가 연구목적의 데이터베이스라고 하더라도 누구나 접근할 수 있는 오픈 엑세스(open access) 성격인 경우에는[31] 통지의 필요성이 높고, 연구자들만이 접근할 수 있는 데이터베이스에 유전정보를 제공하는 경우에는 통지의 필요성이 상대적으로 낮다고 할 것이다.

---

31) 대표적으로 미국 하버드대학의 Personal Genome Project 와 같이 다수의 연구목적 데이터베이스들이 유전체 정보의 연구 활성화를 위하여 오픈 엑세스를 허용하고 있다. 그러나 처음에는 오픈 엑세스를 허용했으나, 유전체 정보를 쉽게 구할 수 있는 다른 정보와 결합하여 그 정보주체를 역추적할 수 있음이 밝혀지자 일부는 접근권한을 축소하기도 했다. Pereira, S., Gibbs, R.A. and McGuire, A.L., "Open Access Data Sharing in Genomic Research," *Genes*, Vol. 5, No. 3 (2014).

　　그런데 이와 같은 3개 요소를 종합하여 가까운 혈족들에게 자신의 유전정보를 제3자에게 제공하는 것을 통지해야 하는지 여부를 결정하는 것은 사실 유전학 전문가가 아니라면 어렵다. 따라서 그 판단에는 유전정보를 취합하는 데이터베이스 운영자의 도움이 필요할 수밖에 없다. 유전정보를 집적하는 데이터베이스 운영주체에는 당연히 유전학 전문가가 포함되어 있을 것이므로, 데이터베이스 참가자들로부터 어떤 유전정보를 취합하고, 어떤 개인 식별정보를 수집하며, 접근권한이 누구에게 부여되는지를 종합적으로 고려한 다음, 유전정보 제공자가 가까운 혈족들에게 이를 사전에 통지할 필요가 있다고 판단되면 구체적인 통지 문구와 함께 참가자에게 통지를 권장하는 형태가 바람직하겠다.[32]

　　지금까지 우리나라에서 형성된 개인정보 자기결정권의 논의는 정보주체의 동의 없이 다른 사람이 본인을 식별할 수 있는 정보를 수집하고 이용하는 것을 금지하는 측면에 집중되어 이루어졌다. 이는 다른 한편으로는 정보 주체 본인에게는 자신의 개인정보를 마음껏 이용하고 제3자에게 제공할 수 있는 권능이 있다는 것을 인정하는 사고에서 기인한 것이 아닌가 한다.

　　그러나 그 정보가 한 개인에 관하여 너무나 많은 민감한 내용을 담고 있는 유전정보라면, "유전적 이웃" 즉 혈족과의 이해를 사전적으로 조율할 필요가 있다. 유전정보의 분석 기술이 발전하고 저렴해지면서, DTC 유전자 분석 서비스 업체가 늘어나고, 많게는 수십만개의 염기서열에 달하는 자신의 유전정보를 직접 손에 쥔 일반인들이 혈연찾기 웹사이트 등을 통하여 서로 유전정보를 공유하는 시대라면 더더욱 그러하다. 그러한 혈족 사이의 이해 조율을 위한 제도적 장치로서 이 글은 민법상 상린관계에서 모티브를 얻어 유전정보를 외부와 공유하려는 사람이 가까운 혈족들에게 이를 미리 통지하는 방안을 제시하여 보았다.

　　외국 보다 상대적으로 엄격한 국내 규제로 인하여 4차 산업혁명 시대의 국가 경쟁력이 훼손되고 있다는 평가가 많다. 그런 생각을 하는 입장에서는 이 글이 유전체 분석 산업이라는 신생산업의 태동에 찬물을 끼얹는 처사로 느껴질지도 모르

---

32) 유전정보 데이터베이스 운영자는 통지에 포함할 설명을 웹페이지로 미리 만들어두고 이 페이지로 가는 URL을 사용자가 자신의 혈족들에게 포워드한다든가, 이를 미리 문서화하여 두면 사용자가 인쇄하여 혈족들에게 우편으로 송부하는 등, 여기서의 통지 절차를 간소화할 수 있는 방법은 여러 가지를 생각할 수 있다.

겠다. 그러나 필자는 혁신적인 기술의 개발은 그 결과로 발생할 수 있는 명과 암을 우리 사회가 제대로 인식한 상태에서 진행되어야만 지속가능하다는 생각이다. 혁신적인 기술이 가져올지도 모를 부작용을 양지로 끌어내어 사회의 담론 안에서 고민해보는 과정을 먼저 거치지 않은 채 기술이 적용되었다가 나중에 피해자들이 발생하면서 비로소 그 부작용에 관한 논의가 시작되는 경우에는 혁신적인 기술에 대한 우리 사회의 저항감과 두려움이 합리적인 수준을 넘어서면서 기술 발전이 아예 좌초하게 될 우려도 있다. 이 글은 개인의 자기 유전정보에 대한 접근이 용이해지는 세상이 빠르게 다가오고 있는 현실에서, 그러한 사회적 담론을 하루라도 빨리 촉진하기 위한 목적에서 쓴 글임을 밝히면서 마무리한다.

참고문헌

[국내문헌]

권영준, "개인정보 자기결정권과 동의 제도에 대한 고찰", 「법학논총」, 제36권 제1호 (2016. 3).

박준서 편, 『주석 민법』(제4판), 2. 물권법 제3장 소유권.

보건복지부고시 제2016-97호, 의료기관이 아닌 유전자검사기관이 직접 실시할 수 있는 유전자검사 항목에 관한 규정.

이원복, "유전체 시대의 유전정보 보호와 공유를 위한 개인정보 보호법제의 고찰", 「법조」 제67권 제3호 (2018. 6).

[국외문헌]

Ariana Eunjung Cha, "Children of sperm donors find their half siblings and demand change", https://www.chicagotribune.com/lifestyles/health/ct−children−of−sperm−donors−20180913−story.html, September 13, 2018.

Berkman BE, Miller WK and Grady C, "Is It Ethical to Use Genealogy Data to Solve Crimes?", *Annals of Internal Medicine* (2018).

Emily Chung, Melanie Glanz, Vik Adhopia, "Donor−conceived people are tracking down their biological fathers, even if they want to hide," https://www.cbc.ca/news/technology/sperm−donor−dna−testing−1.4500517, August 20, 2018.

Eric Levenson and Amanda Watts, "Child−killer taunted investigators for 30 years with disturbing notes. DNA ends the mystery of who did it, police say", https://edition.cnn.com/2018/07/16/us/cold−case−april−tinsley−dna−trnd/index.html, July 17, 2018.

Harper, J.C., Kennett, D. and Reisel, D., "The End of Donor Anonymity: How Genetic Testing is Likely to Drive Anonymous Gamete Donation Out of Business," *Human Reproduction*, Vol. 31, No. 6 (2016).

Keith Allen, Jason Hanna and Cheri Mossburg, "Police used free genealogy database to track Golden State Killer suspect, investigator says", https://edition.cnn.com/2018/04/26/us/golden−state−killer−dna−report/index.html, 2018. 4. 27.

Lin, Z., Owen, A.B. and Altman, R.B., "Genomic Research and Human Subject Privacy," *Science*, Vol. 305, No. 5681 (2004).

Pereira, S., Gibbs, R.A. and McGuire, A.L., "Open Access Data Sharing in Genomic Research," *Genes*, Vol. 5, No. 3 (2014).

Yoo, S.Y., Cho, N.S., Park, M.J., Seong, K.M., Hwang, J.H., Song, S.B., Han, M.S., Lee, W.T. and Chung, K.W., "A Large Population Genetic Study of 15 Autosomal Short Tandem Repeat Loci for Establishment of Korean DNA Profile Database," *Molecules and Cells*, Vol. 32, No. 1 (2011).

신재생 분산전원 시스템에서 스마트미터링과 데이터 소유권*

허성욱(서울대학교 법학전문대학원 교수)

I. 에너지 전환정책과 스마트그리드

1. 스마트그리드의 등장

스마트그리드는 기존의 전력시스템에 IT기술을 합쳐 에너지 효율을 최적화한 전력망의 진화된 형태, 혹은 기존의 단방향 전력망에 정보기술을 접목하여 전력 공급자와 소비자가 양방향으로 실시간 정보를 교환함으로써 에너지 효율을 최적화하는 차세대 지능형 전력망을 의미한다. 스마트그리드는 공급자 중심의 전기 공급구조에서 탈피하여 전력의 효율적인 생산, 공급, 소비를 이끌어내는 플랫폼이 될 수 있다는 점에서 차세대 전력망 모델로 주목받아 왔다.

스마트그리드 체계는 발전 및 송배전 설비는 물론 일반 가정, 사무실, 공장 등에 설치된 각종 감시·제어 설비, 스마트 미터, 소프트웨어, 네트워킹, 통신 인프라 등을 모두 포함한다. 이들을 통해 전력의 생산과 공급, 소비를 최적화하고 에너지 효율을 최대화할 수 있다. 최근 급격하게 확대되고 있는 풍력, 태양광과 같은 분산형 재생에너지원과 전기자동차의 운영에도 스마트그리드는 최적의 환경을 제공하게 된다. 소비자는 원하는 품질의 전력을 선택하여 공급받을 수 있고, 전력의 가격을 고려하여 소비시간을 결정할 수도 있다. 이를 통해 스마트그리드는 전력산업의 근간을 바꾸게 될 것으로 기대되고 있다.[1]

---

* 이 글의 내용정리와 자료수집 과정에서 서울대학교 법학대학원 박지혜 변호사, 충남대학교 전기공학과 김승완 교수가 함께 하였음.

[1] 김홍래·문승일, "스마트 그리드(Smart Grid)의 이해", 「전기의 세계」 제58권 제8호 (2009), 23면.

2. 스마트그리드 정책 동향

스마트그리드 확대 정책은 미국, 유럽 등을 중심으로 2000년대 후반부터 꾸준히 추진되어 왔다. 미국은 2003년에 『Grid 2030』 국가비전을 발표하고, 2009년부터 『경제회복 및 재투자 법(ARRA 2009. American Recovery and Reinvestment Act of 2009)』에 따라 전력망 현대화에 투자하면서 스마트그리드를 위한 인프라를 갖추어가고 있다. EU는 2006년에 전력네트워크의 유연성, 저탄소 에너지원 확대를 위해 스마트그리드를 구축하는 것을 내용으로 하는 'Smart Grid Vision & Strategy'를 발표하였다. 2008년에는 스마트그리드의 6대 우선 구현분야를 선정하면서, 2020년까지 신재생에너지 20% 확대, 온실가스 20% 감축을 골자로 하는 Climate and Energy Package 20−20−20에 합의하였다.

우리나라에서는 2009년 2월 국가단위 스마트그리드 구축계획이 녹색성장위원회에 보고되면서, 스마트그리드 도입에 대한 관심이 본격적으로 시작되었다. 같은 해 7월 G8 확대정상회의에서 우리나라가 '지능형 전력망 선도국'으로 지정되면서, 12월에는 세계 최대 규모의 스마트그리드 실증사업인 제주도 실증단지 구축사업이 시작되었다.[2] 정부는 2010년 1월 지능형 전력망 국가로드맵을 제시하고 2030년까지 3단계에 걸쳐 5대 핵심 분야에 27.5조 원을 투입하여 지능형 전력망을 구축하겠다는 계획을 발표하였다.[3]

5개의 핵심 분야로는 ① 전력망 고장을 사전에 예측하고 자동복구 등의 체제를 통해 전력 송배전 시스템을 개선할 수 있도록 하는 '지능형 송배전', ② 가정, 상업, 산업 부문에서 소비자가 사용하는 양방향 통신네트워크 기술인 양방향 검침 인프라(Advanced Metering Infrastructure, 이하 AMI)와 에너지관리시스템(Energy Management System, 이하 EMS)을 통해 효율적인 에너지 소비가 가능하도록 하는 '지능형 소비자', ③ 수요반응, 실시간 요금제 및 전력거래 기술 등 다양한 요금 상품과 전기요금 제도를 통해 에너지 절감을 유도하는 '지능형 전력서비스', ④ 풍력, 태양광, 등의 분산형 재생에너지원을 계통에 통합함으로써 간헐적이고 출력 제어가 어려운 신재생 에너지의 단점을 극복할 수 있도록 하는 '지능형

---

2) 박수환·한상준·위정호, "지능형 전력망(스마트 그리드) 적용을 통한 에너지 절감 및 CO2 감축 효과 분석", 「대한환경공학회지」 제39권 제6호 (2017), 357면.
3) 지식경제부, "스마트그리드 국가로드맵", 2010, 53면.

신재생 에너지', ⑤ 저렴한 잉여전력으로 전기차, 전기기차 등을 충전하도록 하여 피크 시간대 전력수료를 저감할 수 있도록 하는 '지능형 운송' 등이 선정되었다.

그림 1. 지능형 전력망 국가전략 체계[4]

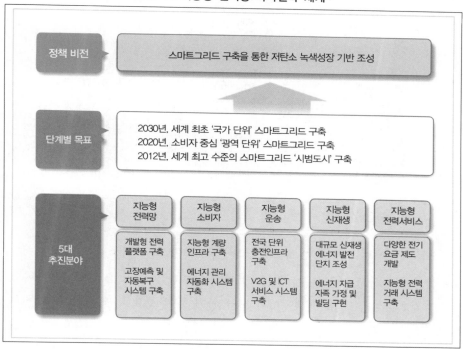

지능형 전력망 사업이 위 계획대로 진행된다면 2025년 연간 소비전력량의 약 10% 이상 절감이 가능하며 그 효과는 점점 증가할 것으로 기대된다. 특히 AMI, BEMS(Building Energy Management System), FEMS(Factory Energy Management System) 등의 기술 적용으로 지능형 소비자 분야에서의 절감 효과가 가장 클 것으로 예상된다(아래 그림 참조).

---

4) 위의 보고서, 15면

그림 2. 5대 중점 추진분야별 온실가스 저감 효과[5]

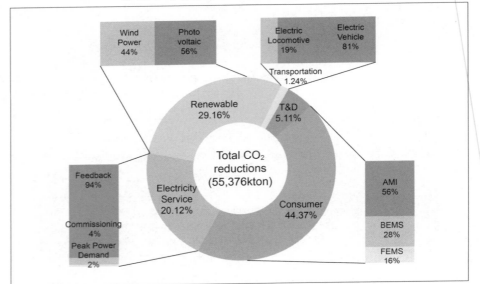

3. 새로운 에너지 시스템에 대한 요구와 스마트 그리드

오늘날 안전하고 깨끗한 에너지로의 전환에 관한 사회적 요구가 증가함에 따라 에너지효율성의 향상, 재생에너지 보급 확대 등이 중요한 과제로 부상하고 있다. 현 정부는 2017년 6월 19일 고리 1호기 영구정지행사에서 대통령 기념사를 통해 원자력 발전의 안전기준 강화, 월성 1호기의 폐쇄를 추진하고 신고리 5·6호기 건설 중단 등과 관련한 사회적 합의를 도출할 것이며, 석탄화력 신규 건설을 전면 중단하고 임기내 노후 석탄화력을 폐쇄하는 한편, 재생에너지와 LNG 발전을 육성하겠다는 것으로 에너지 전환의 방향을 제시하였다.

신고리 5·6호기 공론화가 끝난 직후인 같은 해 10월에는 대통령 주재로 열린 제45회 국무회의에서 신고리 5·6호기 건설재개 방침과 함께, 8.8GW 규모의 신규원전 건설계획을 백지화하고, 노후원전(12.5GW)을 단계적으로 감축하는 등 원전은 단계적으로 감축하고 2030년까지 재생에너지 비중을 20%까지 확대하는 것을 주요 내용으로 하는 에너지전환 로드맵을 확정하였다. 이러한 핵발전소 감축

---

5) 박수환·한상준·위정호, 위 논문(각주 3), 367면.

계획과 재생에너지 보급 목표가 2017년 12월말 발표된 제8차 전력수급기본계획에 반영되면서 정부의 에너지전환 방침은 일부 행정계획에 반영된 상황이다. 이러한 에너지 정책목표는 간헐성을 지니는 재생에너지를 대폭 수용하면서도 효율적이고 안정적으로 운영되는 새로운 에너지 시스템 구축을 필요로 한다, 이러한 당면 과제 해결에 있어서도 앞으로 스마트그리드의 역할 확대가 기대되고 있다.

II. 신재생 분산전원 시스템에서의 스마트미터링

1. 스마트 미터 기술 개요 및 동향

일반적으로 양방향 통신과 시간대별 계량 기능이 탑재된 전자식 전력량계를 '스마트 미터(Smart Meter)'라고 부른다. 최근 마이크로프로세서의 성능 향상과 각종 센싱 기술의 발달로 전력량계가 수집할 수 있는 정보의 양이 크게 증가하였다. 더불어 통신 인프라의 발달로 인해 수집한 데이터를 상위로 전달할 수 있는 것은 물론이고, 스마트 미터 상호간 데이터를 공유하고 활용할 수 있게 되면서 기존의 계량기에서 생각할 수 없었던 새로운 역할의 수행이 가능해졌다. 오늘날 일반적으로 스마트 미터는 양방향 계량, 변동 요금제 지원, 수요반응, 전력품질 감시, 원격부하 제어 등의 기능을 탑재하고 있어 스마트그리드의 여러 가지 기능을 구현하는 근간이 된다.[6]

Bloomberg New Energy Finance에 따르면, 스마트미터링, 배전자동화 등 스마트그리드 관련 프로젝트에 대한 투자는 전 세계적으로 2010년 109억 달러, 2011년 130억 달러, 2012년 139억 달러로 계속 증가하고 있다. 이 중 가장 큰 비중을 차지하는 것이 바로 스마트미터링 분야의 투자이다. 스마트미터 보급대수는 2018년 10억대에 달할 것으로 추산되었는데, 중국의 비중이 압도적이다. 중국에는 2012년까지 1억 7100만대의 스마트미터가 보급되었고, 2018년까지 6억대 이상이 보급될 것으로 예상된다. 다만, 현재 중국에서 보급되는 대부분의 스마트미터는 양방향 통신이 불가능한 원격검침용 전력량계이다.[7]

---

6) 김성규, "차세대 전력 시스템에서의 스마트미터의 역할", 「2014년도 대한전기학회 전력기술부문회 추계학술대회 논문집」 (2014), 156-157면.
7) 박찬국, "세계 스마트그리드 시장과 주요국 현황", 「세계 에너지시장 인사이트」 제13-38호 (2013), 3-4면.

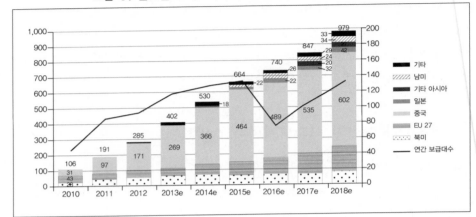

그림 3. 글로벌 스마트미터 누적 보급대수 (단위: 백만 대)[8]

2. 재생에너지 보급과 스마트미터링

특히, 태양광, 풍력 등 신재생 분산전원을 중심으로 한 차세대 전력망의 운영을 위해서는 스마트미터의 보급이 기본적으로 요구된다. 소규모 신재생 분산전원들 간의 에너지 거래와 요금 정산뿐만 아니라, 배전계통 내에서 분산전원의 수용 한계를 높이기 위해서 실시간 계량데이터의 제공이 필요하기 때문이다. 과거와 같은 'fit−and−forget approach'[9]를 통한 용량확대 중심의 대응은 태양광, 풍력 등 환경변화에 따라 변동성이 높은 분산전원의 특성을 효율적으로 충족시킬 수 없다. 분산전원을 대폭 수용하면서도 안정적이면서도 효율적인 망운영을 위해서는 실시간 출력삭감, 역률조정, 전압제어 설비 운영 등 배전망을 운영하는 운영자의 적극적인 역할 수행이 요구되며, 이를 위해서도 실시간 계량데이터의 제공은 필수적이다. 유럽연합은 2009년 2020년까지 재생에너지 보급률을 20%까지 높이는 것을 골자로 하는 제3차 에너지 패키지(Energy Package)를 채택하면서, 스마트미터 보급률을 80%까지 높이겠다는 목표를 발표하였다.[10]

---

8) 위의 보고서, 4면.
9) 분산형전원 연계로 인해 발생 가능한 문제를 계획단계에서 방지하기 위하여, 연중 최악의 시나리오를 상정한 후 이를 기준으로 운영상의 추가적인 조치가 이루어지지 않아도 연계될 분산형전원이 배전망의 안정성 및 신뢰성에 영향을 미치지 않도록 연계용량을 제한하는 접근 방식.
10) European Distribution System Operators for Smart Grids, "Data Management: The role of Distribution System Operators in managing data", 2014, 5면.

우리나라도 적극적인 재생에너지 보급 정책을 펴고 있는 만큼 앞으로 스마트
미터 보급 확대가 이슈가 될 것으로 보인다. 우리 정부는 지난 2016년 11월 이미
'신재생에너지보급 활성화 대책'을 발표하면서, 당초 2035년까지 전체 발전량의
13.4%를 목표로 하였던 신재생에너지 보급 목표를 2025년까지 10년 앞당겨 달성
하겠다는 정책적 의지를 표명하였고, 1MW 이하 소규모 분산전원의 무제한 계통
접속을 허용하기로 한 바 있다. 그러나, 2016년 말 기준으로 1MW 이하 태양광발
전의 접속 대기 물량이 1,789MW에 이르는 것으로 나타나는 등 전력망 인프라가
증가하는 재생에너지 발전시설을 수용하는데 어려움을 겪고 있는 것으로 나타나
고 있다.[11]

2017년 12월 재생에너지 보급 목표 달성을 위한 '재생에너지 3020 이행계획'
을 발표하면서 고성능 스마트 미터 설치를 통해 다양한 분산전원을 수용할 수
있는 지능형 전력망 인프라를 구축하고, 관련 인증·표준을 강화하기로 하였으
나, 스마트 미터 보급률 등 구체적인 목표를 내놓지는 않고 있다.

그림 4. '재생에너지 3020 이행계획' 중 스마트 그리드 관련 내용[12]

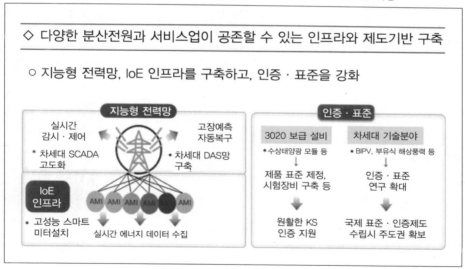

11) Industry News, "재생에너지 3020, 계통접속 보강 시급하다", 2017. 12. 01.자.
12) 산업통상자원부, "재생에너지 3020 이행계획안(안)", 2017, 10면.

Ⅲ. 스마트미터링과 데이터

1. 스마트미터링 제공 데이터 현황

앞서 살펴본 바와 같이 현재 논의되는 스마트미터링 기술을 활용한다면 전력공급자와 소비자간 쌍방향 통신이 가능하여 소비자의 에너지사용과 관련한 데이터를 생산자가 실시간으로 파악하는 것이 가능하다. 스마트미터를 통해 취득할 수 있는 데이터는 미터기로 계측하는 전력사용량, 가정이나 공장 등에서 소비하고 남은 잉여전력량을 나타내는 역조류값(Reverse Power Flow), 시간정보 외에 전류, 전압, 주파수, 정전 정보 등이다.

위와 같은 정보들의 대부분은 쌍방향 정보의 수집이 이루어지기 전이라도 원격검침을 통한 일방향의 정보 수집을 통해서도 충분히 확보될 수 있는 정보들이라고 볼 수도 있을 것이다. 중요한 것은 이를 측정하는 시간간격이다. 일반적인 스마트미터의 경우, 전력사용자의 활동과 관련된 정보를 15−30분 단위로 파악하는 것이 보통이다. 제주도 스마트그리드 실증단지에서는 통합운영센터에서 실시간으로 수요와 공급의 균형을 맞추기 위해 5분 단위로 실시간 시장가격을 제공하는 실시간 요금제를 시험 가동한 바 있다. 이러한 간격이 좁혀질수록 정보의 집적이 이루어지고 새로운 활용 가능성이 열리게 된다.

2. 스마트미터링 데이터의 활용가능성

향후 스마트미터를 통해 다양한 에너지 사용과 관련한 데이터를 거의 실시간으로 파악하게 된다면, 이를 통해 개인의 행동을 실시간으로 모니터링 할 수 있음은 물론, 미세정보의 집적을 통하여 빅데이터 분석을 통한 행동 패턴 파악 및 분석이 가능해질 것이다. 일례로 전기차 충전 스탠드를 통해 수집되는 정보는 전력관련 정보 외에 해당 전기차 및 차량소유자에 관한 정보, 지리적 정보가 추가될 것이다. 이러한 정보를 기초로 가정, 건물, 공장 등에 최적화한 에너지관리서비스, 전기차를 바탕으로 한 에너지 프로슈머 사업, 스마트 기기·제품의 판매 등도 충분히 가능할 것이다.

정부는 지난 2015년 12월 파리 기후회의를 계기로 新기후체제 대응을 위하여 수요자원거래시장, 에너지저장장치(ESS), 에너지자립섬, 전기자동차 배터리 대여사업, 태양광 리스사업, 제로에너지빌딩 사업 등 소위 '에너지 新산업' 육성 정책을 발표한 바 있다.13) 특히 스마트 그리드를 통해 수집한 실시간 전력사용량 등 에너지 빅데이터를 기반으로 한 인터넷 플랫폼을 구축하고, 소비자와 서비스 사업자에 제공하여 에너지절감 컨설팅 등 다양한 수요관리 서비스가 창출될 수 있도록 지원한다는 계획이 포함되었다. 이러한 新산업 육성 정책은 '재생에너지 3020 이행계획'에도 반영되어 있다.

그림 5. 스마트 그리드를 통한 신산업 육성14)

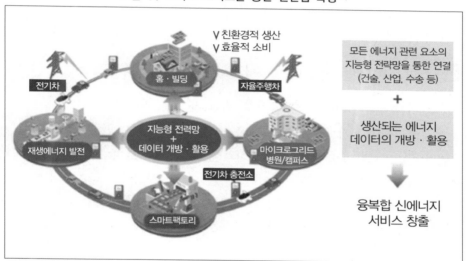

이미 이러한 플랫폼에서 기회를 찾은 기업들도 존재한다. 2013년 설립된 에너지데이터 분석 스타트업인 인코어드 테크놀로지스(Encored Technologies)는 각 가정의 분전기에 사물인터넷(IoT) 기기를 설치해 스마트폰을 통해 전기 소모량을 알려줌으로써, 소비자가 스스로 전력 사용의 효율성을 높일 수 있도록 지원하는 서비스를 출시하였다.

미국에서는 이와 같은 서비스를 활성화하기 위하여 2013년 소비자들이 자신의 에너지 소비와 관련한 정보를 다운로드 받을 수 있고, 주법이 허용하는 경우, 제3자와 공유할 수 있도록 하는 녹색단추(Green Button) 표준을 만들어냈다(http://

---

13) 김종천, "미래 산업 분야 법제이슈에 관한 연구(III) − 新기후체제 대응을 위한 에너지신산업 발전에 관한 법제 연구", 한국법제연구원, 2016, 21면.
14) 산업통상자원부, "재생에너지 3020 이행계획안(안)", 11면.

www.greenbuttondata.org). 이에 따라 2014년 캘리포니아주 공익사업위원회는 캘리포니아주 3대 전력회사들이 녹색단추 표준에 따라 소비자 사용내역 데이터를 공개하고 제3자도 접속할 수 있도록 하고 소정의 요금을 받을 수 있도록 허용했다. 데이터를 확보한 회사들은 에너지 효율 증진 방안을 제안하는 원격 에너지 관리통제 애플리케이션을 포함한 각종 응용프로그램을 개발하고 있다.[15]

이렇게 스마트미터링을 통해 수집한 데이터를 바탕으로 한 새로운 부가 서비스 개발이 활성화되면서 스마트그리드는 '오픈 에너지 플랫폼(open energy platform)'으로 진화하고 있다.

Ⅳ. 스마트미터링 비즈니스에서의 배전망 중립성

1. 스마트미터링 비즈니스 육성을 위한 새로운 과제

차세대 전력망에서의 새로운 사업기회를 노린 사물인터넷 기기 업체와 통신사업자의 스마트그리드 사업 진출이 이루어지면서. 스마트미터링 비즈니스 거버넌스에 대한 논의가 조금씩 이루어지고 있다. 민간 사업자의 참여는 산업 발전에 새로운 동력을 제공할 수 있을 것으로 기대되지만, 신규 사업자의 참여에도 불구하고 전력망 운영의 효율성과 신뢰성을 유지해야 하는 새로운 과제를 낳고 있다.[16]

스마트그리드에서 개인정보의 양방향 교환행위가 질서 있게 계통적으로 행해지지 않으면 개인정보의 유출 등 큰 혼란이나 사고가 발생할 우려가 있다. 따라서, 누군가는 가격과 같은 변수를 이용하여 주도적으로 시장 질서를 바로세우고 문제를 일으키는 참가자는 전력망에서 배제할 수 있어야 하는 것이다.

2. 비즈니스 거버넌스 표준 현황

아직 전세계적으로 스마트미터링 관련 표준화된 비즈니스 거버넌스는 존재하지 않는 상황이다. 유럽연합은 2012년부터 2013년까지 유관 산업 대표들로 구성

---

15) 조엘 B. 아이젠·에밀리 해몬드, "법제설계 및 위험이론과 스마트그리드 소비자수용성의 연계", 「스마트그리드 법정책」(이재협·조홍식 편저) (2017), 50면.

16) Saskia Lavrijssen, Anna Marhold, Ana Trias, "The Changing World of the DSO in a Smart Energy System Environment: Key Issues and Policy Recommendations", 2016. 24－39면.

된 스마트그리드 태스크포스를 통해 스마트그리드에서 생성된 데이터의 효율적이고 안전한 관리 방안을 논의하였고, 배전망 운영자(DSO)가 중립적인 운영자로 역할을 하는 방안, 별도로 독립된 데이터 허브를 구축하는 방안, 데이터를 완전히 분산시켜서 시장 참여자들끼리 일대일로 데이터를 주고받으며, 해당 접점마다 관리자를 두는 방안 등 세 가지 모델을 제시한바 있다.

표 1. 스마트미터링 관련 유럽연합 내 법·제도 현황[17]

구 분	프랑스	독일	포르투갈	네덜란드	스페인	영국
보급 목표	3,500만 ('20년)	수립중	80% ('20년)	80% ('20년)	100% ('18년)	5,300만 ('20년)
책임주체	DSO	DSO	DSO	DSO	DSO	판매자
소유주체	계약자	DSO	DSO	DSO	DSO	판매자
데이터 소유권자	DSO	미정	DSO	DSO	DSO	DCC

* DSO(Distribution System Operator) : 배전망 운영자
** DCC(Data Communications Company) : 미터링 데이터 관리기관(정부인증)

전기의 원활한 흐름과 품질 유지를 위하여서는 발전설비, 송·변전설비, 배전설비 등 다양한 전력설비를 실시간으로 감시·제어하는 전력계통 운영이 반드시 필요하다.[18]

위와 같은 비즈니스 거버넌스 모델에 대한 후속연구를 통해 유럽연합은 전력계통 운영자 중에서도 배전망운영자가 중립적인 운영자 역할을 할 때 가장 효율적으로 데이터 관리가 이루어질 수 있다고 결론짓기도 하였다.[19] 그러나, 이러한 결론에 대해서는 아직 유럽 내에서도 논의가 마무리 되지 않은 상태이다. 앞으로 신중한 비즈니스 거버넌스의 설계가 필요할 것으로 생각된다.

---

17) European Distribution System Operators for Smart Grids, "Data Management: The role of Distribution System Operators in managing data", 2014, 19-20면.
18) 이근대, "전력공급 안정을 위한 전력계통 운영방안 – 운영체제 개선을 중심으로", 「에너지경제연구원 수시연구보고서」 (2011), 3면.
19) European Distribution System Operators for Smart Grids, "Data Management: The role of Distribution System Operators in managing data", 2014, 4면.

V. 스마트미터링과 데이터 소유권

1. 스마트미터링과 개인정보

오늘날 전기사용이 모든 국면에서 필요하다는 점을 고려하면 전기사용자의 전기사용행태 및 전기사용량에 관한 정보는 사용자의 개인적인 삶에 대한 민감정보를 고스란히 포함하게 된다.[20] 따라서 고객정보와 프라이버시 보호를 위하여 이러한 민감정보의 관리 문제가 중요한 이슈로 대두되고 있다.

특히 유럽연합에서는 스마트미터 보급 목표 달성을 위해 각 가정에 스마트미터를 의무적으로 설치하도록 정책을 추진하였다가 사생활침해 문제 등으로 인한 반대에 부딪혀 정책의 방향을 선회한 사례도 존재한다. 영국은 모든 가구에 스마트미터를 설치하도록 하여 2019년까지 5300만개의 스마트미터를 설치할 계획이었으나, 개인정보가 과도하게 수집될 수 있다는 반대여론이 거세지자 2012년 2월 설치계획을 전면적으로 보류하고 각 가구가 설치에 관한 선택권을 갖도록 했다.[21] 네덜란드의 경우도 마찬가지 이유로 소비자 단체의 반대에 직면하여 스마트 미터 보급사업이 어려움을 겪고 있다.[22]

우리나라의 경우 전기사업법 제19조[23]에 따라 전기사업자는 시간대별로 전력거래량을 측정할 수 있는 전력량계를 설치, 관리할 의무가 있고, 전기설비의 설치주체와 비용부담자에 관하여 약관으로 정하도록 하고 있으며(전기사업법 시행령 제7조), 지능형전력망법 제9조[24]는 산업통상자원부장관이 스마트 기기에 관한 지

---

20) 허성욱, "스마트그리드와 개인정보보호 법정책", 「스마트그리드 법정책」(이재협·조홍식 편저) (2017), 109면.
21) 박훤일·윤덕찬, "스마트그리드 사업과 개인정보보호 : 스마트그리드 거버넌스의 제안", 「기업법연구」 제26권 제2호, 한국기업법학회, 2012, 259면.
22) 이경복·독고지은·유지연·이숙연·임종인, "스마트 그리드에서의 소비자 참여와 보안 이슈", 「정보보호학회지」 제19권 제4호 (2009), 27면
23) 전기사업법 제19조(전력량계의 설치·관리) ① 다음 각 호의 자는 시간대별로 전력거래량을 측정할 수 있는 전력량계를 설치·관리하여야 한다.
  1. 발전사업자(대통령령으로 정하는 발전사업자는 제외한다)
  2. 자가용전기설비를 설치한 자(제31조제2항 단서에 따라 전력을 거래하는 경우만 해당한다)
  3. 구역전기사업자(제31조제3항에 따라 전력을 거래하는 경우만 해당한다)
  4. 배전사업자
  5. 제32조 단서에 따라 전력을 직접 구매하는 전기사용자(수전설비의 용량이 3만 킬로볼트암페어 이상의 전력구매자만이 직접 전력을 구매할 수 있음)
24) 지능형전력망법 제9조(지능형전력망 전환계획의 수립 등) ③ 산업통상자원부장관은 전환계획을 효율적으로 시행하기 위하여 필요한 경우에는 대통령령으로 정하는 바에 따라 대상 지역, 대상 기

원을 할 수 있다고 규정하고 있다. 이러한 규정의 해석 상 지능형전력망 사업자는 동법상 전환계획 등의 내용에 따라 스마트 미터를 전기사용자의 동의와 관계없이 설치할 수 있다고 보는 견해도 있는 것으로 보인다. 그러나 현행법의 해석과는 별개로 스마트미터 설치 확대를 위해서는 후술하는 바와 같이 스마트미터 설치로 인하여 발생할 수 있는 보안과 망중립성, 개인정보보호의 문제가 해결되어야 할 것으로 보인다. 특히 스마트 미터의 전면적인 보급을 위해서는 미터기를 통하여 수집된 다양한 개인정보의 수집과 활용에 관한 사회적 우려를 불식시킬 수 있도록 충분한 논의와 정책 수립이 요구된다.

2. 지능형전력망법을 통한 규율 현황

현재 스마트그리드 환경의 구축과 관련하여서는 지능형전력망법이 기본적인 법적 근거가 되고 있으며, 개인정보와 관련하여서도 침해의 가능성을 염두에 두어 몇몇 규정을 마련해놓고 있다. 지능형전력망법은 "전력망에 정보통신기술을 적용하여 전기의 공급자와 사용자가 실시간으로 정보를 교환하는 등의 방법을 통하여 전기를 공급함으로써 에너지 이용효율을 극대화하는 전력망"을 지능형전력망으로(제2조 제2호), "지능형전력망의 구축 및 이용을 위하여 광(光) 또는 전자적 방식으로 처리되어 부호, 문자, 음성, 음향 및 영상 등으로 표현된 모든 종류의 자료 또는 지식"을 지능형전력망 정보로 정의하는 한편(제2조 제3호), 이러한 "지능형전력망 정보 중 개인에 관한 정보로서 성명, 주민등록번호 등으로 해당 개인을 식별할 수 있는 정보"를 전력망 개인정보로 특별히 지칭하면서(제22조 제1항) 그 보호책을 규정하고 있다.

그 내용을 살펴보면, 누구든지 전력망개인정보를 그 정보주체의 동의없이 수집하거나 처리할 수 없으며(제22조 제1항), 정보주체는 본인에 관한 전력망개인정보를 보유하는 자에게 그 정보의 열람, 정정을 요구할 수 있고 다른 법률에 따라 특별히 그 정보가 수집 대상으로 허용된 경우가 아니라면 삭제도 요구할 수 있으며(제22조 제2항), 전력망개인정보를 보유하는 자가 이러한 요구를 받았을 때에는 지체 없이 이를 조사하여 그 정보의 열람, 정정 또는 삭제 등 필요한 조치를 한 후 그 결과를 정보주체에게 알려야 한다(제22조 제3항). 또한 지능형전력망 정

기 및 제품, 대상 서비스, 대상 사업자 등을 지정하여 필요한 행정적·재정적 지원을 할 수 있다.

보의 제공 또는 공동활용을 하려는 지능형전력망 사업자는 해당정보에 전력망개인정보가 포함되어 있는 경우에는 ① 전력망개인정보를 제공받거나 공동 활용하려는 자, ② 제1호에 해당하는 자의 전력망개인정보 보유 및 이용 목적, ③ 제1호에 해당하는 자의 전력망개인정보 보유 및 이용 기간, ④ 제공하는 전력망개인정보의 항목을 정보주체에게 알리고 동의를 받아야 하며(제23조 제2항), 지능형전력망 정보를 제공받거나 공동 활용하는 자는 정보주체가 동의하였거나 다른 법률에 특별한 규정이 있는 경우를 제외하고는 그 정보를 제3자에게 제공하거나 제공받은 목적 외의 용도로 이용할 수 없다(제23조 제3항).

이밖에도 동법 제26조, 제27조 및 동시행령 제16조에서 지능형전력망 사업자의 보호조치 및 정보보호 이행 등에 관한 내용을 규정하고 있는데, 그 조치에는 전자적 침해행위의 방지 및 대응을 위한 정보보호시스템의 설치·운영 등 기술적·물리적 보호조치 및 지능형전력망 정보의 불법유출·변조·삭제 등을 방지하기 위한 기술적 보호조치, 지능형전력망 정보 보호를 위한 조직·인력의 확보 및 계획의 수립·시행 등 관리적 보호조치 및 이행 확인이 포함된다. 또한 「지능형전력망 정보의 보호조치에 관한 지침」에는 지능형 전력망에서의 정보 보호를 위한 조치들 및 개인정보 보호에 관한 내용이 규정되어 있다.[25]

3. 개인정보보호 관련 규정의 문제점 및 향후 보완 방향

이러한 지능형전력망법 상 개인정보 관련 규정들에 대해서는 다음과 같은 문제점이 지적되고 있다.

첫째, 제21조에 따르면, <u>산업통상자원부장관은 지능형전력망을 효율적으로 관리하고 운용하기 위하여</u> 지능형전력망 사업자로부터 지능형전력망에 관한 유형별·분야별 및 공급단계별 <u>통계 정보</u>를 수집하여 관리할 수 있다. 이는 전력의 생산과 공급의 주무부서 장인 산업통상자원부장관으로 하여금 스마트그리드를 통해 수집되는 정부의 수집, 관리를 총괄하도록 함으로써 보다 효율적인 정책 수립과 집행이 가능하도록 하기 위한 취지인 것으로 보인다. 이에 따라 산업통상자원부장관은 국민들의 전력 사용 행태에 관한 의미있는 정보를 수집할 수 있을 것

---

25) 한편 지능형전력망에 포함된 개인정보는 그것이 정보통신망을 이용하여 전송된다는 점에서 정보통신망의 이용촉진 및 정보보호 등에 관한 법률, 일반법인 개인정보 보호법에 의해 보호될 수도 있을 것이다.

으로 예상되는데. 이러한 정보가 개인정보에 해당하는지가 문제된다. 개인정보에 해당된다고 생각될 경우 지능형 전력망 사업자는 제23조 제2항에 따라 다른 사업자로부터 정보제공요청을 받았을 때 정보주체의 동의를 받아야 하는데, 산업통상자원부장관은 그렇지 않아도 된다고 해석될 여지가 있어 주의를 요한다.

둘째, 제22조 제1항에 따르면, 누구든지 지능형전력망 정보 중 <u>개인에 관한 정보로서 성명, 주민등록번호 등으로 해당 개인을 식별할 수 있는 정보</u>(이하 "전력망개인정보"라 한다)를 그 개인(이하 "정보주체"라 한다)의 <u>동의 없이 수집하거나 처리하여서는 아니 된다</u>. 개인정보 보호법과 정보통신망의 이용촉진 및 정보보호 등에 관한 법률, 국민의 형사재판에 관한 법률 등 각종 법령에서 '식별가능정보'를 개인정보에 포함하고 있음에도 불구하고, 지능형전력망법은 '식별정보'만을 포함하는 것으로 규정하고 있어 지나치게 개인정보의 범위를 좁게 규율하고 있는 것이 아닌지 문제된다. 스마트그리드 시스템이 본격적으로 구축되어 정보가 축적되는 상황에서 어느 범위까지를 전력망개인정보로 볼 것인지를 둘러싸고 해석상 많은 논란이 제기될 것으로 보인다.26)

또한, 개인정보 보호법에서는 무엇보다 정보주체의 동의가 개인정보처리의 핵심적인 매개로 작용하게 되지만(제15조 제1항 제1호), 스마트그리드에서 정보주체가 개인정보처리에 대해 동의를 거부하는 것은 곧 전력망을 사용할 수 없음을 의미하게 되고, 이는 오늘날 가장 중요한 보편적 서비스의 하나로 일상생활에 필수적인 전력사용의 단절로 연결된다는 점에서 어떤 형식의 동의이건 개인정보처리에 대한 동의는 현실적으로 매우 형식적인 절차에 그칠 수밖에 없게 되는 문제가 있다.

셋째, 제23조 제1항에 따르면, 지능형전력망 사업자는 지능형전력망 <u>서비스를 원활하게 제공하기 위하여 필요한 경우</u>에는 다른 지능형전력망 사업자에게 지능형전력망 <u>정보의 제공 또는 공동 활용을 요청할 수 있다</u>. 지능형전력망 사업자이기만 하면 누구나 '서비스를 원활하게 제공하기 위하여 필요한 경우' 다른 사업자에게 정보제공요청을 할 수 있는데, 여기에 기기 및 제품 제조사업자가 무제한적으로 포함될 수 있는지 문제된다. 나아가, 정보제공 요청을 받은 사업자는 원칙적으로 협의에 성실히 응하여야 하고(제23조 제4항), 협의가 성립되지 않은 경

---

26) 허성욱, "스마트그리드와 개인정보보호 법정책", 110-111면.

우 산업통상자원부장관의 조정을 거쳐야 한다(제23조 제5항)고 정하고 있는데, 이는 개인정보보호 이념과 다소 상충하는 것은 아닌지 문제된다.

앞으로 스마트미터의 보급 등을 통해 전력망을 지능화하고 스마트미터링 비즈니스를 육성하기 위해서는 위와 같은 현행법의 문제점을 보완함으로써 스마트미터링 관련 법·정책 기반이 마련되어야 할 것이다. 이를 통하여 프라이버시 침해에 대한 우려를 불식시키면서도 미터링 데이터를 이용한 새로운 부가서비스를 활성화함으로써 스마트 그리드가 목표로 하는 새로운 에너지 세상을 열어갈 수 있기를 희망한다.

참고문헌

[국내 문헌]

김성규, "차세대 전력 시스템에서의 스마트미터의 역할", 「2014년도 대한전기학회 전
　력기술부문회 추계학술대회 논문집」(2014).

김종천, "미래 산업 분야 법제이슈에 관한 연구(III) − 新기후체제 대응을 위한 에너
　지신산업 발전에 관한 법제 연구", 한국법제연구원, 2016.

김홍래·문승일, "스마트 그리드(Smart Grid)의 이해", 「전기의 세계」 제58권 제8호
　(2009).

박수환·한상준·위정호, "지능형 전력망(스마트 그리드) 적용을 통한 에너지 절감 및
　CO_2 감축 효과 분석", 「대한환경공학회지」 제39권 제6호 (2017).

박찬국, "세계 스마트그리드 시장과 주요국 현황"「세계 에너지시장 인사이트」 제13-
　38호 (2013).

박훤일·윤덕찬, "스마트그리드 사업과 개인정보보호 : 스마트그리드 거버넌스의 제
　안", 「기업법연구」 제26권 제2호, 한국기업법학회 (2012).

이근대, "전력공급 안정을 위한 전력계통 운영방안 − 운영체제 개선을 중심으로",
　「에너지경제연구원 수시연구보고서」(2011).

산업통상자원부, 재생에너지 3020 이행계획(안), 2017.

이경복·독고지은·유지연·이숙연·임종인, "스마트 그리드에서의 소비자 참여와 보
　안 이슈", 「정보보호학회지」 제19권 제4호 (2009).

조엘 B. 아이젠·에밀리 해몬드, "법제설계 및 위험이론과 스마트그리드 소비자수용성
　의 연계", 「스마트그리드 법정책」(이재협·조홍식 편저) (2017).

지식경제부, 스마트그리드 국가로드맵, 2010.

허성욱, "스마트그리드와 개인정보보호 법정책", 「스마트그리드 법정책」(이재협·조홍
　식 편저) (2017).

Industry News, "재생에너지 3020, 계통접속 보강 시급하다", 2017. 12. 01.자.

[외국 문헌]

European Distribution System Operators for Smart Grids, "Data Management: The
　role of Distribution System Operators in managing data", 2014.

Saskia Lavrijssen, Anna Marhold, Ana Trias, "The Changing World of the DSO in a
    Smart Energy System Environment: Key Issues and Policy Recommendations",
    2016

찾아보기

[ㄱ]

가격차별 19
가공 130
가명정보 242
강제집행 135, 138
개방형 생태계 178
개인정보 43, 50, 51, 126, 147, 179
개인정보보호 178
개인정보보호법 178, 258
개인정보자기결정권 22, 182
거래비용 5, 190
거버넌스 29
경쟁법 206
경쟁법 원칙 179
경쟁상 우위 186
경쟁침해이론 193
고유식별정보 293
공공데이터 217
공유 가능성 114
공유의 비극 13
공정이용 159
관리적 또는 기술적 조치 133
구문론적 정보 122
구조적 정보 122
금융분야 본인신용정보관리업(마이데이터
　산업) 277

[ㄴ]

네트워크 효과 191

[ㄷ]

다형성 292
담보설정 138
데이터 100, 177
데이터 거버넌스 206, 230
데이터 경제 147, 151, 157, 177
데이터 권력 139
데이터 기반 시장력 186
데이터 브로커 191
데이터 소유권 42, 47, 50, 54, 99, 147,
　151, 155, 177
데이터 수집, 이용 179
데이터 시장실패 189
데이터 유통사업자 191
데이터 이용계약 227
데이터 접근 179, 180
데이터 주도 경제 147, 157, 177
데이터 주도 네트워크 효과 192
데이터베이스 150
데이터베이스보호지침 162
데이터베이스제작자 164
데이터셋 179
디바이스 아이디(device id) 7
디지털 단일시장 135, 177

디지털 데이터 180
디지털 융합 104
디지털 플랫폼 190

[ㅁ]
물건 107
물건요건론 110
물권법정주의 125
물권적 독점권 158, 166, 167
물권적 재산권 147, 152, 155
민감정보 294

[ㅂ]
반경쟁적인 봉쇄 194
반공유재 190
반공유지의 비극(Tragedy of the Anti-
 Commons) 34
배타적 독점권 148, 156
법경제학 125, 183
보건의료정보 33
부정경쟁방지법 158, 161, 165, 166, 167,
 171
블록체인(blockchain) 115
비경합성 182
비배우자 인공수정 295
비배제성 182
비식별화 25, 128, 244
비트코인(Bitcoin) 140
빅데이터 24, 145, 177
빅데이터 분석 기술 199

[ㅅ]
사물인터넷 134, 177

사실상 소유자 134
사실상 점유자 134
4차 산업혁명 146, 177
산업 데이터(industrial data) 126, 179
상린관계 303
소극적 보호 158, 167
소극적 보호권 171
소유권 42, 47, 50, 105
시장력 184
시장실패 29, 180
시장지배력 전이이론 195
시장진입장벽이론 196
신용정보 31
신용정보법 281

[ㅇ]
알고리즘 19
알란 웨스틴(Alan Westin) 260
압수·수색 139
양면시장형 사업 모델 190
업무방해 129
영리적 이용 222, 224
영업비밀 164, 170
위챗 209
유럽연합의 개정 지급결제서비스지침
 (PSD2) 278
유전정보 293, 302
유치권 124
의미론적 정보 122
23andMe 296
이용권 219
이익참여권 137
익명가공정보 247

익명화 25, 128

인격권의 재산적 요소 126

인공지능 24

인체조직 137

인터넷 쿠키(Internet cookie) 7

일반 부정경쟁행위 165

[ㅈ]

자기정보이동권 283

자동화된 의사결정(automated decision-making) 28

자발적인 동의(voluntary consent) 212

재산권(property right) 125

재산권에 관한 법률유보 125

저작권법 162

전자정보의 소유자 내지 소지자 139

점유 133

접근·통제권(access and control) 123

정보 100, 180

정보감시 260

정보보호법 45, 51

정보사회주의 266

정보소유권론 259, 265

정보통신망법 178

조정실패 199

지능정보기술 178

지능정보서비스 178

지식재산권 183

지적재산권 법제 157, 160

질권 124

[ㅋ]

코딩(coding) 123

코즈정리(Coase Theorem) 3

[ㅌ]

텐센트 209

통계작성 및 학술연구 236

특허발명 160

[ㅍ]

페이스북 211

편향(bias) 24

프라이버시 21, 257

프라이버시와 자유 260

프로파일링 20

[ㅎ]

하자담보책임 131

한정제공데이터 168

[영문]

Ancestry.com 296, 298

Bring Your Own Device; BYOD 129

de-identified or anonymized data 128

DTC 유전자 분석 295

GDPR 20

GEDmatch 297, 300

Golden State Killer 298

Joseph DeAngelo 299

liability rule 167

machine-generated data 128

property rule 167

SNP 292

STR 293

공저자 소개

고학수
서울대학교 법학전문대학원 교수

박경신
고려대학교 법학전문대학원 교수

박상철
변호사

박준석
서울대학교 법학전문대학원 교수

이동진
서울대학교 법학전문대학원 교수

이원복
이화여자대학교 법학전문대학원 교수

이준희
변호사

임 용
서울대학교 법학전문대학원 교수

전상현
서울대학교 법학전문대학원 부교수

전응준
유미 법무법인 변호사

최경진
가천대학교 법과대학 교수

허성욱
서울대학교 법학전문대학원 교수

홍대식
서강대학교 법학전문대학원 교수

데이터 오너십 : 내 정보는 누구의 것인가?

초판발행   2019년 5월 10일

편저자   고학수 · 임용
펴낸이   안종만 · 안상준

편 집   한두희
기획/마케팅   조성호
표지디자인   김연서
제 작   우인도 · 고철민

펴낸곳   (주) **박영사**
           서울특별시 종로구 새문안로3길 36, 1601
           등록 1959. 3. 11. 제300-1959-1호(倫)
전 화   02)733-6771
f a x   02)736-4818
e-mail   pys@pybook.co.kr
homepage   www.pybook.co.kr
ISBN   979-11-303-3402-8   93360

copyright©고학수 · 임용 외, 2019, Printed in Korea

정 가   26,000원